PUBLIC ADMINISTRATION

An Action Orientation, Sixth Edition

Robert B. Denhardt
Janet V. Denhardt

未名社科·学术面对面

公共行政

一门行动的学问

（第六版）

〔美〕罗伯特·登哈特 珍妮特·登哈特 著

谭功荣 译 唐娟 校

北京大学出版社
PEKING UNIVERSITY PRESS

著作权合同登记号　图字:01－2012－1152 号

图书在版编目(CIP)数据

公共行政:一门行动的学问/(美)登哈特(Denhardt,R.B.),(美)登哈特(Denhardt,J.V.)著;谭功荣译,唐娟校.—北京:北京大学出版社,2013.5

(未名社科·学术面对面)

ISBN 978-7-301-21973-7

Ⅰ.①公…　Ⅱ.①登…②登…③谭…④唐…　Ⅲ.①行政学-高等学校-教材　Ⅳ.①D035

中国版本图书馆 CIP 数据核字(2013)第 011729 号

Public Administration: An Action Orientation, sixth edition

Robert B. Denhardt　Janet V. Denhardt,谭功荣　译,唐娟　校

978-7-301-21973-7

Cengage LearningAsia Pte. Ltd.
151 Lorong Chuan, #02-08 New Tech Park, Singapore 556741

书　　名:公共行政:一门行动的学问
著作责任者:〔美〕罗伯特·登哈特　珍妮特·登哈特　著　谭功荣　译　唐娟　校
责 任 编 辑:耿协峰
标 准 书 号:ISBN 978-7-301-21973-7/C·0865
出 版 发 行:北京大学出版社
地　　址:北京市海淀区成府路 205 号　100871
网　　址:http://www.pup.cn　新浪官方微博:@北京大学出版社
电 子 信 箱:ss@pup.pku.edu.cn
电　　话:邮购部 62752015　发行部 62750672　编辑部 62753121　出版部 62754962
印 刷 者:北京大学印刷厂
经 销 者:新华书店
787 厘米×1092 厘米　16 开本　24.5 印张　578 千字
2013 年 5 月第 1 版　2013 年 5 月第 1 次印刷
定　　价:59.00 元

前　言

《公共行政：一门行动的学问》第六版进行了全面更新，同时该版也增加了许多新的材料，对那些熟悉公共服务领域的人来说，这些新材料大有裨益。最值得一提的是，本书经过重新修订，使一些政府变革得以反映出来，例如电子政府的发展、国土安全部(DHS)的建立，以及在处理恐怖主义威胁时政府间关系和财政方面所面临的挑战等。此外，本书还增加了领导学、组织理论以及官僚制度等相关方面的重要资料，拓展了对包括学区在内的具有特殊目标的政府组织的讨论，并对公共行政与公民行为或公民资格之间与日俱增的重要关系作了深入的探讨。本书也为公共部门的管理提供了最新方法，并继续对各级政府及非营利组织中行政人员所需的技能给予特别关注。本书自出版以来，经过多次修订，为使资料的演进更加具有逻辑性，全书对章节进行了重新排序。最后，为了使教材更加生动化，笔者设计了一系列详细的案例研究，以锻炼学生分析公共行政和公共政策现实问题的能力。每一章都插入了"你会怎么做"的内容，以使学生有机会思考并讨论如何应对公共服务中具体和现实的挑战。

如同以往的版本，第六版与该领域其他著作有着细微但却显著的不同。笔者认为，修读公共行政入门课程的学生，并不是只想抽象地了解该专业，而是像公共机构内部的管理者或外部的公民一样，对如何影响公共机构的运行更感兴趣。他们需要的是获得改进公共事务所必备的技能。

正因为如此，本书不仅为学生介绍公共行政的学术文献，还帮助其开发敏锐的洞察力与分析能力，使其成为更有效率和更加负责的行动者。本书包含了大量涉及公共组织的重要案例。对这些案例的讨论可以展示复杂且常被混淆的公共价值，正是这些价值凸显了公共部门与其他部门的不同。最重要的是，本书重点关注公共行动的专业知识和人际关系技巧，这些知识和技巧对引发公共组织的变革至关重要。

本书的另外一个特色是对各级政府和非营利组织管理者的工作都给予了同样的关注。虽然联邦政府是研究公共行政的权威模型，但州和地方机构的管理者也是政府过程中的重要行动者，他们的工作也要得到承认并值得研究。因此，本书还告诉大家，协会、非营利组织和"第三部门"甚至还有传统意义上的私人组织中的管理者，也正面临着公共部门行政人员所面对的同样问题。事实上，笔者所频繁使用的"公共组织"一词，描述的是涉及公共项目管理的所有团体。

本版还对公共行政的全球化层面给予了适当关注。行政人员不再受限于所在组织的工作，或者仅仅受限于自己管辖权下的工作。此外，现代生活方式的复杂性使得行政人员在关注国内事务的同时，还必须密切关注周边世界的发展。其他国家所做的决策可能比近在咫尺的决策更为深远地影响着公共行政管理者的工作。如今，掌握有关国际事务和问题比较的知识，不仅对在国外工作的人来说非常重要，而且对公共行政领域中所有的工作者都同样重要。

《公共行政：一门行动的学问》在论述公共服务的伦理方面独树一帜。本书不仅独辟一章来全面讨论伦理主题，而且伦理问题自始至终贯穿于全书。伦理问题与行动密不可分。事实上，在任何层级的政府或任何相关的公共组织中，每个公务员的每个行为都有着重要的伦理意义。因此，本书不遗余力地对所有行政活动的伦理层面进行了考量。

最后，《公共行政：一门行动的学问》是充分整合了网络资源的本领域第一本教材，这些网络资源可以为公共行政人员和公共行政研究者提供帮助。在每一章里，笔者都强调了学生可以利用的网络资源，包括为课本提供补充资料、案例来源以及供学生在线链接的一些网址。

在这本书中，笔者就行为展开了讨论，也要求学生付诸行动。在每一章后面，都设计了自我诊断材料和练习（如案例、模仿、讨论要点等），将学生的认知性学习与行为实践结合起来。这些活动不仅有助于中立的旁观者对公共行政的理解，更有助于参与公共行为的管理者或私人个体对公共行政的理解。因此，学生有检验、实践和提高自身能力的机会。另外，每一章都列出了关键术语与定义，以及推荐的相关拓展阅读资料。

当今，公共行政变革跌宕起伏。致力于解决重要的公共问题，感受工作中的创意，并获得因此而来的满足感，这使参与公共组织变得极具吸引力。本书采用的视角——关注人们在真实的公共组织中的经历以及实现卓越管理所需的技能——描绘了公共领域中充满活力和饶有趣味的景象。本书希望能以个性化的方式直接传达出公共服务所面临的挑战和将获得的回报。

致　谢

许多人都为本书出版作出了贡献。从与美国公共行政学会成员的合作中，笔者特别感受到了公共管理的复杂性以及从事公共服务所要求的努力与奉献精神。笔者希望能描述清楚最佳公共管理者工作所需的奉献精神和热切关注，他们值得尊敬和高度赞扬。

罗伯特在密苏里大学哥伦比亚分校行政管理系的同事，为本书的第一版提供了大量的帮助和支持。科罗拉多大学、中佛罗里达大学、特拉华大学、亚利桑那州立大学和威奇塔（堪萨斯）州立大学的同事和朋友们为随后的几版作出了重要的贡献。

感谢为第五版提供反馈意见的审评者，他们的宝贵意见使得新版本得以问世。他们是南达科他大学的伊丽莎白·泰姿·史密斯（Elizabeth Theiss Smith）、内布拉斯加大学奥马哈分校的罗伯特·布莱尔（Robert Blair）和旧金山州立大学的卡罗尔·埃德伦德（Carol J. Edlund）。笔者还要感谢克里斯廷·哈尔西（Christine Halsey）和圣智学习出版公司（Cengage Learning）的员工们所提供的帮助。

特别要感谢优秀的研究生助理纽宾卡·安多诺斯加(Ljubinka Andonoska),她为本书的最新版本付出了巨大努力。她的辛勤工作和细致研究为本书作出了重要贡献。在此,向她致以最深的谢意!

最后,谨以此书献给我们的孩子们——迈克尔(Michael)和卡莉(Cari),本(Ben)和玛丽(Mary),他们是一切快乐、惊喜和骄傲的源泉。感谢大家!

罗伯特·登哈特和珍妮特·登哈特

CONTENTS

目录

第1章 公共组织中的个人行为

公共行政指的是公共项目的管理。公共管理者工作于各级政府部门,既包括国内的,也包括国外的,他们也管理着非营利组织、协会以及各种利益集团。公共管理者工作的领域囊括了公共事务和政府的各种利益,从国防和国家安全到社会福利和环境质量,从道路和桥梁的设计与建造到太空的探索,从税收和财政管理到人力资源管理。尽管不同的公共行政工作在范围和内容上差异极大,但是在公共组织中工作的那些人却有着共同的职责。在这些职责中,最重要的就是公共服务的义务。

在本书中,笔者将对许多不同类型组织的公共行政工作进行考察,并对公共组织和非营利组织所处的政治和历史背景加以界定。笔者将探讨作为公共服务概念基础的义务,以及公共行为的机会和限制。笔者还会对公共管理者必须熟悉的诸如计划、预算、人事和评估等多种技术领域进行剖析,并对成功的公共管理者所需的个人和人际关系技巧进行思考。最重要的是,笔者将重点阐述公共管理者要做出符合公共利益、有效且负责的行为所需的知识、技能和价值。

尽管对公共行政的许多不同领域进行了介绍,但是笔者选择的是一个特定的角度,以便为分析公共和非营利组织中的行政工作确定一个统一的主题。从这个角度看,公共行政有其特殊性:公共服务工作因其追求民主价值观而显得特别,这一点几乎影响到公共管理者所做的每一件事情。作为一名公共行政人员,你不仅有义务实现效率和效能,还要对许多帮助界定公共利益的实体做出回应,这些实体包括:民选官员、立法机构成员、顾客或者选民团体以及普通公民等。这一特殊义务要求你必须充分关注管理问题、政治问题和伦理问题,并且设计出将这三方面问题同时考虑在内的结构和程序。要完成这样的重任,其途径是相当复杂的,当然回报也是特别的。在为公众提供服务的过程中,你可以获得一种特殊的成就感和个人满足感,这一切都源于为他人提供服务以及对公共利益的追求。 1

何谓公共行政?

我们已将公共行政描述成公共项目的管理。为了更好地理解这个定义,我们有必要简要回顾一下公共行政的历史。幸好公共行政这门学科的历史很短,至少在美国,它还是一个相对年轻的研究领域。当然，人们从事公共项目的管理已经有了数千年的历史。（例如，试想一下，建造埃及金字塔需要多少令人头疼的管理！）然而，有意识的公共行政研究却是最近才发展起来的，人们常常将它追溯到19世纪末法国和德国学者的研究。众所周知，美国公共行政源于对政府管理的研究，始于19世纪末对政府运行改革的尝试。大部分理论家和实践者认为，有意识的公共行政研究开始于伍德罗·威尔逊（Woodrow Wilson）（曾经是学者，后来担任美国总统）于1887年所写的一篇论文。尽管有人质疑威尔逊对公共行政学领域的影响，但是他的这篇论文无疑成为美国公共行政学滥觞的标志。

威尔逊的论文在本质上属于改良主义思想，并且具有高度的实践性。它揭露了19世纪80年代末政府的无效率和公开腐败，并就政府行政提出了某些救世良方。威尔逊指出，虽然学者和实践者对政治制度（如国会和总统）给予了高度关注，但是他们很少研究行政的问题——即关于政府实际运行的问题。根据威尔逊的观点，其结果便是“执行一部宪法比制定一部宪法要困难得多”（Wilson 1887, p. 200）。威尔逊首先希望政府机构能够更加有效地完成工作。他认为，这些组织如果能像私人部门那样追求效率或者进行“企业化”运作，就能达到最佳运作的效果。当然，威尔逊写这篇论文的时候，商业、工业和技术都以惊人的新方式飞速发展。像其他人一样，威尔逊非常欣赏企业创造的管理哲学。在这些理念中，威尔逊特别青睐集权的观点，主张在一个高度完整和集中的行政结构上建立单一的权威。威尔逊关于建立强硬行政机构的建议，至今仍然得到许多学者（以及行政领袖）的附和。

在有关公共行政的讨论中，追随威尔逊观点的人都非常注重实践，他们关心政府结构的改革及其运行的效率。但是他们仍然小心翼翼地将这些关心置于民主政府的背景之下。如何让整个政府和社会都延续着包括自由、正义等崇高理想在内的民主原则呢？事实上，最有思想的早期学者罗纳德·怀特（Ronald White）曾经指出，“公共行政之研究……必须和有关正义、自由、遵从以及国家在人类事务中的角色等政治理论广泛联系起来”（White 1948, p. 10）。正如我们将要看到的，在有效运行的同时实现民主价值，直至今日，
2 对两者保持一致的持续关注仍然是公共行政领域的重要主旨。

民主价值

在美国，由于对民主价值的承诺显著地影响着这个国家公共组织和非营利组织的工作，因此我们有必要对民主治理的有关概念进行简要的回顾。“民主”一词的含义完全来源其词根，即希腊语的“*demos*”（意为“人民”）和“*kratis*”（意为“权威”）。一般而言，民主是指以人民利益为中心的政治体制。然而，在此宽泛的理解下，民主显然有许多不同的概念。例如，在第二次世界大战末，美、英、法、俄等国代表们走到一起，共同讨论德国的“民主化”。但是，不久之后，人们发现，俄国的民主思想与西方的民主观点大相径庭。西方国家将民主与自由选举、新闻自由、流动自由和批判政府的自由联系在一起，而俄国则不然。在俄国看来，民主未必意味着政府是一个民治或者民有的政府，而是看政府政策是否符合人民的公共利益。

甚至在今天，不同的人对“民主”依然有着不同的理解。但按照美国的经验来看，有一点是公认的，即民主指的是一种政治体制——权力和权威秩序化的一种体制，在这种体制

下，决策权由社会成员共同享有。或者用“控制”这一词语来表述，民主是这样一种体制：许多普通公民对其领袖可以实行高度的控制。（在这两种表述中，“民主”的对立面都是“寡头政府”，即少数人统治的政府，或者“专制政体”，即一个人统治的政府。）

但是，民主不仅是以过程或者程序（例如许多人的统治）来定义的，还取决于民主社会向来追求的某些重要文化价值。在这些文化价值中，有三项价值——个人主义、平等和自由对帮助塑造美国民主观念起着特别重要的作用。首先是个人主义，即主张个人的尊严和人格的完整是至高无上的。个人主义者认为，判断政治体制是否成功的最佳标准就是看它是否使每个人的潜能得到充分的发挥。《独立宣言》中有一句家喻户晓的话体现的正是个人主义的思想——“造物主赋予每个人与生俱来、不可剥夺的权利”，政府的目标就是保障这些权利。

其次是平等的观念，它并不是说所有人在天赋和财产上都是平等的，而是指人人都有生命、自由和追求幸福的平等权利。由此看来，每个人都应被视为一个目标，而不是一种手段，任何人都不应该成为他人的工具。而且，在政府的视阈里，平等意味着，财富或者地位的差异不应该成为某个群体比其他群体享有优先权的理由。在一个民主体制下，每个人都享有要求这个体制给予其关注的平等权利，并且期待能够得到公正的结果。

自由是民主社会的第三大核心价值。自由意味着民主社会中的每个公民都享有高度的自决权。人们拥有选择自己的生活目标以及选择实现这些目标的方式的最大机会。但自由并不是说不受限制，而是说在追求个人目标的时候享有积极行动的自由。因此，有人指出，只有赋予个人选择的自由，才能真正实现社会的进步。 3

这些主题对公共行政发展的影响是不可否认的。诚如我们将要看到的，尽管不同的人对公共机构运行的影响程度不一。同样，美国政治传统中的民主操作方式对公共组织的运行也产生了重要的影响。以传统的立法、行政和司法三权分立为例，立法部门的主要任务是通过立法来制定政策，行政部门的主要任务是忠实地执行政策，司法部门的主要任务是对法律的解释，尤其当涉及宪法保障时。

美利坚大学的戴维·罗森布鲁姆（David Rosenbloom）指出，政府的这三项功能与人们对美国社会里公共行政者角色理解的三种观点有关（Rosenbloom 1993，p. 15）：

1. 公共行政的管理途径，强调公共机构的管理和组织。罗森布鲁姆将它与行政职能联系在一起。同威尔逊一样，该观点认为公共部门与私人部门的管理极为相似，即主要关注的都是效率（Efficiency）。

2. 公共行政的政治途径，与政府的立法功能有关，更加关注宪法实施的保障，如前所述。与效率相比较，效能或回应更受关注。

3. 公共行政的法律途径，与司法功能有关，强调特定情况下行政人员运用和执行法律的作用。它还与公共组织的裁判角色密切相关。

我们将在本书中对这些不同途径进行更加详尽的分析，在此，有一点非常重要，那就是我们一开始就应该认识到，公共行政人员的所有行为都发生在一个重要的政治背景之中，即对民主理想和实践的承诺。然而，在今天，该理想在某种程度上已然暗淡无光。在过去的几十年里，美国人对政府的信任一直在不断下降。人们不但质疑政府的质量和生产力，还对政府能否迅速向人们做出回应产生了怀疑（见专栏1.1）。在分析公共行政研究和实践的现代途径时，它们之间的张力将是一个永恒的主题。借用早期的话来说，当今公共行政人员的任务依然是“建立适应现代条件的民主”。随着人类社会步入 21 世纪，在这样一个局势混乱和信任缺失的时代，对公共行政人员而言，要做到这一点无疑是一项特殊的挑战。在对当今公共行政的各种途径和技术进行分析时，我们必须牢记这一点。

专栏 1.1　民主之梦

> 在合众国建立之前，贯穿整个国家历史，在美国占支配地位的政治信仰（无论是孜孜以求还是虚有其表）一直都是民主梦，其名义上是基于普选和治理。实质上，每一项政治架构和改革都是以民主和平等主义社会思潮的某种模型为基础，尽管它们时常在杰弗逊主义和汉密尔顿主义之间徘徊不定。事实上，若不以某种非常醒目的方式披上神圣的民主外衣，要发动一场国内政治运动（甚至对外政策动议）都是难以想象的。
>
> 正是这种环境创造并培育了美国的政治哲学、政治本身，甚至一些特定的职业（如公共行政）。
>
> 美国的公共服务和公共行政都具有类似的民主色彩，这一点也不奇怪。从职业公共行政者的早期——当伍德罗·威尔逊将“政治”和“行政”暂时分立为两个独立实体时，我们就可以窥见当代公共行政坚实的民主理论基础。
>
> 但是，宪法不能作为医治政治体制恶疾的单一政治良药。在整个美国看来，人们都有一种明显的感觉，尽管对民主标杆的诉求甚多，但这些诉求更多的是一些破灭的信念而与现实无关。无论是在内容还是在程序上，美国人显然都对他们的政治不抱任何幻想。我们的政治生活已充满怨愤。美国人都不相信在他们国家治理方面有什么可以称道的，也不相信政府能够做正确的事。

资料来源：选自 *Democracy and the Policy Sciences*, by Peter deLeon, State University of New York Press, 1997，已获授权使用。

企业管理和公共管理比较

然而，有一个问题应该预先对其进行深入探讨。虽然公共和非营利的组织中的工作深受对民主理想承诺的影响，但它也涉及管理，因此，人们经常把公共管理与企业管理相
4 混淆。事实上，这种混淆在公共行政领域有时还非常突出。（如前所述，该领域早期的学者认为政府应该变得更加企业化，甚至在今天，这种观点仍不绝于耳。）当然，企业管理和公共管理之间确实存在一些相似之处。任何部门（包括公共部门、私人部门和非营利组织）的管理者——都必须处理诸如组织设计、稀缺资源配置和人力资源管理等问题。但大部分观察者都一致认为，企业服务和公共服务的根本区别在于企业主要关注赢利，而公共服务关注的则是提供服务或者依据公共利益的要求对个体或团体的行为加以规制。毋庸置疑，公共和非营利组织管理所处的环境使得其自身工作与企业管理迥异。其中，最明显的区别有三。

不确定性（Ambiguity）　政府和企业的区别之一在于服务目的不同。对于大多数企

业而言，即使是那些具有服务目标的企业，底线利润仍是衡量组织是否成功的基本标准。在许多情况下，管理者的绩效相应地也直接由其团队对企业总利润的贡献来衡量。但在公共或非营利组织，情况则绝非如此，它们的组织目标可能会更为模糊，赢利或者亏损并 5
不是成败的主要标准。

公共和非营利组织的目标通常被表述为服务，例如，某个机构的任务可能是保护环境质量或者为残障人士提供适当的康复服务。然而，这种服务目标要界定和衡量起来则困难得多。何谓环境的"质量"？什么样的服务对残障人士来说是"适当的"？界定这些目标的难度与评估政府机构及其管理者工作绩效的难度一样，而且这些目标使后者更难以进行。再者，大部分企业不会容忍在一个不景气的地区做亏本经营，虽然公共或非营利组织同样关心财政支出，但是与财政"底线"相比，它们可能将满足人民的需求置于更加重要的位置。

多元化(Pluralistic)决策　公共服务和企业之间的第二大区别在于，公共服务要求众多团体和个人都有权进入决策程序，至少在民主社会里如此。其结果就是，在企业，决策可以由一个人或者一个小团队迅速作出，而在公共或非营利组织，则可能要征求许多不同团体和组织的意见。因此，很难说存在具体的政府决策中心。迈克尔·布卢门撒尔(W. Michael Blumenthal)原是一位企业执行官，后来担任卡特政府财政部长，他是这样描述的：

> 如果总统对我说，迈克尔，你负责制定一项对日经济政策。消息一传出，就会有无数利益集团开始活动了。众议院筹款委员会、参议院财政委员会及其成员，甚至是普通职员，都会提出意见并且试图施加影响。另外，外交关系委员会、监督委员会、利益集团、企业、工会、州政府、商务部、管理与预算局、经济顾问委员会中的高层人士，甚至包括所有的员工，也都会如此，更不用说总统府的工作人员和新闻界了。(Blumenthal 1983，p. 30)

许多曾在公共或非营利组织工作过的企业执行官认为，公共决策的多元性特点使得公共和非营利组织的管理比私人部门要困难得多。但是，诚如布卢门撒尔所言："利益追求的多样性对政策的影响，是民主政府的本质特点所在"(Blumenthal 1983，pp. 30—31)。许多人都发现，公共服务的这一特点是特别具有挑战性的，当然也极具回报意义。

可见性(Visibility)　最后，公共和非营利组织的管理者行为似乎比企业管理者具有更大的可见性。在民主社会，公共服务受到新闻媒体和公众的持续监督。媒体监督包罗万象，这也许有利也有弊。一方面，媒体使得组织领导者能够迅速地与内外受众进行交流；另一方面，媒体对政策立场的持续监督及其对政策不一致的审视能够使公共政策在形 6
成阶段就可以被自由讨论。当然，媒体也过多地对最世俗的私人事务进行侵犯。一家地方报纸甚至对一个新上任的城市管理者的冰箱存在的问题进行报道。政府行政人员还必须意识到，他们的工作对公众而言是清晰可见的，并且受制于公民利益和公民权，这是民主社会的实质。

你会怎么做?

你刚被任命为中西部地区一个拥有30,000人口的城市的管理者。正值当地经济发展基本稳定之时,有谣言称该地区一家重要的工业公司计划迁出。另一方面,该公司一直都是本地区的污染源。对于是努力挽留这家公司还是索性让它一走了之,市议会对此似乎态度比较折中。在你任期的头六个月,你会怎么做呢?

思考今天的公共行政

在此背景之下,我们可以更仔细地思考传统意义上所描述的公共行政,以及如何设计公共行政研究的行为导向。从定义来看,许多早期学者将行政视为政府的一项职能,即贯穿整个政府过程的各式各样的事务。显然,不仅执行部门存在着行政活动,立法和司法部门也存在着行政功能。有人甚至注意到,即使同一位官员也可能同时肩负立法和行政的职能。

后来,公共行政被视为仅仅关乎政府行政机构的活动。用早期教材的话来说,公共行政仅仅涉及"行政部门的运行"(Willougby 1927,p.1)。直到20世纪50年代,这一观点仍然根深蒂固,以至于当时的主要教材这样写道:"在普遍用法上,公共行政指国家、州和地方政府的行政部门,由国会和州立法部门设置的独立委员会、政府公司,以及具有特殊性质的某些其他机构的活动"(Simon et al.,1950,p.7)。现代意义上的公共行政定义已经回归到传统的观点,不仅涉及政府所有部门的行政官员,甚至还关注非营利组织的行政官员。

在我们看来,尽力描述"真实世界"中那些人是如何经历公共行政的,远远比给该领域下一个正式的定义重要得多。要致力于设计公共行政的行为导向,就必须界定公共行政人员参与活动的类型以及影响其工作的环境因素。我们已经认识到公共和非营利部门服
7 务目标的不确定性、政府决策的多元化以及管理的可见性,这些环境使得其工作明显不同于其他部门。在现实中的行政人员看来,真正导致行为迥异的并非是你是否受雇于政府机构,而是你工作所处的环境是否具有目标不确定性、决策中心的多元化和高度的公共可见性等特征。

公共性 这些特征都源于一个简单的事实,即公共或非营利组织管理者追求的都是公共目标。因此,从公共管理者的行为和经历来看,真正将公共行政和其他类似活动区分开来的正是公共或非营利组织管理者工作的"公共性"。鉴于行政人员的特殊角色,作为公共或非营利组织的管理者,其行为必须一方面着眼于管理效能,另一方面关注公众的愿望和要求。这意味着,在政府或非政府组织工作时,你不可避免地会遇到效率和回应之间的张力,这种张力对你的工作至关重要。

让我们重点解释一下行为导向的涵义。许多评论者指出,公共管理和私人管理之间的区别不再只是简单的企业和政府之间或者说利润和服务之间的区别。事实上,我们越来越多地碰到这些情况:传统的公共组织不断追求利润,而传统的私人组织则负责服务的提供。重要的不只是它们追求什么目标,还有它们服务于谁的利益。基于此,私人企业是

通过私人手段实现私人利益至上，而公共组织则是通过公共手段实现公共利益至上。

对许多组织来说，我们的社会存在着一个更加开放、更加积极回应的趋势。大部分协会和非营利组织都将适应这一形势，而这些组织的管理者当然必须同时关注效率和回应。但与此同时，许多企业也发现，将决策过程置于公众监督和参与也非常重要。从事公共服务的组织的疆域（及公共和非营利组织的适应性）似乎正与日俱增。 8

另一方面，我们对管理者角色的理解也显示，在政府或非政府机构中，有些管理者所追求的并非公共利益。当然，在极权主义国家，那些执行机构可能很难被认为是在追求公共价值，反而更像是在追求政治精英的私人利益。同样，我们也在质疑，在民主社会，是否所有管理者都在关注公共利益。当然，在管理者追求个人事业的情况下，如帝国的建造，人们将质疑其行为的“公共性”。

我们现在已经对公共和非营利组织工作的复杂性有所了解——政府和非政府机构的技术工作所固有的复杂性，但更重要的是管理者行为所处的政治和伦理环境的复杂性。事实上，如前所述，这种复杂性是将行政管理者工作的多个方面连接起来的一条主线。界定目标的方式，设计预算和人事雇佣的方式，与其他组织以及自身顾客互动的方式，评估项目成败的方式——行政管理者工作的所有这些方面，甚至还有更多的方面，都直接受到这样一个事实的影响，即管理必须符合公共利益。

网络链接

公共行政领域研究者的主要组织是美国公共行政学会，网址是 www.aspanet.org。其他相关组织及其网址分别是：国家公共行政研究院（www.napawash.org）、公共政策分析和管理协会（www.appam.org）、卓越政府委员会（www.excelgov.org）、美国政治学会（www.apsanet.org）、非营利组织管理联盟（www.allianceonline.org）、独立部门（www.independentsector.org）、管理研究院公共和非营利组织研究部（www.aom.pace.edu/pn/index.htm）。

为什么要研究公共行政？

出于各种原因，有些学生纷纷主修公共行政学的入门课程。许多学生认识到政府（和其他地方）的各种职位都要求接受公共行政学的培训，他们希望该课程能够提供使其步入公共或非营利组织管理者职业生涯所需的基础信息和技能。这些学生力图理解公共行政领域，并且提升可以使其将来成为行政管理者的技能。

有些学生对技术领域（如工程、教学、自然资源、社会工作和美术）等感兴趣，他们认识到在其职业生涯的某个时刻其工作可能会涉及公共部门的管理。工程师可能变成市政工程局的局长，教师可能变成校长，自然资源专家可能会被邀请负责某个环境质量项目，社会工作者可能要去管理一项福利计划，艺术专业人士可能要管理某个公立美术馆或者博物馆。在这些情况下，其个人技术知识可能需要管理培训作为补充。

也有些学生可能并不想在公共机构中从事任何工作，但是他们认识到无论是做企业行政主管、商人还是普通公民，都可能要与公共组织打交道。小企业主可能希望向某个城市、县或者其他一些政府机构销售其产品或服务，一个会计师事务所的合作伙伴可能会对那些与地方或者州政府签订的合同进行审计，一个建筑公司可能要参加一项有关新公共设施设计和建造的竞标活动。在每种情况下，掌握有关公共机构运作的知识不仅是有益的，也是必要的。

还有最后一类学生，与前面三类可能有所重叠。他们也许只是认识到公共机构在政府程序中的重要性以及公共组织对其日常生活的影响，因而希望获取一些知识和技能，以使其能更有效地分析和影响公共政策。有些人发现，公共行政世界本身便是一个引人入胜的领域，追求公共事务研究的学术生涯，理解研究公共行政学的动机，能够为认识公共部门管理的多样性和重要性提供一个更为完整的视角，全书将对此逐一进行详细的探讨。

网络链接

全国公共事务和公共行政院校联合会(NASPAA)是公共行政学位项目的授权机构，也从事其他的教育事务，网址是 www. naspaa. org。下载 NASPAA 授权的 MPA 项目，请登录 www. naspaa. org/accreditation/public/rosterofaccreditedschools2003
9 04. pdf。

为行政职位作准备

有些人希望把公共行政专业的入门课程作为迈向公共服务职业的基石。如果你也是其中一员的话，你会发现这种职业有着多种形式。人们有时将其分为项目管理者、人事管理者和政策分析师等。所谓项目管理者，包括执行层到监督层，负责具体的政府或非政府项目管理，如环境质量和交通安全管理等。他们的职责是对人力、物力和财力进行分配和监督，以实现自身机构的服务目标。人事管理者通过预算与财政管理、人事与劳动关系、采购等活动协助项目管理者的工作。而政策分析师则通过对项目的运作及影响进行深入研究，为当前项目提供重要的信息。此外，政策分析师还帮助整合新项目的信息，评估不同行动方案的影响，并就公共政策的新方向提供建议。在设计和重构公共项目时，管理者和分析师与行政长官、立法部门、其他各级政府官员以及公众相互协力。

众所周知，公共和非营利组织的工作包罗万象。不妨想象一下，仅联邦政府所从事的活动领域就非常广泛。联邦政府几乎触及美国生活的各个方面，从航空学、航空运输和环境科学，到帮助无家可归者、少年犯和流动工人，以及废物管理、工资标准制定和水质量保障等。无论哪个领域，都一定需要有经验的管理者对政府项目进行开发、执行和评估。但是，联邦政府一级管理者所代表的仅仅是专业公共行政人员的一部分。

在州和地方政府以及非营利部门，则存在着更多的职位机遇。正如我们将在第 2 章
10 所看到的，虽然美国只有一个联邦政府，却有将近 88,000 个州和地方政府(包括市、县和特区政府)以及 130 多万个非营利组织。在这个国家，州和地方政府雇员的数量多达 1500

万人(相比之下,联邦一级的雇员不到300万人),将近1200万人就职于非营利组织。

显然,州和地方政府的工作与联邦政府不同。例如,州和地方政府无需直接提供国防服务,但它们绝大部分都拥有联邦政府所没有的警察部队。州和地方政府还有一些其他的职位,这些职位联邦政府是没有的。例如,州立大学的校长或名誉校长就是一个公共管理者,肩负重要而非同一般的责任,地方社区的市政管理人员就是由市议会任命的、承担地方政府各种管理职能的职业行政人员。

况且,公共服务并不限于政府的工作。除了联邦、州与地方政府的工作外,受过公共行政训练的人士还可以找到许多其他的机会。各级州和地方政府中非营利组织的主管,以及国家级类似组织的主管,常常就需要公共行政课程中所培养的那些技能——将管理训练和对政治体制的理解结合起来。为了证明公共行政领域的广泛,我们发现仅国家这一层级就存在无数的非营利协会,既有诸如美国医学协会或美国律师协会等家喻户晓的团体,也有如美国冷冻食品研究所和全国床垫制造商协会等贸易团体,还有如美国公共行政学会等专业协会,以及那些代表特别领域兴趣的团体,如大都会歌剧院公会等。甚至还有协会管理者的协会,如美国协会管理者学会。除了这些国家级的团体,州和地方政府层级也有大量的非营利团体,例如,地方联合劝募组织、地方粮食银行、艺术联盟或历史保护团体。

最后,那些受过公共行政专业训练的人也可以在私人公司的公共事务部门工作。由于私人、公共和非政府部门之间的互动越来越密切,公司和非营利组织在追踪立法、开发并监督政府合同以及影响立法或规制等方面通常需要专门的帮助。因此,对受过公共行政训练的人而言,管理和政治技能的结合弥足珍贵。总之,公共行政领域将给人们带来无穷的职业机会。

将技术和管理培训结合起来

许多学生将在公共服务领域中谋求职位当作其主要的职业目标,也有些学生考虑其兴趣所在,将在公共行政领域工作当作其次但仍然非常重要的选择。如前所述,政府工作涉及众多领域,因此,政府部门的工作人员(占总人数的六分之一)有着各种各样的专业背景。许多工程师可能任职于联邦政府的国防部和国家航空航天管理局、州政府的公路局 11
以及地方政府的公共工程局等。对自然资源感兴趣的人可能任职于美国森林总局和环境保护局、州政府的动物保护局和地方政府园林局。医学人士可能任职于退伍军人管理局或国家精神卫生研究所、州政府的卫生局以及地方政府的医院和卫生办公室。

各级政府都需要聘请社会工作者、规划师、人事专家、会计师、律师、生物学家、执法人员、教育工作者、研究人员、娱乐专家和农业专家等,此处不过仅举几例。全国从事邮政服务的超过77.8万人,从事卫生服务的高达39万人,仅仅在联邦政府从事财政工作的行政人员就有11万人,由此可见政府的就业规模(U. S. Census, ftp2. census. gov/govs/apes/05fedfun. Pdf)。

那些曾在公共组织某个技术领域工作过的人们,常常被提拔到管理岗位。外科医生可能成为外科主任,水污染治理专家可能被提拔为污染控制项目的主管,教师可能成为校长。尽管成长于技术领域,这些人最终走上了管理岗位,成为公共行政人员。当然,有些人可能渴望晋升到管理岗位，有些人则不然。（在司法领域，要想在实务上不断取得进步，就必须进入行政岗位。）但无论个人动机如何，行政人员新手很快就会发现自己进入了一个全新的世界。到那时，最迫切的不是技术问题，而是那些与管理、项目计划和设计、监督和激励以及平衡稀有资源有关的问题。这种情况常常让人很困惑，似乎要求一个人在职业生涯的中期就得改变职业，从技术专家转变为公共管理者。

因此，有许多从技术领域走向公共部门管理岗位的人都在寻求公共行政的专业训练。正因为如此，许多技术专业的学生都会选修公共行政的课程，或者是，有些学生将本科时的技术领域与公共行政的硕士课程培训结合起来（甚至在职业中期），这已经成为正常现象。这也成为研究公共行政的第二个理由，即为由技术领域转向公共部门的管理岗位作准备。

企业和政府之间的互动

即使对那些从未在任何公共机构任职的人来说，了解政策形成与执行的过程也是非常有益的。美国社会发展最重要的趋势之一就是企业和政府之间的互动关系日趋紧密。显然，政府的决策影响着企业运行的环境，也对许多企业做了明确的规制，当然，政府还是企业最大的顾客。

许多企业都认识到，政府决策会对经济环境产生影响，而联邦政府决策的影响则更加
12 明显。政府的各种经济公告对股市的影响就是一个例子。州和地方政府也影响着企业环境。许多州长已经开始开展一些大型活动以吸引企业，不仅提供信息和建议，还为可能搬迁进来的工厂和企业提供特殊的刺激方案。随着各个城市意识到自身已经处于经济发展的竞争之中，类似的行动也被越来越多的地方社区所采用。至少，许多企业已经认识到，任何地方的政治氛围都直接影响着该地区的经济环境。

但是，政府对企业的影响更为具体。许多联邦政府的规制机构，如联邦通信委员会（Federal Communication Commission）和联邦贸易委员会（Federal Trade Commission），为企业的运作提供必须遵守的具体指导。而诸如环境保护局（Environmental Protection Agency）和职业安全与卫生管理局（Occupation Safety and Health Administration）等机构则对企业运作作出具体限制，以确保空气和水的质量以及工作条件的安全。同样，在州一级政府，有些部门直接对企业进行规制，有些部门则采取更普遍的行动以阻止不公平或不安全事故的发生。甚至在地方层级上，公共组织通过发放许可证及划分区域等做法，直接对企业运作作出规制。

政府也是企业产品和服务的重要消费者。在联邦政府，每年花在购买企业产品和服务方面的资金就超过了 3,300 亿美元。仅国防部每年这方面的开销就逾 2,000 亿美元。在州和地方政府，这些开支总额达到每年 2,700 亿美元（参阅 www. census. gov/prod/2005pubs/cffr-04. pdf 和 www. census. Gov/govs/estimate/0400ussl_1. html）。企业非常重视顾客，因此企业关注政府，这一点也不足为怪。

鉴于以上种种原因，企业越来越强烈地意识到需要对政府工作进行详细的了解，如政策的制定、政策的执行以及如何去影响政策。越来越多的企业不仅仅成立了公共事务办公室，专门研究政府运作、追踪政策发展并试图影响政策，而且还高度重视培养了解政府

机构运行的各级行政人员。因此，即使你的职业生涯是规划在企业中，了解公共组织的工作也是你的培训课程的重要部分。

影响公共组织

目前为止，我们已经讨论了研究公共行政学的诸多动机，其中任何一种动机都可以成为修读该入门课程的理由。然而，学习公共行政，可能还出于另外一个更普遍的原因，即了解政府程序的某些重要方面，以有效地处理直接影响你生活的公共问题。人们无不深受政府和非政府机构工作的影响，了解这些组织的运行不仅是有益的，有时还是必须的。

人们已经习惯了公共服务的无所不在，因此尽管其生活常常深受公共和非营利组织的影响，但人们有时竟然对此熟视无睹。不妨想想典型的一天：我们一早醒来，收听的是在运营上受到规制的广播电台或全国公共广播电台的节目，这些节目来自拥有专利并在联邦通讯委员会（FCC）注册的钟控收音机，收音机所用的电源是由政府管制的电力公司或公用事业单位提供。我们刷牙所用的牙刷是被联邦机构认证为安全（即使不是有效 13
的），并且获得了政府专利与信托。我们使用市政供水和排污系统，而无需考虑其运行的复杂性。我们穿的衣服是根据政府的严格规定生产出来的，我们吃的食物也是按照政府规定进行生产并且经过政府检验的。我们遵守政府强制执行的交通法规，驱车经过高速公路驶向一所主要由联邦、州和地方政府资助的大学，学习所用的是由国会图书馆版权所有并由其编目的书本。因此，尽管一天刚刚开始，公共组织就已以各种各样的方式影响着我们的生活。

公共行政在日常生活中的重要性显而易见，由政府和非政府组织官员（不仅仅是民选官员）做出的决策直接地影响我们的生活。不妨做个假设，某一天你得知资助你大学教育费用的那项贷款计划正在接受审查，而且该计划可能作出修改，修改后，你将不再有申请的资格。在这种情况下，你肯定会采取某些行动以保证你的申请资格。显然，了解政府机构的运作，特别是熟悉那些能够影响行政决策的方式，会大有裨益。

作为受公共服务影响的公民，了解公共和非营利组织的运作将会受益匪浅。如果某个人要亲自参与政府过程的某些方面，了解这些运作则更为重要。对于正在阅读本书的读者来说，这种参与是非常有可能的。事实上，如果你是一位大学毕业生，不管你的专业或者你感兴趣的领域是什么，在人生的某一时刻，你都会有大好的机会参与某种正式的政府活动。你可能会被遴选为地方、州或国家机构的官员，你可能会成为某个理事会或委员会中的成员，或者你关于政府的建议会以某种其他的方式被采纳。你也可能参与地方社区的非营利组织或者慈善机构的工作。无论在哪种情况下，全面了解公共组织（包括政府和非营利组织）的结构和程序，都至关重要。

最后，对于那些乐于了解公共或非营利组织运行的人来说，他们实际上可能从一个更加学术化的角度来体会公共行政领域的旨趣：研究和评论政府和非营利组织的运作，既有助于更好地理解政策形成的过程，也可以为公共组织的工作提供支持。步入公共行政的学术生涯、从事该方面的教学和研究，各种机会确实甚多，并且你会发现自己越来越被它们所吸引。然而，所有的机会都始于对行动的关注。

你会怎么做?

> 假如你担任某州人类服务部部长已经三年。你和州长的关系应该非常融洽,你和立法机关(由州长所在的政党控制)的关系也不错。然而,立法机关最近有一项动议,即削减儿童保健项目资金,而你却认为该项目对那些受福利救济的妇女就业至关重要。那
> 14 么,你会怎么做呢?

有所作为

在促使你去了解公共和非营利组织相关知识的众多动因中,有一个主题似乎结合了各种各样的兴趣,即有所作为的兴趣。无论你是精心准备去公共部门就职(你可能管理一个公共机构),或者只是准备影响公共政策的进程及其执行(因为公共政策直接影响着你或者你的企业),你的兴趣都在于采取行动,以对公共和非营利组织施加影响。获取该领域的理论知识是一回事,而大部分学生想要学到的是那些能够使他们在政府过程中成为更有效的行动者的东西。在专栏 1.2 中,我们将讨论一些杰出的行动者。

专栏 1.2　公共服务:非比寻常的职业

> 就我来说,每当想到政府公务员身着制服、执勤在外,便想到为国家鞠躬尽瘁的许许多多的杰出男女,以及他们所提供的多样化服务,包括守卫边防、递送邮件、治疗疾病以及探索外层空间等。前几天,我看到一本公务员的刊物,其中按字母顺序列出了一份耳熟能详的公务员名单,这份名单长达数页,排在最前的是一位名叫尼尔·阿姆斯特朗(Neil Armstrong)的职业公务员,他成功实现了登月计划。排在最后的是诗人沃尔特·惠特曼(Walt Whiteman),他曾就职于内政部和美国司法部部长办公室。何谓多样化呢?比如说,这份名单里还有四位"诺贝尔奖"获得者和一些重要的发明家,包括亚历山大·格雷厄姆·贝尔(Alexander Graham Bell),他曾在美国人口普查局任职。名单里还有其他一些我们耳熟能详的人物,他们都从事过这份令人骄傲的职业,如克莱拉·巴顿(Clara Barton)、华盛顿·欧文(Washington Irving)、亚伯拉罕·林肯(Abraham Lincoln)、查尔斯·林德伯格(Charles Lindbergh)、纽特·罗可尼(Knute Rockne)、哈里·杜鲁门(Harry Truman)和詹姆斯·惠斯勒(James Whistler)等。
>
> 以我个人的经历来看,回顾为联邦政府服务的那些岁月,那是我人生当中最令人激动、最有挑战性同时也是要求甚高的时光。我过去常说,当公务员的那几年是我工作最卖力的时候,现在我还是这样认为。当时的工作伙伴是我所认识的最友好、最具竞争力以及最有责任感的一群人。我想,这也许与你在报纸或电视上看到的并不一样,但我会不失时机地将这一点告诉大家。在政府部门工作的经历,使我对那些为国家恪尽职守的公共雇员肃然起敬。

资料来源:Norman R. Augustine, Chairman and Chief Executive Officer of Martin Marietta Corporation, Address to the Federal Executive Board, Denver, Colorado, April 26, 1989. Text provided by The Council for Excellence in Government, Washington, D. C.

这本书定位于行动，定位于如何使公共服务有所作为。我们的视角着眼于行动者而非学者，尽管理解行政行为同样也是理解学术研究的基础。行动首先要求具备知识基础，如何使政府和行政过程变得有效，必须了解一些基本理论。同时，在制定和执行公共决策的过程中，必须确立一些基本的价值原则。此外，要想在所选领域中与其他人有效地合 15
作，还必须掌握技术和人际关系方面的技巧。因此，确定行动的定位意味着必须强调所有三个方面，即知识、价值以及在与“真实”的公共组织打交道时使你更具效率和更能担负责任的技能。

公共行政理论和实践的主题

在接下来的章节里，我们将关注的重点放在行动上——为实现公共和非营利组织的成功，现实世界的行动者所需要采取的行为。但是仅有行动是不够的。如果没有某种程度的理论思考，行动便会苍白无力或迷失方向。正因为如此，我们在此略述一下公共行政的两大主题，它们是传统意义上公共组织运行的标志，在今天仍然有着重大意义。就其本身而言，这两大主题——政治与行政、官僚制与民主制——构成了公共行政思想和实践的基本背景。尽管本书只是简单介绍这两大主题，但我们认为，它们是当代公共行政处理效率和回应之间矛盾关系的宣言。这种矛盾使当今公共行政者的工作至关重要，在讨论具体行政行为的背景时，我们将经常提及。

政治与行政

尽管政治行政二分法是公共行政最古老的主题之一，但它对今天的行政人员依然有着重大的意义。不妨回顾一下，伍德罗·威尔逊早期的一篇论文开创了美国公共行政研究的初始格局。除了强调企业化的实践之外，威尔逊还主张将行政过程从潜在的不良政治影响中分离出来。威尔逊写道：“行政置身于政治的领域之外。行政问题不是政治问题。行政接受政治所派任务，但不受政治操纵”(Wilson 1887，p. 210)。换言之，虽然政策是由政治家讨论和决定，但却是由政治中立、职业化的官僚机构来执行。如此一来，政府的日常行动就会远离潜在的不良政治影响。

在政治(或政策)与行政分立的讨论中，其他一些早期的学者加入了威尔逊的行列，至少从语义解析上。更多的改革实践者在这一点上走得更远，他们在创建政府形式时，都是以政策与行政的分立为基础的，如地方政府的议会—市政干事(council-manager)模式。在这种模式中，议会制定政策，而市政干事则负责执行。议会从事政治(或政策)活动，而市政干事则参与行政活动。

然而，在20世纪前几十年里，政策与行政的分立被日渐打破，即使是议会—市政干事型的政府模式也是如此。本来执行政策的干事们发现自己具有政策制定者所需要的专业 16
技能，遂开始卷入政策过程之中。到20世纪中叶，锡拉丘兹大学的保罗·阿普尔比(Paul Appleby)一语道破：“公共行政就是制定政策”(Appleby 1949，p. 170)。

行政人员越来越多地参与政策过程，部分原因归结于这一事实，即在当今社会里，政府和非营利组织的运行愈加复杂，管理公共机构所需的技术和专业能力也与日俱增。随着兼具技术能力和专业知识的人不断涌入公共组织，他们不可避免地要表达自己的看法。同时，(各级)政府立法部门难以对政府的每个细节都了然于胸，因此，它们被迫越来越多地依赖公共机构中的专业人士。而且，政府的复杂性意味着立法机构有必要对法律的一般条款进行规定，给予政府机构充分的自由裁量权，使其在合适的时候解释法律并制定日常的政策。

确保责任

承认政治与行政之间的互动并未使它们之间的关系问题变得简单。如果公共行政人员制定政策，那么如何确保他们所制定的政策是对人民负责呢(正如我们在民主社会里所期待的)？一般说来，立法部门至少应该是积极反应的，否则在下一轮选举中，它们将不再是立法者。但是行政人员呢？

传统意义上说，答案是行政人员对立法者负责，而立法者则对人民负责。但即使在今天，这种观点仍然难以捉摸。公共和非营利机构中的工作人员确实要与立法部门合作并且向其汇报工作，但是他们也通过提供信息来引导公共舆论。他们动员政府内外的支持
17 力量，并与各种各样的公共和私人团体进行讨价还价。在一定程度上，其行动就像独立的代理者。

因此，当下关于责任的更多讨论(我们将在第 4 章详述)都把重点放在问责的措施上，即通过寻求行政人员主观上树立强烈的责任意识，或者通过提供结构化控制来确保问责，以补充其对立法机关的责任。正如我们后面将看到的，有人试图提出公共组织和非营利组织的职业标准，也有人编制了伦理规则和职业实践的标准。还有人提出让立法部门更多地介入行政过程或者赋予更多的立法审查。甚至有人已经描述出若干机制，例如行政过程或公众意见调查的公共参与机制，以使行政人员与公民的想法更加保持一致。

你会怎么做？

> 假如你是所在区域“匿名家长”(Parents Anonymous)[①]的执行董事，该组织致力于防止虐待儿童和巩固家庭关系。最近，由于资金来源被终止，该组织面临裁员(与减少服务)或者寻找新的资金的困境。那么，你会怎么做呢？

政治(或政策)与行政的关系问题将作为本书后面章节的一条主线反复出现。虽然经典的政治行政二分法已经式微，但随着公共行政人员在政策过程中的作用变得越来越突出，政治与行政之间的关系问题也变得至关重要，因为它触及了公共行政的本质。如果说公共组织有别于其他社会组织，那么真正的区别就体现在公共组织参与并回应公共利益的方式上。这个问题将我们引向另一组关系问题，即官僚制与民主制之间的关系。

① “匿名家长”是美国一个防止虐待孩子、巩固家庭关系的非营利、自助性组织。“匿名家长”由家长自愿参加、定期开会，给家长支持并帮助家长处理有关问题。这些会议均保密，参加成员可采用匿名形式。大部分家长不透露姓氏，只交换名字及电话号码以互相帮助，寻求支持。——译者

官僚制与民主制

从早期关于公共行政的讨论中延伸出的第二个主题，就是必须面对民主制和官僚制之间的可能冲突。让我们再次来回顾一下民主制。有学者曾用三大标准来界定民主制的道德承诺。第一，民主原则主张个体是人类价值的基本衡量单位，并且个体发展是民主政治制度的首要目标。第二，民主道德认为所有人生来平等——不能因为财产、地位或职位的不同，而给某个人或者群体以优于其他人或者群体的有利条件。第三，民主道德强调公众广泛参与制定重要的公共政策(Relford 1969，p. 8)。

与民主原则相对立的是官僚制管理的理念/思想。曾几何时，企业快速增长、复杂的技术以及迎合这些技术的新组织方式应运而生，此时，早期的公共行政学者和实践者就已经描述出官僚制的基本理念。在某种程度上，公共部门转向企业领域寻求组织的模式。人们发现，大规模企业的成长导致庞大复杂的官僚组织的产生，官僚组织建立的基础与民主制的价值截然不同。(尽管"官僚制"一词常常以一种轻蔑的含义使用，如"官僚作风"，但我们在此使用的是一种更中性、更科学的含义，即组织的一种方式。)因此，官僚组织模式被引入到公共部门。

首先，官僚制的价值包括这样一种需求，即将许多个体的工作集中起来，从而实现单凭个体能力无法实现的目标。其次，官僚制度的结构是层级制的，处于顶层者比底层者拥有更大的权威和裁量权。再次，官僚组织一般主张权力和权威自上而下运行，而不是相反。(我们将在第 5 章对官僚制的概念进行详细介绍。)

与民主制的个体价值相对的是官僚制的团体或组织价值，与民主制的平等价值相对的是官僚制的层级制，与民主制的参与价值相对的是官僚制自上而下的决策和权威。 18

如何使这些价值得到相互调和，是早期公共行政学者和实践者所面对的难题，直到今天依然如此。许多问题接踵而至。例如，对于民主政府而言，通过以独裁的组织来实施政府工作，这是否合适呢？关键的问题是强调效率作为机构成功的唯一标准。

效率与回应

长久以来，公共行政研究者一直为政治与行政、民主制与官僚制两大难题所困扰。在日常问题中，公共组织(以及越来越多的非营利组织)管理者也开始频繁地遭遇到这些矛盾关系，它们以效率与回应之间的冲突表现出来。从某种意义上说，原有两大早期的问题实际上已经合二为一，变成了效率与回应之间的矛盾。一方面，人们希望公共和非营利组织以尽可能高效的方式运作，能最少地花费纳税人与捐赠人的资金并迅速完成任务。另一方面，公共管理者必须持续关注公民的需求，无论这些需求是通过行政机关、立法机关，还是由公民直接表达的。

本章结尾的第 5 个案例生动描述了当今存在的这一实际难题。(你可能想现在就读一读，请看"案例与练习"第 5 题。)案例讲述的是关于一项新房贷项目的争论。虽然本案例提出了许多不同的问题，刚接触案例的大部分学生都将注意力集中在约翰·泰勒和卡罗尔·兰利对各自工作的不同认识上。乍一看，约翰似乎只是关心工作的效率，而卡罗尔则好像更关注于回应顾客群体的需求。本案例似乎是有关效率和回应之间张力的一个典型例证,事实确实如此。但从更深层次来看,本案例还展示了现实问题的复杂性。譬如,你可以认为,约翰是在尽力高效率地回应那些一直等着贷款审批的顾客的需求;你也可以认为,通过教育努力,卡罗尔是在确保项目审批的更有效率、更持续的运行。

当然,最主要的一点是,在公共组织中,人们可能经常棘手于在效率和回应之间进行调和。要想解决类似于约翰和卡罗尔所处困境中的伦理问题,其关键在于,首先要理解等式两边所代表的不同伦理价值,其次是要进行伦理的考量(也可能是对话),从而找到解决问题的正确途径。有趣的是,在这个具体的案例当中,约翰和卡罗尔所代表的现实生活中的人物性格纠缠到一起,并且以各自不同的途径表现出来。结果他们达成了共识,决定采取既能实现效率又能积极回应顾客需求的行动。在现实世界,对话有时确实能发挥作用!

总之,政治与行政、官僚制与民主制的话题在公共行政的历史上打下了深深的印记。今天,这些话题经常以效率和回应之间的张力表现出来。难道公共机构必须以尽可能最
19 高效的方式创造所期望的结果吗?或者说,难道公共机构必须对公共利益和公共舆论做出回应,即使这些公共利益和公共舆论并没有通过民选官员(特别是立法机构)明确表达出来?久而久之,在关于公共政策、人力资源管理、预算和财政管理等议题的讨论中,你会经常发现这种张力。效率和回应之间的张力仍然是公共行政领域"悬而未决的谜案"。但也许正因为如此,这种张力使得公共行政学充满着吸引力与活力。

公共行政人员的职责是什么?

公共行政的行为导向要求关注公共和非营利组织管理者的职责到底是什么——在现实世界中他们是怎样付诸行动的。他们如何安排自己的时间?他们需要什么技能以胜任自己的工作?从事公共服务有哪些回报和挫折?从行政人员的角度来看,我们可以提出这样的问题:最有效和最具回应力的公共或非营利组织管理有什么特点?对行政人员有什么要求?公共管理者可以从其自身工作中获得哪些满足感?

以下我们通过聚焦管理者为完成工作所需的技能,以找到这些问题的答案。在《哈佛商业评论》上的一篇经典论文中,罗伯特·卡茨首次提出了所有管理者必需的一般技能:概念能力、技术能力和人际关系能力(Katz 1974)。

1. 概念能力,包括抽象思维的能力,特别是管理者的组织概念理解。它也包含这样的能力,将组织视为一个整体来进行思考,如何使所有部分或职能发挥作用并使之相互协调,如何让一部分的变化影响到其他部分。概念能力还包括如何使组织或组织的各部分与组织环境相适应的能力。

2. 技术能力,是指理解并精通完成任务所需方法、程序和技术的能力。例如,会计师需具备实施审计或制定损益表的能力,修理工需具备维修发动机的能力。

3. 人际关系能力,是指作为群体的成员能够有效工作的能力,或者能够使其他人一起有效工作的能力。(此处的"其他人"包括下属、上司、同一层级的管理者,或者为既定项目或任务与你一起工作的所有人。)

对管理者而言,所有这些能力都至关重要,但并非对所有管理者都同等重要。卡茨认为,对负责日常操作的管理者而言,技术能力最为重要,但是其重要性随着管理级别的升

高而下降。另一方面，对高层管理者而言，概念能力最为重要，他们必须把组织当作一个整体（而不只是一部分或几部分）来对待。对中层管理者而言，概念能力的重要性则相应降低，而到了日常监督管理层，概念能力变得最不重要。

然而，人际关系维持着恒定的重要性。无论对哪个层级的管理者来说，它都至关重要。如何运用管理者的人际关系能力，则因管理层级而异。例如，高层管理者要比监督管
理者主持更多的会议，但人际关系能力仍是所有管理者成功的必需能力。在这本书里，我 20
们将考察与公共管理相关的知识和价值（即概念能力）、公共管理者在诸如预算和人事等领域所需的技能（即技术能力）以及有助于实现管理者与他人有效合作所需的个人和人际关系质素（即人际关系能力）。

公共管理的能力清单

对行为导向进行详述的一个方法就是制作一份成功的公共或非营利管理所需的技能或能力清单。制作这种清单的方法多种多样，最好的办法是像本章最后练习 1 所建议的那样，与公共和非营利组织管理者进行面谈。不少研究都试图通过对那些与成功的管理密切相关的能力进行界定来回答这个问题。在这些研究中，曾经由联邦政府人事管理总局（OPM）所作的一项早期研究特别有用（Flanders & Utterback 1985）。人事管理总局的这项研究收集了来自有效的联邦管理者的大量信息，并在此基础上对日常监督层、管理层和执行层的管理绩效的众多因素进行了描述。

根据人事管理总局的这项研究，管理者的能力包括：对机构政策和国家事务的敏感性、代表组织和联络外界的能力、设计组织目标及实现步骤的能力、获取实现组织目标的资源并进行分配的能力、有效利用人力资源的能力以及监控、评估与调整组织工作的能力。但是，人事管理总局的研究者也意识到，管理的成功不仅是要完成工作，而是要做好工作。为此，他们开发了一整套能力、态度和方法，以使卓越的管理者能藉此脱颖而出。

但是不同管理层级需要的能力也不尽相同。当管理者层级不断上升时，他们必须积
累越来越广泛的能力。例如，研究者认为，第一线的日常监督管理者必须运用沟通技巧、 21
人际关系敏感性、技术能力等，以确保自身和工作团队的绩效。而且，他们的行动必须开始反映下个层次的能力特征：领导、弹性、行为导向以及对结果的关注（详见本章后附录）。

对中层管理者而言，他们必须表现出实现效能的所有特征，并具备下一层次的能力：开阔的视野、战略眼光和环境敏感性。处在公共服务最高层的行政人员负责完成机构的各项目标，必须淋漓尽致地展示出实现效能的特征。显然，不论工作任务包含哪些环节，也不管以什么样的风格来完成，管理者要获得成功，具备多种多样的能力是必不可少的。

人事管理总局所进行的最近一项研究对最高政府行政人员——高级公务员必备的核心素质进行了详细说明。该项研究首次提出了行政人员五大核心素质，即领导变革、引导人们、结果驱动、业务才干以及建立联盟。同时，这些核心素质辅之以六大“能力”，即人际关系能力、口头沟通能力、正直/诚实、书面交流能力、不断学习以及公共服务的激励能力（OPM 2006）。

网络链接

联邦政府层级涉及管理问题的网站包括美国人事管理总局(www. opm. gov)以及上述所列那些服务机构(www. usa. gov)。除了本书后面列出的刊物,你可能还对如下一些网站感兴趣:《治理》杂志(*Governing*)(www. governing. com)、《慈善纪事》(*Chronicle of Philanthrapy*)(www. philanthropy. com)、《政府行政官》(*Government Executive*)(www. govexec. com)、《政府科技》杂志(*Government Technology*)(www. govtech. com)、《公共管理者》(*The Public Manager*)(www. thepublicmanager. org)。

公共行政人员的心声

要想在公共行政领域取得成功,必须了解自己需要掌握哪些能力,类似于人事管理总局所做的研究为此提供了帮助。但是,在公共或非营利组织工作的"真实"感受到底如何呢?回答该问题的最好办法是请一些公务员现身说法(参阅专栏 1.3)。最近,我们采访了公共行政领域三位杰出的职业人士,请他们谈了自己对该领域的看法以及对自身工作的感受。以下叙述都是基于这些访谈。简·帕金斯在加利福尼亚州弗里蒙特市担任城市管理人员多年。当问及进入公共行政领域的动机时,她这样回答:

> 我热衷于改善人们的生活质量和提高妇女与少数民族的地位。我相信,通过进入地方政府的管理层,我能够发挥最大的影响力。
>
> 我工作的最大回报就是能确定这座城市的使命,并集中我所有的资源和力量,全力以赴完成该使命,解决居民的问题,并实现员工的成长与发展。

考虑选择公共服务职业生涯的人应该明白,公共管理不同于私人公司的管理。它要求对以下价值作出承诺,即为所有人提供优质服务,并且一视同仁。进入公共服务的人要
22 具备非常高的行为伦理标准以及真诚地对待所有人的能力,这些都非常重要。

迈克尔·斯塔尔就职于联邦政府环境保护局,他回忆起自己从事公共服务的动机:

> 我选择从事公共服务,是因为我过去把政府视为解决社会问题的工具(现在仍然这样认为)。尽管存在着各种政治言论和政治意识形态,但是民主政府是社会中一股强大的积极力量,我相信,政府制度和项目对国家至关重要,公共服务是一门崇高的职业。
>
> 一旦得知自身的工作对那些只有通过政府介入才能获得帮助的人产生了影响,你将得到最大的满足。例如,以我个人的经历,我曾协助实施了一个项目,使全国的中小学生都可以不受石棉材料的影响,但该项目如果没有联邦政府的财政支持,学校就无法撤除所有的石棉。政府服务运用超出私人部门能力之外的途径为人们提供各种机会。
>
> 如果你正在考虑进入公共服务的职业生涯,请反思一下进入公共服务的动机,因为理由也有正确和错误之分。如果你想为解决社会问题做出自己的贡献,

如果你想提升政府权力使用的民主价值和伦理标准，如果你对公共利益服务充满了激情，那么，进入公共服务的理由是正确的。如果你是为自身成就而寻求公众的奉承和认可，如果你是为努力工作追求物质或经济回报，如果你是希望获取各种权力并按照自身计划改变世界，那么，你的理由就是错误的。因错误理由而进入公共服务领域的人将感到失望。然而，对于有激情为公共利益贡献的人来说，政府服务将代表着一种最令人满意的方式，将你的激情转化为提高大众生活质量的思想与行动。很少有职业能够提供这种机会，这也是公共服务一直以来能够成为一项激动人心、具有挑战性和令人满意的事业的原因。

显然，与汤姆·唐斯一样，这些职业人士都是“公共服务迷恋者”(参阅专栏1.3)，他们都认真地履行服务他人的承诺。在做出该承诺时，这些行政人员都分享着一个悠久而光荣的传统。事实上，有史以来，公共服务一直都被认为是社会上最崇高的职业之一，在其他国家，例如法国和日本，公共服务更是备受赞誉。

专栏1.3　一位公共服务迷恋者的反思

回忆我坚持从事公共服务的动机，我找到了几个答案(而不是单一答案)：

首先，运用长期学习中所获得的能力，使我充分地享受到了快乐。在从事公共服务二十余年以来，我意识到自己的技能和能力来之不易。我在公共服务中受到了代价高昂的教育，我觉得自己有责任把别人在教育我的过程中所投入的资源、精力和关心再回报给社会。

其次，我相信这份工作意义重大。公共服务暗含一种内在的设想，即致力于使全社会所有的人都过上美好的生活。公共服务最终基于一种愿望，即人类条件一定能得到改善，这是构成从事公共服务的核心动机的一种乐观主义。为了留在政府部门，必须相信自己的行为会对公共利益产生某些影响。

再次，只有从事公共服务，你才能找到某种成就感。例如，在成功地实施一项降低婴儿死亡率的项目后，你意识到该项努力今年又使35名婴儿存活下来。只有从事公共服务，你才能参与帮助精神病患者从医院回归社区的整个过程。有机会帮助解决社区问题并亲眼目睹一切变化，是使我们与公共服务结下不解之缘的重要因素。

坚持从事公共服务的最后一个动机是，不断重申政府服务在公众心目中的合法性和信誉，这具有重要的意义。重申我们具有支配和控制自身命运能力的一种重要途径就是进入各级政府部门，以提供公众所期待的服务。这些都要求必须有一个训练有素的团队能够理解并管理公共机构。如果公众要求有所行动，而我们无动于衷，那么，政府就证明是疏离公众和无能为力，就会失去合作的能力。作为公务员，如果我们只是生锈的、失修的和陈旧的政府工具，那么只会招致对政府机构的进一步反对。无论我们是否希望，挑战都将存在；无论是否受到关注，我们都必须致力于公共事业；无论是否被要求，我们都必须建立公众的信任，并去打扫破烂，建立整洁的秩序。

总之，无论从事公共服务的个人动机如何，政府过程要求从事这项事业的工作人员必须是具有奉献精神的专业人员。公共服务要求具有面临各种困难依然能确保政府日常运作的能力。这种能力就是建设合法政府、建立公众信任。如果这样表达太过抽象，那么可以具体地说，公共服务就是让婴儿生存、扑灭火灾、收集垃圾、处理犯罪和人口迁移等。它无处不在，无时不有。

资料来源：Thomas Downs，"Reflection of a Public Service Junkie"，Reprinted with permission from the March 1988 issue of *Public Management*（*PM*）magazine，published by the International City/County Management Association，Washington，D. C.（Downs 曾担任多个社区的市政经理并担任过"Amtrak"公司的总
23 裁）。

毫无疑问，服务他人的观念有着巨大的吸引力，部分原因是因为它所带来的快乐和满足感。在公共组织里工作的那些人几乎每天都能得到来自公共服务的回报。

小结与行动启示

如前所述，本书的重点放在试图通过政府机构或者其他公共和非政府组织向公共政策施加影响的行政人员或者公民个体身上，并在一定程度上详细讨论了公共和非营利部
24 门工作所需要的制度、程序和技术。但最重要的是，本书对行政人员所处的公共行政"真实世界"进行了考察。

众所周知，这是一个需要开发特定能力才能有效地、负责地经营的世界。这些能力包括：对政府制度和过程的理解能力，对公共服务所蕴涵价值的鉴别能力，在诸如项目设计、预算和人事等领域的技术能力，在沟通、领导和决策等过程的人际关系能力以及对知识、能力和价值进行适当"整合"的能力等。

最理想的是，希望通过研究本书所讨论的问题，你能深入了解公共行政的政治背景，透彻理解自己在政策形成和执行过程中的作用，培养对公共服务理念所固有的道德与伦理问题的敏感性，并培养自己在规划与项目开发、预算、人事、生产力等领域的技术能力、良好的人际关系能力（包括领导、决策和沟通），以及在现实生活中有效且负责地行动的自信心和自我意识。尽管抽象意义上的公共行政有时似乎苍白无力、遥不可及，但是实践中的公共行政人员的现实世界则生机盎然，并充满活力。它既面临着挑战的难题，也不失发展的机遇。

术语与定义

独裁政体（Autocracy）：由一个人统治的政府。

民主制（Democracy）：决策权由社会成员广泛享有的一种政治制度。

平等（Equality）：主张所有人都有平等的生命权、自由权和追求幸福权利的一种观念。

个人主义（Individualism）：主张将个人的尊严和完整性置于最重要位置的一种观念。

自由（Liberty）：主张民主制度下的公民个体应该享有高度自决权的一种观念。

寡头政体(Oligarchy):由少数人统治的政府。

政策分析师(Policy analysts):通过深入研究项目的运行及其影响,为公共项目提供重要信息的人。

项目管理者(Program managers):处于从执行层到监督层、负责具体政府项目的人。

公共行政(Public administration):公共项目的管理。

人事管理者(Staff managers):通过预算与财政管理、人事与劳资关系、采购等工作支持项目管理者工作的人。 25

思考题

1. 受过公共行政培训的人员可以获得的职业机会有哪些?
2. “美国社会最重要的趋势之一就是企业和政府之间的互动关系越来越紧密。”这句话意味着,我们需要更好地认识和理解企业与政府之间的互动关系。这种互动关系有哪些重要性,为什么要正确理解公共与私人部门之间的关系?
3. 公共行政与企业管理之间存在着极大的差异。两个领域到底有着怎样的区别? 为什么这两个术语是不可相互替代的?
4. 伍德罗·威尔逊等早期学者是如何看待公共行政在民主社会中的角色的?
5. 人们对“民主”一词有着多种多样的解释。哪些重要概念构成了民主社会(美国政府正是运行于其中的)?
6. 在界定公共和非营利管理者的工作时,“公共性”的意义是什么?

案例与练习

1. 采访一位公共行政人员。确定一位或几位在公共或非营利组织中担任管理人员或分析师的人,然后采访他们。被采访者可能任职于公立大学、地方政府、州或联邦机构或者非营利组织。他们可以是大学行政人员、市政管理者或部门负责人(如公共工程局或公园、娱乐中心)、县政府官员(如县办事员)、州政府管理者(如福利办公室或公路管理署)、联邦政府管理者(如社会保障部、农业部或美国联邦航空局等部门的地方办公室)或者协会行政官等。他们可以是项目管理者、人事管理者或政策分析师。

请被采访者对其职位进行描述,包括其工作职责以及与工作密切相关的知识、价值观和能力等要求。以下是所提问题的一些例子:

- 请描述一下您的工作,以及您是如何赢得这个职位的? 简述一下您的教育和工作背景。
- 您所从事的工作对社区/州/国家等可能带来什么影响? 26
- 您觉得公共组织工作有哪些不同或不寻常之处? 与企业或工业中的类似工作相比,你如何看待自己所从事的工作?
- 您觉得哪些知识、价值和能力对您的工作至关重要? 如果让您聘请某个人来接替您的工作,您会最看重什么?

2. 思考下面这个案例。作为一个中型城郊社区财政部门的行政助理，你受部长之命要与一家会计事务所签订合同，对10个主要城市部门的订单进行审计。你必须制定竞标要求，并在地方报纸刊登广告，并向所有的地方会计事务所发出书面通知。结果你收到5份应标书，其中4份来自当地的事务所，另外1份来自总部位于隔壁城市的一家美国“八大”会计事务所。在成本和预期工作质量等方面，这些标书基本上相差无几。但是，其中一家名为Jones and Denham的事务所曾在当地做过类似的审计，显得更加富有经验。收集到所有信息后，你做好了决定并约定星期二早上向部长进行汇报。但是，在星期一的午餐时间，一位得知你正在负责该项审计合同的朋友偶然提到，T. P. Howard and Co. 会计事务所的霍华德先生是市长的小舅子。T. P. Howard and Co. 也是参加该项审计合同竞标的五个会计事务所之一。就在当天下午，你接到了市长的电话，问及审计合同报告的事。你将怎样对市长说呢？对于该项合同，你会提出什么建议？该案例说明企业和政府之间的什么关系？

3. 思考下面这个案例。戴维·伍德几乎无所不能，是一位出色的教师、专注的学者和优秀的部门负责人。他受邀到校长办公室参加一个会议，评价一项新的课程计划。他和同事已经讨论过该计划并一致持反对意见。会议一开始，校长首先表扬了戴维出色的行政工作，并表示戴维完全可能成为将来系主任的合适人选。戴维一直就想当系主任。会上，戴维只是稍微表示反对，并答应会尽力说服同事支持该课程计划。

从学术职务到行政职务，或从技术职务到行政职务，都使你的处境大为改变，这种改变面临着更大的复杂性和不同的压力。与技术职务相比，影响那些担任管理职务的主要因素有哪些？

4. 最近，中西部一所大学的兄弟会和女生联谊会获悉，他们的房屋财产税类别将由
27 “住宅房”变为“商品房”，这一改变将使其财产估价从19%增加到32%，因此这些“希腊字母社团”房屋将增加数千美元的税费。他们认为这一改变很不合理，正如一个会员所说：“大学里的兄弟会或女生联谊会都不是营利组织。”而该县一位官员指出，这些房屋超过了法律上所描述的“四个单元”。而且，兄弟会和女生联谊会既不属于居民事业单位，也绝不属于农业事业单位（法律所规定的），所以被归为第三种“包罗万象”的类别，即“企业和其他类”。

如果你去给这些希腊字母社团组织咨询，那么你会提出什么建议呢？他们应该采取什么行动？从哪里开始上诉呢？接下来又该怎么办呢？

5. 思考以下的案例（参阅本章前述的“效率与回应”讨论部分）。

约翰·泰勒和卡罗尔·兰利在当地一家非营利社区发展机构上班。在经历大规模机构重组后，约翰受命负责监管一个新的房贷项目，卡罗尔负责协助他的工作。该项目的目的在于为该市特定区域重新建房的人提供低息贷款。尽管约翰和卡罗尔都具有相关的经验，但他们两个都不熟悉这类特殊项目的管理。更糟糕的是，为如何运营这种项目提供帮助的研讨班几个月前就已经结束。约翰和卡罗尔只拿到一本工作手册，就被通知开工。

该项目涉及大量的工作，开展项目需要花费不少时间。例如，需要训练新的房屋监理员，以与市政府的相关检查相协调，还要与提供申请者信息的其他公共和非营利机构建立良好的关系。

要在短期内完成第一批申请的处理工作，约翰不久就开始感受到巨大的压力。第一

批申请者中间大约有40人以前申请过其他项目，但都遭到了拒绝。因为申请材料已经在机构备查长达1年，这些申请者希望自己的申请尽快得到处理。通过对几位申请者的走访和电话询问，约翰非常理解他们的心情。然而，约翰也知道这个特殊的房贷项目将对社区产生重要影响，因此，在这种困难的情况下，高效率的工作对机构和自己在公共服务中的未来都至关重要。

卡罗尔认识到必须尽快完成工作，也感觉到对申请者有份特殊的责任。她认真接受了机构主任的建议，即机构应该抓住机会就有关这些项目的程序对申请者进行“教育”。她认为，定期地对房屋检查、成本估算、贷款总额、财务信息以及贷款条款和条件进行核查非常重要。卡罗尔并不像约翰那样把大部分时间都花在办公室里，而是频繁地与申请者交谈，其中，许多申请人都是她在该机构以前的岗位上所认识的。 28

对于每位申请者，约翰和卡罗尔都收集了有关财务状况的档案信息，以及这些申请者理想中的重新建房计划。这些档案将由申请者收悉并签字，然后递交给住房和城市发展部的联邦区域办事处，以决定如何采取下一步行动。

约翰认为，如果卡罗尔只要求申请者在办公室的空白表格上签字，那么整个过程就可以更快地完成。这样，一收到贷款的信息，相关的条款就立刻写进签好字的表格当中，从而节约每位申请者等待表格审查的时间。而且，这样也可以省去来来回回在几个办公室之间协调、讨论材料的冗长过程。

当约翰要求卡罗尔提交签好字的表格时，卡罗尔拒绝了。她不仅认为申请者在签字之前必须明白合同的内容，而且她还担心让人们在空白表格上签字是违法的。当她与约翰的上司谈论该要求时，她才知道这样做并不违法，而且区域办公室的人之前也如此做过。

拓展阅读

Ban，Carolyn. *How Do Public Managers manage*? San Francisco：Jossey-Bass，1955.

Cohen，Steven，and William Eimicke. *The New Effective Public Manager*. San Francisco：Jossey-Bass，1955.

Cayer，Joseph N. and Louis F. Weschler. *Public Administration*：*Social Change&Adaptive Management*. 2nd ed. San Diego，CA：Birkdale Publishers，2003.

Doig，Jameson W.，and Erwin C. Hargrove. *Leadership and Innovation*. Baltimore，MD：Johns Hopkins University Press，1987.

Frederickson，H. George. *The Spirit of Public Administration*. San Francisco：Jossey-Bass，1997.

Ingraham，Patricia，and Donald F. Kettl，eds. *Agenda for Excellence*. Chatham，NJ：Chatham House，1992.

Hal，Rainey G. *Understanding and Managing Public Organizations*. 3rd ed. San Francisco：Jossey-Bass，2003.

Kettl，Donald F.，and Briton Milward，eds. *The State of Public Management*. Baltimore，MD：Johns Hopkins University Press，1996.

King，Cheryl Simrell，and Camilla Stivers. *Government Is US*：*Public Administration in an Anti-Government Era*. Thousand Oaks，CA：Sage Publications，1998.

King, Cheryl Simrell, and Lisa A. Zanetti. *Transformational Public Service: Portraits of Theory in Practice*. Armonk, NY: M. E. Sharpe, 2005.

Lynn, Naomi B., and Aaron Wildavsky, eds. *Public Administration: The State of the Discipline*. Chatham, NJ: Chatham House, 1990.

Meier, Kenneth J., and Laurence J. O' Toole, Jr. *Bureaucracy in a Democratic State: A Governance Perspective*. Baltimore, MD: Johns Hopkins University Press, 2006.

Perry, James. *Handbook of Public Administration*. 2nd ed. San Francisco: Jossey-Bass, 1996.

Peters, Guy B., and Jon Pierre, eds. *Handbook of Public Administration*. Thousand Oaks, CA: Sage Publications, 2003.

29 Pollitt, Christopher. *The Essential Public Manager*. Maidenhead, England: Open University, 2003.

Rosenbloom, David H., and Howard E. McCurdy, eds. *Revisiting Waldo's Administrative State: Constancy and Change in Public Administration*. Washington, DC: Georgetown University Press, 2006.

Rutgers, Mark R., ed. *Retracing Public Administration*. 1st ed. Amsterdam: Elsevier, 2003.

Stivers, Camilla. *Democracy, Bureaucracy and the Study of Public Administration*. Boulder, CO: Westview Press, 2000.

附录:联邦人事管理总局(OPM)的核心行政素质一览表

■ 引导变革

能力	描述
愿景	具有长远眼光并充当组织变革的“催化剂”,与他人建立共享愿景。影响他人并使其将想法变成行动。
外界意识	了解并追踪影响组织发展的最新的重要国际政策以及经济、政治和社会动态。了解近期和长期的计划,为实现在全球经济体中具有企业竞争优势而作出最佳定位。
创造和创新	具有新的形势洞察力,运用创新方案进行组织改进;营造鼓励创造性思维和革新的工作环境;设计并实施新的或重要的项目/程序。
战略思维	制定与企业相符合的有效战略和在全球经济中的竞争性组织战略。用长远的眼光审视政策议题和战略规划。确定目标,并设置优先事项;预计潜在的威胁或机遇。
不断学习	抓住新信息的精髓;掌握新的技术和企业知识;了解自身优势和劣势;追求自我发展;寻求反馈意见以及掌握新知识的机会。
适应	有效地处理压力;持之以恒,即使在逆境中仍保持乐观和坚持不懈的态度。迅速从挫折中振作起来。有效地平衡工作与私人生活之间的关系。
弹性	接受各种变革和新信息;调整行为和工作方法,以适应新的信息、不断变化的条件,或意外的困境。迅速调整以适应必须关注并急需解决的新情况。

30

服务激励	创造并维持一种可供高绩效服务品质的组织文化。让其他人能获取高绩效工作所需的工具和支持。对公共服务作出承诺，帮助他人培养贡献与服务精神。

■ **领导人们**

能力	描述
冲突管理	界定并采取措施阻止可能导致不愉快对抗的潜在威胁。以积极和建设性的方式，管理并解决冲突、分歧，使其负面影响最小化。
创造多样性	以公平的方式招募、开发和留住多样性、高品质的劳动力。领导并管理一个具包容性的工作场所，最大限度地激发每个人的才能以实现良好的业务成绩。尊重、理解、重视并找出个体差异，以实现组织的使命和愿景。开发并使用各种措施和奖励，以让自己和他人对实现组织的多样性负责。
团队建设	鼓舞、激励和引导他人实现组织目标。不断开发和维持合作性的工作关系。鼓励并促进组织内部以及与顾客群之间的合作；培养责任意识、团队精神、自尊心和信任感。通过训练、指导、奖励和引导，培养领导能力。
正直/诚实	培养相互之间的信任和信心；创建一种培育高标准伦理的文化；以公平、道德的方式对待他人，展现对公共服务的共同责任与承诺。 31

■ **建立联盟/沟通**

能力	描述
口头沟通	向个人或团体做出清晰且使人信服的口头陈述；有效倾听并澄清所需信息；促进公开的思想交流，并营造开放的沟通氛围。
书面交流	以明确的、令人信服且有组织的方式，明确地表述事实和思想。
影响/谈判	说服他人；通过相互妥协建立共识；取得与他人的合作，以获取信息并实现目标；促进“双赢”的局面。
伙伴	开发网络并建立联盟，从事跨职能的活动；进行跨边界的合作，并找到利益相关者的共同点。通过密切联系，建立和加强内部支持基础。
政治常识	确定影响组织工作的内外部政治因素。对组织和政治现实有着明确的认识，为每一次困难处境找到解决途径，并认识到替代行动方案的影响。
人际关系能力	适当考虑不同人在不同情况下的需要、情感和能力，并予以回应。具备机智、同情心与敏感性，尊重他人。

■ **结果驱动**

能力	描述
负责	确保有效的控制，以保证组织的完整性。使得自己和他人对规则和责任负责。确保在预算范围内及时地完成具体负责的项目。对计划进行监督和评估，关注结果和产出的测量。
解决问题	界定并分析问题；将相关信息和非相关信息区别开来，以做出逻辑的决策；为个人和组织的问题提供解决方案。 32

决断	通过做出健全、博识的决策，训练良好的判断力。察觉决策的影响和可能的结果；当数据有限或方案产生了不良后果时，能够及时做出有效的决定；积极主动，成就导向。
顾客服务	平衡各种顾客之间的利益；随时调整优先次序，以应对紧迫的、不断变化的顾客要求。预计并满足顾客的需求；提供优质的“最终产品”；致力于服务的持续改进。
企业家精神	找准机会，在组织内外开发并销售新的产品和服务。乐意承担风险；为实现公认的利益或优势而主动采取行动，即使冒着潜在的风险。
技术可靠性	理解并恰当运用与专门知识有关的程序、要求、条例和政策。能够正确地做出人员雇用和资金资源使用的决策，恰当处理培训和开发需求。理解行政能力和使命要求之间的关系。

■ **业务才干**

能力	**描述**
财务管理	广泛理解财务管理的原则和重要的市场营销知识，以确保适当的筹资水平。准备、证明、并且/或者管理项目的预算；使用成本—效益的思维，来确定优先事项；监督财政支出，以支持项目和政策。确定成本—效益的办法。进行采购与合同管理。
人力资源管理	建立在组织目标和预算现实的基础上，评估当前和未来的职员需求。利用价值的原则，确保工作人员的适当遴选、开发、利用、评价和奖励；采取矫正行动。
技术管理	使用效率和成本—效益的办法，将科技手段运用到工作场所，提高项目的效能。制定运用新技术的策略，以提高决策水平。理解技术变革对组织的影响。

33 资料来源：https://www.opm.gov/edu/Handbook_2003/DEOH-MOSAIC-5.asp。

第2章
公共行政的政治环境

无论你是政府官员还是普通公民，与公共组织打交道都不可避免地涉及公共政策的制定、执行与评估。你可能在一家负责为解决老问题制定新方法的公共机构工作，你可能希望看到出台符合自己想法的政策或提议，你也可能只是想更好地了解国家政策特定方面的含义。无论如何，了解公共政策的制定与实施对你大有好处。

对于公共政策，大家都耳熟能详。我们每天都听到对美国中东政策的批评，对更有效的禁毒政策的呼吁，对学区处理校园暴力方式的质疑，对改革城市中无家可归者政策的要求，以及对调整组织雇用方式的提议等等。"政策"一词用途甚广，政策的制定过程则更为复杂。

我们认为，政策是对解决特定问题的目标与目的的陈述，该陈述往往伴随着为实现这些目标而制定的更为详尽的一整套计划、方案或说明。公共政策是由合法的政府行为主体（行政长官、立法机关、公共机构等）和非政府的行为主体（非营利组织、基金会、准官方组织、私人公司等）所制定的关于重要的（或有时并非重要的）公共问题的权威陈述。人们希望各级决策者能够花大量时间和精力来处理诸如外交、卫生、教育、就业、经济、国民权利、环境、能源、运输、房屋、农业、法律实施以及其他大量议题。但在所有这些领域中，公共政策只是某个机构或者包括公共部门、私人部门和非营利组织在内的一个完整网络所决定做或不做的事情。

所有这些部门的组织都参与公共政策的实施过程——执行或贯彻。其实，这些组织也参与公共政策的制定过程。政府和非政府组织在公共政策的形成过程中发挥着重要作用。通常是公共机构人员起草并提交政策提议，由专家们提供论证和建议，而各种机构的代表（特别是那些领导各种机构的政治受命者）常常寻求对特定政策主张的公共支持。政府机构（以及越来越多的非营利组织）的人员常常应邀对立法的目的进行详细阐述或澄清，在此过程中，他们不断地推动政策的发展。

公共组织、私人组织和非营利组织不仅制定指导自身行动的政策，还代表其成员和其 35
他选民寻求影响公共政策的过程。许多团体只是提供公共信息，试图间接影响所关心领域的政策制定。但也有些团体则通过雇佣游说者或其他影响政策过程的专业人士更直接地对公共政策施加影响。

要想理解政策过程中特定团体（即政府和非营利组织）的行为，必须了解这些组织运行的环境。该环境不仅是物理上的，而且还包括信念和价值，这些信念和价值形塑着我们对政府和非营利组织的期望，同时也包括组织的结构，这些组织结构是我们建构出来以图维系那些信念和价值的。在很大程度上，美国政策过程的复杂性是建国之父们恐惧权力集中的结果。他们通过把联邦政府分立为三部分——行政、立法、司法并使其中任何一个机构都无法凌驾于其他机构之上的方式来消除这种恐惧。正如我们将看到的，三权之间的关系以及政府与非政府组织之间的关系，一直是美国公共政策制定过程中的核心问题，我们的政治体系正是在这个方面发生演变的。本章集中讨论公共政策的过程，特别是公共行政人员和行政机关、立法机关及司法机关等在共同实现重要政策目标过程中的关系。

行政组织与行政领导

正如我们在第 1 章所看到的，公共行政人员遍布联邦政府、州政府、地方政府和非营利组织与各种协会之中。但是，由于其规模和活动范围，联邦政府已经成为评判其他机构的典范，这是可以理解的。因此，我们通过考察美国行政体制的发展以及行政长官的角色来展开对美国公共行政政治环境的讨论。

在此，我们有必要进行简短的历史回顾，因为早期关于行政体制讨论的一些代表性观点与今天我们仍然面对的问题非常类似。以联邦党派观点（亚历山大·汉密尔顿极力主张这种观点）和杰斐逊派观点（杰斐逊倡导这种观点）之间的差异为例。汉密尔顿和他的联邦党人同僚强烈要求建立强有力的中央集权政府，由具有财富、地位和受过良好教育的人组成并管理。“联邦党人特别偏爱强有力的行政机构是他们对民众不信任的真实反映。在他们看来，只有那些受过良好教育、训练有素以及经验丰富的人，即来自上层阶级的人，才对公共政策富有真知灼见”（White 1948，p. 410）。

另一方面，杰斐逊派则将行政视为与整个国家民主发展密切相关的问题。因此，他们偏爱更加分权化的行政职能模式，主张对行政权力进行严厉的法律控制，以使其不被滥用
36 （Caldwell 1964）。这种民主思想在安德鲁·杰克逊政府时期达到了顶峰，即所谓向“平民”（common man）开放的政府。但是，杰克逊时期也因政府行政机构的扩张并正式化而引人注目，政府行政部门开始成为“联结国家政治权威与公民之间的纽带”（Crenson 1975，p. 10；Nelson 1982）。

尽管有了这些发展，但直到 20 世纪，富兰克林·罗斯福坚持其对行政部门的行政管理权，并形成了之后历任总统效仿的模式。从彼时起，总统作为国家行政首脑、作为联邦官僚机构首脑的角色才明确确立下来。当然，一些变化也在所难免：政府活动的规模与范围的不断扩大要求给予行政管理和组织更多的关注。其他一些变化也反映了对行政过程的更深了解，即了解政府如何有效地完成工作。

1936 年，罗斯福总统任命了由刘易斯·布朗洛（Louis Brownlow）担任主席的行政管理委员会，其成员包括公共行政这个新兴领域里的众多知名学者与实践者。该委员会断定“总统需要帮助”，并提出一系列可能的措施以加强总统对行政部门的管理（Carl 1963）。虽然最初布朗洛委员会的主张在总统试图“排挤”（pack）最高法院的过程中受阻，但是其大部分建议在 1939 年的《重组法》（Reorganization Act of 1939）中获得批准。该法授予总统重塑和重组行政部门的动议权，并仅仅受制于国会的否决权。该法也授权罗斯福总统成立由 6 位行政助理组成的“总统行政办公室”（The Executive Office of President），协助

总统履行其职责。(总统行政办公室保留至今，现在拥有近2000名工作人员。)

自罗斯福以来，所有总统都通过各种方式继续加强其行政权力。例如，尼克松总统在白宫中寻求更多的中央集权；卡特总统通过颁布《公务员制度改革法》(Civil Service Reform Act)来寻求更大的在管理上的共鸣。里根总统和老布什把政治控制延伸到官僚机构，并致力于减少成本和增加生产力，可谓殊途同归。克林顿总统通过推行"国家绩效评估"(National Performance Review)来实现其精简政府机构、提高质量和生产力的承诺。

尽管克林顿总统的国家绩效评估在2001年1月正式结束，但是一场声势更为浩大的"再造政府"(Reinventing Government)运动已经成为公共和非营利组织改革大潮的主流(Light 1995，2000)。后续章节将对再造政府运动和国家绩效评估进行更详细的讨论，但重要的是，要了解其所作所为及其原因。国家绩效评估(NPR)是克林顿政府的一项重要动议，由副总统戈尔领导，旨在通过广泛提高政府服务质量和生产力(以及缩减政府规模)来增强美国民众对政府的信任。国家绩效评估报告于1993年9月首次被提交给克林顿总统，并在随后几年得以实施，它提出了数百项建议，旨在削减不必要的赤字和繁文缛节，赋予联邦雇员决策权，要求其对结果负责，并强调为"顾客"服务。 37

乔治·布什总统在公共行政实践中引入了一些巨大变革，我们将在后面章节里加以讨论。然而，他的改革并没有因为管理实践的变化而停止。谈到布什在国家情报部门的决策，包括国土安全部的建立及其在国际事务中的动议(主要是对伊拉克和阿富汗的干涉)，费夫纳(Pfiffner)认为布什是"自1947年《国家安全法》颁布以来对行政部门进行最广泛改革的总统"。按照费夫纳的说法，布什在扩大总统权力方面已经取得了巨大的成功："尽管两党都寻求加强和保护行政特权，但是布什总统的控制力无论在深度与广度上都超过了他的前任"(Pfiffner 2007, p. 17)。

回到"行政权"这个主题，总统行政令是总统所使用的一个重要工具，它是用以指导和控制政府官员与政府机构行为且具有法律效力的总统命令。随着时间的推移，总统行政令已经成为总统行使权力的重要手段。例如，布什总统就用第一号总统行政令(No. 13199, January 29, 2001)建立了"信仰和社区创新办公室"，以此为核心，布什政府致力于增加宗教信仰组织的联邦基金投入。在这种情况或许多其他类似情况下，实质上总统是"以令造法"，偶尔也会直接违背国会和选民团体的意愿。

作为联邦政府的首脑，总统行使着对庞大公共组织的控制权。2006年，联邦政府有文职雇员大约270万名，还有140万名正规的军事人员(http://www.whitehouse.gov/omb/budget/fy2008/pdf/hist.pdf)。另外，联邦政府还为许多工作提供支持并为其买单，而这些工作实际都是由非联邦公务员所完成的。例如，国防部所管理的直接或间接参与国防工作的私人部门员工竟达200万人。

行政组织

尽管你可能已经熟悉许多联邦层级的政府机构，但有几种机构特别重要：(1)总统行政办公室，(2)内阁行政部门，(3)各种独立机构、规制委员会和公共企业，(4)支持立法和司法部门工作的行政机构。

总统行政办公室

总统行政办公室下属的各种行政机构都为总统制定和实施国家政策提供咨询、建议
38 与协助。有些办公室已经在公共政策方面扮演着特别重要的作用。例如,“管理与预算办公室”(OMB)协助总统制定预算,将其提交国会,并负责执行。OMB 的工作还包括对各种机构的管理进行评估,为其结构与程序改革提供建议,以及寻找能胜任政府服务工作的执行机构。“国家安全委员会”则负责整合国内、军事和外交政策。它由总统、副总统、国务卿和国防部长组成,并接受国家安全事务顾问的指导。“经济顾问委员会”由三名经济学家组成,为“保持就业、生产和购买力”等方面提供建议。该委员会也负责提交各种经济报告。

显然,由于总统的个性差异及其当政时所面对的最具压力的特定问题的不同,不同的总统使用总统行政办公室及其下属各种团体的方式也不尽相同。例如,艾森豪威尔和里根总统等就非常倚重总统行政办公室的工作人员,而卡特等总统则更多地亲身参与处理行政和政策事务。

网络链接

获取关于联邦政府行政机构的信息,请登录 http//www. whitehouse. gov 和 http://www. usa. gov/Agencies/Federal/Executive. shtml。获取“总统行政令”,请登录 http://www. archives. gov/federalregister/index. html。

内阁行政部门　这些机构在联邦行政机构中最引人关注,尽管它们可能并非是最大的政府机构。美国现有 15 个内阁级别的部门,分别是国防部、健康与人类服务部、财政部、农业部、内政部、运输部、司法部、商务部、国务院、劳工部、能源部、住房与城市发展部、教育部、退伍军人事务部以及最新成立的国土安全部(2002 年依据《国土安全法》而设)。有些部门(如财政部和国务院)可以追溯到美国建国之初,而其他部门则是由国会根据实际需要而建立的。

每个内阁行政部门都由一名部长领导。部长及其高级幕僚都由总统任命,经参议院批准。每个内阁部门都下设次级的组成单位,如办公室、署、局、办事处、科等。例如,“健康与人类服务部”下设“公共卫生署”,“公共卫生署”以下又设“食品与药品管理局”、“国家卫生研究院”、“疾病控制与预防中心”等。虽然所有行政部门的总部都在华盛顿特区,但是其办事处却散布全国。事实上,只有仅 10% 的联邦工作者常驻哥伦比亚特区及附近。

所有内阁部门的部长与其他少数重臣,如管理与预算办公室主任、常驻联合国大使等,一起组成了总统的内阁。有些总统只是在某些重要事务方面倚重内阁班子,有些总统
39 则广泛地向内阁班子寻求帮助与建议。当然,总统们常常会依赖某些建议者、内阁成员或者甚至是处于正式核心圈之外的人,并非正式地向其征求建议和咨询,这点不足为怪。在古巴导弹危机期间,肯尼迪总统就非常重视他的兄弟罗伯特的意见,尽管作为首席检察官的罗伯特,根本没有参与国家外交事务的资格。

你会怎么做？

> 你在负责联邦政府的一个项目，对温室气体排放所产生的科学、技术与社会经济影响进行评估，并了解温室气体排放对气候变化的潜在影响。最近，你所在的部门被指责对数据进行了“加工”以使当局免受可能的政治损害，此时，你会怎么做呢？

独立机构、规制委员会、公共企业 在正式内阁组织之外，美国设立了大量的独立机构。有些独立机构仅仅对其他正式机构起着参谋机构的作用。例如，“人事管理总局”负责监督联邦政府的人事职能，“总务管理局”则负责监督政府的公共财产。还有些机构仅仅只是认为不适合设立在内阁行政部门之列。例如，环境保护局和小企业管理局。几乎毫无例外，这些独立机构的首脑都是由总统任命，经参议院批准。

规制委员会的设立是为了对特定的经济领域进行管理，尽管不同规制机构的结构不尽相同。一般而言，规制委员会实行团体领导（有不同的叫法，如主任、委员或主管等），其成员由总统任命，经参议院批准。这些人由总统以各种方式保护免受职位变换。有时，他们的任期与总统的任期相互交叠。规制委员会常常独立、客观地履行其职责，不受来自现任当政者和所涉规制对象的非法干扰。然而，正如我们将看到的，规制工作的特性使得这项任务极为困难。（请注意，并非所有的规制机构都独立于内阁行政部门之外。例如，“美国食品与药品管理局”在一定程度上就隶属于“健康与人类服务部”。）

公共企业设立的主要目的是商业性的，因此要求具有比一般机构更大的自主权，必须在市场上至少占有一定比例的资金投入（Moe 2001；Walsh 1978）。“田纳西河流域管理局”（Tennessee Valley Authority）就是公共企业的典型例子，迄今为止它已经为田纳西河流域提供了五十余年的电力服务。最近这些年增设的公共企业包括“美国邮政总局”（U. S. Postal Service）和“美国铁路公司”（AMTRAK），都建立于 1970 年。（关于这两个公共企业的地位问题被定期地提出来，这意味着公共企业的结构始终遭到人们的质疑。） 40

支持立法和司法部门工作的行政机构 无论是立法还是司法部门，其工作人员（立法委员、委员会成员、法院行政官等）都需要大量直接的行政支持，还有一些隶属于立法部门的重要机构也是如此。你可能对“政府印务局”（Government Printing Office）和“国会图书馆”（Library of Congress）非常熟悉。尽管很少人知道“政府问责局”（Government Accountability Office）①，但该机构的职责却变得越来越重要。其前身“美国审计总局”（GAO）成立于 1921 年，总审计长为审计总局首脑，负责对政府资金的合理使用进行审计。近年来，该机构的职责已经延伸到对所有政府机构进行正式的项目评估。GAO 负责研究联邦资金的使用方式，并向国会和行政机构提供建议以提高政府的效率和回应力。“国会预算办公室”（Congressional Budget Office）是国会进行预算编制的重要支持部门，我们将在第 7 章对其运作进行详细讨论。

---

① 其前身是“美国审计总局”（General Accounting Office，GAO）。仅一字之别，即可窥见该机构工作范围与性质的变化。——译者

州政府层次

州政府之间的组织机构存在着很大差异，因为各州政策利益和政治发展状况不同，但是，毫无疑问，州政府是美国的“大财团”。实际上，只要将州政府的财政支出与美国大型私人企业进行比较，结果会非常惊人。加利福尼亚州的财政开支将处于埃克森美孚公司和美国通用汽车公司之间，排名第3位；纽约州则刚好超过康菲石油公司，排名第7位。甚至连特拉华州这样的州也将排名前500强（排名第327位），接近于戴纳基电力公司和辉门公司等知名大企业（http://money.cnn.com/magazines/fortune/fortune500_archive/full/2005/）。

近来，伴随着州政府职能领域的普遍扩大，一场致力于减少联邦政府介入国内政策的改革应运而生，以支持大量增加的州政府活动。在1980年和2006年间，州政府雇员从370万人增加到510万人，而州政府财政支出更是猛增（从1985年的3,910亿美元增加到2006年的11,870亿美元）。因此，州政府常常在政府权力的再分配方面扮演着重要角色。例如，1996年，州政府曾是联邦政府国家福利体制改革运动中的中坚力量，该改革日程致使很多公共扶助项目的权力下放以及州政府角色的进一步加强。

州政府的组织结构在很多方面是国家政府机构的写照，但也有自身的显著特征。例如，大多数州政府都有大量的民选官员。在大多数州，人民不仅选举州长和副州长，还选举州检察官、州务卿和州司库。许多州还通过普选来选择农业部部长，甚至由普选产生各种委员会的成员（例如，公共服务委员会）也是司空见惯的事。显然的，联邦政府上述部门
41 的官员都是由总统任命的。（州政府和地方政府大量民选官员的存在是美国民主潮流强劲时期的产物，当时人们认为所有的政府主要官员都应该由人民直接选举产生。）

此外，很多州政府部门不是直接向州长汇报工作，而是以和联邦规制委员会同样的方式向独立于行政控制之外的董事会或委员会汇报工作。例如，“自然资源保护部”可能向由州长任命的、任期甚至超过州长的委员会汇报。实际上，该部可能拥有超越州长控制的专门收入来源。显然，在这种情况下，州长作为行政长官的权力极为有限。

网络链接

> 关于州政府的信息，可先参阅州政府理事会网站：http://www.csg.org/csg/default，再参阅州政府和地方政府的门户网站：http://www.gov.com/statelocal以及两个基于图书馆的网站：http://www.loc.gov/rr/news/stategov/stategov.html和http://www.law.indiana.edu/vlib。

尽管州长的权力有结构上的限制，但现代州长却有着广泛的政治和行政影响力，使其能在州政府的运作中发挥重要甚至核心的作用。近年来，这些影响力甚至影响到了国家政策的制定，特别是在之前所提到的福利改革议程中。例如，威斯康星州州长汤米·汤普森和密歇根州州长约翰·恩格勒就在1996年联邦福利改革（这项改革是以州政府的创新为基础的）的立法过程中起了很大作用（Katz 2001）。最重要的是，州长还扮演着具有象征

意义的关键性角色，帮助设置了政治议程并把其他政治和行为体的注意力集中在一些特定的问题上。在预算过程中，许多州长也具有特殊的权力，借此对州政府的资源分配产生巨大影响，并对行政机构之间的政策冲突进行调解(Bowman & Kearney 1986，p. 54)。

除了这些非正式的权力之外，州长的正式行政权力还可以从三个方面来衡量：项目否决权(item veto)的行使与否、重组州政府机构的能力以及其他民选官员的数量。所有州长都有否决立法的权力。大多数州长都有项目否决权，也叫做“部分项目否决权”(line-item veto)，即在拨款议案中否决部分项目(而不是全盘接受或否定)的能力，这有助于根据州长的喜好来制定法律。(在克林顿的最后任期，曾经身为州长的他支持通过联邦政府的“部分项目否决权”，但在“克林顿诉纽约市案”(Clinton v. City of New York，1998)中，这些条款最终被美国最高法院判决为无效)。州长重组政府机构的权力则更加有限，大概有 42
一半的州都规定必须通过法定或者立宪的行为才能进行机构重组。最后，如前所述，除了州长和副州长之外，几乎所有的州还拥有遍布全州的大量民选官员。事实上，大部分州都有四到八个政府机构是由民选官员而不是政治任命官员来控制的。

州政府的重要性与日俱增，这意味着州长可以继续加强其行政领导作用并通过重组行政部门来寻求更大的控制权。然而，迄今为止，相对来说，州政府几乎很少有过结构上的变化。当然，一些程序上的变化确实发生过。例如，许多州已经朝着“更清晰地确立州长在预算过程中的领导地位以及建立集中化管理改进项目”的方向迈进。

虽然政府组织因州而异，但是，大部分州都设立了符合州与地方需求、解决实际问题的大量机构(如自然资源、高速公路和运输等)以及诸如“社会服务部”(Department of Social Services)之类主要管理联邦政府资助项目的一些机构。这些机构很可能接受“集中管理支持小组”的领导，如行政办公室或者其他类似称呼，由其提供预算、人事和其他日常服务。正如前面所提到的，如果要说州政府机构重组存在着一种潮流的话，那么这种潮流就是设立更多的致力于经济发展的部门。有时，这些部门试图努力协调各种经济发展活动。有时，它们更关注小型企业或为工业区位与工业区位转移等提供激励。

地方政府层次

最新数据显示，美国现有大约88,000个地方政府(参见表2.1)。它们是自治市(municipalities)、市(cities)以及提供各种服务的大小不一的城镇(towns)；还有一些县(counties)，其作用往往非常有限，但仍然具备大部分的政府职能。但大多数是特区(special district)，建立特区的目的是为了履行某种特殊的职能，如教育、防火或者公园和娱乐(在过去几年里，只有特区在数量上大幅增长)。

市 美国的城市有三种组织形式。大约有49%的城市“采用市长—议会制”(mayor-council form)。在这些城市中，大约有56%的城市人口逾250,000人，四分之三的城市人口逾百万。无论在哪种情况下，议会和市长都是由选举产生，而后者要么由普选产生要么是由议会选举产生。市长—议会制的一种变化形式是以强势市长(strong mayor)为特征，即市长几乎拥有全部行政权力，包括预算编制与管理权。在这种情况下，政策的制定是市长与议会共同努力的结果。而以弱势市长(weak mayor)为特色的政府形式则将主要的行政控制权(包括大部分任命权和预算编制权)都置于议会手中。

显然，在强势市长体制中，市长作为行政长官拥有更大的权力。因此，多数大型工业
43 城市都采用这种形式。然而，至少在正式意义上说，包括芝加哥在内的一些大城市仍然保持着弱势市长的体制，尽管在有些情况下，某位市长可能握有相当大的权力。例如，芝加哥的传奇市长理查德·戴利就能够利用强有力的政治机器行使实质性的行政权力。虽然处在弱势市长体制之中，但是毫无疑问戴利是一位强势市长。

表 2.1　各种形式政府的数量

联邦政府	1
州政府	50
地方政府	87,849
县	3,034
自治市	19,431
镇	16,506
学区	13,522
特区	35,356
合计	87,900

数据来源：美国人口普查局，《美国统计摘要》，2002(http://ftp2. census. gov/govs/cog/2002COGprelim_report. pdf)。

市长—议会制的一种最新变化形式是任用受过专业训练的首席行政长官(有时候叫做副市长)来管理城市政府的行政运作(例如，洛杉矶、新奥尔良、华盛顿特区等)。在许多大城市，我们都发现了这种制度安排。在这些大城市，市长更关心竞选以及与外部选民打交道，喜欢让其他人来负责城市的内部管理。同时，越来越多的小型市长—议会制政府都聘用城市行政管理人员，努力将职业化的专家引入当地政府。

地方政府所采用的“议会—市政经理制”(council-manager form)是一种特别有趣的政府形式。它代表的是试图解决政治(或政策)与行政之间关系这一传统问题的结构安排。在这种形式下，城市议会通常由五到七人组成，负责制定政策，包括通过拨款以及在一般意义上对城市政府的公共行政进行监督。然而，主要的行政职责则是由受过专业训练的全职经理们行使；市长不干预城市的行政工作，主要履行礼仪上的职责和立法。因此，议会—市政经理制的典型设计是城市议会负责制定政策，而干事负责实施。

1908 年，议会—市政经理制的构想在弗吉尼亚州的斯坦顿市率先尝试。几年之后，俄亥俄州的代顿市采纳了这种形式并取得了巨大成功。有些改革组织(如国家城市联盟，National Municipal League)认为，议会—经理制是使城市政府管理远离地方政治变幻无
44 常的好方法，因而大加赞赏。

网络链接

想获取更多关于地方政府的信息，可参阅“全国公民联盟”(http://www. ncl. org)和“国家城市联盟”(http://www. lgi. org)，也可参阅“地方政府研究院”(http://www. lgcnet. com)和“美国市长联合会”(http://www. usmayors. org)。

采用议会—市政经理制政府的数量在本世纪不断增多并仍在持续增加。现在,美国42%的城市采用了这种形式。市长—议会制体制适用于大型、工业化、异质化的城市,而中等规模的城市往往采用议会—市政经理制。在人口处于25,000到250,000之间的城市中,60%以上的采取了这种形式,而人口数在5,000以下的城市,有30%已经采纳这种形式。虽然像凤凰城、圣安东尼奥市、堪萨斯城等许多大城市都采用了这种形式,但这在人口超过100万的城市中并不多见。然而,采用议会—市政经理制的政府在继续增加。在过去二十多年里,采用议会—市政经理制的城市是采用市长—议会制政府的三倍。青睐议会—市政经理制的城市认为,它强调了专业技能和行政责任,而偏爱市长—议会制的城市则强调其适应性和对社区需求的回应能力。到目前为止,超过8,900万的美国人生活在议会—市政经理型政府的社区里。

还有一小部分美国城市采用的是"政府委员会制"(commission form of government)。在这种形式中,人民选举整个委员会。委员会成员既是议会成员,同时也是城市某个部门的长官,如某位委员可能是公园管理处的领导,另一位委员则是公共事务部的领导。政府委员会制日渐式微。虽然在俄勒冈州的波特兰市(Portland)等少数城市仍在采用,但是它现在主要运用于小型的农村社区。

县 几乎每个州(无论是人口规模大小)都设置县,或其他相当于县的地方政府,如路易斯安那州的"教区"(parish)。"县"一度被认为是地方政府的无人问津的领域,现在正成为现代政府体系中的重要角色。传统意义上的县代表州政府来提供一系列服务。在过去的几年里,县的作用大为增强。此外,县最近还承担了一些新的服务职能(像大型运输、精神卫生、垃圾处理和警察服务等)。由于种种原因,这些服务无法由某个城市单独提供(Dodge 1988, pp. 2—3)。

县政府的一种传统形式是由县议会和诸如警长、司库、审计官等民选官员组成。县政府形式的现代发展趋势就是县行政长官的委任,这种方式在许多方面类似于城市的市政经理。县政府另外一种越来越多地被采用的形式是由城市议会和民选行政长官组成。在这个体制中,行政长官由人民选举产生并执掌权力,这与州政府州长非常相似。例如,民 45
选行政长官对议会的行为有否决权(Henry 1980, pp. 158—164)。活动范围(特别是在社会服务领域)的扩大以及县政府管理的日趋职业化,这些趋势使得这个常被忽略的领域如今已成为公共服务最有趣的竞技场。

美国土著部落

美国土著部落与美国政府有着特殊的关系。这种关系最早在最高法院大法官约翰·马歇尔于1827年到1832年的三项判决中(即所谓的"马歇尔三部曲")①得以明确表述。在这些判决中,马歇尔承认美国印第安人与生俱来便拥有土地的所有权和使用权,并享有管理自身事务的主权。虽然这些部落被视为一个民族,但他们并非外来异族。未经联邦政府同意,他们不得出售自己的土地。联邦政府有责任保护印第安人的土地免受州和其

① "马歇尔三部曲"(Marshall Trilogy)建构了美国联邦印第安法律与政策的基础,该三项判决分别是 Johnson v. McIntosh, 21 U.S. (8 Wheat) 543 (1823)、Worcester v. Georgia, 31 US (6 Pet.) 515 (1832)以及 Cherokee Nation v. Georgia, 30 U.S. 1 (1831)。——译者

他政府的侵占。马歇尔将这种关系描述为类似于“监护人关系”。

在过去150年里，这种关系逐渐发生了变化。深受“欧洲殖民者”渴望西进的影响，国会通过缔结条约、发动战争或其他办法，将印第安人排除在西部扩张的行列之外。虽然当局努力使印第安人融入主流文化之中，但许多印第安人仍然固守自身传统并且保留其部落管理体制。直到今天，内政部仍允许500多个部落拥有管理自己内部事务的主权，部落管理正成为公共行政研究中不断成长的重要领域。不仅那些从事部落管理的人需要理解部落政府所处的特殊环境，而且与部落相邻或与部落合作的公共行政人员也需要对美国独特的土著居民享有各种权利的法律历史有所了解。

特殊目的政府 最后，我们还是要提到，美国有大量的“特殊目的的政府”(special purpose government)。一种是地方存在的各种“特区”(special district)，如所谓的“限定目的区域”，主要出现在自然资源、消防、图书馆、学校、房屋和社区发展等领域。它们一般由一个被授权的、由兼职人员组成的治理委员会和一位全职的总干事或执行官共同管理，执行官在该特区的运作中扮演最重要的角色。批评者认为特区的大量存在将引起“碎片化”(fragmentation)并缺乏协调，也有人认为这类特区可以“亲近民众”因而特别重要。

美国最大的特区团体是“学区”(school district)。在美国，大约有14,000个地方学区，为超过7,200万的学生提供各种服务(其中，5,500万幼儿园、小学和中学学生，1,700万高中生)(http://nces.ed.gov/programs/digest/d05/tables/dt05_002.asp)。学区雇佣了超过800万的教师、管理者和其他职员，为学龄儿童提供小学、中学各种教育，这使得教师成了美国公共雇员中人数最多的一类。

不同的学区在规模、组织结构、治理方式等方面也不尽相同，其资金来源既有来自联
46 邦政府的，也有来自州和地方政府的。大约44%的美国学区所服务的儿童人数不到5,500人，只有10%的学区所服务的儿童达到了40,000人或更多，但这些大型学区总共提供服务的对象超过了学龄人口的62%。

然而，学区发展的一个明显趋势就是地方政府对地方学校的接管。全国大约有12个最大的学区都处于当地政府的控制之下。波士顿市市长在1992年开始接管学区，芝加哥和纽约也分别在1995年、2002年接管学区。和洛杉矶的市长一样，华盛顿特区的市长也在逐步接管学校系统。但是，洛杉矶市长接管学校的努力遭遇了挫折，因为加州法院裁定：赋予市长对学校的实质性控制权是违宪的。

另外一些特殊目的政府还包括“公共非营利组织”(public non-profit organization)，如地方和州的经济开发公司和住房金融公司等。例如，“巴尔的摩城市发展公司”(the city of Baltimore development corporation)就是由该市特许设立、通过吸引新型企业和支持新兴公司来促进经济发展的非营利组织。而住房金融公司则发行房屋债券，提供免税贷款或者提供支持来促进低收入者的房屋开发以及处理其他住房需求等事宜。

非营利组织和协会 在美国公共政策系统中，越来越多的重要机构既不属于人们所说的“公共部门”也不属于“私人部门”。这些机构可以被视为“独立部门”或“第三部门”。一般而言，独立部门并不将向其股东分配利润作为其主要目的。相反，它们存在的目的是为了满足大众、部分公众或自身成员的利益和需求(Boris 1999; Salamon 1999)。从技术上来说，“非营利组织”被界定为“法律禁止向个人(主要是指其成员)发放剩余收益(即利润)”的组织。可能这样的组织实际上是赢利的，但是，其利润必须用于组织的目标。

非营利组织包括教堂、教育机构、市民组织、学校和学院、慈善机构、社会和娱乐团体、健康和人类服务组织、会员组织(包括劳工组织和兄弟会)、环境保护组织、互助组织(包括农民合作社)、贸易协会、社区救济基金、青年活动(如童子军)、社区进步组织、游说团体以及其他许多组织。它们的数量有数百万之多(要看如何计算),如前所述,美国大约有 22,000 个全国性的非营利组织以及各地数以百万计的大小不一的其他组织(参见表 2.2)。

虽然美国私人非营利组织的雇员只占雇员总数的 6% 到 10%(同样,取决于如何计算),但是,支持这些团体的志愿力量使其影响更为深远。将近 1 亿美国成年人自愿为这些组织服务,据估算,每年他们所投入的自愿服务时间价值超过 200 亿美元。在过去二十五年里,第三部门已成为经济体中发展最快的部门。

表 2.2 全国非营利组织分类(2004 年)

类别	数量
贸易、企业和商业组织	3,795
卫生与医疗组织	2,800
社会福利组织	1,931
公共事务组织	1,821
文化组织	1,746
业余爱好组织	1,433
工程、技术与自然和社会、科学组织	1,325
教育组织	1,294
宗教组织	1,151
环境和农业组织	1,133
法律、政府、公共行政和军事组织	830
退伍军人、宗族和爱国组织	808
运动和体育组织	759
友好、国籍和种族组织	552
球迷俱乐部	344
希腊和非希腊字母社团、协会和组织	309
工会、协会和联邦组织	211
商会、贸易和旅游组织	138
总数	22,380

数据来源:*Encyclopedia of Associations*, 29th ed., Vol. 1, No. 2 by Gale Group © 2004。

在过去十年里,非营利组织在公共服务的供给中发挥了主导作用。如前所述,联邦福利制度的改革导致了公共服务向州和地方政府的转移(我们随后将探讨这种趋势),于是, 47
州和地方政府的机构网络(其中,很多都是非营利组织)负责公共福利项目的实施(Light 2000)。因此,当下的体制被描绘成"项目实施的伸展链"(an extended chain of implementation)。在这种情形下,公共支持项目的接受者"甚至不再面对(联邦、州或地方的)政府雇员”(Kettl 2000，pp. 492—493)。此外，非营利组织在诸如医院、博物馆、高等院校、表演艺术、宗教、游说和研究等服务领域也开始活跃起来(Boris 1999)。

非营利组织的分类方法多种多样，但最简单的方法是根据其目的和资金支持的来源
48 进行分类。有些非营利组织是“慈善或公益组织”，它们为公众或者部分公众提供服务。这些组织(如社会服务组织或艺术博物馆)的资金一部分来自政府资助，一部分接受私人捐赠。按照联邦法律规定，它们大都是免税的。有些非营利组织是“游说组织”，它们极力支持某项事业，并为之到处游说；或者是“互惠组织”，它们主要是为其成员创造效益。前者包括一些像“同道会”(Common Cause)①和“塞拉山俱乐部”(Sierra Club)②等团体，后者包括贸易协会、专业组织、工会以及直接提升成员利益的其他团体。但是，显然，这两种团体的界限并不十分清晰。最后，教堂明显是慈善组织，因此很难将它归入之前所提到的任何类型。

网络链接

关于非营利组织的信息，参阅“非营利组织管理联盟”(Alliance for Noprofit Management)(http://www.allianceonline.org)和“指南针非营利咨询与培训中心”(CompassPoint Nonprofit Services)(http://www.supportcenter.org)。关于基金会的信息，可登录 http://www.cof.org 和 http://www.foundations.org。

事实上，对整个“独立部门”进行分类令人容易混淆。一方面，三种部门之间的界限并不清楚，甚至同样的服务竟有一种或者多种部门提供。例如，要打高尔夫，你可以选择去市政球场(属于公共部门)，也可以选择私人高尔夫球场(属于私人部门)，还可以去乡村俱乐部(属于独立部门)。而且，资金的来源也纠缠不清。例如，政府(公共部门)和私人公司(私人部门)都经常向地方商会提供资金资助。

非营利组织必须追求公共利益这一点在法律架构(和免税条款)中得到明确体现。因此，政府意识到它们正在实现公共目标，政府也要求这些组织由受托人(董事或委员)组成理事会来掌管，目的在于促进和保护公共利益，至少在法律表述上如此(Boris 1999；Salamon 1999)。理事会负责界定组织使命和章程，雇用执行官并全面监督财政和项目运作。执行官负责日常运作并充当组织的主要代言人。大多数非营利组织高度依赖其执行官的领导。这些人(以及在非营利组织的其他主要职员)越来越多地具有公共行政的专业背景。

---

① 同道会是美国一家非常有影响力的无政党倾向的倡议型非政府组织，成立于 1970 年，创建者约翰·嘉德纳曾经担任过美国政府的卫生、教育和福利部长。它成立的宗旨是为强化公民的政治参与、确保政府的施政过程可以符合大多数人的利益而非少数人的利益、监督政府政策和选举时多余的经费、推动公平选举和对政府官员高道德标准的要求、保护美国公民的权利和自由。——译者

② 塞拉山俱乐部(Sierra Club)，或译作山峦俱乐部、山峦协会或山岳协会等，是美国历史最悠久、规模最庞大的一个草根环境组织。著名的自然环境保护主义者约翰·缪尔(John Muir)于 1892 年 5 月 28 日在加利福尼亚州旧金山创办，并成为其首任会长。其组织使命在于：探索、欣赏和保护地球的荒野；实现并促进对地球的生态系统和资源负责任的使用；教育和号召人们来保护并恢复自然环境和人类环境的品质；以及运用一切合法手段完成这些目标。——译者

与立法部门的关系

在考察公共组织的政治环境时，人们常常非常强调行政领导的重要性。例如，我们注意到总统作为政府最高行政长官以及州政府、地方政府和非营利组织（与协会）中最高行政长官的突出作用。尽管人们经常试图将公共机构和政府行政部门联系起来，但仍有大 49
量的行政部门与立法、司法部门关系密切。更重要的是，无论这些机构设在哪里，在处理与立法部门的关系时，其在政策过程中的作用应该非常清楚。在讨论公共机构与立法部门的关系时，我们将更直接地聚焦于政策过程。

政策过程

在考察公共组织和非营利组织在公共政策制定过程中的角色之前，我们先来看看公共政策到底是如何制定的。人们一般认为，政策过程包括五个阶段，即议程设置（Agenda Setting）、政策制定（Policy Formulation）、政策合法化（Policy Legitimation）、政策执行（Policy Implementation）、政策评估与变革（Policy Evaluation and Change）（参见专栏 2. 1）。但是，公共组织与非营利组织是公共政策的主要执行者（事实上，本书大部分都在强调公共政策的有效执行方式），它们也是前两阶段的重要参与者。

专栏 2. 1　政策过程的阶段

议程设置
政策制定
政策合法化
政策执行
政策评估与变革

资料来源：Kraft, Michael E. and Scott R. Furlong (2007), *Public Policy: Politics, Analysis, and Alternatives*. 2nd ed. Washington, D. C: CQ Press, pp. 80—85。

议程设置

显然，在政策生效之前，它们必须先要得到主要决策者的关注。决策者必须从诸多相互竞争的时间和利益诉求中做出选择，哪些议题需要优先考虑，哪些议题则淘汰出局。通过议程设置这一阶段，某些问题作为当务之急需要立即付诸行动，而另一些问题则被搁浅。自然，对于何谓最重要的议题，政策上的考虑总是此一时彼一时。20 世纪 70、80 年代，美国的外交政策侧重于对苏维埃运动所及地区如中东的关注。到了 20 世纪 90 年代，其注意力转移到诸如索马里和波斯尼亚等许多“导火索”地区。最近，美国外交政策则聚焦于阿富汗和伊拉克、伊朗和朝鲜等地。同样，任何具体的“问题地区”都会随着时间的推移而显得重要或失去其重要性，在过去二十年里，能源政策问题所受到的关注也是如此。

有许多人可以促成公共政策议程的设置。例如,总统对美国人民和民选代表的注意力有着特殊号召力,总统的演讲和新闻发布会可以大大地影响决策者对重要问题的判断。
50 此外,还有一些人的行为可以提高或降低某项主题的能见度。国会议员、行政官员、政党、利益集团、媒体和普通大众都可能促进重要问题的形成。试想一下,对青少年怀孕的关注最近是如何进入公众视野的?谁是形成该议题公共舆论的领导者?

议程设置过程可被视为以下三股“事件流”(streams of events)的交汇,即政策认知(policy recognition)、政策形成(policy generation)和政治行为(political action)(Kingdon 1995)。第一步是政策认知,即研究某一主题作为需要采取行动的重要问题是如何出现的。正如人们所想象的,决策者在选择重要议程时受到许多因素的影响。他们可能会对公众所关注的某些指标做出回应,如空难的增加或失业人数的增长。他们也可以得到有关现行项目的反馈,因而有必要对某些问题的状况做出重新评估。此外,某些项目属于必须关注的事件因而被提上政策议程,如非洲的艾滋病或者飓风、海啸或其他自然灾害所带来的破坏等。

网络链接

请参阅各种智囊团的主页,例如,布鲁金斯学会(http://www.brookings.org)和美国企业研究所(http://www.aei.org)以及特别有意思的城市研究院①(Urban Institute)(http://www.urban.org)。

人们可以采取多种方式影响某些问题的受关注程度。政策企业家(policy entrepreneurs)是指那些愿意为实现特定政策变革投入个人时间、精力和金钱的人。为此,他们可以运用各种个人策略,如宣传活动、直接与决策者联系(通过书信、电话等)、请愿活动以及其他方式等。他们还可以亲身参与诸如媒体、政党、利益集团等主要机构,以便有机会接近决策者。例如,选举活动常常有助于使某项政策议程明晰化或者成为重点。

议程设置过程的第二步几乎与第一步同时发生。在关注某个问题的同时,很可能就已经提出了该问题的解决方案。解决问题的想法既可能来自决策者本人、参谋成员、官僚机构中的专家、科研团体成员、政策智囊团(如布鲁金斯研究院和美国企业研究院等),也可能来自普通公众。最典型的情形是,所提出的解决方案往往会通过演讲、文章、报纸以及对话等形式旋风般散布出来,直到某些思想广为传播。其中,大多数想法不仅可以正确地找出问题所在,在政治上也是可接受的。

影响政策议程的第三股“事件流”与政治行为有关。对于被列在政策议程首位的提议而言,它必须符合当前的政治现实。那些符合主流政治气候、被行政部门和立法机关中的
51 大多数现职人士所偏好、被利益集团所支持(至少不会遭到组织的反对)的建议更有可能进入议程首位。这些政治现实、所提出的想法或解决方案以及对具体主题的认知,代表着各股事件流在可供采取政策行动的恰当时机交汇在一起。政策行为的“机会之窗”是狭窄

① 城市研究院(Urban Institute)是美国一家著名的非党派经济社会研究组织,广泛关注劳工政策、人口迁移、教育、住房等问题。——译者

的，因而需要高超的技术来成功地把握各种“源流”，以最好地实现某种利益。

政策制定

公共政策的制定涉及正式的政策文本（如立法、行政令、行政法规等）的合法生成。在此，我们仍然重点讨论立法机关的政策制定以及公共行政人员在立法过程中的角色。关于一项议案如何成为法律的基本知识，大家都非常清楚。在联邦政府以及大多数州政府，议案首先提出并提交给某个委员会（或小组委员会），再召开听证会，由委员会向更高一级机构报告，然后在两院进行投票表决，由大会委员会解决两院文本中的分歧，最后议案送行政长官签署。在其他大多数辖区，使用的也是类似的程序，尽管有所简化。无论如何，立法过程的复杂性以及任何决策点在悬而未决之前必须一致通过的事实，都意味着有很多机会可以对立法的结果施加影响。

当然，总统有正式的和非正式的方式影响立法，最熟知的是通过项目动议（program initiatives）和财政预算案建议（budget proposals）。政府中的其他一些人（包括很多行政人员）经常与国会打交道，也可能影响政策的结果。同时，政府之外的一些人（从公民个体到有组织的利益集团）也寻求机会对立法施加影响。行政人员可以通过多种方式参与立法过程。在很多情况下，实际上都是由行政机构将项目议案提交立法部门审议。这样的议案经常递交立法机构的领导，然后依次呈交相关委员会主席。尽管实际上是由国会议员提出立法议案，但是他需要行政机构提供背景信息以及其他支持。无论法律是否由行政机构呈交，行政机构人员经常被要求就某项议案作证。你可以想象，那些供职于重要公共机构的人员正是公共议题专家的重要构成来源。例如，很难想象还有谁比州税务部门的工作人员更懂得该州的税法。

随着时间的推移，行政人员和国会代表（议员或者工作人员）之间的关系变得相当紧密。毕竟，这两群人与某些利益集团的代表具有共同的利益和关注点。例如，老龄化问题的小组委员会、老年人的游说组织和社会保障总局可能在更多的社会保障需求上达成一致。当这些利益集团、行政人员和国会议员之间的关系特别频繁和密切的时候，所产生的联盟就是所谓的“影子政府”（subgovernment）或“铁三角”（iron triangles）。这样的联盟常常能产生巨大、甚至可能不当的影响。

你必须关注地方政府和非营利组织中行政官员的某些特殊想法，因为他们经常被要 52
求给政策开发提供建议或帮助。如前所述，议会—市政经理型政府实际上就是基于政治和行政的分立——议会负责制定政策而市政经理则负责执行。然而，随着时间的推移，很多市政经理因其在地方政府管理中的专业经验而备受议会重视，且经常出来评论甚至提出某些政策。尽管这种状况与议会—市政经理制政府的理论基础并不一致，但在大多数议会—市政经理制政府中事实就是如此。这种情况同样也见于非营利组织和协会的行政官员。然而，这种情况并非没有风险，无论如何在行政和立法功能之间必须保持微妙的平衡。一旦议会或委员会成员感到其政策制定权限受到侵犯，他们就可能使用另一项议会特权，即解雇经理或行政官！

政策合法化

麦克尔·克拉夫特（Michael E. Kraft）和斯科特·弗朗（Scott R. Furlong）将政策合法

化定义为“赋予决策法律效力或为政策行动提供证明”(Kraft & Furlong 2007, p. 86)。如其所言，合法化既简单又复杂。譬如说，由公认的权威来批准政策，就此来分析，我们认为这只是合法化的简单程序。但是，他们提出，合法化并非只是大众对新政策的普遍接受而已。因此，政策的接受过程应该从法律角度、政治文化和价值以及大众支持的程度等方面加以考虑。他们认为，在很多时候，政客们找来“演员”或其他名流到国会作证。频繁的公开会议和公开听证会以及公民咨询组织的参与等也成为政策合法化的方式。

克拉夫特和弗朗以1992年的《核废弃物政策法》(Nuclear Waste Policy Act)为例，说明了一项公众和利益集团均不接受的法律是如何被通过的。由于法律制定者迫不及待地采用该项新法，他们对公众不愿意接受新法做出了误判。“在国会投票决定研究国家唯一一个可能的场址——内华达州尤卡山之后”(Kraft & Furlong 2007, p. 87)，法案作了修订。这一过程仍然没有得到公众和利益集团的支持，结果在15年之后，关于这些决策的争执仍此起彼伏，因为内华达州反对联邦政府的行为。

按照克拉夫特和弗朗的观点，政策合法化的整个过程极具政治性(Kraft & Furlong 2007, pp. 87—88)。他们建议，立法者在决定采纳某项政策之前应该探究问题。参考民意测验的数据、考虑利益集团的观点、发起广泛的政治辩论以及对议题进行伦理分析，这些只是实现政策合法化的众多方法中的少数几种。

政策执行

公共组织和非营利组织成员在设置政策议程和形成合法政策的过程中扮演着重要角色，但是他们本身也以执行过程中的角色参与政策制定。就其性质而言，立法是笼统性
53 的，缺乏具体细节。立法者不可能预见某项目执行中可能出现的所有问题。而且，立法者也不希望规范太严厉从而过多地束缚项目管理者。因此，立法者一般会给公共管理者大量的自由裁量权以处理具体项目的细节问题。例如，联邦贸易委员会(Federal Trade Committee)被授权遏止广告欺诈，但是自己必须确定何谓广告欺诈；职业安全与卫生管理局(Occupational Safety and Health Administration)被要求为工作场所界定和设置安全标准，但必须更明确地解释这些标准的含义(Meier 1987, p. 52)。诸多例子表明，管理者制定行政法规或政策以使法律更为详细或完整，实际上，他们就是在制定政策。

政策执行是“旨在使项目付诸实施的一系列活动”(Jones，引自 Kraft & Furlong 2007: pp. 82—83)。在克拉夫特和弗朗看来，政策执行包括组织、阐释和应用三个方面。所谓组织，是指特定项目管理过程中的资源使用与手段实施。所谓阐释，是指将规则(或法律)的语言解释为受众可以理解的语言。所谓应用，是指“服务、支出或其他已达成共识的项目目标和手段等的例行供给”(Kraft & Furlong 2007: pp. 82—83)。政策执行是公众能看到具体的政府行为/介入的政策过程。执行包括遵从法律(或法规)规则，制定项目细节并付诸实施。

早期涉及环境保护局的一个案例就说明了国会(或其他立法组织)给予行政人员自主权及其引发的难题(Reich 1985)。法律要求环境保护局制定限制有害气体污染物排放的全国标准，提供“足够的安全限制”以保护公共健康。但是，法律并没有对“足够”加以界定。在位于华盛顿的塔科马港市的一家铜熔炼厂的案例中，该问题就显得特别麻烦。环

境保护局认定,由于缺少对工厂砷排放的控制,每年可能造成4起新增癌症病例。即使拥有最好的控制设备,每年仍然可能新增1起癌症病例。另一方面,该公司为减少疾病威胁所采取的行动措施使其花费了大量的资金,以至于公司无力承受并难于继续运营,对于塔科马港口社区来说,也将会失去该公司每年发出的2,300万美元的工资。显然,当时的环境保护局的行政官威廉·拉克尔肖斯面对这种情景,在运用自由裁量权时举步维艰。(我们将在第4章看到他何去何从)

近年来,关于赋予行政机构多大自由裁量权的争执一直不断。一些分析者认为,赋予大量自由裁量权意味着立法权的放弃。另一些人则指出,行政机构或执行机构的专业技术和灵活性具有优势。目前看来,其发展趋势是使联邦立法更为详尽,尽管在其他政府层级很少如此。

无论如何,行使行政自由裁量权的机会大量存在,这点将难以避免。

政策评估与变革

所谓政策评估,是指“对政策运行结果的好坏进行测量”(Kraft & Furlong 2007, p. 84)。政策评估就是要考察政策的执行是否达成其目的或实现了法律的目标。成本收益分析是评估政策最为频繁使用的方法之一。当然,这仅仅是许多评估方法之一。由此 54
看来,评估方法并不只是技术性的,在很多时候,它们还包括“对项目价值以及涉及所有政策参与者利益的决策等所做的政治判断。在此意义上说,任何项目都必须接受国会议员、利益集团、智囊团等不间断、经常是非正式的评估。”(Kraft & Furlong 2007, p. 85)

政策评估的目的是确定某项目是否有效,即它是否产生了预期的结果。在评估阶段之后,可能会引发政策上的变革。这些变革可能扩大、缩减或淘汰某个项目。但是,大多数公共项目都是持续不断地变革以使政策更为有效和更具回应性。在此意义上说,政策过程事实上是永无休止的。

政策类型

政府制定和执行许多不同类型的政策。由于政策类型的不同,公共组织和非营利组织在政策过程中的参与程度也各不相同。我们将讨论四种类型的政策:规制政策、分配政策、再分配政策和宪制政策(Meier 1987)。然而,这些分类并非十分严格,事实上,许多机构同时涉及多个领域的政策事务。

规制政策

规制政策旨在限制人们或团体的行为,以保护全体公众或公众中大部分人的利益。例如,禁止人们贩毒、污染空气和水以及垄断性企业行为等。规制的一种形式仅仅关注非法犯罪活动,规定做某些事情即构成犯罪。州政府和地方政府在该领域具有专门的责任,某些联邦行政机构,如美国禁毒署(Drug Enforcement Administration, DEA),在该领域也非常积极。规制的另一种形式关注美国的企业并寻求确保其公平和竞争的行为。实际上,美国首次规制行为出现于1887年,当时的联邦政府设立了“州际商务委员会”(Interstate Commerce Commission),对铁路运行做出规制。目前,类似的规制机构对于下列领域进行监督：证券（如证券交易委员会）（Securities and Exchange Commission）、商品交易（如商品期货交易协会）（Commodity Futures Tading Association）、监督劳动关系（如全国劳动关系局）（National Labor Relations Board）等。

现代的规制领域还涉及公众对于某些特殊产品的使用，例如，电波由联邦通信委员会（Federal Communication Commission）进行规制，洁净的空气和水由环境保护局进行规制。其他的规制实体则重点关注消费者保护（消费品产品安全委员会）（Comsumer Product Safety Commission）、航空旅行（联邦航空管理局）（Federal Aviation Administration）、食品（食品与药品管理局）（Food and Drug Administration）和工作场所安全（职业安全与健康管理署）（Occupational Safety and Health Administration）等领域。

尽管联邦政府对经济行为的规制在过去一个世纪里经历了好几波的发展（Ripley & Franklin 1987），但最近 20 年出现了向相反方向发展的趋势。从卡特政府后期到里根政府
55 时期，曾经好几次对某些产业解除规制。1984 年，美国民航事务委员会（Civil Aviation Board）被解散。在随后的十年里，运输、通讯和银行业等重要领域都逐渐被解除规制。此外，在诸如工作场所、汽车、消费产品安全等领域中，某些规制也得以取消或者暂缓执行。

然而，在 20 世纪 90 年代期间，即使在其他联邦机构放松规制控制之时，食品与药品管理局仍然试图将其管辖权扩展到美国最大产业之一的烟草业，当然该产业对公众健康有着最为深远的影响。在专员大卫·凯斯勒的领导下，美国食品与药品管理局试图将尼古丁列为药品，这一举措将赋予联邦规制者控制香烟以及烟草制品的权力。烟草公司很快发起反击，在"美国食品和药品管理局诉布朗和威廉森烟草公司等案"中（*FDA v. Brown & Williamson Tobacco Corporation et al.*）（2000），最高法院最终判决联邦政府败诉。法官奥康纳在其总结陈词中写道，尽管吸烟应该被视为"我们国家今天面临的最困扰大众健康的问题之一……但是美国食品和药品管理局所主张的该项权限是不容许的"（引自 Kessler 2001，p. 384）。克林顿政府期间的规制活动在其任期的最后三个月达到顶峰。正如杜德礼（Dudley，Winter 2004/2005）提到的，"以联邦注册为幌子，克林顿总统在其后选举期（即 11 月、12 月、1 月）所出台的规制行为比前 7 年（即 1993—1999）同期的这三个月里所出台的规制总量增长了 52.5%"（Dudley，p. 4）。

然而，随后的布什政府撤销了那些尚未颁布实施的规制，并且将刚刚颁布的规制推迟了 60 天。布什政府确立了两条原则，即与"总统科学与技术办公室"（President's Office of Science and Technology）共同提出的"同行技术审查"和与"经济顾问委员会"（Council of Economic Advisors）共同开发的"实施规制分析"两大原则（Dudley，p. 6）。有了这些原则，政府可以给规制机构施加责任，但同时"给规制审查程序重新注入了活力，也显示了政府抵制那些不符合分析要求的规制的决心"（Dudley，p. 9）。

分配政策

分配政策可能是最普遍的政府政策形式，它往往通过拨款或补助金等方式以税收收入的形式为个人或团体提供福利。例如，如果国家面临大规模的农产品过剩，那么联邦政府可能向农民支付激励资金使其不要生产那些农产品，以避免增加农产品的过剩。同样，出于各种目的，联邦政府也会直接向州政府和地方政府提供拨款。最后，政府还常常提供

全民都能享用的“公共物品”。有的公共物品向全民提供，例如国防。也有的公共产品，如城市、州或国家公园等，预计只有部分公民能够享受，而其他人则无法享受这些福利。（在第3章，我们将讨论这些传统意义上的公共物品采用使用者付费方式的发展趋势。）

规制机构经常与受其规制的顾客群体存在根本的对立，与此不同的是，实施分配政策的机构往往与其顾客群体保持着良好的关系，与利益相关的国会议员也是如此。过去几十年里退伍军人福利增长就是这类影子政府运作的经典案例。退伍军人管理局是现在最大的联邦政府机构之一，为退伍军人提供了广泛的医疗福利、教育援助、退休金和保险。56
如果退伍军人管理局不能和退伍军人团体（如美国退伍军人协会和海外战争退伍军人协会）以及国会中的退伍军人委员会等保持紧密关系，这样的发展是不可能的。

再分配政策

再分配政策从某些群体中征税并将其补充给其他的群体。在很少情况下，再分配政策是从不太富裕的阶层再分配到较富裕的阶层；很多资本收益项目计划就属于这种类型。然而，再分配政策一般被认为是以优势群体可接受的损失为代价而使弱势群体获益。主要的再分配政策涉及：(1)收入稳定，即支持失业人员或退休人员；(2)社会福利，即向个人直接提供现金支付或者支持州政府和地方政府的扶贫；(3)医疗保健计划，如医疗补助项目（Medicaid）和医疗保险项目（Medicare）。活跃于该再分配领域的大多数联邦机构都属于健康与人类服务部，如社会保障局（Social Security Administration）或人力开发办公室（Office of Human Development）。

因为再分配政策常常（尽管有时候错误地）被视为“赢输交互”（win-lose）的代名词——一方获利，另一方必受损，因而引起了比公共政策其他任何领域都更为激烈的争论。尽管存在着争议，从罗斯福直到里根之前的每位美国总统都支持实行某些主要的再分配政策。然而，里根总统和乔治·H. W. 布什总统则采取了相反的立场，他们寻求限制甚至削减再分配项目。这些改革议程也影响了克林顿总统，他发誓要“结束众所周知的福利项目”，结果导致了对公共援助项目设置五年的最高限度以及将福利与工作要求进行捆绑的立法。在乔治·W. 布什总统任期的前六个月，他就通过推行1.3万亿美元的减税计划并敦促国会削减联邦支出，表明了政府对继续该项改革的决心。另外，如前所述，布什总统还运用行政令执行了一项以信仰为基础的动议，旨在运用私人组织和非营利组织来提供社会服务。在布什政府期间，联邦、州和地方政府不断为招募、训练和支持宗教团体提供广泛的社会服务。

宪制政策

宪制政策（Lowi 1972, p. 300）旨在为公众谋福利或者为政府服务。外交和国防政策是第一类宪制政策的最佳例子，也是重要的影子政府运作的最佳例子。自20世纪60年代以来，空军就一直游说建造B-1轰炸机作为美国空军防御的中流砥柱。1978年，卡特总统“扼杀了”B-1计划。但是，仅仅三年之后，国防部官员、国防产业的代表（特别是承包商）以及国会中增强军事能力的支持者一道帮助里根总统复活了B-1计划。顺便提一句，虽然建造了100多架B-1轰炸机并且同时服役，B-1计划仍然备受争议，而且，在2004年，几架

B-1轰炸机退役并被分拆,为维持剩余轰炸机的飞行提供备用零件。

另一类宪制政策直接指向政府机构本身。影响政府机构结构和功能的立法以及规范政府机构运作的政策都属于这一类型。卡特总统对影响政府机构的政策特别感兴趣,并且以此为手段进行了若干改革,诸如重组联邦人事体制、重申就业雇用方面那些已获肯定
57 的行为。[①] 里根总统和乔治·H. W. 布什总统则对技术效率和政府的浪费问题更感兴趣。像担任阿肯色州州长时所做的那样,克林顿总统在上任初期,就表示了对管理问题的关注,誓言要在联邦政府中实施全面质量管理。

正如之前所提到的,克林顿总统在其后来的任期中,在副总统戈尔协助下,提出了国家绩效评估以促使"政府运行更好、成本更低"的重大措施(我们随后将对此加以详细讨论)。最近,乔治·W. 布什总统恢复了对里根—布什时期技术效率的追求。在一篇题为《像管理公司一样管理国家》的文章中,《纽约时报》把第一位拥有 MBA 学位的美国总统布什描述为"世界上最大企业的董事长……他们说他的政府将企业管理运用于臃肿的政府。而内阁会议则颇似企业圆桌会议"(Senge 2001, p. 1)。由于许多内阁成员曾经担任 CEO,在他们的领导下,布什政府关注开发更加高效率、企业化的政府行为。

官僚权力的资源

政府机构在政策过程中变得如此有影响力,有着多种原因。首先,政府机构中的人员形成了相关领域的巨大专业技术资源。任何总统、州长、市长或者立法者都无法在所有领域获得可相媲美的专业技术。因此,要做出明智的决策,民选官员经常依赖各种机构中的这些专业人士。常言道:信息就是权力;储存在政府机构中的这些信息就是权力的独特来源。

你会怎么做?

为了增加机构预算,你来到国会委员会面前作证,以便更好地调查涉及软件开发方面的知识产权要求。如果某位委员非常支持增加预算,但显然他对此一无所知;而如果他对此非常内行,则可能反对增加预算。你会怎么做呢?

其次,如前所述,立法往往不可避免并且有意地具有模糊性,留给行政人员大量的自由裁量权。有时候,立法者希望听从机构人员的专业意见以提供详细的规则和解释。有时候,他们也认识到执行公共项目时保持弹性的必要性。在一些情况下,他们也要对立法程序本身的压力进行回应,因为太过具体会导致争议,而模糊则常常促成一致。

行政自由裁量固然必要,因为不断变化的环境需要不断变化的政策,并且不可能总要
58 等待新法律的通过。例如,在 20 世纪 60 年代,美国农业部试图通过减少农产品的供给来维持农业收入。在经历 20 世纪 70 年代的农产品短缺之后,农业部又寻求增加其产量。到了 20 世纪 80 年代,政策又再次变成了限制产量。

随着新信息的出现,弹性也成为必然。例如,几年前,卫生局局长向美国所有家庭发

---

① 指防止就业歧视的行为。——译者

放了一本关于艾滋病最新信息的小册子，该行动并没有得到国会的授权，而是出于卫生局局长的判断以及应急事件的情势所迫。

通过专业知识和自由裁量权，公共机构人员可以帮助形成公共政策。但是，某些机构也有更活跃和更政治化的方式参与政策过程。虽然所有机构都在某种程度上参与政策制定，但是有些机构在政治方面明显比其他机构更为娴熟。例如，国防部和退伍军人管理局能行使巨大权力，而政府印务局(Government Printing Office)的权力就很小。

一个机构所能产生的权力、影响和资源取决于许多因素，有的来自机构外部，有的来自机构本身。显然，民意对机构使命评价的转变可能影响该机构所受支持的程度。多年来，美国国家航空航天管理局(National Aeronautics and Space Administration)在公众支持方面发生了巨大变化，既有第一次登月的声望巅峰，也有“挑战者号”失事后处于专门的监视之下。最近，又因为被提议的预算削减，该机构一直在为保留诸如太空站等计划而周旋。舆论对于某个机构兴趣领域的偏好与该机构获得国会的支持，两者之间似乎有着紧密的关系，这点并不奇怪。

更具体的支持来自顾客团体、立法机构的成员以及行政部门的其他人员。我们已经注意到，机构获得顾客群体的支持，顾客群体也从机构行动中获利。显然，机构的支持者越庞大越有力，那么该机构就可能越强大。但是，机构也可能形成反对派，从而给机构项目带来损失。例如，环境保护局(EPA)要与很多不同的团体打交道，这些团体包括企业、州环境保护机构、科研团体成员，还有像“塞拉山俱乐部”(Sierra Club)或国家野生动物联盟(National Wildlife Federation)等团体。环境保护局可能得到一些团体的支持，遭到另一些团体的反对。

特别的支持来自立法机构的成员，不管出于何种原因，他们可以决定是否支持一个机构的事业。但是，众所周知，既有国会的支持，也有顾客的支持，这样就可能导致特定政策领域中影子政府的出现。这些影子政府之所以出现，部分原因是每个团体都在这种互动关系有所付出或有所收获。机构可以为国会的要求提供快捷、有利的回应，并为顾客团体提供有利的治理规则。作为回报，机构可能在扩大预算和项目方面获取支持。

支持也可能来自行政机构的其他成员。总统的支持显然至关重要，无论是对机构一般工作的支持，还是对具体工作的支持，例如总统对艾滋病研究、加强毒品管制或某个特殊新型武器系统的支持。但是政府机构也重视与其他机构之间的关系。一个新的州立公园的开发可能会引起环境问题、经济发展问题和健康问题。如果所有相关团体和机构都 59
“齐心协力”，公园管理部门的工作必定进展得更加顺利。

对于非营利组织而言，其影响公共政策的能力往往受到正式命令和非正式命令的限制。虽然联邦法律确实对出于游说目的而使用公共和慈善资源设置了规则，但是有些非营利组织的领导者认为，这些限制阻碍了他们代表其选民利益来参与公共政策。或者说，为了不被反对党孤立出来，他们必须对某个问题表态，但却受到了限制。某些慈善团体，如拥有慈善游说团体的独立部门在公共利益的动议中，就已经发动起来，鼓励非营利组织的领导者在其游说中发挥更加积极的作用，并在公共政策过程中扩大非营利组织的宣传功能。税务局(Internal Revenue Service)就支持这一行动，它们从联邦税法中制定一套简化的指南，非营利组织可以用于比较其游说策略。

除了外部来源，官僚权力也有一些内部来源。我们已经注意到机构工作人员的信息和专业知识的重要性。特别是在高度技术化的领域，像医学或农业经济领域，政府机构工作人员可能比那些制定政策和决定优先事项的人们拥有更为熟练的知识。如果他们能够可靠地运用其专业知识，并持续展示其工作绩效，那么该机构势必获益。

网络链接

关于非营利组织宣传角色的信息，参阅公共利益游说中心网站：http://www.clpi.org。《非营利组织游说指南》可从以下网站下载：http://www.clpi.org/CLPI_Publications.aspx。

机构也可能得益于其自身的凝聚力——机构成员对组织及其目标的忠诚程度。一个在重大问题上歧见迭出、观点分殊的机构将面临可信度的缺失。相反，一个机构的团结意识可能使该机构更加高效，无论是对内还是对外。

最后，机构受益于强势、有效的领导。例如，布什政府的詹姆斯·贝克担任多种职务，以有效的领导者（和卓越的政治家）而闻名。作为国务卿，贝克在美国中东和其他地区的政策中扮演着强势的领导角色。同样，在克林顿政府时期，马德琳·奥尔布赖特迅速成为一位强势的国务卿，并与国会保持着良好的关系，特别是在其任职初期。威廉·鲁克尔斯豪斯（William Ruckelshaus）的强势领导和安妮·伯福德（Anne Burford）的弱势领导给美国环境保护局带来的变化，证明了高效领导与低效领导之间的差别。

因此，某些特定机构的权力是其与所在环境相互作用的结果，也是其引进某些可靠力量的过程。但是，要达到目标，它也必须发挥重要的技能。一个机构能够生成的外部支持及其自身知识、凝聚力和领导力的结合，共同产生了它所能支配的权力和影响力。然而，
60 无论一个机构的权力和影响力有多大，都必须明智审慎地使用。机构都是立法的产物，其公共项目必须接受立法机构的审查、修改甚至终止。

立法监管：结构控制

显然，大多数政府项目（以及管理这些项目的机构）首先是在立法过程中形成的。为了对公众要求（可能还有行政领导）做出回应，国会、州级立法机构、城市议会或董事会往往也通过法律或政策来纠正某些具体问题。这些问题涉及范围很广，从联邦环境政策、州的教育需求到地方垃圾收集、健康中心的建设等，但在大多数情况下，首先需要立法部门对这些项目进行授权。一般而言，特别是在较大的辖区，项目运行所需的资金需单独通过拨款程序来进行授权。随着项目授权和资金拨付，公共机构的建立（或扩大）才真正开始。

网络链接

关于国会的信息，请参阅国会图书馆网站（http://www.loc.gov/index.html）、白宫网站（http://www.house.gov）和参议院网站（http://www.senate.gov）。

然而，作为控制公共组织日常活动的手段，立法或多或少有其局限性，特别是在联邦和州的层级。（记住，立法在某些时候故意模糊。）但是，立法可以作为控制的重要手段。在项目运行之后，可以通过立法手段来防止行政部门的成员采取某些行动（Meier 1987，pp. 140—141）。例如，在20世纪80年代中期，博兰修正案（Boland Amendment）①就寻求阻止对尼加拉瓜反政府的叛军（Contras）的秘密支持行动。尽管立法授权项目难免过于笼统，但对行政行为的立法禁止却可以非常具体。然而，如同伊朗门事件（Iran-Contra）②，政府成员可能竭尽全力地重新解释法律以回避那些具体的禁令。

立法否决

立法否决是立法机构用于控制公共机构的一项特殊手段。从本质上说，它是这样一种法定规定，即由政府执行部门（或行政机构）根据特定法律条款授权的任何行为（通常在30到90天以内）都必须经由国会（或国会的某个部门）批准或反对。例如，法律可能授权 61
批准新建一条高速公路的计划，但是要开始具体项目必须先经过立法许可。20世纪30年代，立法否决首次被用于允许总统在国会的审查下进行重组。然而，到20世纪70年代和80年代初，立法否决开始被运用于许多其他领域，最著名的是1937年的《战争权力决议案》（War Powers Resolution of 1973），它要求总统向国会通知其军事行动，除非国会采取行动让其继续，否则总统必须在60天内停止该行动。

立法否决条款对公共机构的影响在20世纪70年代末80年代初联邦贸易委员会（Federal Trade Commission）的经历中得到了证明。20世纪70年代末，由联邦贸易委员会发起的大规模保护消费者的努力遭到国会中企业团体的反对，国会成功地通过立法，其大意是国会将不批准它不喜欢的任何联邦贸易委员会规则。1982年，国会就运用了该条款，结果使得一项提交了10年之久的联邦贸易委员会法规没有获得批准，该法规要求二手车经销商必须公开其所售车辆的任何缺陷（Ripley & Franklin 1987，pp. 141—142）。在"美国移民归化局诉查德哈案"（Immigration and Naturalization v. Chadha，1983）被上诉到最高法院的一个类似案例中，最高法院裁定其中的立法否决权违宪。法院认为，通过立法的宪法程序要求必须有总统的参与，并且立法否决条款下任何没有行政部门参与的行为都将违反权力分立的原则。

尽管立法否决存在着违宪，但是国会对于控制行政机构工作的兴趣丝毫没有减弱。事实上，国会找到了多种规避"查德哈判决"的方式，这些方式要么是给立法授权增加详细的规则的非正式方式，要么是无视法院判决继续将否决条款纳入立法之中。1996年，国会通过了立法审查程序，尽管提供了否决的备选方案，但经不起对限制先前程序的各种形式的法律挑战。

应该注意到，对行政机构的立法控制问题并不局限于联邦政府。在州层级，立法否决

---

① 1982年后，美国国会议员蒂普·奥尼尔和马萨诸塞州的众议员爱德华·博兰（当时任众议院情报委员会主席）掀起了一场反对美国支持尼加拉瓜反政府武装的运动。1982—1986年间，国会先后通过5个独立的"博兰修正案"，开始禁止将中央情报局、国防部或涉及情报活动的任何美国其他机构的经费间接地或直接地花在支持尼加拉瓜的军事行动或准军事行动上。——校者

② 伊朗门事件是发生在美国1980年代中期的政治丑闻，是涉及美国里根政府向伊朗秘密出售武器一事被揭露后而造成严重政治危机的事件。因国际新闻界普遍将其与尼克松水门事件相比，故因此得名。——译者

权的使用正迅速增加，有许多州已经采用了立法否决，要么作为立法的形式，要么作为该州行政程序的一部分。此外，虽然州法院强化了查德哈案的原则(联邦案例的查德哈判决本身并不限制州层级立法否决权的使用)，但是，州级立法者在其立法审查程序中继续采取类似否决的行动。

日落法

《日落法》(Sunset Laws)是立法机构用于评估政府机构绩效以及撤销那些不成功机构的又一手段。《日落法》基于这样一种假设：政府项目应该定期终止，只有在立法机构对其项目效能进行评估并经过专门表决之后方可延续。关于项目延续问题的一个经典案例就是军队物资供销店制度(military commissary system)，它于19世纪成立，用以向西部平原的骑兵提供食品。虽然几乎所有的军队物资供销店都设在距离10英里以内的两家或
62 者多家超市里，但是该制度一直持续至今。

到20世纪70年代末80年代初，在“同道会”的敦促下，科罗拉多州通过一系列法律，要求某些规制机构必须在给定时间内终止，除非得到立法机构的重新授权。此后，日落法变得非常普遍。不久，其他十几个州和许多城市都通过了日落法，要么给项目提出终止日期，要么将日落条款纳入新项目的立法之中。在联邦层级，包括日落条款在内的许多议案不断出现。

给项目规定具体期限的目的，是为了在未来某日对项目进行强制性的仔细评估。批评者指出了自动期限存在的一些问题。如果所有项目都要定期得到详细评估的话，那么，立法机关及其工作人员将承担巨大的评估花费和工作负担，而且还不仅仅是这个问题。日落法是否确实改变了我们要延续大多数项目的预期，这也是问题。例如，并没有人真正期望，警察或消防部门会被撤销。最后，批评者还指出，无论以何种方式对大多数项目进行定期评估，即使没有“日落”条款，那些效率极其低下的项目也照常会被淘汰。

2001年，关于日落条款的争论再次燃起，因为国会立法分阶段地采用了布什政府有关十年内减税1.3万亿美元的重要政策举措，但是却为第十年末设置了“日落期限”。批评者认为该法是一项政治补救措施，如果届时国会未能修复税收措施，那么必将带来严重的经济影响。换句话说，如果2010年(或此前)国会未能使税收削减计划如布什总统所希望的那样持续，那么削减计划将失效，并重回到2001年第一次通过该法时候的水平。

大量的旨在钳制行政机构行为的各种法律的通过，是立法机构对行政机构施加正式控制的最后一种机制。这种适用于所有机构的立法可以影响行政程序、承包或采购安排、人力资源管理以及其他领域。国会对于获取政府信息的持续关注就是一个很好的例子。在二战之后，可能是为了与战争期间的军事思想保持一致，政府机构可以合法地将所有记录归类为“机密”，因为它们具有保守秘密的“正当理由”。正如人们所想象的，找到保留记录的各种“正当理由”或原因并不困难。保守秘密的行为变得如此普遍，以至于一个国会调查团发现，五角大楼将弓箭的建造和水流下山坡的事实也归类为机密！同样的，美国联邦总务管理局也做出决定，如果没有门卫的允许，联邦建筑内不能随便拍摄(Archibald 1979, p. 314)。

你会怎么做？

假如你是某市学区的教育学监。市长找到你，希望可以使用学区两所高中的体育馆，举办一场该市城区年轻人的夜间娱乐篮球联赛。你担心可能会对体育馆设施造成严重损坏，还担心体育馆附近的学校建筑会变成涂鸦的目标。那么，你会怎么做呢？ 63

由于诸如此类的调查结果，而且人们也坚信，公众有权使用政府收集的信息，因此，国会于1966年通过了《信息自由法》(Freedom of Information Act)。该法基于这样一种假设：除非在明确说明和特殊情况下，公众享有知情权；换句话说，它可以防止行政部门工作人员出于不明原因将文件归为机密。新法律的推行受到了阻碍，因为部分条款模棱两可，也因为有些政府机构官员仍然试图尽可能多地保守秘密。在1974年、1986年和1996年的一系列修正案中，这些问题陆续得到解决。这些修正案规定行政机构对公众查询必须快速地做出回应，甚至试图处罚那些向公众隐藏政府记录的政府官员。虽然该法仍然存在一些问题，但是几乎所有联邦机构现在都实施了《信息自由法》的条款。事实上，处理并回应对《信息自由法》的诉求，已经成为联邦机构的重要活动。以司法部为例，仅在2000年就接到了超过235,000项的信息查询请求(Piotrowski and Rosenbloom 2002)。

阳光法 对政府机构行为进行约束的这些例子与《阳光法》(Sunshine Laws)也有着密切关系，《阳光法》要求各种机构（特别是规制机构）的所有业务行为必须置于公众的视野之中（除了特殊情况）。例如，早在1993年，由于一位纽约艺术家基于《信息自由法》的要求，美国国家航空航天管理局(NASA)公布了45张七年前爆炸的“挑战者号”航天飞机残骸的照片。

佛罗里达州的《政府阳光法》规定，公众对于州、县和市政府以及诸如局和特区等其他政治分支机构的任何政府行为都有知情权。这项法律要求，任何两位或两位以上董事会或委员会成员所召开的会议，只要所讨论的事宜在可预见的将来要由该董事会或委员会决定才能付诸实施，都必须符合阳光法的要求。这项法律有三项基本要求：(1)会议必须对公众开放，(2)会前必须发出适当的通知，(3)必须有会议纪要。事实上，该法禁止任何董事会或委员会成员在公开的会议之外就会议事宜进行非正式的或临时的讨论。

现在，美国所有50个州都为其立法机构、行政机构和地方政府规定了“阳光法”条款。在所有这些情况下，为了表达其对公众对于公共事务知情权的关注，立法机构对行政机构进行了广泛的控制。

立法监管：监督

除了立法控制的“结构”机制之外，立法机构也通过所谓的监督职能实施对行政机构的持续监督。国会两院都设有政府运行委员会负责监督整个政府机构的活动（包括其与
其他层级政府的关系）。此外，其他的国会委员会也对事关其利益和专业知识（如国防、福 64
利、邮政等）的特殊领域负有监督责任。监督尤其与立法与拨款过程有着紧密的关系（参见专栏2.2），当然也可能在任何时候发生。由此，看到一个内阁部长，备齐图表和文档，在一个对他或她的项目感兴趣的国会委员会面前举证是常见的事。

专栏 2.2　在拨款委员会作证

在委员会听证会上最重要的是创造一个信任的氛围——你信任委员会，委员会也信任你。我常常告诉大家，要诚实，与委员会进行充分、自由、坦诚的讨论，即使你感觉有点受伤害。要获得拨款，这样做胜过一切。没有人喜欢接受意见和说自己的坏话，但是不要试图欺骗国会议员。欺骗肯定不行。如果讲的不真实、不坦诚，他们也有第六感觉。如果你开诚布公，他们会更信任你，拨款所遇到的困难也会最小。

资料来源：一位预算办公室官员引自 Richard F. Fenno, Jr., *The Power of the Purse*(Boston: Little, Brown, 1966), p. 298。

举行听证会是国会最常见的监督方式，有时有点马戏团似的氛围。例如，伊朗门事件听证会实际上就是对国家安全委员会这样一个行政机构的行为进行调查，但演变成为关于里根政府外交政策行为的重要政治斗争的"角斗场"。这次听证会也因为揭露奥利弗·诺思中校(Oliver North)和助理国务卿艾略特·艾布拉姆斯(Elliot Abrams)在正式监督过程中蓄意欺骗国会而引人关注。

显然，听证会给国会议员们提供了曝光机会。哈里·杜鲁门(Harry Truman)、萨姆·欧文(Sam Ervin)、丹尼尔·井上(Daniel Inouye)到弗雷德·汤普森(Fred Thompson)等政治家都曾经在国会听证会上出现而扬名立万。但是，听证会也给联邦、州、地方政府和非营利组织的行政官员提供了绝佳的机会来陈述其立场，帮助其教育立法机构成员和普通大众，以获取对其项目的支持。因此，大多数行政机构都将大量的时间和精力用于与立法机构建立良好的关系上。在联邦政府层级，这种工作是通过一个立法联络办公室来实施，而在州、地方层级，则是以个人关系来进行。

也许近年来最奇特的立法监督案例出现在 1998—1999 年间，国会先是因克林顿总统与白宫实习生的性丑闻对其进行弹劾，而后又宣告其无罪。众议院通过了两项对克林顿总统的弹劾，声称他在联邦大陪审团前作伪证，并因其干涉独立委员会凯恩·斯塔尔(Ken Starr)的调查而妨碍了司法公正。然而，参议院投票表决宣告总统在这两项指控上都无
65 罪，该决定从多方面结束了困扰克林顿总统近八年的指控、调查和丑闻。

从全国范围来看，国会也通过其下属办事机构对行政机构进行监督。20 世纪 70 年代初的一系列立法导致了"国会预算办公室"的成立，也使得这些机构的作用大大强化。预算办公室的职责在于为国会提供关于某些公共项目的信息。几乎与此同时，国会也将美国审计总局的工作重心从传统的财政审计转移到项目评估。现在，除了举行听证会之外，国会还通过其办事机构对行政机构运行进行评估(要求国会预算办公室提供信息以及审计总局的审计与项目评估)来实施监督责任。尽管州和地方层级立法机构的人力较少，且常常更关注政策开发而不是监督，但在过去的 20 年里，各级政府都见证了立法机构人事规模的普遍扩大。

最后，在立法机构和行政机构人员之间也存在着大量的非正式关系。实际上，这种非法定的控制可能是国会监督最普通的形式。

尽管国会议员监督活动的范围甚广，投入监督的人力资源不断增加，但要对行政机构

运行进行有效的监督仍然存在许多问题。部分问题只是立法人员在监督活动中无利可图。因而，他们更关注政策问题，认为在政策领域比在监督方面更有可能使他们树立起名声威望。此外，监督活动中的利益随时可能变化，一旦行政机构提出新的、不同的项目要求或者立法机构成员认为某个机构无法回应选民团体的需求时，其利益可能随之增加。一般说来，当立法机构成员对行政领导高度信任并倾向于认同其政策时，监督的动力就随之下降；相反，当信任度降低或当立法机构成员所喜爱的项目被忽视时，监督的动力就随之增大。

立法监管：选民服务

立法者也常常基于个人关系代表选民利益与公共机构人员打交道。显然，那些期望连任的立法者必须关注来自其选区选民的诉求信息或影响。另一方面，在与政府打交道时，公民也期望可以或者应该从选区参议员或众议院那里得到帮助。因此，立法机构成员会收到大量求助的申请，从希望领取社保津贴到希望影响一个具体的政府合同的判定等等。代表那些需要帮助的，或需要参与政府机构的个人或团体，致力于满足这些个体或团体的需求，这一工作就叫做立法的选民服务。

在联邦层级，为选民提供服务是国会议员最费时间和最重要的活动之一。求助的请求通常由熟练选区服务事务的国会工作人员来处理。如果有人要求对行政机构的活动进行调查，那么国会工作人员会与行政机构的国会联络办公室联系，或者直接与行政机构长官或地区办公室联系。在大多数情况下，这些请求能得到迅速回应，而且相关的个案信息 66
和行政机构对其行为的必要解释也会很快反馈给国会议员。

联邦立法机关和行政机构中的官员都认为该程序非常有用，它不仅仅提供了一个审查机制，还可以明确行政机构的政策和程序并对其绩效进行评估(Johannes 1984)。然而，偶尔也会出现“规则变通”或者政治偏袒的压力。例如，几年前，宾夕法尼亚州的国会议员丹尼尔·弗勒德(Daniel Flood)就由于试图为他所在选区的一家医院获取联邦资助金和贷款被指控串谋、贿赂以及作伪证。

在州和地方层级，选民服务则显得不那么常态化和制度化，看起来是把“双刃剑”。一方面，选民服务有利于使官僚机构更具人性化；另一方面，也存在着破坏行政程序以及导致政治影响的可能性。当然，在高度专业化的政府机构中，行政机构领导一般都积极地看待立法机构的介入。

在很多欧洲国家和美国的一些州和地方层级，立法机构选民服务的作用可以与监察专员办公室相媲美。监察专员办公室是一个常设机构，接受并处理投诉，还起到代表市民获取可靠信息、申请服务或跟踪申诉等作用。其他很多机构也建立了类似的组织，虽然不那么正式，例如公共利益倡导者仲裁人、公民援助办公室等(Hill 1982)。

与司法部门的关系

正如你所想的那样，行政部门和司法部门的关系源自行政行为的合法性基础，其中，一些是准立法性的，一些是准司法性的。属于准立法的那部分阐述了立法的细节。如前所述,大多数立法有必要且故意笼统化,给行政人员留下了巨大的解释和自由裁量空间。例如,法律要求某个行政机构为核电设施设置安全标准,但却没有提供到底采取哪些特殊标准的任何指导。行政机构必须寻求确立适当的标准,然后制定立法实施的规则。所谓制定规则,就是建立适用于某类人或某类行为的普遍准则。

在联邦层级,和行政法的其他方面一样,行政机构的规则制定都受《行政程序法》(Administrative Procedures Act)的支配。(同样,每个州所制定的法律也为行政行为提供了法律框架。)行政程序法的目的在于确保规则是基于正当的合法权威;确保规则的适当告知和公民的话语权;确保规则是清晰而非模糊的;确保在新规则生效之前,市民有足够的前置警告(*Administrative Procedures Act Source Book*, 1992, p. 416)。

1996年,《行政程序法》迎来了50周年的庆典,在那次周年纪念中,人们提出了一些问
67 题,即在现今社会该法是否仍然能为解决日益增长的复杂法律问题提供一个合适的框架。最近,对行政程序法的挑战集中于规制改革的问题上,包括国会对行政机构权力的抑制。然而,美国国会的讨论已经演变为党派分歧,仅仅在推进改革日程上存在些许共识。事实上,最近来自国会的批评大多与“糟糕的行政实践”关系不大。另一方面,法院仍然赞成《行政程序法》。在过去的三年里,法院一直认可该法的行政框架。因此,尽管立法部门的争议仍在持续,《行政程序法》依然是行政实践的重要指导。

网络链接

关于行政法的法律研究,请参阅 http://www.findlaw.com,或者登录最高法院判决的网址:http://www.findlaw.com/casecode/supreme.html。关于行政程序法的信息,请参阅:http://www.fda.goc/ opacom/laws/adminpro.html。

在大多数情况下,规则制定是直截了当的,它包括告知、评论和确保有完整记录的步骤。另外,法律也要求规则制定过程必须更加关注细节和正式化。美国食品和药品管理局以及其他高风险机构的规制就要求非常正式的制定过程。正式的规则制定程序要求行政机构在完成“审判型听证”程序之后才能发布其规则。

在20世纪70年代到90年代,《行政程序法》增加了许多重要的条款,这些条款包括在涉及小型营利组织、非营利组织和公共部门的情形下减少规制需求的措施。《行政程序法》的第一大变化就是卡特政府时期《规制弹性法》(Regulatory Flexibility Act)的通过。在《规制弹性法》下,行政机构不仅必须考虑新规则对小型机构的影响,还必须确保规则的必要弹性水平,以不增加机构的执行和报告成本。1996年,国会扩充了《规制弹性法》,作为债务限制补充法案的一部分,增加了三项法规,并批准了对已提议的规制进行立法审查的程序。有了审查程序,立法者拥有了在最终决策之前采取“否决决议案”的“机会之窗”(Cooper 2000, p. 139)。

1990年的《协商规则制定法》(Negotiated Rule Making Act)延续了使用替代性争议解决手段(ADR)的趋势——不需要正式法定程序的争议解决机制。与其他替代性争议解决手段相比,“协商规则制定法提供了使用协商一致的技术来达成更好、更能接受的结果,

减少了拖延立法的可能性。”因此，《协商规则制定法》基本上将涉及某一问题的各方集中起来，讨论制定可能的规则，并试图在讨论这些规则的具体结构和内容之前就达成共识。 68

同调解和仲裁等其他争议解决方式一样，这些手段并非是任何行政部门都必须使用的。但是，很多公共部门发现这些手段非常管用（*Federal Alternative Procedures Source Book*，1992）。

其他行政行为是准司法的，这些行为产生了关于个案的一些命令。例如，随着核发电厂安全标准的出台，行政人员不得不判定某个工厂是否符合这些标准。同样，行政人员还不得不判定某个人是否符合领取工人补偿金的资格。在这些案例中，行政人员就是在依法就某人的状况进行决策。这种实质性的决策显然非常重要，但是这些决策的程序也很重要。例如，一位被拒绝福利援助的妇女可能要求在最终决策之前举行听证会来辩论。行政部门接受或拒绝听证的决策代表着另外一种准司法的行政行为。

在被称为“判决”的准司法行政行为中，前述的程序问题至关重要。公民都要求平等相待而不是独断专行。因此，如果行政机构采用了正当的程序标准，并把所作所为告知公众，就必定能使利益相关方有机会来作出回应，并必定有一个独立的决策者和申诉机会。

法院则通过“司法审查”的程序对(规则制定、判决或其他领域的)行政行为进行审查。这种审查发生的典型情形是，当行政相对人一方因行政机构的行为而遭受“‘合法委屈’(legal wrong)，或者遭到机构行为的不利影响或侵害”而寻求司法补救时(5U. S. C.，Section，702)。法院依据宪法、法律和行政规定对案例进行审查，以判定行政行为的“适当性”。一般来说，法院会判决其不合法，并取消违宪的行政行为、超越法定权力的行政行为、“独断、肆意行为和自由裁量权的滥用”、有违程序公正或没有实质性理由的行政行为(5U. S. C.，Section706)。然而，按照最高法院在“雪佛兰公司诉美国国家资源保护委员会案”(Chevron v. National Resource Defense Council)中的裁决，对于某个具体的案例，如果法律没有明文规定或模棱两可时，而行政机构对法律的解释又是合理的，那么，这种解释就应该得到尊重。①

“雪佛兰案”对行政人员的尊重——作为现代行政结构的立场——源于法院的基本信念，即负责执行法律的行政机构最了解相关的政策和现行的法律。法院可能最终不同意行政机构的解释，但开始时他们却是基于一个严肃的假设，即行政机构是正确的。虽然有人认为雪佛兰公司正在受到质疑，但最近最高法院的判决仍然强调了“对行政机构的司法尊重”原则。

例如，在1991年的“拉斯特诉苏利文案”(Rust v. Sullivan)中，最高法院就布什政府对堕胎的“言论限制规则”(gag rule)提出了挑战，该法禁止接受联邦基金资助的家庭生育诊所为堕胎服务提供咨询或转诊，而允许提供关于分娩或相关服务的信息。“言论限制规则”源于健康与人类服务部部长对现有法律基本原则的重新解释。尽管实际上担任部长职务并不适合对法律进行永久解释，但因为国会已经授权健康与人类服务部执行法律的 69
职责，法庭的意见不一最终导致行政机构的政策有效。(“拉斯特案”的判决也对非营利组

① 这就是1984年“雪佛兰公司诉美国国家资源保护委员会案”所确立的所谓“雪佛兰原则”(Chevron Doctrine)。依据该原则，如果法律规定暧昧不明时，只要行政机关对法律的解释合理，法院就必须予以尊重。因为，行政机关比法院有着更强的专业能力和民主合法性基础。——译者

织有着非凡的意义，即受政府基金资助的非营利组织的雇员和公共官员有着同样的要求。例如，最近，“拉斯特案”的判决也被用于另一个案例当中，这对非营利组织为其选民进行游说的能力提出了挑战。最高法院在“法律服务公司诉维拉可茨案”(Legal Service Corp. v. Velazquez)中裁定：受政府资助的非营利组织的雇员在公共政策宣传中必须像政府人员一样坚持同样的标准和受到同样的限制。)

在包括“斯迈利诉花旗银行案”(Smiley v. Citibank)(1996)、“奥尔诉罗宾斯案”(Auer v. Robbins)(1997)和“地区医院诉沙拉拉案”(Regions Hospital v. Shalala)(1998)等在内的最近案例中，最高法院继续强调所谓的“雪佛兰标准”(Chevron Standard)，所根据的原则是：除非立法者能给行政机构明确的指示，否则只要法令允许，行政机构的解释必须得到尊重。

另一方面，法院又为雪佛兰标准设置了界线，将该标准限于管制措施以及行政机构行为是在法律明确规定的范围内实施这种情形。法院坚持认为，关于行政问题的请求(其主要关注的是涉及诸如合同等法律问题)应该被视为“完全在法院能力范围内的法律问题”(Cooper 2000，p. 254)。尽管有了这些限制，它们也符合法院对雪佛兰原则的强调，根据同时期低级法院的判决，我们可以推定，这种司法制度将维持行政机构的能力和范围，直至进入“后雪佛兰”时代。专栏 2.3 中的案例对过去 20 年里所确立的原则作了汇总。

这并不是说法院的裁决总是偏袒行政机构。其中，法院判决行政机构误释(或超越了)法律的意思，这些案例特别有趣。例如，授权在劳工部下设“职业安全与卫生管理局”的法律要求该机构为工厂有毒物质制定标准，“以确保，在可行的情况下，任何职员都不会受到肉体伤害，即使他们在长时间的工作生涯中频繁接触有害物质”(Cooper 1983，p. 192)。在经过广泛研究后，职业安全与卫生管理局最后认定，暴露于有毒物质苯会增加罹癌和其他健康问题的风险，并建立了相应的标准。

美国石油学会(American Petroleum Institute)寻求司法审查，要求法院讨论两个相当有趣的问题。该案例的一个方面涉及法律的意图。第五巡回法院非常关注这个问题，并裁定：在法律上，“在可行的情况下”是指在技术上和经济上都可行的标准。因此，法院取缔了职业安全与卫生管理局的标准。最高法院更关注该案在健康问题的方面，以多数票裁定“现有标准不危险而新标准不必要”。持有异议的法官则认为，法院不应该越俎代庖，以其对案例的专业判断来取代行政机构的专家意见。该案例说明了法院在审查行政行为时还面临着许多重要的难题(Cooper 2000)。

70

法庭最近更是频繁地采取行动，不仅审查行政机构的行为，而且还迫使行政行为“非法停止或不当地延误”(5U. S. C.，Section706)。几年前，美国食品和药品管理局收到一封一群死囚犯发来的请愿书，要求其确定致命性注射剂所用的材料是否安全无痛，是否会让犯人神志清醒而身体却已麻痹、成为他或她慢慢死去的一个证物。美国食品和药品管理局回应说，在这类案例中，他们无权对州的惩治制度进行审查。然而，经过复审后，巡回法庭判定美国食品和药品管理局确实具有该项权力。法庭判决写道，“在本案中，美国食品和药品管理局显然是在拒绝行使裁量权，因为它不希望被卷入像死刑这样涉及伦理和情感的麻烦问题之中。由于美国食品和药品管理局的不作为，其结果是请愿者面临着遭受酷刑的风险”(Cooper 1985，p. 649)。

专栏 2.3　司法审查和尊重行政机构解释的法律原则

司法审查的标准要求法院解决两大问题：第一，立法机构是否给行政机构在法律实施方面提供明确的指导？如果是，那么法院和行政机构就必须遵守立法机构的指导。第二，如果立法机构对法律实施的指导相对暧昧，因此给行政机构留下的权力空间也不明确，那么行政机构在法律允许条件下所作的解释是否许可呢？

解释

假定常设机构的解释应该得到尊重，尽管法律具有优先权，这也不能否定行政人员对法律重新解释的权力，即使该解释代表政策方向的重大变化。行政人员必须有机会适应变化的环境，其决定也须得到法律的允许。换言之，行政人员的解释不一定是最好或最明智的选择，而只是可以允许的。

行政解释的司法审查权必须是有限的，因为这并不取决于法庭在可选择的法律解释中去协商或从规制的观点去决定哪种解释更好。在这些案例中，行政机构的解释应该得到尊重——也就是说，只要该解释遵守法律的语言和原则。

相关案例

雪佛兰公司诉美国国家资源保护委员会案(1984)

美国机动车辆制造商协会诉州立农业互助保险公司案(Motor Vehicle Manufacturers Association v. State Farm Mutual Ins. Co.)(1983)

移民和归化局诉卡多萨—丰塞卡案(INS v. Cardozo-Fonzeca)(1987)

拉斯特诉苏利文案(Rust v. Sullivan)(1991)

美国银行诉变额年金保险公司案(Nationsbank v. Variable Annuity)(1995)

斯迈利诉花旗银行案(Smiley v. Citibank)(1996)

奥尔诉罗宾斯案(Auer v. Robbins)(1997)

地区医院诉沙拉拉案(Regions Hospital v. Shalala)(1998)

马丁诉职业安全与健康审查委员会案(Martin v. Occupational Safety and Health Review Commission)(1991)

托马斯·杰斐逊大学诉沙拉拉案(Thomas Jefferson University v. Shalala)(1994)

美利坚合众国诉奥黑根案(United State v. O'Haggan)(1997)

资料来源：P. Cooper, *Public Law and Public Administration*, 3rd ed., F. E. Peacock Publishers Inc., 2000, pp. 250—264,269—270。 71

与美国食品与药品管理局上述不作为案例密切相关的是，行政机构拒绝制定或延迟发布法律所要求的规则。但是，最近也发生了这样一些案例，人们发现行政机构在废除以前制定的规则时存在着越权行为。

关注正当程序原则

司法体系的核心在于确保人人得到公平的对待，确保人人有权为自身利益进行争辩和提出证据，确保决策者不偏不倚与公正无私。由于行政裁决中正当程序(due process)问题的存在，即是否要召开听证会、何时听证以及以什么形式听证，最高法院对行政事务进行评估的不同模式也开始出现。在50年代、60年代和70年代初，法院允许人们在受到严重伤害前对任何针对自身的行为提出质疑，以试图保护公民的权利，使其免受行政机构专制行为的侵害。法院不允许将行政机构的成本和不方便作为对个人伤害的借口。

然而，经历70年代、80年代之后，在首席大法官沃伦·伯格(Warren Burger)的领导下，最高法院开始调整行政正当程序原则的方式，行政听证不仅成为一种保护手段，而且成为调查实情的重要工具。法院开始频繁地使用“权衡检验”(balancing test)，以测量个人的利益(相当狭窄的界定)、额外保护的价值以及政府的利益(包括额外的程序保护措施可能带来的财政与行政负担)。专栏2.4举例说明了“权衡检验”的应用。这样一来，如果有
72 人认为没有受到足够的保护而想在法庭上胜出就更困难了(Cooper 2000)。

专栏2.4　斑点猫头鹰与行政机构对法律的解释

当法院在审查行政机构对所实施的法律的解释时，常常面对两大问题：

一方面，国会是否直接提及所讨论的问题。如果国会的意图明确，那么，事情就可以得到解决，因为法庭和行政机构一样，都必须实施国会模糊表达的意图。

另一方面，如果认定国会没有直接提及所讨论的问题，那么，法院是不会强行对法律进行解释的，尽管在没有行政解释时，法院的解释非常必要。当然，如果法律对于某个具体问题没有明文规定或模棱两可，那么法院的问题在于，行政机构的回答是否是基于法律允许的解释。

假使规制法律中的模糊性普遍存在，那么，“雪佛兰案”似乎是解决司法机构对行政解释的默许的方法。但它还没有发挥那样的作用。

有时，法院会给“雪佛兰原则”留下充分的空间。然而，法院有时也忽略了“雪佛兰案”的检验。最重要的是，仅仅在“雪佛兰案”三年后，法院就认可其为规避行政解释原则的一个出口。

“巴比特诉大俄勒冈社区甜美之家分会案”(Babbitt v. Sweet Home Chapter of Communities for a Great Oregon)——著名的“斑点猫头鹰案”——就是“雪佛兰原则”不确定性(indeterminacy)的例证。该案的关键问题在于《濒危物种法》(Endangered Species Act)中“伤害”(harm)一词含义的理解。该法禁止“获取”濒危物种，并且将“获取”定义为“打搅、伤害、追赶、射击、杀害、陷阱、捕获或者收集”。根据内政部部长布鲁斯·巴比特(Bruce Babbitt)的解释，“伤害”一词包括导致(虽然不是有目的的)伤害濒危野生动物的栖息地破坏。作为该法的反对者，俄勒冈州的企业利益集团就对这种解释提出了挑战。

行政法的基本问题是国会多数派往往赞同联邦政府对某一问题所作出的某些回应，却不赞同任何一项具体的回应。国会并非毫无作为，而是采纳大众的意见且听任行政机构和法院去做颇具争议的选择。《濒危物种法》就是一个很好的例子。国会非常清楚，栖息地的破坏是对濒危物种最大的威胁。然而，国会也知道，对栖息地破坏的

规制将与经济发展相冲突。所以，国会只好含含糊糊，语焉不详。

对于栖息地破坏的问题，国会唯一明确的意图就是故意不表达意图。与其说这是一个需要作出律师般权威语言解释的问题，还不如说是一个需要熟悉该问题并担负政治责任的机构作出决策的问题。行政机构在这两方面比法院都有优势。

资料来源：Donald A. Dripps, *Trial* 32, no. 2(February 1996), pp: 70—71。 73

行政法中正当程序的弹性原则促成了替代性争议解决的多种策略，即调解和仲裁。事实上，1990年《替代性争议解决法》(Alternative Dispute Resolution Act)的实施帮助清除了行政人员面对替代性争议解决手段时所遇到的许多障碍。在大多数情况下，替代性争议解决策略在不复杂的案例中很容易使用。然而，替代性争议解决策略不应该用于解决公共利益保护失败的情况。在政策执行阶段，协议的精神实质和字面条文必须非常明确，否则，就会面临巨大挑战，并可能失败。

法院和机构行政

过去二十年里，行政机构与司法机构之间的关系最富戏剧性的变化之一就是联邦区域法院(和一些州法院)直接介入行政机构的行政事务，包括财政支出、人事、组织和管理方面的决策。这种参与行为以法院裁决行政公正案例的形式发生。在这类案例中，公民的个人权利，如禁止酷刑和异常处罚，被州和地方行政组织所侵犯。

20世纪70年代早期的两个标志性案例开创了这种裁决的先河。在第一个案例中，阿肯色州监狱系统中的犯人宣称监狱里存在大量的虐待，包括危险和不卫生的条件。法院裁决，阿肯色州监狱系统的拘禁接近于残酷和异常处罚，要求教改官员制订计划以改正这些问题。同样，在阿拉巴马州，一位联邦区域法院的法官认为，该州最大的精神卫生场所的条件是“难以忍受和惨不忍睹的”，并要求采取纠正措施。法院也确立了必须维护的宪法权利，并详细制定了符合该宪法标准的行动方案(Gilmour 1982, pp. 26—29)。

法院对公共机构管理的参与，在一位联邦法官要求新奥尔良教区监狱改革的命令中得到了良好的证明。除了命令监狱要提供充足的医疗服务、提高安全性、开发娱乐设施以外，这位法官还要求“立即改进监狱的管理和运作”，聘用专业的监狱管理专家去管理监狱，并以特定的方式改进人事管理实践(填补职位空缺，提高工资等)。尽管法院的这些行为明显纠正了宪法的不公正，但是，法院是否适宜参与行政管理的细节，这仍然是个问题。此外，很多州和地方认为，在诸如废除种族歧视或监狱改革等项目上，法院命令所花费的开支，挪走了其他所需服务的资金，如教育、社会福利或精神卫生等。事实上，由于各种原因，最高法院最近已经采取措施，限制法院干预行政机构的工作，并要求对明显违宪行为认真制定限期计划。

小结与行动启示

本章考察了公共行政的政治环境，包括需要知道的在公共组织或非营利组织中(以及与其打交道时)如何有效工作的知识。本章(和第 3 章)的内容构成了建立你的行动技能的知识基础。了解在公共部门工作的政治环境将提高你的行动效能。

尽管公共管理者和非营利组织的管理者工作的制度环境不同，但这些制度反映了处于民主制度核心的重要的政治价值。不管是联邦、州还是地方层级，也不管是政府部门还是非政府部门，民主的价值(特别是考虑到公众利益)影响着公共组织和非营利组织的结
74 构。例如，联邦层级的权力分立就表达了对权力集中的担忧。同样，议会—市政干事制则表达了对政治与行政之间关系的一种观点。最后，非营利组织的结构体现了它们在公共利益方面的运作行为。了解一些民主价值如何在各种组织结构中体现的知识，了解一些关于行政组织中行政领导角色的知识，将提高你行动的信心和权威。

作为一名管理者，你可能与立法机构(国会、州立法机关、地方城市委员会或非营利组织的董事会)有着重要的互动。那些为公共利益服务的机构以各种方式参与到几乎所有的政策领域——这正是我们的政治制度所鼓励的情形。伍德罗·威尔逊所提出的"政治与行政分立"已经无法准确描述立法部门和行政部门之间的关系。今天，立法部门与各种政府机构共同参与政策过程，要么共同开发政策，要么在不同领域各自决策。

作为一名管理者，你也可能以很多其他方式与立法机构打交道。最重要的是，立法机构会给你的机构或协会设置任务，并提供执行这些任务所需的人力、财力资源。此外，立法机构会对你的工作进行持续(尽管有时断断续续)的监督。因此，你可能需要花费大量时间来与立法机构建立有效的工作关系。

法院参与行政工作的现象与日俱增且无法避免。正因为如此，对法律制度的了解以及与法律和司法官员互动的能力，将提高公共管理者的效能。不论是与立法机关还是法院打交道，与他们两者的关系都不能是敌对的。实际上，在很多情况下，立法机关和法院都大大有助于改进行政实践。

至此，你应该认识到，公共组织或非营利组织管理者的行为受到广泛而复杂的关系网络的约束，你只不过是该网络中的一员。在这张关系网络中，你必须关注行政领导、立法意图和监督以及司法解释等问题。公共行政管理者的世界确实错综复杂！

术语与定义

议程设置(Agenda setting)：某些问题已经被视为当务之急的公共政策阶段。

凝聚力(Cohesion)：团体成员对团体及其目标的忠诚程度。

75 **宪制政策**(Constituent policy)：旨在使公众受惠或服务于政府的政策。

分配政策(Distributive policy)：通过使用一般税收基金为个人或团体提供帮助或益处的政策。

行政令(Executive order)：指导或管理政府官员和机构行为、具有法律效力的总统命令。

独立机构(Independent agencies)：设立在正式内阁组织之外的机构。

铁三角(Iron triangle)：用于描述利益集团、机构人员和国会议员之间共同对某一特定政策议题施加影响的术语。

立法否决(Legislative veto):赋予国会批准或不批准某项行政行为的权力的法律规定。

非营利组织(Nonprofit organization):法律禁止将剩余利润分配给个人的组织。

监察专员(Ombudsman):接受投诉并为公民获取信息、请求服务或进行申诉等的常设机构。

政策(Policy):有关某一个问题或某一系列问题的目标和意图的陈述。

政策企业家(Policy entrepreneur):愿意投入个人时间、精力和金钱以追求特定政策变革的个人。

公共企业(Public corporation):其工作要求有更大的自由权,并至少要在市场上获得部分经费的企业性机构,如田纳西河流域管理局。

公共政策(Public policy):合法的政府行为主体对于公共问题的权威声明。

再分配政策(Redistributive policy):旨在从某些群体中征收税款并将其补贴给另一群体的政策。

规制委员会(Regulatory commission):为了对特定经济领域进行规制而成立的组织,通常由总统任命并经参议院批准的人员所领导。

规制政策(Regulatory policy):旨在限制个人或团体的行为以保护全体或部分公众的政策。

规则制定(Rule making):行政机构建构适用于未来某时某类人或某类行为的一般指导原则。 76

日落法(Sunset law):为公共项目设置具体终止日期的法案。

阳光法(Sunshine law):要求政府机构在公众视野下开展活动的法案。

思考题

1. 何谓“公共政策”?
2. 试描述立宪以来总统在政府行政中的角色变化。
3. 试描述联邦一级的行政体制。
4. 州政府和地方政府设计的运作模式与国家层级基本类似,但是,两者用于管理政府活动的结构又有着明显的差异。
5. 解释不同层级的政府结构及其官僚机制的运行模式。
6. 试描述政策过程以及在形成行政问题中起着重要作用的行动主体。
7. 政策有哪四种类型?请分别给出定义并举例说明。
8. 政府机构如何才能维持其在政府中的权力基础?
9. 试描述对于官僚权力的结构性控制,以及政府作为一个整体如何从这些控制中受益?
10. 试讨论立法机关和司法部门与官僚机构之间的互动方式。解释为什么这些互动是必要的和有益的。

案例与练习

1. 我们已经对各种正式和非正式的权力进行了讨论，这些权力影响着州长在州政府行政管理中行使其行政权力的能力。在州长所行使的非正式的权力中，有政治权力（包括议程设置）、预算权力和行政领导权。

在正式权力中，有使用或不使用项目否决权，以及州长重组州政府机构的能力。州长权力的另外一种标志就是本州其他民选官员的数量。试分析你所在州州长的权力，尤其
77 关注州长对州政府其他机构实施行政领导的权力。与美国总统相比，州长是如何行使行政权力的？这两者与地方市长的行政权力比较又如何？

2.《美国政府手册》(*United States Government Manual*)是关于美国联邦政府项目和活动的手册或百科全书（也可登录 www. usa. gov 参阅）。该手册包括联邦政府许多项目的详细描述，以及关于政府如何被组织起来以实施那些项目的信息。找到一本手册（或者查看网站），分析某个内阁部门（如运输部或者健康与人类服务部）的组织和结构。然后，使用地方资源，尽力找到关于你所在的州和地方政府是如何被组织以处理类似问题的信息。它们之间有什么相同点和不同点？并作出解释。

3. 参加由国会或州立法委员会、地方城市议会或地方某个非营利组织的董事会召开的会议。观察立法机构的民选官员与全职行政人员之间的互动模式。（后者也可能是请去作证的机构员工、立法支持人员、城市管理人员或执行理事，或者其他人员。）在各种交易中，各方都有哪些优势？合作或竞争的程度如何？可能的话，采访行政人员，看看他或她是如何看待这种互动的。立法机构在何种程度上为行政人员的随后行动提出了明确的方向？从这次会议看来，行政人员确实具有（或者声称有）哪些自由裁量权？

4. 思考下面的案例：Billie Jackson 是科罗拉多州一个小型社区的一家非营利经济开发公司的领导。六年来，Billie 一直试图向城市议会成员介绍并推荐购买一个废弃的市中心酒店并将其改造成为永久性的市属关爱机构。Billie 认为，该社区迫切需要这样一个设施，而且购买这家酒店是满足该需要的绝好机会。问题是有些极端保守的议员并不这样看。他们认为，城市不应该从事社会服务的供给，特别是当这种服务将来可能由私营公司来提供时。此外，他们还觉得购买和修葺的花费可能会超出社区的承受力。

酒店问题再一次被提上市议会的日程，Billie 决定做出最强烈的呼吁。在附近一所大学的帮助下，她已经准备了一份说明该设施必要性以及购买该酒店的可行性的长篇报告。就在她开始汇报时，一位保守派议员说："Jackson 夫人，关于这个主题我们已经听得够多了。我这次不想再听了。我提议无限期地搁置这个议题。"这一提议以迅速而多少有点困惑的口头表决方式通过。

假设你是 Billie Jackson，会作何反应？在接下来的日子里，你会怎么做？你会继续为
78 此奔波吗？为什么？

拓展阅读

Anderson, James E. *Public Policymaking: An Introduction*. 2nd ed. Boston, MA: Houghton Mifflin, 1994.

Barry, Donald D., and Howard R. Whitcomb. *The Legal Foundations of Public Administration*. Lanham, MD: Rowman & Littlefield Publishers, 2005.

Beckett, Julia, and Heidi O. Koenig, eds. *Public Administration and Law*. Armonk, NY: M. E. Sharpe, 2005.

Boris, Elizabeth T., and C. Eugene Steuerle, eds. *Nonprofits and Government: Collaboration and Conflict*. Washington, DC: Urban Institute, 1999.

deLeon, Peter. *Democracy and the Policy Sciences*. Albany, NY: State University of New York Press, 1997

Goodsell, Charles T. *The Case for Bureaucracy*. 3rd ed. Chatham, NJ: Chatham House, 1994.

Holden, Matthew. *Continuity and Disruption*. Pittsburgh: University of Pittsburgh Press, 1996.

Kraft, Michael E., and Scott R. Furlong. Public Policy: *Politics, Analysis, and Alternatives*. 2nd ed. Washington, DC: CQ Press, 2007.

Light, Paul C. *Making Nonprofits Work: A Report on the Tides of Nonprofit Management Reform*. Washington, DC: Brookings Institution, 2000.

Meier, Kenneth J. *Politics and the Bureaucracy*. 2nd ed. Pacific Grove, CA: Brooks/Cole, 1987.

Mier, Robert. *Social Justice and Local Development Policy*. Newbury Park, CA: Sage Publishers, 1993.

Nalbandian, John. *Professionalism in Local Government: Transformation in Roles, Responsibilities and Values of City Managers*. San Francisco: Jossey-Bass, 1991.

Peters, B. Guy. *American Public Policy: Promise and Performance*. 3rd ed. Chatham, NJ: Chatham Books, 1993.

Pfiffner, James P., ed. *The Managerial Presidency*. Pacific Grove, CA: Brooks/Cole, 1991.

Piotrowski, Suzanne J., and David Rosenbloom. "Nonmission-Based Values in Results-Oriented Public Management: The Case of Freedom of Information." *Public Administra-tion Review* 62(6), 643—657, 2002.

Reich, Robert. *Locked in the Cabinet*. New York: Alfred A. Knopf, 1997.

Roberts, Nancy C., and Paula J. King. *Transforming Public Policy*. San Francisco: Jossey-Bass, 1996.

Salamon, Lester M. *America's Nonprofit Sector: A Primer*. 2nd ed. New York: Foundation Center, 1999.

Svara, James H. *Official Leadership in the City: Patterns of Conflict and Cooperation*. New York: Oxford University Press, 1990.

Rosenau, Pauline Vaillancourt. *Public-Private Policy Partnerships*. Cambridge, MA: MIT Press. 2000.

Rosenbloom, David H. *Administrative Law for Public Managers*. Boulder, CO: Westview Press, 2003. 79

▌第3章
公共行政的组织间背景

作为管理者,你不仅需要与同级政府或独立部门的许多其他管理者合作,还需要与联邦、州和地方层级治理系统的管理者建立联系。公共行政管理者越来越意识到管理一个机构需要关注其他组织中发生的事情,还意识到与机构外部组织的关系跟与机构内部组织的关系同等重要。本章将考察公共行政的组织间背景。

公共行政历来关注机构,这也是我们一直以来主要关注的焦点。然而,鉴于过去十年所发生的"政府转型",如果我们把关注的焦点从单独的机构转向不同团体(公共组织、私人组织和非营利组织)之间的关系,会更有益处(Kettl 2000)。的确,如今公共计划的效率比任何时候都更依赖于各种机构在服务提供过程中相互合作的能力。

政府资源,从用于公共扶持的联邦补贴到用于健康和人力服务的地方经费,都被分派给不同的行动者,虽然经费通常包含有指导方针和绩效目标,但是执行机构在执行计划或建立与其他团体的关系以提供这些服务时,常常留有一定的回旋余地。

例如,《贫困家庭临时援助法》,即依据 1996 年《个人义务与工作机会协调法案》这一联邦福利改革立法而确立的"援助抚养儿童家庭"(AFDC)的联邦项目,为各州的公共扶持和福利工作提供了经费。各州依赖当地政府、营利组织和非营利组织来提供服务。相反,这些组织则可能自己提供服务,或与其他组织(同样,如公共组织、私人组织或非营利组织)签订合约以实施这些项目。

大多数情况下,无需与政府雇员建立合约,个人或者家庭获得一系列公共扶持也是可能的(Kettl 2000)。

另一个政府之间和组织之间合作的例子存在于危机管理和灾难救援的领域。卡特里娜飓风是美国历史上最具破坏性、代价最高的自然大灾难。在 2005 年 8 月,该飓风袭击了墨西哥湾,影响了四个州:阿拉巴马州、佛罗里达州、密西西比州以及路易斯安那州。灾难过后,42 个州和哥伦比亚特区立即接到总统的紧急声明,要求安排撤离人员住房。联邦应
81 急管理局(2003 年 3 月成为美国国土安全部的一部分)与美国红十字会、各州政府和地方政府、非政府组织、地方社区以及各企业共同合作(并且仍将继续合作),致力于受飓风袭击地区的救援和恢复工作。联邦应急管理局提供了 60 亿美元用于直接受害者的住宿和其他救助。联邦经费中额外提供 48 亿美元返还给各州以便用于"使命派遣"(mission assignments)。据联邦应急管理局提供的数据,"美国的小企业行政部门已经证实,将为灾难

中受飓风破坏影响的房主、租赁者和企业提供104亿美元以上的贷款。已经支付了153亿美元有余的资金给全国洪水保险计划的政策实施者”(www.fema.gov/news/newsrelease.fema? id=29109)。然而,最引人注目的是,各种公共机构和私人机构没能有效地协调对飓风罹难者的服务。卡特里娜不仅使政策制定者重新审视了国家和州层级的危机管理计划,还为组织间合作和协调的重要性提供了一个重大的案例。

这些案例说明了由联邦政策和自然灾害共同促发的组织间互动的复杂性。但是,同样复杂的联系可以因地方的首创精神而得到发展。一个乐于吸纳新产业的地方社区可以建立一个由政府、企业、劳动力以及教育团体组成的联盟来改进城市形象,并与其他各级政府组织合作共事。上述团体可以吸纳一个州一级的经济发展部门,来帮助联系有发展前景的、意欲重新定位的雇主。或者,城市也可以要求州政府或联邦政府将该市一特殊区域划定为企业振兴区,为那些有意在此安置的企业给予特殊的税收激励和其他利益。同样,各种政府实体和非政府实体也都承担着参与经济发展的任务。

我们可以很容易地理解到,为什么许多公共计划的效能取决于不同组织间关系的质量。一些专家在分析此原因时强调各政策领域的组织间网络关系的重要性(参见专栏3.1)。显然,参与任何一个政策竞技场的各种团体和组织无需向一个指导者汇报,它们也不是依照一个典型的官僚制模式来组织结构的。它们是联系松散的系统,经常出现利益重叠、职能重复和协调缺乏等问题。Hult和沃尔考特写到,“治理网络将组织边界内和跨组织边界的结构联系在一起。就像治理结构一样,网络可能是持久的或暂时的,正式的或非正式的。它们可能源于有意识的设计,也可能未经计划直接产生于一些行动者的决定,或者仅仅演化而成。一个既定的政府结构可能是一个或多个网络的组成部分”(Hult & Walcott, p.97)。

对这种系统的依赖性不断增长是否是一个有益的进步,已成为一些争论的主题。许多专家提出,使用中介机构提供服务是许多计划面临困难的主要原因。另一方面,许多这样的网络已经证明是长期稳定的,而另外一些则利用了这些系统所固有的灵活性和适应性。不管怎么说,因为组织间网络是公共项目管理非常重要的一部分,所以值得我们关注。 82

专栏3.1　网络和网络管理

第一种类型是政府资助的旨在为顾客提供服务的服务执行网络。协作很重要,因为这些网络建立在服务联合生产的基础之上,其对象常常是诸如老人、接受福利的家庭,或者是精神病患者等处于弱势地位的公民。服务的整合是关键,这样才不会漏掉顾客。

第二种类型是信息传播网络,其主要目的在于实现跨政府边界的信息共享,以便为涉及诸如地震、森林火灾和飓风等大量不确定性问题做准备和预测。

第三种类型是问题解决网络,通常由信息传播网络发展而来。这种网络旨在解决近因问题,像对9月11日世界贸易中心和五角大楼遭恐怖袭击的反应。管理者遇到的问题,往往要求给予即时关注,并塑造了相关反应的属性以及出现的组织间关系的组合。过去的合作关系在解决网络的问题管理方面非常有用。

第四种类型是社区能力建设网络,其目的在于在一个社区里建立社会资本,从而能够更好地处理各种正在发生的问题或未来的问题,如年轻人滥用药物的问题。一个有效的社区能力建设网络,使得乡镇或城市在新问题出现时能有更好的弹性和回应性,就像当药物实验室出现的甲基苯丙胺毁坏一些社区时那样。

管理网络没有官僚制的指挥链条,但却依赖信任和互惠作为协调杠杆,使得网络管理者的任务远远不同于组织中管理者的任务。这些任务必须由网络管理者来执行,就像海岸警卫队的副海军上将撒德·艾伦一样,在卡特里娜飓风袭击后就领导了新奥尔良和墨西哥湾的恢复工作。但是这些任务也必须由作为网络一部分的组织管理者来执行,例如,负责学区内药物滥用救助计划的地方警察长官,既是物质滥用预防网络的一部分,又要管理警察局。

五种不同的任务导向有效的网络管理。第一种任务是责任管理。因为没有指挥链条,所以这是网络管理者与网络中的组织管理者必须成功协商的关键问题。关键问题包括决定由谁负责什么,如何应对那些不做贡献却一味要求更多资源的免费搭车者。

第二种任务是合法性管理,这对网络比对组织更为关键。公共组织是为了服务特定目的而由法律所创建的。网络通常存在着合作上的风险,网络管理者必须不断地对网络的合法性进行协调,尤其是当其边界跨越于公共部门、私人部门和非营利部门之间的时候,这种情况经常发生。网络中组织的管理者必须不断努力,从而使利益
83 相关者们相信他们与更大网络中其他组织的合作仍然是有价值的、值得的。

冲突管理是网络管理者的第三种任务。网络中组织间的不同目标可能产生冲突,而这种冲突不能通过高层的命令来解决。因此,网络管理者听取其成员的声音并提供冲突解决的机制是很重要的。这些任务的设置有助于为那些产生于网络组织管理者和网络管理者之间的冲突建立解决机制。

资料来源:H. Brinton Milward and Keith G. Provan,"A Manager's Guide to Choosing and Using Collaborative Networks," DC:*IBM Endowment for the Business of Government*,2006(www.businessofgovernment.org/pdfs/ProvanReport.pdf)。

政府间关系的发展

就有效、负责地操作公共项目的能力而言,我们必须理解不同层级的政府之间的关系。我们可以用不同的方式来界定一个较大的综合性政府组织与其附属部分之间的关系。例如,联邦制是这样一种系统,在该系统中,各组成单位将权力让渡给中央政府,但却不允许它独立行事。而在一个单一制体系中,所有权力属于中央政府,各组成单位从中央政府获得权力。例如,法国和瑞典是典型的单一制国家。就像美国各州和地方之间的关系那样,地方政府仅拥有州政府指定或准许的权力。

然而,我们的国家和州之间的关系是联邦制的,它涉及联邦政府和地方政府两个层级

之间权力的划分。(地方政府存在于各州的法律框架之下。)正如你所知道的,有些权力被专门授予中央政府(以开展外交、规制州际贸易等等);有些权力保留给各州(以执行选举、建立地方政府等等);还有一些权力则由中央政府和州政府共同执掌(以征税、借贷、立法等等)。(这种治理体制也叫联邦制。)联邦制结构有很多优点,它容许多样性和实验性,但也导致了高度复杂的政府间体制的形成,这是对公共项目管理有着重要意蕴的生活事实。

"政府间关系"一词,通常包含不同层级的政府在努力开发和执行公共项目时产生的所有复杂和相互依赖的关系。政府间关系的重要性已经在一些结构性的发展中得到体现。在联邦层级,一个长期存在的政府间关系咨询委员会于1959年得以建立,一直持续到20世纪90年代中期。所有州及几乎所有大城市都设有一个协调政府间关系的专员(尽管头衔各异)。最后,许多学者和实践者开始用"政府间管理"一词,来强调涉及政府间关系的管理过程。 84

理解一个国家政府间关系的关键,是要理解不断变化的用于资助公共项目的模式。虽然政府间关系涉及的不仅仅是资金,但是财政问题不可避免地是该过程的核心环节。因此,对从一个政府到另一个政府的各种补贴或资金转移类型进行界定,是一个非常有益的开始。

一些补贴比其他补贴赋予接受者更大的自主权。分类财政补贴或项目补贴仅限于特定的目的,比如建设一个新的污水处理厂。分类财政补贴历来是国家补贴的重要形式。然而,最近几年,许多分类财政补贴被合并成固定拨款,用于诸如住房、社区发展、教育或法律执行等具体职能领域内的几乎任何目的。例如,受到补贴的政府可能将法律执行资金用于警力培训、购置新设备或预防犯罪等项目。最后,收入共享机制使得接受补贴的政府可以把资金用于其领导人(在法律范围内)选择的任何方面。

根据获得的方式不同,补贴也可以分为不同种类。公式补贴(formula grant)[1]运用一个具体的决定规则,表明任一既定管辖区将获得的补贴金额。显然,这一决定规则与补贴的目的有关(例如,住房补贴可能分配给那些达标的政府项目,补贴标准是以住房的年限和居住密度为计算基础的)。另一方面,项目补贴在竞争的基础上配置可用资金。寻求资助的一方必须提交一份资助申请以供拨款机构审批。

我们也可以按照经费使用的目的对其进行分类。应得权益补贴(entitlement grants)为满足特定标准如年龄或收入的人群提供救助,例如,《贫困家庭临时补贴援助法》或医疗补助计划。经营补贴(operating grants)用于特定服务项目的开发和运营,如教育或就业与工作培训。资本补贴(capital grants)用于建设或更新,如州际高速公路系统的发展。

网络链接

关于联邦—州—地方相互影响的基本信息,可查询 www. usa. gov。了解州政府和地方政府不断变化的角色,可登录《治理》杂志网站:www. governing. com。

① 美国政府按照一定公式计算的财政补贴。——译者

最后，补贴也因是否要求受助机构配备配套资金而不同。有些联邦补贴要求州或地方为该项目分摊一定百分比的经费；在州际公路系统中，各州贡献的资金与联邦资金的比例为 1:9。各种补贴要求的配套金额不同，有些补贴则不需要配套资金。不同类型的补贴可以以不同的方式集合起来，从而建立各种补贴的可能性。以竞争为基础，可得一个专项
85 补贴，严格用于工作培训的项目，但是可能需要地方配套经费。

你会怎么做？

假如你是一个工作团队的成员，该工作团队应要求在考虑如何才能以较低成本向该城市提供公园和娱乐服务。你一直在思考诸如特殊费用、服务提供中的公民参与以及服务限制等备选方案。但是你强烈感觉到，公园和娱乐服务是地方政府的重要功能，应该保其免受削减。那么，你会怎么做呢？

二元联邦制

历史上，不同的时代有不同方式的各类补助。美国的府际关系史，从最早时期一直持续到 20 世纪，最早时期是以“二元联邦制”为特征的。联邦政府和州政府都试图开拓其权力和影响力的范围，但早期政府之间的合作相对较少——事实上，政府之间还存在着相当大的冲突。

然而，有些项目跨越了与二元联邦制相关的联邦、州和地方政府责任的严格界限。一个典型的案例是 1862 年的《莫里尔法案》，该法授予学校土地以建立农业学科，并成为“赠地”(land-grant)学院最终发展的基础。这在高等教育的发展中是极为重要的，但在其补助结构上却是一个先例设置(precedent-setting)(Nathan et al. 1987)。过去没有固定限度的补助模式被废止，补助金的使用有具体的指向，即这些经费必须用于“农业和机械艺术”。此外，还增加了新的汇报和会计制度，作为接受补贴的条件。

诸如《莫里尔法案》等补助计划的采纳伴随着相当大的痛苦，因为有些人将该计划视为对其偏爱的二元联邦制的大幅背离。《莫里尔法案》本身是由林肯总统签署的，之前曾遭到布坎南总统的否决。布坎南总统评论说：“如果真到了州政府指望联邦财政部支持他们并维持他们的教育和内部政策的时候，那么，双方政府的声誉都将遭到严重败坏”(Nathan et al. 1987，25)。

在任何情况下，二元联邦制时期都以各级政府之间的大量冲突为特征。一个更加复杂的城市化社会产生了日益宽泛的问题，联邦政府试图通过在诸如公路建设和职业教育等领域开发新的补贴计划来有效解决这些问题。虽然各州都很喜欢联邦资金，但是各州都谨防其职责范围受到联邦政府的干预。地方政府尽管是州政府的产物，并且严重依赖州政府授予的权力和资金，但是也仍试图建立他们自己的政治基础。联邦制的最终模式
86 类似于分层蛋糕，三个层级的政府相互之间平行运作，极少一起共事(参见图 3.1)。

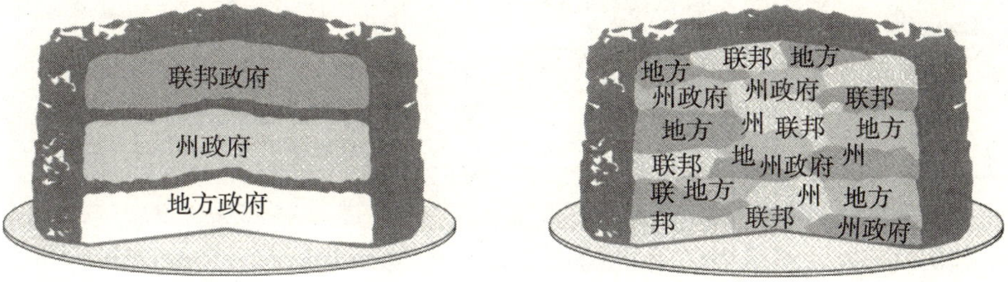

层级蛋糕　　大理石蛋糕

图 3.1　美国联邦制图像

合作联邦制

如果分层蛋糕是与二元联邦制有关的一般图像，那么大理石蛋糕就是紧接下来这一时期的图像，它因其日益增加的复杂性和相互依赖性而得名。与早些时期的冲突和分裂相反，合作联邦制时代则以更大的责任共享为特征。大理石蛋糕图像表明一个这样的系统，职能和责任以各种垂直、水平甚至倾斜的模式相互混合在一起(参见图 3.1)。

合作联邦制发展的最大动力是在大萧条之后旨在经济复苏的罗斯福计划。虽然罗斯福总统的大部分计划在范围上都是全国性的，在执行上也是国家性的，但是他做出了一个通过各州及其地区来执行许多大量计划的政治选择。由此出现的政府间关系模式体现了联邦职能的显著增加，与此同时，也几乎自相矛盾地伴随着更大的联邦/州/地方的职责共享。此外，人们越来越关注诸如社会福利或交通运输等职能领域中的垂直关系。

新政时期出现的联邦—州—地方关系模式，可由一些重点项目得以说明。第一个是联邦紧急救济管理，该计划为各州提供补贴以用于指导和进行救济，它也振兴了许多薄弱的州级救援机构。各种公共事业和就业保障项目也补充了救济工作。最出名的是工程进度管理，该项目使用联邦资金为地方开展的建设项目聘用国家认可的工作人员。最后，1935 年的《社会安全法》使得联邦政府直接救济穷人、残障人士和失业人员，这些领域曾被保留给各州政府和地方政府。

整个 20 世纪中期，联邦一级的各种补贴计划结构具有如下特征：

1. 联邦对该问题的界定；
2. 资金转移，主要是转移到各州(而不是地方)；　87
3. 要求将资金使用计划呈交联邦政府；
4. 要求有州级配套资金；
5. 要求联邦对计划进行审核和审计。(Nathan et al. 1987)

最重要的是，这些补贴计划是分类的，也就是说指向一个特定的活动类别，如公共事业。实际上，使用分类财政补贴作为联邦—州转移的主要机制，一直持续到 20 世纪 70 年代。贯穿这一时期，被任命审查各州政府间关系的各种团体得出同样的判断：联邦政府和各州应该开始互相合作或互为补充，以满足对双方来说都不断增长的要求”(引自 Nathan et al. 1987，p. 33)。如今，合作联邦制的原则已经很好地建立起来了。

尖桩篱栅式联邦制

20 世纪 60 年代至 80 年代，政府间关系的模式发生了显著变化。相对于肯尼迪和约翰逊时期的激进主义，以及里根和布什时期的削减，没有哪个时期的变化比这些变化更突出的了。约翰逊总统使用“创造性联邦制”来描述他推进政府间关系的方式，其中包括各州政府、地方政府以及其他团体可得的大量增加的联邦补助的种类和金额。经过 3 年时间，来自联邦政府的可使用补贴的种类从 50 个增加到将近 400 个。联邦政府对州政府和地方政府的扶持也由 1960 年的 70 亿美元增加到 1970 年的 240 亿美元（Wright 1987, p. 236）。有趣的是，州政府对地方政府的扶持在这一时期几乎增至三倍。

新的联邦计划主要集中在城市问题和弱势群体问题上。例如，医疗补助计划作为最大的新补贴计划，为各州提供经费以扶持低收入人群的医疗保健。（医疗补助计划很大程度上由各州管理[合法性要求因州而异]，但是它也要求州提供配套经费，这对许多州来说是个财政难题。）但是，也有直接针对学区的教育新计划、由城市和其他独立提供者经营的就业和培训新计划，以及主要大都市区域的住房和城市发展新计划。

约翰逊时期最为公开化的国内计划，可能是“向贫穷宣战”计划，它与 1964 年《经济机会法》一起通过并实施的。“向贫穷宣战”计划和约翰逊的其他计划，在其规模和类型上都是非常重大的。与先前主要针对各州的救助模式相反，这些计划直接给予地方政府、学区和各种非营利团体更多的救助。此外，除了要求公众参与项目管理之外，还有详尽规划和精简预算系统方面的要求。最后，也是最重要的是，大多数新项目都涉及计划补贴，要求提交具有具体目的的补贴申请。各州和地方开始花费大量时间玩联邦补贴游戏，试图获得补贴，寻求配套经费，满足计划和报告要求。结果，政府间关系呈现出竞争逐渐增加的
88 基调（Wright 1988, pp. 81—90）。

通过这一时期，政府间系统逐渐变为由各级政府不同领域内的专家之间的关系所主导。例如，与有关地方卫生部门官员、州卫生部门官员和联邦卫生保健项目管理者的关系相比，市长、州长和总统之间的关系就显得较为次要了。一种新的图像，即尖桩篱栅式联邦制取代了早期“蛋糕”图像。篱栅上的水平篱笆表示政府层级，垂直板条表示各种实质性领域，比如卫生、福利、教育、就业和培训等等（参见图 3.2）。

尼克松总统的管理，带来了对我们所描述的那些发展的反应。尼克松总统声称“大社会”项目太过详尽因而在地方政府难以有效执行，并且影子政府开始主宰政府间系统，因此，他主张“新联邦制”，在联邦经费的使用中重建更大的地方自治权。虽然尼克松的一部分计划涉及行政改革，放松了若干规定，但是尼克松总统提议的最显著改革是补贴项目结构的变化。

将权力归还给州和地方领导者（尤其是相对于项目专家而言的民选领导者）的方式之一是共享一般性财政收入。尼克松的一般收入共享计划关涉到把联邦政府的资金转移到各州和地方政府以用于他们所期望的任何目的。资金基于一个复杂的公式进行分配，但一旦为州或地方政治领导者所掌握，便可用于减少税收、交通运输、社区发展、法律执行或任何其他领域。尼克松的收入共享计划在 1972 年首次获得通过，连续 5 年提供了每年大约 60 亿美元的经费，连续经过了尼克松政府、福特政府和里根政府早期，直到 1986 年被废除。

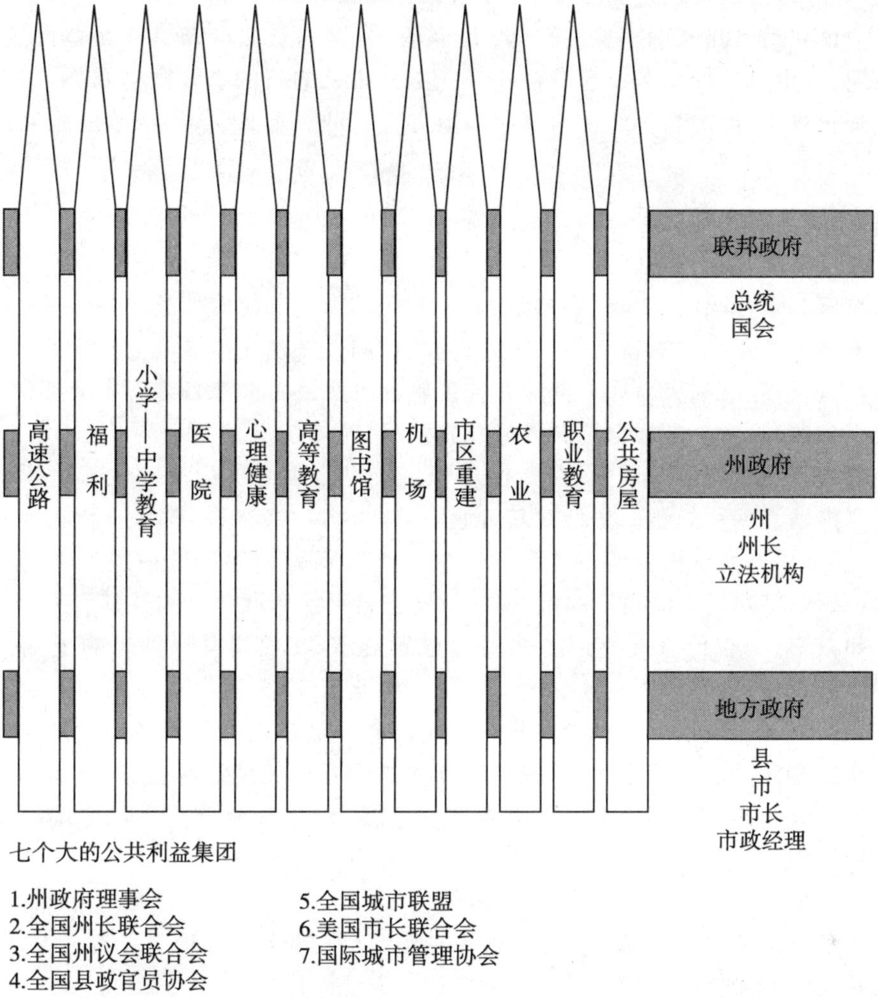

图 3.2　尖桩篱栅式联邦制 89

尼克松政府也试图将大量的分类财政补贴汇集成固定拨款，有两项获得通过。《全面就业与培训法》为地方“主要赞助人”——通常是地方政府或政府团体——提供经费用于人力培训。哪个专项计划获得发展，取决于地方层级的主要赞助商。同样，在尼克松辞职两周后，福特总统签署了《社区发展固定拨款计划》，该计划整合了包括市区重建和示范城市项目在内的一些分类补贴计划。尽管在改变联邦补贴模式上取得了成功，但是尼克松时期和福特时期可用于州和地方的援助总额事实上却增加了。

在卡特总统期间，州政府和地方政府（尤其是地方政府）对联邦援助的依赖性变得越来越明显。卡特政府时期，政府间关系很少出现戏剧性的偏离，延续着尼克松政府的一般收入分享和固定拨款计划，虽然在此期间更趋向于通过分类财政补贴来规定补贴目标。在更为重要的活动中，《全面就业与培训法》下的公共服务雇员的扩充使得地方政府的工作将由失业者来填充，而城市发展行动拨款计划的通过将激励落后城市的经济发展。

作为前任治理者，卡特总统非常关注州和地方政府的需要以更有效地执行政府间的计划，因此，他提出了一系列改善政府间管理的行政措施。在其努力下，卡特总统与七大公共利益团体，即活跃在政府间系统中的著名的PIGS(public interest groups)进行密切合作。这些团体包括州政府理事会、全国城市联盟、全国州长协会及其他团体。然而，在卡特政府后期，产生了一种与卡特自身财政保守主义相关的新的财政限制心态，这对各州和地方来说都很难应对。然而，站在州政府和地方政府的立场来看，卡特政府后期的削减只是个开头。

里根总统时期和布什总统时期

里根政府和布什政府带来了财政联邦主义模式的主要结构变化，包括一般收入共享的废除和固定赠款系统的重新启用。然而，从政府间关系的角度来看，这两个时期变得更
90 加重要，因为两届政府都努力通过消减各种税收和开支的办法来缩小联邦政府规模，并尽力将主要事务领域（尤其是社会福利领域）的责任返还给各州。

一个有着强烈意识形态性的承诺，使里根总统下定决心努力废除联邦对州和地方活动的一切可能的资助和规制。里根在其就职演讲中说道："我的意向是遏制联邦机构的规模和影响，并要求人们认识到授予联邦政府的权力和保留给各州政府或人民的权力之间的区别"（Reagan 1981）。他提议的做法之一是，把种种实施联邦计划及其所需资源的责任归还给各州政府。（布什总统使用了相同的意识形态，在倡议其计划时侧重"转移"而非"归还"。）然而，按照这些原则提出的建议，在1981年很快与里根总统减少税收和开支的努力交织在了一起。里根总统减少税收和开支的努力是在供给学派经济学理论的支持下进行的。供给学派经济学理论主张，税收和开支的降低能刺激资本投资，进而刺激经济增长的路径（Stone & Sawhill 1984）。为了维护国防预算，里根政府把大部分削减项目都置于联邦补贴计划和一般政府运作支出上。事实上，1981年，里根政府赢得了几十年来联邦开支的第一次绝对下降。从1981财政年度到1982财政年度，联邦补贴作为削减项目的一部分，从大约950亿美元下降到大约880亿美元，大部分削减项目是就业和培训项目（Beam 1984, p. 420）。

与此同时，州和地方官员在谴责联邦政府大幅削减开支的政策，认为联邦政府没能够利用可用的收入资源来摆脱萧条，特别是降低税收并未产生所期望的经济增长。此外，由于平衡预算政策特别损害到了穷人的利益，如降低了领取"援助抚养儿童家庭"补贴金的资格要求，因此引来日渐高涨的社会关注（Nathan et al. 1987, pp. 52—57）。公众担心开支过度，然而很清楚，不管是国会还是公众都不会考虑社会福利、环境保护和设施维修方面的开支过度。

因此，到里根总统第二任期的中期，恢复了对领取"援助抚养儿童家庭"补贴金的资格要求，环境保护超级基金——用于清理有毒的废物和修复泄露的地下油罐获得了国会的资助，并且超过了总统要求的资助水平。此外，用于改善高速公路包括城市公交服务的高速公路信托基金，也获得了国会通过，尽管里根总统表示否决。

另一方面，特定领域的削减仍在继续，最为显著的是一般收入共享领域。尼克松时期的一般收入共享计划一直延续并贯穿了卡特政府时期，然而，在里根早期，各州的收入共享计划被废除。最后，在1986年，地方政府的收入共享也结束了。许多人将一般收入共享看作是平衡贫富社区差异和赋予地方更大灵活性的一种方式；也有人认为收入共享提

供了太多资金和自由裁量权，对富裕的社区尤其如此。

布什总统秉承了里根的联邦主义路径，不过在很大程度上，布什总统对州和地方的所作所为只是摆摆样子，表示一下他的执政风格而已。部分看来，他没有其他事能够做了。预算赤字持续不衰，导致了1990年《预算执行法》的出台。后面我们将看到，这一新法案规定，任何超出该类预算顶峰的法律都将触发该类预算的全面削减。通过这种方式，《预 91
算执行法》可以有效地使得各项国内计划足以与其他计划相竞争。当这一法案与储蓄和贷款救助联系在一起时，对于扩大国内开支（包括对州和地方的救助）就没什么热情了。

诚如前面提到的，布什总统继续着里根总统向州转移各种计划的策略，但是，和里根的情况一样，所提议的转移是否该建立在对各州权力和责任的承诺基础之上，或者说这些提议是否仅仅只是将各项计划资金置于各州手中的一种策略，则存在不少疑问。例如，政府公路计划提议将联邦五分之四的公路系统和40%—60%的经费转移到各州政府。在交通运输部长斯金纳（Skinner）看来，这项提议不仅赋予了地方政府更大的灵活性，而且也将更大的财政责任和负担转移给了各州政府。

克林顿总统时期

在克林顿总统时期，新联邦制的哲学基础依然存在，其主题是规制改革和把决策权转移给州政府和地方政府。然而，总统、共和党众议院和参议院中较为温和的领导人对权力演变的性质和范围的理解大相径庭。克林顿政府后期，州政府和地方政府表达了他们自己对联邦制和政府间关系系统的看法。如此多样化的视角产生了很多问题，不仅涉及联邦制下的州，而且涉及政府实践的意义。

克林顿总统早期，其政府对于政府间关系的立场非常坚定，该立场以对州和地方政府的敏感为特征。例如，通过从国家以下层级选拔四位内阁成员，总统很快显示了他的州长背景。克林顿总统上台数周内，其政府就将废除繁重的联邦管制作为主要目标。1993年9月，克林顿总统颁布第12866号行政令，同时还颁布了一个阻止联邦机构在缺乏财政支持的情况下发号施令的后续命令。虽然行政机构可以通过该法令赢得管制权，但是将继续进行中央审查以确保新规定符合总统考虑的优先事项。不久以后，通过颁布第12875号行政令，克林顿总统巩固了他的立场，建立了州和地方的政府间关系审查系统。

克林顿政府的新联邦主义哲学也深入到项目领域。例如，在启动“像我们所知道的那样终止福利”的倡导中，通过把国家的公共福利体系转变为主要由市场力量提供公众福祉，和把提供服务转置于非政府主体手中，克林顿政府改变了国家的公共扶持系统。1996年《福利改革法》的关键条款包括了诸如此类的内容：对津贴设置时间限制、把福利与工作的必要条件捆绑在一起、将福利计划权转移给州政府、限制（在一些情况下废除）对合法移民和残障人士的公共援助。 92

克林顿总统的新联邦主义也体现在其施政的主要领域和经济发展创新中，如授权区域/企业社区计划，和重要的教育创新——《2000年目标：美国教育法》。在这两项计划中，“克林顿政府说服国会扩大了州和（或）地方的自由裁量权”（Walter 1996，p. 274），同时强化了这一信念，即通过减少联邦规制并将决策权转移到州和地方层级，可以更好地促进创新和改革。

戈尔副总统进一步提升了联邦政府在政府间关系中的地位。在他的"国家绩效评估计划"(NPR)及其相关努力中,副总统高度强调了管理公共项目的各种策略选择。这些策略回应了奥斯本和盖布勒的《政府再造》(1992),将一种新的企业家精神引进联邦政府。戈尔的"国家绩效评估计划"呼吁"同美国人民签订新的顾客服务合同,为成为富有效率、效能和负责任的政府提供新保证"。虽然副总统的侧重点在国家层级,但是这种推进政府再造的哲学促使州和地方行政人员更加崇尚创新。"国家绩效评估计划"的特色也体现在一些影响政府间关系的实践措施上,比如将分类财政补贴折合成更富弹性的经费流、取消无财政支持的联邦命令等。

关于取消无财政支持的联邦命令,新联邦主义的理念延伸到了克林顿政府之外。规制改革和无财政支持命令的取消成为第 104 届国会的重要议题。正如《共和党与美国人民的契约》(Republican Contract with America)中所列举的,保守者指责联邦机构在没有保证足够的财政资源的情况下,通过强加规制给州和地方政府施加了太多负担。因此,共和党的立法者恢复了前任国会的两项措施(H. R. 4771 和 S. 993),并且在克林顿政府的支持下,将这些条例修订进《无财政支持的命令改革法案》(Unfunded Mandate Reform Act 1995)。在最终形成的法案中,任何未来命令的成本都需要由国会预算办公室详加说明。该法案也将总统行政令(之前已列举)提升到法定水平,通过法律将政府机构联结起来以寻求更加廉价的、更具灵活性的制度化的规制方式。

然而,克林顿总统在第二届任职期间,与共和党国会的关系陷入了政治僵局,他的行政班子在制定公共政策的同时耗费了同样多的时间以避免丑闻。尽管两大阵营确实在废除联邦赤字和改革国家福利体制的措施上进行了合作,但在 20 世纪最后几年华盛顿普遍流行的是党派极端主义,并在克林顿总统时期达到顶峰,他是第一个遭到国会弹劾,然后由国会赦免的民选总统。而且,甚至这一时期政府的标志性成就也没能赢得州和地方政府的支持。尽管意识到需要进行财政限制和福利改革,但全国的州长和市长们仍然认为,随着时间的推移,这些措施的成本将主要在联邦以下的政府层级中逐渐降低。

"国家绩效评估"和"再造政府"对联邦层级的影响也仍然存在问题。联邦各机构在执
93 行克林顿总统连任期间的改革措施时,都面临着政治和行政的挑战。其中一个例子可在总统的国家服务创新中看到。总统根据《国家和社区服务信托法》(1993)创建了国家服务公司(CNS),在为该法案而斗争的过程中,克林顿总统在重建和绩效驱动的政府原则基础上,着手创建了一个改革模型。但是,国家服务公司的改革被证明是一条艰难的道路。从一开始,该机构就成为争议的目标,争议涉及国家服务公司是否只是补充联邦项目经费的一种方式、问责问题以及对公共服务中的竞争强度的关注。

早期的国家服务公司没有勾画出再造运动的完整蓝图。对此,我们可以在改革者们为建立一个更富回应性的、具有企业家精神的、结果导向型的治理体制而努力的过程中,从各级政府和非营利部门中找到例证。事实上,与许多政治改革运动相比,再造政府运动经历了一个相当长的生命周期。另一方面,越来越多的学者和实践者已经对该改革进程的预期产生了争议。虽然很少有人会质疑使联邦机构更具回应性或确保公共服务提供效率的价值,但是许多人开始意识到生产率和绩效不应成为检验成功的唯一标准。

布什政府

乔治·W.布什总统延续了其前任总统的新联邦主义，这在其精简联邦政府的议程中尤为明显，他加强了非政府组织（非营利组织、营利组织及信仰组织）在政策过程中的作用，并转向更多的基于市场的服务提供模式（参见专栏3.2）。例如，布什政府的首次立法胜利伴随着1.3万亿美元的税收削减，支持者声称通过将资金返还给纳税人，可以迫使联邦在开支上勒紧腰带，并刺激经济增长。（许多人将这一措施与里根政府早期的大幅度税收削减作比较。）从那时以来，布什成功地推进了三次更大规模的税收削减，期望在10年期间把政府收入降低1.9万亿美元。

布什政府也强调项目的权力下放。正如在第2章中所提到的，布什总统利用其第一套行政命令建立了信仰和社区创新办公室（参见 www.whitehouse.gov/government/fbci/index.html）。该计划的目标是，通过消除信仰和社区组织参与联邦政府资助项目的障碍以及增加针对这些群体的专门拨款，以增强他们在解决社会问题中的作用。自开展信仰和社区创新的计划以来，将近2亿美元的联邦经费被用于支持那些从事社会服务、辅导和戒毒康复项目的社会组织的工作。许多非营利组织的领导人支持这项计划，因为该计划提高了社会服务支出的额度，信仰和社区组织可为争取这类经费开展竞争。但是，其他组织的领袖（包括许多宗教组织领袖）则担心在经费没有实质性增长的情况下，布什的创新会使宗教组织在分享这一馅饼时发生争斗。还有一些人则认为，虽然联邦经费有助于增 94
强基于信仰的非营利组织作为服务提供者的作用，但是大多数小型宗教组织缺乏管理联邦经费所需的专门技能。

专栏3.2　治理转型：全球化、权力下放以及政府的角色

在过去的一代，美国政府经历了一场稳定的、但经常被忽视的变革，它的传统做法和制度在重大的社会讨论中已经变得更具边缘性。同时，新的程序和制度——通常是非政府的程序和制度——已经愈益成为公共政策的核心部分。美国政府在处理民众事务时，很大程度上越来越趋向于同其他层级的政府、私有企业以及非营利组织共同分担责任。

这种转型有两大作用。其一，它把各类社会部门的传统角色拉在了一起。几十年来，我们一直在讨论私有化和精简政府。然而，只是当争论激烈的时候，我们才慢慢做出重要的政策决定。这些决定体现了许多争论的根源。政府开始严重依赖营利组织和非营利组织来提供各类物品和服务，从反导弹系统到福利改革等等。抹杀国会、总统和法院功能的，并不是这些变革，州政府和地方政府变得甚至更加活跃。相反，正是这些变革为传统的制度和程序带来了层层新的挑战。

其二，新的挑战给政府及其非政府伙伴提供高质量公共服务的能力带来了压力。美国政府的基本结构产生于新政时期。它是一个受功能专业化和过程驱动的政府。然而，新的基于地点上的问题出现了：如何在一个单个地点上协调政府的功能？单个的环境规制（空气、水及土地）能否融合成一套连贯的环境政策？新的基于程序的问题也出现了：等级制官僚机构，这是建立在由他们直接提供服务的设想基础上的，如何应对越来越多地通过多元化伙伴（通常是非政府组织）提供服务的问题？在传统官僚制中运作良好的预算控制程序，通常在收集非政府伙伴的信息或为其提供激励时是缺乏效率的。人事体制——被设计出来用于使政府免受政治干预——被证明不适应这些新挑战，尤其是在建立一支擅长管理间接的政府事务的行政人员队伍方面。

因此，各级政府发现自己有新的职责，但却缺乏有效管理它们的能力。对于他们的非政府伙伴而言，同样如此。而且，即使已经产生了这些变革，民众和政府官员（经常是政府官员）对政府的期待，依然植根在不复存在的过去。民众希望他们的问题能够得到解决，却并不太关心由谁来解决。民选官员有着同样的看法：他们创建项目并划拨经费，他们希望政府机构提供物品和服务。当问题出现时，他们的第一反应是重
95 组机构；当问题通常与不再适应现实的组织结构和程序有关的时候，他们的第一反应是增加新的程序。美国政府的绩效——其效率、效益、回应性和责任——取决于解决这些问题的能力。

资料来源：Donald E kettle,"Transformation of Government: Globalization, Devolution and the Role of Government." *Public Administration Review* 60, no. 6(November/December 2000): 488—497。

布什政府依靠市场提供公共服务，为我们提供了另一个有关布什总统新联邦主义的案例。2001年7月，布什总统勾画了一个减少老年人处方药成本的计划轮廓。这个布什计划为老年人提供了加入购买俱乐部的机会，这原本是由营利公司管理的，老年人使用优惠卡可以在购买药物上节省15%—25%。这样的购买俱乐部已经出现了一些，其中包括一个由默克—梅德科管理保健公司（一个制药公司）和读者文摘协会联合组成的合资企业。一些健康保健公司和其他的布什支持者将这项计划视为促进关怀老人健康却没有增加联邦开支的一种方式。批评者却称该提议不能产生医疗保险系统所需要的变化类型。他们认为，依照布什计划，制药公司依然可以设定他们自己的价格，而不是单纯地依赖市场，联邦政府应该要求优惠俱乐部与药品生产者协商，并应该由药剂师来设定具有前瞻性的价格。布什总统承认该提议仅仅是对36年来的联邦计划进行详细检查的第一步，还补充说政府应该开发额外的市场路径，如扩大健康维护组织及其他私人保健计划的作用(Pear 2001, p. Al)。2003年，国会通过了布什的《医疗保险处方药改进及现代化法案》(Medicare Prescription Drug Improvement and Modernization Act)，该法案为老年人提供优惠卡，直到2006年为止，彼时他们可以买进一个由联邦支持的处方药保险计划。

布什允诺将与私人部门合作，并将继续以前的非政府策略。2004年，布什第一次提议允许年轻的在业人员以私人名义进行一些社会保障投资，而非在社会保障体系内支付此款项。该提议作为他主要的国内政策创新之一，仍在继续执行着。支持者宣称这样做有助于使在业人员实现更多的收获，为今后的退休生活孵育一个抱窝的大金蛋；如果在业人员的私人账户获得了更高的回报率，那么社会保障系统的压力将会有所减轻。批评者则指责道，这样做会引起福利的下降而非实现社会保障系统的俭省，并将最终导致更严重的财政问题。

司法影响

最后一点涉及司法机关在塑造政府间关系中所起的作用上。整个20世纪90年代，研
究联邦主义的学者变得日益关注司法机关的角色，尤其是最高法院在界定联邦政府与各 96
州政府之间的关系上所发挥的作用。虽然目前的司法激进主义产生了各种结果，联邦的权力范围在一些情况下受到了限制，在其他情况下则再次得到了肯定，但是一个重要的结果出现了。最高法院再一次将自己确定为“全国性政府和州政府各自权力的有意识的仲裁者”(Wise 2001, p. 343)。

问题在于，国会具有规制各州活动的法定权力。在20世纪的大多数时间内，贸易条款赋予国会规制州际贸易的权力，这已经成为联邦立法的核心要点。然而，宪法第十四修正案又强化了一些规制，该修正案授予国会这样的权力：通过适当的立法，加强该修正案所赋予它的权利。不管其法律基础，自20世纪40年代以来，实际上联邦的规制权力一直在不受最高法院抑制的情况下膨胀扩大。事实上，一些研究联邦主义的学者开始想弄明白，是否需要设定一些界限来限制联邦政府相对于各州的权力范围(参阅 Wise 1998, 2001)。然而，在20世纪90年代期间，这一趋势开始发生变化。

对国会规制权设置参数的第一批重要决定之一是“格雷戈里诉阿什克罗夫特案”(Gregory v. Ashcroft)(1991)。在该案中，最高法院裁定密苏里宪法关于州法官必须在70岁退休的规定不违反联邦《年龄歧视法》，就像平等就业机会委员会规定的一样。“该规定的重要性在于它禁止了一些个人和群体，他们希望运用贸易条款下所采纳的一般适用性的联邦法规，以阻止各州的规制规定在联邦的法院中如此发挥作用，除非国会明确规定这项法规适用于各州”(Wise 2001, p. 344)。奥康纳法官强调了双重主权的法律原则以及把州级权力维持在一个特定水平的重要性。

国会的贸易规制权在“合众国诉洛佩斯案”(United States v. Lopez)(1995)及“合众国诉莫里森案”(United States v. Morrison)(2000)中再次受到质疑。在洛佩斯案中，最高法院考虑了对学区内携带枪支做出联邦限制所面临的挑战。莫里森案主要关注《防止对女人施暴法》(Violence Against Women Act)中的规定，该法允许由性别所引起的暴力事件受害者可以寻求联邦民事诉讼。最高法院在两个案例中都规定，国会超越了它的规制范围，因为该法规与贸易条款所赋予的权力不相符合。在最高法院的核心决定上有这样一个前提，即必须清晰设立国家权力和地方权力的界限，并且在贸易条款下，这些界限必须仅限于州际贸易事务。

当然，洛佩斯案和莫里森案的决定主要集中在恢复联邦政府和州政府之间规制权力的平衡。然而，目前的司法激进主义也体现在行政管理问题上，例如在“纽约诉合众国案”(New York v. United States, 1992)和“普林兹诉合众国案”(Printz v. United States, 1997)中，最高法院对国会强制州和地方执行联邦法规的权能做出了限制。

纽约案涉及来自地方政府违反《低辐射废物政策法案》(Low-Level Radioactive Waste Policy Act)方面的挑战，该法案要求州和地方当局在特定情况下承担辐射性废物所有权
的责任，并要求他们执行联邦法规的规定。最高法院裁定双方都违宪，声明国会不应该将 97
州/地方政府看作是全国性政府的“单纯的政治分支机构……或地区办事处”(Wise 1998,

p. 95)，而必须依照宪法第十修正案为州提供主权担保。

在普林兹案中，最高法院审核了《布雷迪手枪暴力防治法》(Brady Handgun Violence Prevention Act)的规定所面临的挑战。该法要求对可能的买主进行背景审核，并要求地方执法官员在执行此法规时像全国性的政府实体那样发挥作用。而在联邦政府那里，却出现了一个有意思的曲解，它争辩道，布雷迪法案和纽约案不同，布雷迪法案没有赋予州政府制定政策的职责，而且考虑到各种回报，各州所花费的成本是最小的。最高法院对此不同意。在反驳联邦政府的主张时，最高法院表示，纽约案明晰地确立国会不能命令州级官员执行或管理联邦法规，联邦政府也不能通过直接加入州级行动主体的方式绕过纽约案的限制。

然而，这里列举的各种司法决定并不应被视为彻底转向了州级主权。目前的各种规定，包括“戴维斯诉门罗县教育委员会案”(Davis v. Monroe County Boadry of Education, 1999)、“萨恩斯诉罗案”(Saenz v. Roe, 1999)以及“萨布里诉合众国案”(Sabri v. Unitied States, 2004)，都增强了联邦政府监管州级活动的能力。

例如，在戴维斯案中，最高法院重申国会有权就特定行动确立各州的责任，使其作为各州接受联邦经费的协议的构成部分。大多数法官规定，依据经费条款，国会可以使用其对拨款的控制权来执行宪法权利——在此案例中，指确保反对公立学校中的第三方歧视——只要对经费项目的描述保持足够的清晰，各州对联邦的要求都给予足够的关注。

萨恩斯案的主要问题是加利福尼亚州修订了该州的福利法案，对一定等级的公共救助设置了一个为期 12 个月的居住期限要求。尽管最高法院之前已经废止了居住资格要求(在“夏皮罗诉汤普森案”[1969]中)，但是加利福尼亚州社会服务部的部长 Sanez 声称，新的福利改革规定并没有将新来者排除在福利之外，而只是维持在他们先前居住的那些州对他们的扶助水平上。最高法院对此表示反对，判定宪法第十四修正案并不是按照居住年限确定居民身份级别的，而是普遍地将居民身份与居住地联系起来。虽然最高法院对加利福尼亚州降低福利成本的要求表示欣赏，但是大多数人认定财政效率不应超过反歧视的公民保障的重要性。

在萨布里案中，萨布里遭到指控，被诉理由是他贿赂一位明尼阿波利斯市议员为城市建设项目提供便利。最高法院面对的宪法问题是，国会是否可以把这样的属于它的经费开支权范围内的行为定为贿赂罪。虽然不可能在贿赂和特殊联邦项目之间建立直接的联系，但是最高法院坚持认为，联邦政府可以采取行动捍卫地方政府在关涉联邦资助项目中的行政管理的完整性。

作为一个整体来看，这里列举的判决展示了一个混合的联邦主义图像(参见专栏 3.3)。一方面，最高法院已经清晰地反思了它在政府间关系问题上对国会意见的尊重，从
98 而对联邦权力范围设定了限制，这一实践一直延续了整个 20 世纪。另一方面，联邦在其他领域中的规制权力再次得到了肯定，尤其是经费条款和宪法第十四修正案所关乎的领域。除了这些判决本身具有重要意义之外，其蕴涵的寓意更为深远。事实上，最重要的结果是，最高法院似乎再次承担了它在联邦—州权力问题上的司法审核责任，最高法院本来就完全拥有这一责任，但是在“加西亚诉圣安东尼奥都市运输局案”(Garcia v. San Antonio Metropolitan Transit Authority, 1985)中被废除了。(我们将在下一节更加详细地讨论加西亚案。)鉴于这些判决的性质以及司法部门希望干预的丁点事实，我们可以确信最高法

院再一次成为联邦系统的“首席仲裁者”(Wise 1998，p. 98)。

专栏 3.3　权力均衡？司法联邦制的不断变化

宪法保护之下的各州的权力，奠基于联邦政府及各州政府权力及双重主权原则的平衡之上。宪法的贸易条款限制了国会的规制权。	格雷戈里诉阿什克罗夫特案(1991) 格雷戈里诉阿什克罗夫特案(1991) 格雷戈里诉阿什克罗夫特案(1991) 合众国诉莫里森案(2000)
州的主权得到了重申，在州主权范围内，国会不能强迫州和地方的各种行动主体执行联邦的规制法令。	纽约诉合众国案(1992) 普林兹诉合众国案(1997)
国会规范各州活动的权力，奠定在宪法经费条款所赋予权力的基础上。州和地方各种行动主体被要求以接受某些特定的标准作为获得联邦经费的条件。	戴维斯诉门罗县教育委员会案(1999) 萨恩斯诉罗案(1999)

资料来源：Charles R. Wise，“Judicial Federalism：The Resurgence of the Supreme Court，”*Public Administration Review*61，no. 3(2001)：343—358。

州和地方视角

我们已经描述的政府间关系系统，主要是从联邦角度而言的，但是各州和地方政府也是政府间关系系统中的重要的行动者，他们不仅参与联邦计划，还进行州与州、州与地方以及地方与地方之间的互动。在这里，政府间关系也经历了重大的变化。虽然预算改革为州政府与地方政府带来了严重的问题，但是这些政府已经证明它们可以准备充分地应对财政和行政管理上的两难困境。 99

资助模式

联邦对州政府和地方政府的援助虽然在 20 世纪 80 年代早期有所降低，但是这种趋势很快得到了扭转。联邦补贴的经费从 1980 年的 914 亿美元增长到 1995 年的 2,250 亿美元，到 2006 年增长到 4,341 亿美元(见表 3.1)。这种过山车式的增长对州政府和地方政府产生了不利的影响，联邦资助仍然没有回到 30 年前的水平。在 20 世纪 80 年代和 90 年代期间，州政府和地方政府以及其他提供服务的组织都受到了严重影响。由表 3.1 可知，1980 年联邦补贴总额大约构成了州政府和地方政府开支的 27.4%，到 1995 年该数据下降到大约 22.8%，但是在 2006 年又轻微增长到 23.3%。

表 3.1

联邦补贴：1980—2006 年对州政府和地方政府的联邦救助（以十亿美元为单位）					
联邦补贴构成					
财政年度	个人开支	实物资本	其他补贴	补贴总额	州/地方开支（%）
1980	32.6	22.6	36.2	91.4	27.4
1985	50.1	24.9	30.9	105.9	22.0
1990	77.3	27.2	30.9	135.4	18.9
1995	144.4	39.6	41.0	225.0	22.8
2000	182.6	48.7	54.6	285.9	22.2
2006	272.6	64.1	97.4	434.1	23.3

资料来源：U. S. Office of Management and Budget, Crosscutting Program, Budget of the United States Government, FY2008, Table 8.3 Trends in Federal Grants to State and Local Government [Electronic version], p. 91, Retrieved March 25, 2007, from www. whitehouse. gpv/omb/budget/fy2008/pdf/apers/crosscutting. pdf。

所有这些变化都发生在这样一个时期：州政府正经受着重大的财政压力，这些压力与经济衰退、缺乏弹性的税收体制以及在卫生、贫困和移民方面日益增加的开支等因素有关。例如，1996 年各州花费大约 401 亿美元用于健康关怀，到 1999 年，数量几乎是原来的三倍，达到了 1,570 亿美元（U. S. Census Bureau, 2002）。1990 年，医疗保险占州级开支的 13%，而今天几乎占到州级开支的 25%（PA Times August 2004）。因此，州政府和地方政府发现有必要缩减甚至废除一些项目，同时尽力开发新的收入来源。在哈佛大学的研究
100 者看来，各州持续面临严峻的预算压力，这种压力可能持续十年。部分原因在于开支超出了各州的税收能力。虽然各州人均支出的平均数在 1982 年到 2002 年期间翻了三番，但是收入的增速要缓慢得多。单单在 2001 年，州级收入下降了 7%（PA Times August 2004）。

毫无疑问，最后的几十年显现了州政府和地方政府面临的各种财政挑战。然而，一个出人意料的发展是，各州证明了他们能够更好地管理其新责任，并且远比许多人预测的要好得多。事实上，虽然联邦政府存在很大赤字，但是许多州在过去十年的运作中持续保持预算平衡。

1998 年，各州政府都迎来了一个重要的改善机会。彼时，全国的首席检察官们与烟草公司达成了一个具有里程碑意义的协议，以挽回与吸烟和其他烟草使用形式相关的健康成本的支出。从全国范围来看，该协议挽回的费用在下一个 25 年将达到 2,460 亿美元，这为各州开展戒烟运动、健康关怀和其他各种需要提供了急需的资源。事实上，由于该协议对于如何使用这些经费的程序没有太多限制，因此每年有将近 80 亿美元被宽泛地用于各种目的。

考虑到联邦体系里的微弱联系，各州在过去三十年里都明显地增强了他们自身的能力。虽然各州权力仍然存在着相当大的区别，但是大多数州都进行了重要的制度改革（比如形成了立法审计），扩大了他们运作的范围和专业性（包括在能源计划和环境保护领域的新服务或者在提高生产力领域的新计划），并且表现出明显的财政限制。事实上，各州正在执行平衡预算，还有一些州政府甚至在为未来做投资。

考虑到州和联邦的职责有分工，在联邦层级州政府无事可干，各州也都步入其相应的责任领域。国际贸易就是这样的一个领域，在这里，角色转化似乎正在发生。鉴于传统上联邦政府在外国事务领域发挥着领导作用(如果不是专有作用的话)，经济力量就促成州和地方政府在国际竞技场中发挥更大的作用。例如，所有州都设有在某方面涉及国际经济发展的经济发展办公室。通过这些机构，各州为地方企业就如何开辟海外市场组织召开各种研讨会议。40 多个州都保留着长期的海外办事处，一些较大的州还在一些国家设有办事处。

优先权和授权

优先权 正如先前所讨论的，虽然联邦政府体制建立了特定的联邦权力，也为各州保留了特定权力，并且允准联邦一级和州一级的特定行动，但是有关对这些权力类项的精确界定则长期存在着争议。激烈的争议主要围绕联邦政府的权利问题展开，其一是优先于州和地方传统权力的联邦政府权利问题，其二是强制州政府和地方政府做(或不做)特定事情的联邦政府权利问题。

网络链接

> 涉及州政府和地方政府联邦经费的数据可查询美国统计摘要网站：www. census. gov/pod/www/statistical-abstract-1995-2000，或者管理和预算办公室的网站：www. whitehouse. gov/omb/budget/fy2005。对“新联邦主义”下不断变化的政府间关系的角色分析可参阅 http://www. urban. org/center/anf/intex. cfm。

作为一个重要的案例，1938 年的《公平劳动标准法》(Fair Labor Standards Act，简称 FLSA)设定了最低工资标准和最长工作时间，超出这些标准就要付超时工资。该法最初只是适用于私人部门，但是 1974 年的修正案使得该法适用于所有州政府和地方政府。许 101
多州和地方官员反对该修正案，并列举出将该标准适用于政府所存在的困难，例如我们如何测量消防员在好几天持续轮班时的工作时间？很快，该修正案在法院受到挑战，并且在“国际城市联盟诉尤赛里案”(National League of Cities v. Usery 1976)中，最高法院判决“一般政府”的职能是宪法第十修正案保留给各州权力的组成部分，因而不应该由联邦政府管制。于是，《公平劳动标准法》没有被采用于州和地方政府。

在许多方面，最高法院的判令所产生的问题与其解决的问题一样多，尤其是围绕“一般政府”的概念应该包括哪些内容的这一问题上。这种困惑一直持续着，直到将近十年之后最高法院对“加西亚诉圣安东尼奥市运输管理局案”(1985)进行重新审核，以确定圣安东尼奥运输管理局是否是在执行“一般政府”职能，并因而免受《公平劳动标准法》的约束。

然而，在“加西亚诉圣安东尼奥市运输管理局案”(1985)中，最高法院超越了运输是否是一般政府职能这一狭隘问题，并判定国会在其管制企业的责任下实际上有权干涉州政府和地方政府的事务。

加西亚案直接反转了最高法院在尤赛里案中的早期地位，其影响是把有关联邦政府权力范围的问题从司法调查领域中剔除出去。实质上，最高法院坚持认为，通过国会议员的选举以及州长和市长的影响，各州都充分参与了国家立法过程，从而在政治上使自己卸下了繁琐的立法重任。既然如此，关于联邦政府是否可以在那些先前被认为是保留给各州的权力领域内行事的问题，应该通过立法而不是司法行动来决定。因此，各州的权利被视为产生了政治问题而不是司法问题。

在“南卡罗莱纳州诉贝克案”(South Carolina v. Baker, 1988)中，最高法院形成了类似的论点。当时，许多人将这个案例看作是对宪法第十修正案关于各州权利的盖棺定论。南卡罗莱纳州质疑联邦政府是否有权利对各州发行的债券的形式发号施令。最高法院不仅回答“是”，还表明联邦政府有权收取免税债券挣得的收入税。显然，如果联邦政府有这一权利，那么各州将不得不直接与发行债券的私人公司竞争。虽然政治领导人尽力向债券市场保证，联邦政府不会通过侵犯各州发行免税债券能力的方式来平衡其预算，但是一
102 些此类提议被引进了国会。正如你能想象的，各州和地方对国会侵犯州财政的关键领域是多么的愤怒，但是，各州再一次被排除在司法纠正之外，并且被迫依赖其政治权力来确保国会不对州和地方债券实施征税。

加西亚案和南卡罗莱纳州案为联邦政府进入曾被认为是州政府和地方政府范围的领域开了先河。当然，州和地方官员见证了联邦政府所实施的从控制老鼠到限定最低饮酒年龄的诸多行为，从而怀疑国会的自我约束力。至少，加西亚案和南卡罗莱纳州案为针对州政府和地方政府而扩大的联邦行动设定了先例。

然而，我们不应该急于做判断，因为过去十年里所传承下来的最高法院判决大多是通过4到5票来决定的，而且在一些关键案例中，多数判决都清楚地重申了州政府的主权，例如，“纽约诉合众国案”(1992)、“佛罗里达州塞米诺尔部落诉佛罗里达案”(Seminole Tribe of Florida v. Florida 1996)、“普林兹诉合众国案”(1997)以及“奥尔登诉缅因州案”。事实上，近来有关正在形成的司法联邦主义的评论表明，大多数意见坚持主张“州主权不可侵犯，不仅是因为它扎根于国家的宪法结构之中，而且是因为这种侵犯从根基处损坏了美国民主的运行”(Wise 2001, p. 354)。

这些案例处理的是联邦政府对各州和地方的权力问题，但是有关州对地方政府的权力，有人提出了一些不太复杂的问题。正如我们所注意到的，政府间关系的体系没有给州政府和地方政府配置各自独立的权力范围，而只是把地方政府看作“州的产物”，它们仅仅拥有州所赋予的权力。1868年，狄龙(John Dillon)大法官在著名的“狄龙规则”[①](Dillon's Rule)中宣布，城市只拥有他们所持的特许证里所授予的那些权力，和那些经由公示的权力所完全默认的权力，以及那些对于授予他们特许证的目的具有重要意义的权力。换句话说，根据“狄龙规则”，地方只拥有狭窄的活动范围，在这一狭隘范围之外，州掌控着一切。“狄龙规则”已经有所放松，尤其是在那些通过“地方自治条款”(home-rule provisions)赋予城市更大自主权的各州，但是地方政府的权力仍然直接来源于州政府的行为。

在联邦政府与州政府、州政府与地方政府的关系上，存在着各种机制。传统意义上，

---

① “狄龙规则”是美国处理州和地方关系的重要原则。它认为城市是州立法机关的创造物，州立法机关对其组织和结构具有绝对的控制力。“狄龙规则”自诞生以来就不断受到各种冲击，其变迁体现了权力制衡，地方政府在摆脱州权控制的同时又受到了联邦权力制约。——校者

优先权指联邦政府行为优先于那些关联到更低层级政府的州级政府行为。例如,1990 年联邦的《营养标签和教育法》优先于许多州和地方上的有关食品标签的法律。这种权力假设在过去几年里尤其重要。例如,在 1970 年以后,联邦对州和地方当局的优先权超过两倍。我国历史上所有的优先权条例,有一多半是在这最后二十年里制定的。甚至是罗纳德·里根也未能免俗,尽管他在其雄辩言辞中许诺将返还各州更多的权力,并表示在商业规制及健康和环境管制方面支持对联邦进行限制(Kincaid 1990, p. 149)。

授权 组约案和普林兹案处理的是一个政府对另一个政府(联邦政府对州政府和地方政府,州政府对市政府)实施的所谓的“直接命令”、要求或限制。直接命令可能包括联 103
邦要求城市满足特定的净水标准,或者州要求某市支付特定福利项目的部分成本。一个政府控制另一个政府的又一种方式是通过设定资助条件而实现的。这与父母常施于孩子的经典做法如出一辙:“把房间打扫干净后才可以出去玩。”资助条件可能要求有土地使用计划,或要求创造便利确保残疾人优先使用资本建设项目。

城市的权力来源于各州,因而大多数州的要求都是直接的命令。但是大部分联邦的要求是一系列与特定的补助计划有关的资助条件。“资助条件”有两种类型。交叉要求指那些可适用于大多数(即使不是全部)补助计划的各种规定。例如,联邦政府要求承担资金计划前有环境影响报表,在接收补贴经费的机构中有特定的人事规定,还要求遵守公民权利法。其他资助条件是针对具体项目而言的,仅适用于特殊计划,它们可能包括关于项目计划、实施和评估的规定。例如,一个特定项目可能要为受聘于补助项目之下的个人或项目计划中某种形式的公民参与提供特定的最优工资(大多数联邦计划都有后面这一个要求)。

你会怎么做?

你正负责一个打击家庭暴力的联盟。这一领域的服务提供者主要是各种非营利组织,他们向你抱怨,州政府禁止人口贩卖的新计划将会降低他们帮助那些目前正遭受家庭暴力和虐待的受害者的能力。这时,你会怎么做呢?

国会把对这些救助条件的要求强加在宪法的经费条款中。虽然这些条款是合法的,但是联邦的法律制定者必须在立法中明确陈述这些条件,并确保州政府和地方政府意识到了这些要求。将国会使用经费条件的合法性作为提升管制和行政目标的方式,已经在一些最高法院的裁定中得到重申,尤其是在“锡达拉皮兹社区学区诉加勒特案”(1999)以及“戴维斯诉门罗县教育委员会案”(1999)(参见专栏 3.3)中。

“授权”一词通常包含了资助条件和直接命令,无论哪种情况,都要求一个政府去做某些它可能做也可能不做的事情。“授权”还经常要求州政府和地方政府花费它们愿意或不愿意的开支。据估计,如今联邦授权州政府和地方政府花费的开支每年达 1,000 亿美元,仅仅是目前的移民条款所要求的州级开支就超过了 10 亿美元。而且,州、市都宣称联邦授权不适当地侵犯了他们这一层级的政府的自治权。因此,对于那些处于末端的指令接收者来说,授权成了它们遭遇大量挫折的源头。如今,全国的市长和州长们仍在继续争论——市长关注联邦和州的命令,州长主要关注联邦的命令。 104

对于非营利组织来说,授权逐渐成为日常生活的一部分。主要区别在于地方政府可能是从相对较少的来源中获得授权,比如联邦和州,而非营利机构通常面对各种直接命令或资助条件要求,这些命令或要求来自非营利机构的各种资助者,并且资助者越大(经费数额越多),它施予非营利机构的负担也越重。非营利机构成员有时将授权说成是“金手铐”——经费是巨大的,但是经费提供者经常给非营利组织施加了过多的行政压力。正如保罗·莱特(Paul Light)所总结的,近几年非营利组织管理改革的趋势加剧了这一状况:“不幸的是,非营利部门被卷入了一场发生于竞争哲学与改革倡议之间的无情竞赛中,所有这些都反复通过不同的改革意识形态产生了重大的运动”(Light 2000, p. 45)。在补助提供者一系列的报告标准和行政程序中,不同的哲学立场变得清晰明了。

例如,美国联合基金会在非营利组织绩效(或结果)管理的指导纲领建设中发挥了领导作用,而且越来越多的地方联合基金会都为接受补助的机构设定了报告标准。同样,许多基金会(大型的和小型的)已经将机构间的伙伴关系作为补助项目的资格要求。如果一个非营利的服务提供者想要申请一项补助,其领导团体必须展示该机构将如何与其他非营利机构、政府,甚至营利企业合作。

在联邦层级,自尼克松以来的每一位总统都承诺将减轻联邦施予州和地方政府的负担。布什总统在发表1992年国情咨文时说,“我们必须结束没有经费支持的联邦政府授权……如果国会通过了一项授权,国会必须为其支付经费并通过节省其他方面的开支来平衡其成本。毕竟,一项授权必然增加一些人的负担,那将意味着州和地方层级的更高的税收”(Bowman & Pagano 1992, p. 4)。然而,在演讲后不久,布什总统就签署了一项预算协议,该协议包含了20项新授权,这些新的授权将在未来五年花费州和地方政府大约170亿美元。

1995年3月,一个重大的改进发生了。克林顿总统签署了1995年《无资金保障的授权改革法案》(Unfunded Mandate Reform Act of 1995),努力限制联邦施加的各种委托任务的影响力。虽然该《法案》没有为所有的授权活动提供联邦经费,但它确实要求国会认识到对州和地方的授权所产生的影响,并认识到在某些情况下要为这些授权提供经费。在吉洛看来(Gullo 2004),当联邦机构提出议案,而那个议案却增加了州和地方及部落政府的成本时,《无资金保障的授权改革法案》就要求联邦机构给国会提供更多的信息。在一项议案施加给州、地方和部落政府的成本超出1996年5000万亿美元的上限时,《无资金保障的授权改革法案》也赋予国会废除或修改该议案的权力(Gullo 2004)。

然而,该《法案》也似乎存在着一系列“漏洞”,国会可以借此逃避资助责任。虽然大多数州和地方政府协会(比如七大公共利益组织)都积极支持这一法案,但是大部分人也认识到,它只是有限地减轻了联邦政府所施加的负担。而对于州政府施加给地方政府的负担,这项法案无能为力。

而且,在许多人看来,无资金保障的授权令仍在继续着。比如,大概因为《儿童共同进
105 步法案》(No Child Left Behind Act)所要求的无资金保障的授权令,布什政府受到了教育团体及州和地方官员的批评。根据国家教育协会的观点,“自2002年该法颁布以来,国会计划资助给学校以实施该法规的经费已经降低了270亿美元。在得克萨斯州和俄亥俄州,对经费成本的研究结果表明,政府对纳税人的规制成本高达15亿美元和12亿美元”(www.nea.org/lawsuit/nr050420.html)。因此,国家教育协会连同其他组织提起了一个

国家诉讼，以寻求对无资金保障的授权法令的补救方法。

次国家级政府间关系

除了关注各州和地方的活动，我们发现联邦政府也以某种形式参与其中，至少它也为各州和地方政府提供了经费。但是，重要的政府间活动发生在次国家级：州与州、州与地方、地方与地方。

州与州之间 两州之间以及各州之间的相互关系在美国宪法中被提及多次，其中最引人注目的是，要求各州都要认识到其他州的公民权利和特权，并且对其他各州的公共行为和法律程序给予"完全信任担保"。然而，一些涉及各州政府的最重要的政府间关系不是建立在宪法理论的基础之上，而是经年政治实践的结果。

各州之间的关系并不是没有冲突。各个州可能在人口数量（在决定国会代表数量时很重要）、持续变化的州际边界（当河流改变河道时）以及各种实质性的政策问题（比如对地下水的拥有权或者污染物排进河流对各州下游水质的影响程度）上各不相同。此外，各州之间必须为发展经济而日益展开竞争。例如，当通用汽车公司宣布建立土星分部①的计划时，许多州都卷入了一场激烈的竞标战斗，各州都希望通用汽车公司将分部设置在自己的边界内。

州与州之间也开展合作。对于一个州的官员来说，有很多机会可以就政策选择或新的行政安排而寻求其他各州官员的意见。许多组织，包括州政府理事会、国家管理者协会、全国州级立法机关联合会，以及在人事、预算、采购、社会福利、健康关怀等方面把州级官员聚集在一起的各种团体，都被建立起来以帮助官员们共享信息和专门技术。这些组织和各州设在华盛顿的办事处一起，在华盛顿构成了一个重要的游说集团。

州际契约是各州共同解决潜在争端或者普遍问题的一种方式。历史上，这些协议一直都是双边的，只涉及两个州；然而，渐渐地，它们涉及一个区域内的许多州，或者甚至是所有的50个州。州际契约起初只用于解决边界争端，现在却覆盖了大量的宽泛的话题，大部分话题都产生于这样一个事实，即今天的政策问题不只单纯地局限于一个州的边界范围内。例如，我们可以想象，在享有同一地下水资源的供应上，各州人民有着共同的利 106
益。我们也可以思考这样一些问题，它们关涉到所有生活在像辛辛那提或堪萨斯这样跨越两个甚至多个州的大都市的人们的利益。因此，在这些区域，州际契约涵盖了空气和水污染、交通以及法律实施等问题，是非常普遍的现象。

各州也运用州际契约，来象征他们在重要政策领域内的合作协议。例如，亚利桑那州、加利福尼亚州和内华达州在确保从科罗拉多河获取水源方面有着明确的利益。各州政府都遵循1922年以来的契约，该契约就水资源的获取和使用权利提供了严格的指导原则。在这些案例中，州际契约为各州达成争端的解决方案或在不惊动联邦政府的情况下协作共事提供了途径。

州与地方之间 我们发现州政府和地方政府之间的关系是一元化的，也就是说，地方

---

① 1985年，通用公司决定新建土星分部，企图开发先进的土星牌轿车以抵御外国轿车大规模进入美国市场。分部设在田纳西州春山市，是通用公司唯一从内部建立起来的公司。主要产品分为豪华轿车SL、旅行轿车SW和跑车SC。——译者

政府只拥有其所在州所授予的权力。然而,这些权力的性质可能千差万别。多数城市政府是在某些特许形式下运行的,即这个地方政府相当于一部宪法。但是一个州可能以不同的方式授予特许。有些州为各个地方政府都设有专门的特许,而有些州则恰恰采取相反的路径,赋予地方政府以一般特许。分类特许方式试图通过授予各类城市不同的特许权,以避免专门特许的局限性和一般特许的刚性。例如,将人口超过100万的城市设定为A等,同时配有一套特许条例,而人口介于25万到100万之间的城市被设定为B等,并配有一套不同的规定。城市特许权的最后一种方式被叫作自治条例,它允许城市在宽泛的州级指导原则下,在获得选民同意的一般情况下,制定自己的特许令。

显然,就基本结构而言,自治条例为地方政府提供了最大的灵活性。然而,即使在自治条例之下,也存在大量的州政府干预地方政府事务的情况。一种情况就是,州是地方活动的重要经费来源。事实上,当联邦补助趋向平稳的时候,州对地方政府的补助就会显著增长。例如,在1980年至2004年期间,州对地方政府的扶持从大约830亿美元增加到2004年的3,790亿美元有余,大部分补助都用于教育和少数福利项目、公路以及其他目的(US Census,www.census.gov/govs/www/estimate.html)。

但是州政府不只是提供资金,他们也对地方政府的活动进行规制。州政府规定地方政府能够征收的税种、能够提供的服务以及必须使用的管理体制类型。在做出这些规定时,州政府提供统一的标准,如公路标志,及教育和福利项目中的最低绩效标准。由于各州对地方政府实际上拥有无限制的权力,因而一些诱惑也明显存在着,即迫使地方政府承担新的责任。在大多数州,都有20到30个法规向地方政府施加大量财政负担。授权或规制的总量也达数千项(Berman 1992, p.53)。

就像各州埋怨联邦的委托一样,许多地方官员也将州的委托看作是对地方特权的不必要的侵犯。这些委托要求地方政府支付本来无需支出的开支。近期,地方政府尤其埋怨所谓"鬼鬼祟祟的任务",即因州政府的不作为而要求地方政府所采取的行动。例如,佐治亚州因没有接收暂时关押在县级监狱的囚犯,从而导致县级监狱系统的过度拥挤,但州政府从未过问县级政府因此而额外增加的财政负担。不过,州级政府对地方政府所承担的各种委托重任也表示了新的理解,目前大约有三分之一的州已经要求,至少部分偿还地方政府因接受州政府委托的任务而产生的支出(MacManus 1992)。

地方政府在其与州政府的关系中并不是无能为力的,特别是当它们为立法机构建立了重要的政治支持基础时。地方代表和参议员能够而且经常在州立法中大声而清楚地喊出地方的声音。此外,在过去几年间,已经出现了各种类型的州与地方进行合作的模式。例如,许多州已经建立了类似于联邦政府间关系咨询委员会那样的州级咨询委员会。这些州级委员会把州级官员和地方官员聚集在一起,讨论政府间关系系统中出现的问题并设计出更加有效的合作方法。这些已经出现的提议,都是关于给地方政府更多自由裁量权和减少州级授权数量的建议。

你会怎么做?

你是西北部一个中型社区的市政管理者。该州立法机关正在思考一个旨在防止未成年人饮酒的法案。它需要该州的地方警察部门对午夜后提供酒类服务的酒吧和餐馆进行额外的定点检查。虽然你认为该条款很重要,但是你却缺乏执行该条款的警察资源。该州也不愿意提供更多的资金。你会怎么做呢? 107

地方与地方之间 在政府间关系的讨论中,存在一个人们可以理解的趋势,即关注国家间政府关系的类型。但对于那些在地方政府工作的人来说,与其他地方政府的关系才是相当重要的。原因之一在于许多市民居住于一个辖区,却可能在其他辖区工作和购物,并且要向其他一些辖区纳税。他们自然希望,当他们从一个地方到另一个地方时,依然能够享受到诸如高质量的街道或法律实施等服务。

从政治角度来看,政府尤其是城市政府的碎片化通常意味着问题与用于解决这些问题的资源的分离。富裕的城市拥有资金,而贫穷的城市拥有问题。但是即使是在平均分配资源的地方,也很难让几个地方政府合作解决共同的问题。在这种情况下,市民通常向更高层级的政府求救,这样就把问题(及其解决方案)从地方权威手里转移了出来(Nice 1987, p. 191)。

但是,许多地方政府间的问题是在地方层级得以解决的。尤其是在地方专业人员之间的关系上,产生了虽非正式但很自然的合作类型。一个社区的警察局长和其他社区的警察局长商议,一个社区的卫生官员与其他社区的卫生官员商议等等。更正式的是,一个政府实际上可以购买其他政府的服务,就警察或火灾保护、废水处理或垃圾收集等签订合
同。例如,洛杉矶区域通过合约安排为地方政府提供了各种服务。此外,政府委员会 108
(COGs),即代表不同地方政府的监督机构,也将得以建立用于协调地方事务。

在最近几年,随着许多市、县开始共享管辖领域的技术革新,地方政府之间的伙伴关系也进入了信息时代。例如,在加利福尼亚州的桑尼维尔市,地方政府与其他城市政府和微软公司合作以开发在线许可软件。硅谷智能许可证的发明被证明是相当成功的,桑尼维尔市已经与一个管理公司及其电子政府的分支机构建立了公—私合作伙伴关系,从而为有意增强自身效率和回应性的其他地方政府对该发明的应用进行市场化(Hernandez 2001; Mariani 2001)。

最终,也许将建立特区来解决跨政府边界的问题。诚如所提及的,特区是为特殊区域内(未必符合市或县的边界)的特殊目的而建立的地方政府。虽然特区可以增进健康、教育及其他服务的协调,但是他们也增加了特殊区域内的政府数量。这样,一个街区可能受到城市、县和好几个特区的管制。一个居民很难确定该由哪一个政府来帮助解决某个特定问题。协调存在着相当大的困难,而让各个政府负责也同样存在着这样的问题。

与非政府组织合作

说到政府间关系,不可能不讨论非政府组织(NGOs)在政策过程中的作用。非营利组织、营利组织和信仰组织在公共服务的提供中发挥了主要作用。在各种政策领域和所有

治理层级，到处都可以看到非政府组织。然而，我们不仅要考虑非政府组织在执行公共计划中的作用，而且还要考虑他们在提出公共议题、为特定政策选择进行游说、引导政治和行政决策等方面与日俱增的影响力。在许多方面，甚至是“政府间关系”这一术语似乎都有点过时了，或许我们应该选择“组织间关系”这一更具包容性的词语。

在过去几年里，利用非政府组织提供公共服务的状况显著增加。图 3.3 在联邦层级比较了百姓就业和政府总体开支的情况。在 1970 年和 2004 年期间，虽然通货膨胀仍在继续，政府开支增长了 400%，但在过去 25 年里，政府雇员仅增长 25%，实际上并没有明显的增长。

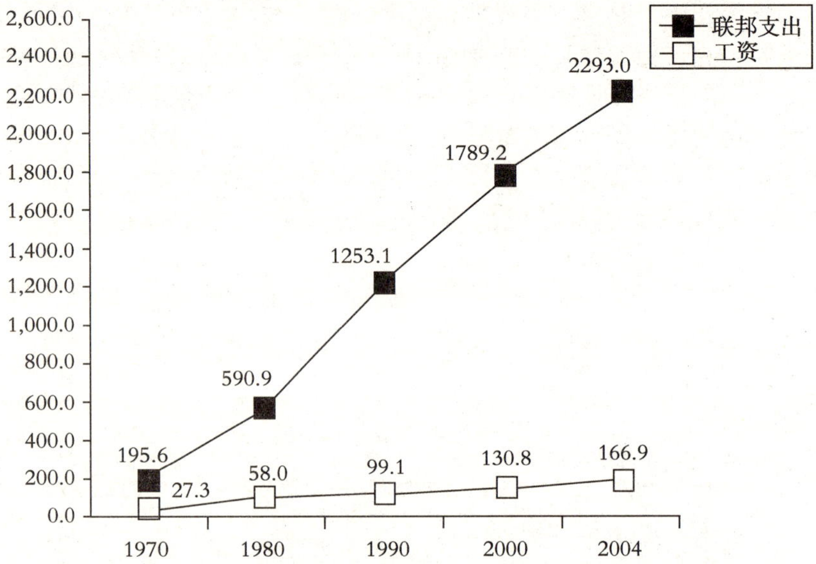

图 3.3　联邦政府总开支，1970—2000 年(单位：10 亿美元)

资料(数据)来源：http://www.whitehouse.gov/omb/budget/fy2008/hist.pdf http://www.opm.gov/feddata/factbook/2005.pdf，(p.62) http://www.opm.gov/feddata/factbook/2005/factbook2005.pdf，(p.62)。

联邦项目的显著增长，并没有引起联邦雇员的相应增长。这一现象可以用这样的事实来解释，即开展这些计划并提供这些服务的实际上是政党而非联邦政府。例如，联邦资金被分配给私有企业(如国家防御项目承包商，或者管理学校贷款计划的银行)以及非营
109 利组织，尤其是那些为无家可归者或残障人士提供人性化服务的非营利组织。

对非政府组织的关注大多倾向于侧重非营利部门，随后我们将在本章对此进行讨论，但是营利组织也同样值得我们关注。在传统意义上，企业被视为政府的对立面，公共部门与私人部门之间存在清晰的界限。如今，我们已经经历了一个模糊公私两大部门之间界线的重要时期，营利公司与政府机构之间只有细微模糊的区别。当然，私人部门公司对公共项目的这种参与并不是全新的。国防和航空航天公司已经与政府签订了几十年的合约，而营利监狱实际上在 19 世纪就已经出现了。事实上，我们的许多科技创新都来源于公—私伙伴关系。虽然这些伙伴关系逐渐出现在那些曾被视为纯公共性质的领域，比如健康和人性服务、垃圾收集、教育、环境保护、公园和娱乐等(Rosenuau 2000；Sagawa & Segal 2000)。

政府已经步入公—私伙伴关系中，以维持收入，减少衰败地区的犯罪并促进经济发展。之前我们提到过加利福尼亚州的桑尼维尔市和其他城市政府与微软公司合作开发网

上许可软件的事例。还有其他一些例子，如佛罗里达州的代托纳比奇市与一家私人开发公司建立了联盟，以翻新一个破旧的木板路并建立一个海滨酒店；密歇根州与其他州为惩教服务建立的伙伴关系；以及学区和私营电脑公司之间建立的跨区域关系，以将公立学校教室推进信息化时代。每一个案例所产生的组织间关系对于公共计划的成败都是非常重要的。110

私有化和缔约

主张非政府组织更多地参与公共服务的运动，部分是理想上的。有些人简单地认为服务可以由政府之外的其他任何可能的组织来提供。但是，由于当前政府开支的限制以及由此引发的寻找更为有效的公共事业操作方式的努力，激励了这一运动。上述两种动机都在“私有化”的标题下得到了讨论——由非政府组织提供先前由政府提供的物品和服务。因此，明确“私有化”的不同含义是很重要的，因为对这个词语的使用有各种不同的方式(Kolderie 1986)。

从更宽泛的含义来说，私有化是指将政府从特定服务的设计和执行领域中撤离出来的努力。例如，在大不列颠，诸如钢铁或煤矿等主要产业，曾经属于国有，现在正通过直接拍卖给个人、企业或其他团体的典型方式而转由私人控制。在美国，大多数这种主要产业，包括大部分城市管理服务行业，都已经转入私人之手，因此这种规模的例子已经相对较少(联合铁路公司①的出售和特定的石油储备除外)。然而，还存在更多有限的私有化的例子，例如一个城市可能把高尔夫球场出售给乡村俱乐部开发，继而结束政府对高尔夫的参与。

政府撤出特定领域的基本原理是不一样的。在一些情况下，人们感觉顾客能够从非政府组织或私人团体(比如管理药物滥用项目的组织或日托中心)获得更多的个人关注。还有些人认为，私有化增强了服务提供者之间的竞争，因此能够确保新的服务提供方式为顾客提供质优价廉的服务。如果某些项目对政府来说是不适当的，或者在私人公司那里能够得到更加有效的执行，那么这些项目也可以转让给私人部门。

网络链接

了解政府中的一些创新实践，可以查询创新联盟网址：http://transformgov.org，以及哈佛大学肯尼迪政府学院项目的阿什民主治理与创新研究所网址：www.ashinstitute.harvard.edu/ash/index.htm。关于非营利组织中的创新，可以查询领导者与领导机构网址：www.pfdf.org。

狭义层面上(更为常见)的私有化是指政府借以保留其在特定服务方面的政策角色，但由其他组织实际提供服务的各种机制。联邦机构可能决定与私人公司签订合约，而不是亲自处理计算机编程事务；州可能与非营利组织签订合同，来为福利接受者提供服务；

① 1973年和1976年，美国国会分别通过了《地区铁路改组法》和《铁路复兴与管制改革法》，决定组建半国有的联合铁路公司(Conrail)，以挽救东北货运铁路网。为此，联邦政府设立了专门的铁路复兴与发展基金，联合铁路公司利用国会批准的信用贷款，通过债务重组，购买原私营铁路的线路和设备，继续经营对国家至关重要的东北路网。后来，国会还采取过其他措施减少联合铁路公司的亏损。到1982年，联合铁路公司开始能够赢利。——译者

地方政府可能将公立医院租赁给私人公司。无论是哪种情况，都由政府对这些服务进行详细说明，并提供部分（如果不是全部）经费，但是项目的日常执行则是营利机构或非营利
111 机构的责任。

在过去十年期间，各级政府探索了对公共服务进行私有化的各种机制，其中最受欢迎的是合同的使用（参见专栏 3.4）。鉴于营利组织和非营利组织在提供服务方面具有更大的灵活性、不同的劳动力成本以及规模经济，支持者将非政府组织的“收费服务”和类似安排视为一种更有效的服务提供方式。近几年，最具公共性的合同外包案例体现在社会服务当中，因为依照 1996 年的《个人责任和工作机会调整法案》，联邦政府将国家福利系统的更大的职能推向了州政府和地方政府（然后推向非政府组织）。

在佛罗里达州的西棕榈滩市，地方工作与经济收益自足委员会（WAGES）作为监督全州各地福利改革的公—私伙伴团体，在 1998—1999 财政年度投资了 620 万美元用于福利服务项目。当 WAGES 和洛克希德—马丁公司（一个航空航天业巨人的子公司）订立合同，合作经营这一项目后，较短时间内 WAGES 的工作量降低了 45%。WAGES 认为，营利公司在服务体制的运用和开发方面比政府机构更具创新性，而且在未来，WAGES 将尝试运用私有化策略来简化决策程序，选择合适的项目（Walters 2000，pp. 34—35）。

堪萨斯州运用合同外包把大部分儿童福利服务转交给私人机构负责。几年前，政府官员就意识到了必须改革该州的儿童寄养、收养及相关服务项目。“在这个州，我们的儿童福利体制是失败的！”州议员梅尔文·诺伊费尔德曾经这样感慨，他在改革法案的起草中发挥了重要作用。政府机构过高的成本和不断下降的效益，加上该州新近当选的领袖人物的保守主义立场，促使该州官员将整个服务供给系统都切实转交给了非政府组织，大部分都是营利公司。在这种新体制之下，州政府与地区领导机构签订合约，地区领导机构又与非政府组织签订合约以负责实际服务的供给。州级官员主要管理这些合约，并确保所提供服务的质量标准（Gurwitt 2000，p. 40）。

专栏 3.4　谨慎签约

一个谨慎签约的政府应该做到：

- 将管理合约所要求的资源作为签约成本的一部分，其经费来源于成本节约和绩效改进。
- 培训签约人员，尤其是那些开发合约需求并进行合约管理的人员，选择并使用合同的绩效评估方法。
- 谨慎评估签约方过去的绩效，作为激励良好绩效的一种方法，尤其是复杂的“有关系的”合约，它存在着一种风险，即签约者可能会寻求政府的“事后奖励”。
- 想办法从企业雇佣相对较年轻的“实干家”（比如软件编程员、修模工程师）担任合约管理者，在政府本身缺少“实干家”的情况下给政府提供技术专家来管理技术合约。
- 从培训和自我定位的角度，将合约管理重新界定为高级管理工作。

资料来源：Steven Kelman，“Reflections on 21st Century Government Management,” *IBM Center for The Business of Government* (2008 Presidential Transition Series)，“What Might the Next Decade's Trends Be” (If We Get to Focus on Performance)?，p. 45，www. businessofgovernment. org/pdfs/KettlKelmanRe-
112 port. pdf。

正像这些案例所表明的，私有化使公共福利转变成一个重要的增长性的行业。马克西穆斯、洛克希德—马丁公司以及其他营利公司已向这一新的行业进行投资，以扩大它们的商业经营。洛克希德—马丁公司的故事尤为有趣，因为它也折射了冷战之后公共政策领域不断变化的优先权。随着20世纪80年代和90年代期间国防合同数量的不断减少，洛克希德—马丁公司通过与政府签订合同，承担起福利服务的提供和管理任务，从而改善了其母公司在有关国防类的商务经营中清淡的局面。这一策略已经被证实是相当成功的。自1996年福利改革以来，洛克希德—马丁公司的政府顾客数量经历了重大的跳跃式增长，已经从0增长到25。

但是社会服务的私有化也面临着挑战。甚至当支持者指出堪萨斯和佛罗里达是成功的例子时，更近的观察却揭示出公私合作在可持续性上的重要问题。继在西棕榈滩市蓬勃兴盛的发展之后，洛克希德—马丁公司旋即在迈阿密戴德县陷入了困境，苦苦挣扎。在同一财政年度，这个公司的成本超过了3,800万美元，却未能在福利服务的工作量上有重大提升。实际上，该县政府从此把福利—工作服务的合同转给了当地的社区学院负责（Walters 2000, p. 35）。

在堪萨斯州，儿童和家庭服务改革已经受到各界抨击，这些抨击不仅来自自由派批评者（他们认为公共福利服务不应该外包给那些以追逐利润为主要动机的企业），而且也来自企业本身。《治理》杂志曾经这样报道："堪萨斯的案例并不是真正的私有化：它大概只是一个仓促、毫不迟疑的努力尝试，为的是在"有控制的医疗保健"原则下建立起一个公私合作的社会服务体制，然后它又挣扎着从这场改革所附带的副产品中脱身出来"（Gurwitt 2000, p. 40）。这种附带的结果是什么呢？堪萨斯州的官员一直被迫收拾"有控制的医疗保健"革命所产生的乱状。不像其他州，堪萨斯州跨过小规模的试验性的活动，直接选择大刀阔斧的改革。当该州的官员们奋力学习如何成为合同管理者这一新角色，而不是医疗保健提供者时，其内部的变化引起了混乱。对于私营企业而言，这些改革打开了新的服务网络的闸门，但许多企业却因缺乏经验或应对公共福利项目要求的能力而不知所措。

用于提供公共服务的合同当然得有承诺；然而，就像堪萨斯的例子所表明的，与非政府组织建立有效联盟不能想当然。我们不应该将合同视为唯一的机制，有多种选择可供与非政府组织建立起合作伙伴关系。政府可以授予一个私营企业在州或地区范围内提供某种服务的特许经营权，该企业可以就其提供的服务直接向居民收费。通常情况下，政府要设定费率和服务的绩效标准，并且对企业实施持续性的监管。这方面的案例包括电力、出租车服务、有线电视以及紧急救护服务。同样，政府也可以为那些从事社会所需的公共服务活动的私人或非营利组织提供拨款或补贴。政府也可以为那些有益于社区，但地方 113
政府出于财政或其他原因而不愿亲自进行的活动提供全部或部分的支持。这方面的案例包括地方政府对艺术、儿童看护或为无家可归者提供避难所等活动的支持。

各级政府都使用过代金券，它是公民兑换商品或服务的凭证。例如，联邦的食品券计划，为其使用者提供了购买食物的凭证，它允许个人在州限制的范围内选择所要购买的食物及其供应商。

在地方层级，许多司法管辖区已经在探索运用教育券。虽然倡导者提出，比起公立学校，运用教育券将导向更快捷、高效的选择，但是，这一问题仍然是当前教育政策中最具争议的话题之一。

日益增长的私有化意味着公共官员需要关注服务合同的签订程序。用鲁宾·贝里奥斯(Ruben Berrios 2006)的话来说，"政府购买私人部门的专业知识来提供服务，目标是通过培育和建立一个竞争体系来提供更有效的服务和更好的管理，帮助减小政府规模"(p. 119)。虽然政府合同不再是新鲜事儿，但是它们在政府组织与私人组织或非营利组织之间建构起新的关系。库珀(Cooper 2003)对此描述道：从管制执行领域中传统的基于权力之上的关系(垂直模式)转变成今天公共契约关系中的协商关系(水平模式)。

垂直模式与权力关系相关，它的运作路径如下：由民主任命的官员做出决策，继而通过政府机构下达至负责订立合同的官员，最终，负责订立合同的官员被授权就社区的需要进行协商，然后在一个具有法律约束力的关系内承诺其资源……有关合同外包商品和服务的决定一旦做出，第二种模式就开始发挥作用并协同垂直模式一起运作……合同关系在性质上是水平的，以共同承诺为基础进行运作，在这种共同承诺中，各方至少在理论上都是平等的(Cooper 2003, p. 48)。

目前，政府合同的趋向是所谓的公—私伙伴关系，这里的"伙伴关系"所指的不只是合作。伙伴关系还可以包括就那些在本质上被视为属于政府的活动达成的长期契约，如对监狱的企业化运作，或者将承包商纳入制定规则的政策过程中(Cooper 2003, p. 57)。公—私伙伴关系和联盟在政府机构和营利企业之间、政府机构与非营利组织之间进行运作。非营利组织对于政府来说是一个便捷的选择，这至少基于两点原因：其一，它们经常热诚地承诺要为有需要的人士提供帮助；其二，它们与社区有着亲密的关系。此外，与由政府机构提供服务相比，这些组织中的志愿者提供的服务通常成本更低。然而，政府在补贴非营利组织的同时，也向这些组织附加了额外的行政要求，通常是要求其有更多的资源和带薪人员。

虽然公—私伙伴关系和联盟可以以较低的成本提供更好的服务，但是它们也给政府官员带来了一个巨大的挑战。在步入与营利企业的合作伙伴关系之时，公共管理者就应该意识到这些营利企业是以赢利为目的的。"不管其承诺是什么，营利公司所采取的最普
114 遍的方法就是，努力与政府合同中约定的资金和政府亲力亲为所需的开支数额相当，从而减少人事成本"(Cooper 2003, p. 63)。关于政府合同外包，也存在许多道德问题。贝里奥斯(Berrios 2006)曾经谈到承包过程中的一些缺陷：青睐那些已经与政府签约的公司；青睐大公司甚于小公司；政府官员的腐败行为，他们在某些情况下不遵从法律要求就授予私营公司承包权。最后，在政府项目直接由政府操作的情况下，项目是否成功直接取决于政府机构。但是，如果这些项目由私营部门或者非营利部门来提供，那么传统的控制和责任机制将不再起作用。从长远来看，比起创建组织之间合适的政策网络所面对的管理挑战而言，保持对诸如公平和责任等民主价值观的适当关注所面对的困难将更多。

非营利组织的管理

正如我们已经看到的，非政府组织已经成为公共政策和公共行政中重要的参与者。不幸的是，许多公共行政人员并没有意识到这些组织(尤其是非营利部门)所面临的显著挑战。为了建立更加有效的组织间、跨部门关系，对构成非营利组织能力的一些关键因素

加以界定将是十分有益的。

经营领导

非营利组织的管理始于有效的领导。谈及领导，我们是指一个组织的内部系统，它建立使命和愿景，以指导组织的行为；它参与策略制定和规划，作为设定宗旨和目标的方式；它形成执行结构，以便于将策略转化为行动。

在非营利组织中，建立有效的领导系统通常以建立一个合理的使命和愿景为起点。使命代表着该组织服务于社区的目的。愿景是指其成员所希求的指导该组织未来成长发展的蓝图(Bryson 1995；Smith，Bucklin & Associates 2000)。虽然这些因素对于几乎所有的部门来说都很重要，但是在非营利部门中尤其重要。独立部门中的团体比带薪职员更加依赖组织目标的开展，包括志愿者、捐赠者、董事会成员以及其他资源。没有强烈的目标意识或清晰的未来愿景，非营利组织的领导者将会发现，凑足成功所必需的条件是极其困难的。

当然，设定使命和愿景必须与合理的计划相结合，尤其是建立清晰的、可测量的宗旨和目标。有关非营利组织的一项最新调查发现，"组织的领导集团制定的计划所得到的支持和承诺水平……是组织能力评估中的关键因素。如果管理中既没有规划也缺乏规划的支持系统(例如预算体制、计划模型、有关以往组织经验的信息)，那么讨论组织的能力问题在很大程度上是毫无实际意义的。组织要生存下去，一般都要求有规划，并要求形成共同的愿景和目标"(Fredericksen & London 2000，pp. 234—235)。 115

网络链接

> 有关非营利组织管理方面的信息，可以查询阿斯本研究所网站：www.aspninstitute.org，哈佛大学的非营利组织 Hauser 研究中心网站：www.ksghauser.harvard.edu，以及哥伦比亚大学的非营利组织管理研究所网站：www.gsb.columbia.edu/execed/inm/index.cfm。同时可以参阅第二章所列举的相关非营利组织宣传的网站。

领导也包括建立一个坚固的组织基础，使得非营利组织能够将其策略转化为行动。对于那些在慈善机构工作的人来说，这一点通常被证明是一项最为困难的任务。大多数非营利组织都是始于一种理念，该理念能够很好地转化为使命和愿景，虽然在试图将这种理念转化为组织现实的时候事情会变得困难得多。

事实上，今天的非营利组织所面临的最大挑战是如何建立一个有效的、高容量的运行系统。这方面的许多挑战都是源于政府和基金会方面不愿意为管理经费提供资金。非营利机构可能能够获得项目和服务供给的准入许可，但是他们却苦于寻找管理基础上的支持(人员、设备、技术以及相关费用)。幸运的是，基金会已经开始意识到，尽管限制相关项目经费的需求听起来很不错，但是，在缺乏良好发展的管理结构的情况下，提供高质量的服务是不可能的(Greene 2001)。

资源开发

谈到财政支持，资源开发代表着非营利组织管理的又一关键因素。独立部门的机构从各种渠道获得经费，包括各种收费、政府补助以及私人赠款。根据全国慈善统计分析中心的数据，在IRS注册的140万个非营利组织当中，将近一半已经积累了25,000美元以上的毛收入。据其报告，2004年慈善捐款方面的收入超过2,990亿美元，其中83%来自个人捐赠，11%来自私人基金会，5%来自企业（*The Nonprofit Sector in Brief—Facts and Figures from the Nonprofit Almanac 2007* …Center on Nonprofits and Philanthropy at the Urban Institute, p. 5, www.urban.org/UploadedPDF/311373_nonprofit_sector.pdf）。

这些数字不包括收费和政府的补贴，这两项资金合计也有4,000亿美元。在如此多样化的收入基础上，令我们感到奇怪的是非营利组织（尤其是一些小型组织）的主要弱点是其收入来源过于单一，而且没有从更长远的资金链上寻求其经费来源。另一方面，成功的非营利部门使他们的收入来源更加多样化，并在政府补助、服务收费以及其他来源之间
116 寻求平衡。

那些在IRC501(c)(3)条款下或被划为公共慈善类或被划分为私人基金会类的非营利组织，从他们的免税地位中获得了益处，这一地位允许纳税人扣除税款作为慈善捐赠。有些非营利组织也可以享受邮资折扣、特殊财政条款以及各种州税和地方税豁免。

为了确保可持续性，许多非营利组织及其协会已经开发出了创新性策略，用于为下一代维持合理的财政基础。例如，国家计划捐赠委员会已经起草了"留下遗产"计划，在全国范围内鼓励所有社会经济群体的人们将其财产的一部分用作慈善捐赠。该计划在很大程度上旨在吸引"婴儿潮"这一代的慈善捐赠，他们在未来数十年里将带着空前的财富退休。"留下遗产"计划的一个重要因素在于它是以团体为重心，也就是说，一个单一的组织不可能采用该计划，但是取而代之的是，该计划将一个特定社区中的非营利组织聚集在一起。潜在的捐赠者被要求直接与基金会的计划捐赠工作人员或者财产策划人合作以决定慈善受益人。

正如任何非营利部门管理者都将告诉你的，资源开发远远不只限于补贴和其他类型的资金捐赠。尽管大多数人都意识到了非营利组织在争夺捐赠者时所面临的挑战，但是很少有人注意到诸如实物支持和志愿者等其他重要资源的竞争程度。虽然慈善捐赠仍然处于非营利组织资产负债表的中心地位，但是越来越多的非营利组织都依赖于实物支持和志愿者的时间、精力以及专业知识来实现其目标。一项由独立部门从事的研究表明，虽然由个人提供的慈善捐赠近些年来有所下降，但是较之以前有了更多的美国人充当志愿者。在2004年，大约有6500万人志愿加入了慈善组织（http://www.urban.org/UploadedPDF/311373_nonprofit_sector.pdf）。

资源开发成功的关键包括：能够清晰阐明组织的情况，探求多样化的支持，制定恰当的发展策略和行动计划，并确保该行动计划的有效执行。最重要的是，资源开发策略的核心必须是建立并维持与资助者、捐赠者以及志愿者之间的关系（Smith, Bucklin & Associates 2000）。

财务管理

非营利组织的运作也依赖合理的财务管理。我们之前已经讨论过非营利组织的收益问题，但是伴随着这些收益而来的是对财务往来的报告和公示的要求。例如，所有501(c)(3)组织必须保持记录公开，并定期向他们的利益相关者提供财务报表。许多基金会及其他资助者都要求资金接受者需经过定期审计，有时甚至作为一项资格要求。此外，年度总收入达25,000美元或更多的慈善组织必须每年向IRS提交一份990报表(组织收入所得免税返还表)，以及州和地方税务机关的文件公示声明。 117

为了满足这些要求，非营利组织必须保持详尽的财务记录，至少包括罗列基本的会计标准和程序。但是财务管理包括的不仅仅是汇报，它应该是非营利组织战略规划和管理的核心。如果没有能力形成清晰、有意义的财务信息，并把这些信息运用于组织决策的话，那么这个非营利组织就限制了其整体的能力。不幸的是，许多非营利组织都没有遵循已经建立的程序，还有一些非营利组织甚至连最基本的会计机制都没有。中小型非营利组织在这方面最为欠缺。

财务管理的基础包括监控组织的资产、负债和净资产，以及既定汇报周期的收入和支出。而且，非营利组织管理者应当确保预算和财务管理程序的运作与理事会相协调。在许多情况下，这种协调是受法人组织章程的授权，但是让负责制定战略方向的那些人了解组织的财务状况也是很有意义的。

董事会治理

这里探讨的非营利组织的管理原则大多集中在组织的操作层面。然而，独立部门中的机构也必须具有有效的治理系统。在某些方面，非营利组织董事会对组织的重要性，与对员工的重要性相比要大得多，因为一些较小的机构依靠董事会成员执行日常任务。不管机构的规模大小，其董事会都代表该组织的最终决策实体。依照法律，董事会成员一定要(在法人组织章程中)确保该机构财政和法律的健全性。

董事会负责一些重要的职能，包括制定组织战略方向，对外维护本组织的利益，监督组织的计划及其实施(Carver 1996)。首先，关于战略方向，董事会成员作为机构愿景、使命和价值观的主要来源，应确保这些战略因素在组织行动中得到体现。有关这方面的一个精彩例子来自波特山冈退休群体和服务社(Porter Hills Retirement Communities and Services)，它是密歇根州大瀑布城的一个非营利的卫生保健组织。波特山冈的行政领导团队事实上把波特山冈的任务、愿景和价值观的纲要纳入其战略议题，并在进行决策之前优先考虑了这些原则。如果一次新的合资、合伙或内部变化没有体现出该组织的核心原则，或者与董事会对未来的期冀不相吻合，那该议题要么就被抛弃，要么被带回董事会留待指示。

其次，董事会成员在社区中还必须是本组织的捍卫者。他们是主要代言人，在关键问题上代表组织的立场，同时还是捐赠者和志愿者的角色榜样。拥有这种职能，董事会就应当为执行对外策略的员工和领导制定政策并设定流程。因此，董事会成员在影响该组织

118 的因素上必须始终保持“不断循环”。

这里，至关重要的一点是，董事会要么必须以一个声音说话，要么就根本不说话。这意味着，一旦达成一项共识，董事会成员就应该支持这个治理实体的决定。经常有这样的情况发生：非营利组织董事会的成员跑到社区里声明反对董事会的其他成员，或者声明反对该非营利组织，这在那些规模较小的、以社区为基础的组织中更是尤为常见。这些看似没什么，但却向听众传递了这样一种信号，即心有不满的董事会成员并不欣赏该组织治理的核心价值观。

再次，董事会必须在规划和执行问题上支持组织的领导。董事会必须确信该组织具有有效和持续的规划程序，并且和员工一起确立优先事项和目标。这并不意味着董事会成员应该设法管理员工的日常活动，尽管它确实意味着，从事组织日常运作的人员应该就关涉该组织未来的真正的战略问题与董事会协商并寻求指示。

非营利组织董事会的规模各不相同，有些组织还不到 10 个成员，而有些组织则超过 50 个成员（这有点极端！）。董事会的构成反映了该组织的历史和使命，但是大多数非营利组织努力确保其治理体制能够反映其团体成员的多样性和价值。以下是一些关于董事会规模的考虑：

- 董事会需要那些功能？
- 实现这些功能需要多少人？并且需要他们充当什么角色？
- 需要多少董事会成员来完成组织的目标？
- 在董事会，是否有足够的人加入董事会委员会？

非营利组织董事会失败的主要原因是领导集团不能明智地管理董事会的时间。最大的无效率通常发生在董事会会议上。有多少个一个半小时的会议变成了三个小时的马拉松会议？设置议程是一个宝贵的起点，而且会议主持人必须为每个议程项目设置明确的时限，确保需要的时候每个人都有机会参与，但也仅限于重点内容。

董事会可能是有效的非营利组织管理的最重要的属性之一。一个有着高效董事会主席的影响力大的董事会，可以对组织的成功产生超凡的影响。不幸的是，反之亦然。许多非营利组织受到严重制约，在有些情况下甚至被完全破坏，都是源于无效和分化的董事会。

董事会和员工的关系

在非营利组织所面对的所有挑战中，最大的是实现董事会和员工关系的平衡。正如先前讨论所建议的，董事会成员在制定组织策略和对外代表组织方面起着核心作用。然而，一旦行为规范得以建立，董事会成员必须退后一步，并且给予员工足够的空间去完成组织的宗旨和目标。通常，董事会（尤其是由没有经验的成员组成的那些董事会）倾向于对业务人员进行微观管理。但是这样做只会助长不信任和失望感，而且在许多情况下，会
119 导致很高的员工流动率。

建立有效的关系，需要做到这么几点。首先，董事会必须明确对领导和员工的期望。至少每年一次，董事会成员应该与执行主任坐在一起，共同制定下一阶段的目标和目的。第二，必须通过董事会和员工的沟通交流来加强这种期望。沟通渠道由执行董事维系，在

极少情况下，由董事会和员工直接沟通。第三，董事会必须强化成功。作为其监督职能的一部分，董事会应该随时准备着为工作中的良好进展而庆祝，而不仅仅是惩处失误。

在很多方面，执行主任(ED)是董事会和员工之间的缓冲器。由于很少直接接触董事会成员和一般员工，一些执行主任的职位本身在某些方面就切断了机构的管理层和执行层，这就走得太远了。最为有效的关系是以执行主任作为主要的沟通渠道或者经纪人。在适当的时候，一般员工应该出席董事会会议，主要是提供专业技术知识并为董事会提供关键的决策方面的信息。同样，董事会必须就机构策略方面的重要议题为员工提供监督和指导。各方能走多远都取决于这个组织，但是决定恰当的平衡则取决于执行主任与领导成员。

宣传

独立部门中组织的宣传功能可能是非营利组织管理中最容易被忽视和被误解的方面。它源于这样一个事实，即联邦税法条例限制慈善组织的游说活动，并且有些立法者和政策制定者根据党派联系或政治立场排斥非营利组织的激进行为。但是，甚至在联邦税法之下，非营利组织也开展了宣传，将其作为一种在政策过程中放大其成员声音的方式。

1976年，国会授予非营利组织出于公共利益进行游说的权利，而无需担心失去其作为免税组织的地位。联邦税务局为这个议题考虑了十年有余，1990年联邦税法经过修订扩充了非营利组织的宣传权利。依据1976年税法，那些选择在其所属的司法管辖区范围内进行游说的非营利组织必须符合游说的定义，即“组织经费的开支是以企图影响立法为目的。没有用于游说的组织开支，也就没有组织的游说”(Smucker 1999, p. 51)。

税法确认了两种类型的游说：直接游说和基层游说。在直接游说中，组织与立法者或其他公共官员就他们自身将发挥作用或与非营利组织成员共同发挥作用的立法问题进行沟通。在基层游说中，组织通过努力改变公众在政策问题上的看法来影响立法过程。

税法也以组织免税开支的总体水平为基础来确定分配到游说活动的支出上限。比如，一个年度支出多达50万美元的非营利组织应该将其支出的20%拨给游说活动，但是一个免税支出在1700万美元以上的组织，用于游说活动的支出总额是100万美元(Smucker 1999, p. 55)。

我们应该指出，非营利组织的许多活动，甚至与立法和公共政策过程有关的各种开支，都不是1976年法律中所规定的“游说”。例如，通过与行政部门官员接触来影响所提 120
议的立法；与该组织成员沟通——只要他们不被鼓励去做游说——即使组织本身处于特定地位；并在影响生存、免税地位或者其他运作方面(所谓的自卫行动)的问题上拥护立法者，这些都不是非营利组织的游说。

在“法律服务公司诉维拉克茨案”(Legal Services Corp v. Velazquez, 2001)中，最高法院强化了非营利组织在公共利益领域的游说权。在这个案例中，问题的关键在于1996年福利改革法的规定，这些条例试图避免来自法律服务公司所资助的地方组织对立法改革的法律挑战。最高法院否决了这些法规，声明由于国会允许法律服务公司的律师为该事件中的穷人作辩护，因此联邦法律制定者不能剥夺法律服务公司顾客获得充分和完全的法律辩护的权利，如果一个律师不能挑战福利法的合法性，那么这种剥夺权利的情况正好发生(Lenkowsky 2001，p. 40)。该判决一直被许多非营利团体视为是那些独立部门的组织在立法问题上支持其成员的能力的一次潜在扩张，甚至对于获得联邦经费的那些组织也同样如此。

然而，对于其他组织来说，该规定可能具有相反的作用。在对该决定的分析中，《慈善记事》杂志将维拉克莰案看作是一个得不偿失的胜利。它声明虽然该规定可能对非营利组织的宣传功能起了些许积极作用，但是它也重申了法院在“拉斯特诉苏利文案”(1991)中的决定，在该案例中，接受联邦经费的非政府组织雇员被认为是政府的代理人。通过同意接受联邦补助和合同，他们放弃了第一修正案所规定的他们的言论自由权(Lenkowsky 2000，p. 40)。

作为未来的非营利组织管理者，你应该在开展游说活动之前仔细研究法律限制，但是你绝对不应该不试图代表你的团队对政策决定施加影响。法律是站在你这一边的，你当然将得到更大的保护，本来你考虑游说时也无须担心你的组织的免税地位会受到威胁。

小结与行动启示

考虑到现代社会的复杂性，公共管理者的工作将可能涉及处理与各种外部团体之间的一系列复杂关系。在这些团体中，有许多是其他政府层级的机构。我们的联邦体制产生于这样一种模式，在这种模式下，各级政府相对地不同于另一种模式，即经费和项目关系都极度紧张的模式。

事实是，公共项目如今都是通过巨大而复杂的人和组织(公共组织、私营组织和非营利组织)的网络进行运作的。这意味着公共管理者需要具备新的技能。任何特殊项目都可能涉及不同层级的政府、各种社会部门的组织以及有着许多不同兴趣和关注的顾客或公民。作为公共管理者，你必须能够界定特定情况下的实然网络或者应然网络，并且能够
121 对那种网络的有效性进行评估。

为了做出这样的判断，你需要考虑如下几种因素。第一是沟通，即从一个组织到另一个组织的信息类型以及信息传输的方式。第二，你需要关注相关组织的商品和服务，资金以及人事的转换。第三，你需要研究这种关系的规范问题，即各个组织对其他组织的期望以及各个组织乐意为其同盟做出的贡献。研究这些同类的组织，也可能就增强组织间关系有效性的方法问题提出建议。

现代公共行政中组织间关系的本质，对于你必须带到工作中的人际关系技能也有着积极的影响。越来越常见的是，负责一个特定项目的政府官员必须擅长与机构外的各种关系讨价还价，以确保项目进程的有效性和回应性。越来越普遍的是，公共行政管理者工作于这样一个世界，即组织层级和控制的旧概念正迅速让位给“模糊管理”和“议定的组织边界”的新概念。如今，公共行政组织间关系的本质对于管理者所需的技能有着直接影响。

术语与定义

整笔补助(Block grants):资金可用于一个具体职能领域之内的几乎任一目的的补助。

资本补助(Capital grants):用于建设或革新的补助。

分类财政补助或项目补助(Categorical or project grants):要求资金仅用于有限目的的补助;通常在竞争基础上获得。

宪章(Charter):地方政府的等同于宪法的规章。

合作联邦制(Cooperative federalism):联邦政府和州政府共同承担责任的制度。

合作生产(Coproduction):用志愿活动来补充或代替政府官员的工作。

政府理事会(Councils of government):代表各地方政府帮助协调地方事务的监督实体。

交叉要求(Cross-cutting requirements):适用于大多数补贴计划的规定。

狄龙规则(Dillon's Rule):城市政府只拥有其宪章授予的那些权力;城市是州的产物。

直接命令(Direct orders):一个政府对另一个政府所实施的要求或限制。 122

二元联邦制(Dual federalism):联邦政府和州政府之间少有合作,只顾争夺权力和影响力的模式。

授权补助(Entitlement grants):为符合特定标准的人提供支持的补助。

公式补助(Formula grants):采用具体的分配规则表明各司法管辖区将获资金数额的补助。

拨款(Grants):资金(和/或财产)从一个政府向另一个政府的转移。

地方自治法规(Home rule):准许城市在地方活动上有更大自主权的规定。

政府间关系(Intergovernment relations):包括各级政府之间所有复杂和相互依赖关系的术语。

组织间网络(Interorganizational networks):工作在一个单一政策领域的各种团体和组织的内部及其相互之间的关系模式。

命令(Mandate):要求政府做事的命令。

协商投资策略(Negotiated investment strategy):将所有相关团体的代表聚到一起以设定经费优先事项。

运作补助(Operating grants):用于开发和操作具体项目的补助。

篱笆墙式联邦制(Picket-fence federalism):政府间关系的模式,该模式中,水平篱笆代表政府层级,垂直板条代表各种领域。

优先权(Preemption):联邦政府对历来相关州政府的领域试图优先占有的努力。

私有化(Privatization):利用非政府机构提供先前由政府供给的商品和服务。

收入共享(Revenue sharing):资金可以按照接收政府所选择的任意方式进行使用的补贴模式。

特区(Special districts):为特殊目的在特殊区域建立的地方政府。

供应经济学(Supply-side economics):主张税收和开支的减少将激励资本投资和经济

123 增长的学说。

思考题

1. 虽然政府间关系所涉及的不只是财政问题，但是经费项目在这一过程中起着重要作用。请对各类补助和经费项目进行定义，并举例加以说明。
2. 请比较“二元联邦制”、“合作联邦制”和“强制联邦制”之间的异同，并对克林顿总统时期所使用的联邦制方法加以描述。
3. 过去十年中，州政府和地方政府经历了联邦政府经费的重大变化，试对变化的原因以及这些变化如何影响各层级之间的关系加以讨论。
4. 政府命令和管制如何影响州和地方层级的运作？
5. 政府逐渐转向对一些商品和服务进行“私有化”，这一趋势将怎样影响政府间关系？
6. 请解释合同外包服务和商品的重要性及其使用方法。

案例与练习

1. 请对你所在州的州政府和地方政府之间的关系加以解释。管理州—地方关系有哪些法律要求？在政府之间的合作方面，存在哪些机构？州政府施加于地方政府的命令有哪些？对于这些命令的反应有哪些？应该如何改善州政府与地方政府之间的关系？

2. 将班级分成几个小组，每组6—8个人。让一个小组扮演一个法定授权机构，负责为地方社区提供经费以帮助提高该社区的经济潜力并扶持其低收入者和弱势群体。假设这一机构具有可支配资金5000万美元，但是立法机关已经授予了该机构对该补助项目所有其他细节的决定权。

该小组必须首先尽可能清晰地明确立法机关的意图，接着准备概述该项目资助种类的指导手册。然后准备一份书面的意见征求书，并把它分发到由班级其他各个组所代表的一系列潜在的申请人社区。意见征求书至少应该包括该项目的介绍，审核建议的标准，
124 可能资助的项目示例以及提交资助建议的说明（包括申请截止日期）。

然后，各个社区小组准备一份支持该社区想要的一个或多个项目的补贴申请。各社区小组的成员可以与指定联系该社区的机构代表进行沟通，但是不能与其他机构成员交流。如果需要的话，社区小组之间可以相互沟通。在书面意见请求书上规定的截止日期之前，所有的建议都应该提交给该机构。然后由该机构决定将要资助的项目以及资助的等级，结果应该通知给所有的社区。

这一练习结束之后，全班聚到一起对整个过程进行讨论。你应该侧重于以下这些问题：

- 该机构在界定受资助的项目种类的过程中发挥什么样的作用？
- 为了使社区能够进行公平、有效的竞争，有必要进行哪些类型的说明？
- 什么样的资助建议才是最具吸引力的？
- 其他建议没有得到资助的原因是什么呢？

- 社区和来自机构的联络处之间的沟通对最后的决定产生了哪些影响?
- "政治"发挥作用了吗?

拓展阅读

Bernstein, Susan R. *Manage Contracted Services in the Nonprofit Economy*. Philadelphia: Temple University Press, 1991.

Boris, Elizabeth T., and C. Eugene Steuerle. *Nonprofit and Government: Collaboration and Conflict*. Washington, DC: Urban Institute, 1999.

Cook, Brian J. *Bureaucracy and Shelf-Government*. Baltimore: Johns Hopkins University Press, 1996.

Cooper, Phillip J. *Governing by Contract*. Washington, DC: CQ Press, 2003.

Cooper, Phillip J., and Chester A. Newland. *Handbook of Public Law and Administration*. San Fancisco: Jossey-Bass, 1997.

Cooper, Phillip J., et al. *Public Administration for the Twenty-First Century*. Fort Worth, TX: Harcourt Brace College Publishers, 1997.

Gage, Robert W., and Myrna P. Mandell, eds. *Strategies for Managing Intergovernmental Policies and Networks*. Westport, CT: Greenwood Press, 1990.

Goldsmith, Stephen, and William D. Eggers. *Governing by Network: The New Shape of the Public Sector*. Washington, DC: Brookings Institution Press, 2004.

Hill, Kim Quaile, and Kenneth R. Mladenka. *Democratic Governance in American States and Cities*. Pacific Grove, CA: Brooks/Cole, 1992.

Hill, Larry B., ed. *The State of Public Bureaucracy*. Armonk, NY: M. E. Shape, Inc., 1992.

Judd, Dennis R., and Todd Swanstrom. *City Politics: Private Power and Public Policy*. New York: HarperCollins College Publishers, 1994.

Katz, Michael B. *The Price of Citizenship: Redefining of the American Welfare State*. New York: Metropolitan Books, 2001.

Kemp, Roger L., ed. *Privatization: The Provision of Public Services by the Private Sector*. Jefferson, NC: McFarland & Company, 1991. 125

Kettl, Donald F. *Government by Proxy*. Washiongton, DC: Congressional Quarterly Press, 1988.

Kettl, Donald F. *Sharing Power: Public Governance and Private Markets*. Washington DC: Brookings Institution Press, 1993.

Levin, Martin, and Mary Sanger. *Making Government Work*. San Francisco: Jossey-Bass, 1994.

Light, Paul C. *Sustaining Innovation: Creating Nonprofit and Government Organizations that Innovate Naturally*. San Francisco: Jossey-Bass, 1998.

Light, Paul C. *Making Nonprofits Work: A Report on the Tides of Nonprofit Management Reform*. Washington, DC: Brookings Institute Press, 2000.

McLaughlin, Curtis. *The Management of Nonprofit Organizations*. New York: Wiley, 1986.

National Academy of Public Administration. *Privatization: The Challenge to Public Management*. Washington, DC: National Academy, 1989.

Nice, David C. *Federalism: The Politics of Intergovernmental Relations*. New York: St. Martin's Press, 1987.

Peirce, Neal R., Curtis Johnson, and John Stuart Hall. *Citistate: How Urban America Can Prosper in a Competitive World*. Washington, DC: Seven Locks Press, 1993.

Peterson, Paul. *The Price of Federalism*. Washington, DC: Brookings Institution Press, 1995.

Rivlin, Alice M. *Reviving the American Dream: The Economy, the States, and the Federal Government*. Washington, DC: Brookings Institution Press, 1992.

Rosenbloom, David H. *Building a Legislative-Centered Public Administration: Congress and the Administrative State*, 1946—1999. Tuscaloosa, AL: University of Alabama Press, 2000.

Rusk, David. *Cities without Suburbs*. Baltimore: Johns Hopkins University Press, 1993.

Salamon, Lester M., ed. *Beyond Privatization*. Washington, DC: Urban Institution Press, 1989.

Salamon, Lester M., *Partners in Public Service: Government-Nonprofit Relations in the Modern Welfare State*. Baltimore: Johns Hopkins University Press, 1995.

Smith, Steven Ragbeth, and Michael Lipsky. *Nonprofits for Hire: The Welfare State in the Age of Contracting*. Cambrige, MA: Harvard University Press, 1993.

Vincent-Johns, Peter. *The New Public Contracting: Regulation, Responsiveness, Relationality*.
126 New York: Oxford University Press, 2006.

▌第4章
公共服务的伦理学

迄今为止我们已经讨论了公共行政的背景问题——你需要在公共组织中有效并负责任地践行的价值观、组织结构和关系。现在我们通过探讨公共服务中出现的伦理问题，开始把讨论的焦点转向一个更为技能性的问题。对公共组织工作的伦理态度，不仅要求了解什么是正确的答案，而且要求有意愿有能力去做正确的事。因此，你必须对你的行动有所准备。

作为一名公共管理者，你可能经常会面对困难的伦理选择。这些选择可能会以各种方式出现。“在很多行政伦理上进退两难的窘境中，考虑多种行为理论当然是对的。但是，事实是根本就不存在解决这些困境的科学或规则”(Goodsell 2006，p. 136)。明确行为的道德含义并打破道德上进退两难的困境，将会是你在公共组织工作过程中所必须面对的最困难的问题之一。因此，具备能够懂得公共问题产生的背景，并能以慎重、合理、道德的方式解决这些问题的能力，对你未来的成功至关重要(当然，还有你的个人幸福感)。

在本章里，我们将探索公共管理者所面临的一系列道德问题。有些问题是任何组织都有可能出现的，像说谎、欺骗、偷窃或者当你受迫不便拒绝老板命令时该怎么办的问题。还有些问题直接与蕴含于公共服务之下的特殊价值观相关联，包括职业公务员和政治领导之间的关系，或是有效性与回应性之间的矛盾要求。

伦理思考的途径

伦理是研究道德原则和道德行为的一个哲学分支。为了对伦理进行恰当的定义，首先我们必须明白“道德”的含义。道德是关于行为正确与否的判断。它也是对蕴于行为中的价值以及执行中的规则的判断。一个社会、政治系统或公共组织的道德涉及该共同体内行为的对错。道德表现为组织成员特定的价值观，并且在法律、法规和准则或政策、程序中得以体现。反之，道德行为是与共同体的道德一致的行为，它表现共同体关于对错的最基本的协议和承诺。

从另一方面来看，伦理可被定义为“一种通过运用理性使个体和社会的道德经验具有意义的系统尝试，从而对那些能够引导人类行为的规则予以界定”(DeGeorge 1982，

127 p.12)。伦理包括借以区分对错并正确行事的程序，还包括在决定恰当行为中的理性运用。伦理是对道德标准的寻求。

尽管我们把伦理定义为对道德的研究，但两者常被互换使用。例如，我们常常将道德上正确的行为称作伦理行为，同样地，我们也将道德指导规范称为伦理规范。尽管两者在使用上存在重叠，但对道德和伦理进行区分是十分重要的。这不只是出于哲学原因，还因为伦理强调个体对寻求正确的道德态度的积极参与。伦理指引我们去行动，它要求我们思考、分析、并找出让我们正确行事的指引准则。

伦理思考是十分重要的，因为你在公共组织中所遇到的问题不只是判断是非黑白这么简单。你会为了执行自己认为正确的政策而对立法者说谎吗？你会因为公众利益的需要而放宽政策吗？在知道你所要去做的是错误的事情时，你依然会遵循上司的命令吗？这些问题以及在公共组织中有可能遇到的成千上万的其他问题一样，都是难以求解的。为了做出正确的行为选择，你必须能够对蕴于工作中的许多相互冲突的价值观做出分类拣选，还必须总结出一个理性而缜密的结论作为行为基础。

只是简单地说"看情况"，然后忙着自己的事是不够的，尽管我们的社会已经普遍存在这种现象。伦理(或道德)相对论主张：在某些情况或环境中的不道德行为，放在其他情况下则可能是道德的。因此，只有通过对行为发生的具体环境加以考虑才能做出道德判断。根据这一观点，世界上不可能存在普适法则。有一种支持道德相对论的观点主张，不同的文化有不同的行为准则。一种文化认为，让老年人孤独地死去是合理的，而另一种文化则主张给予老人周全的护理和关怀。

然而，这种论争常常忽略了更大更完整的道德原则，如对老年人的尊重。另外，相对论观点似乎与我们的道德经验存在不一致。当我们认为谋杀是一种不道德的行为时，我们并不是说这种不道德只是对某些人而言的，我们也不是说谋杀只是在某些国家是不道德的。我们声称，无论何人何地何时，谋杀都是不道德的，并且无论是出于感性还是理性的原因，我们都捍卫这一立场。这表明，道德问题只存在一个正确答案(尽管这个答案可能很难得出)。然而，通过了解行为发生的背景，找到代表不同立场的观点并获得行动的指引准则，至少可以让人们更有条理、更有信心地去行事。

伦理思考有哪些步骤呢？首先，你必须努力弄清事情真相。尽管大多数伦理问题都同时涉及事实和价值两方面，而且单凭事实无法解决问题。但是，尽可能清晰地了解真相是十分重要的。一项控制污染的政策可能需要对排放到空气中的污染物进行准确的测量。只有掌握了精确的数据，而不是模糊的估计，才可能解决问题。其他一些例子也表明，对实情的把握将有助于特定伦理问题的解决。

其次，如果相关伦理问题涉及一些关于基本原则的认同，则更容易解决。它们可能是
128 广泛的道德标准(如自由、正义)、得到社会认可的法律法规，或者适用于特定团体或组织的行为准则。这些观念深深植根于每个社会成员或组织成员心中，因此，若有不同意见，将会显而易见。例如，两个侦探可能在如何处理罪犯的问题上持有大相径庭的意见，但若使其认识到打击犯罪这一共同的基本目标，他们就可能协调其差异而达成一致意见。总之，任何可以达成共同依据的行动或引进关于基本原则的协议，都将有助于问题的解决。

再次，伦理思考的核心方面之一，是对代表不同立场观点的论争进行分析。这些论争可能由不同的组织或个人提出来，也可能在你看来只是简单的观点和反观点。无论是哪

种情况，你都必须进行思考，分析所提供的证据、各种观点的辩护及其可能的谬误。在论争的过程中，对话对于辨明每个人的立场是极为有用的。（如果只是你一个人在思考这个问题，找一些人与你讨论从而彻底理解清楚，是一种明智的选择。）最后，你必须做出决定并且践行它。伦理思考将引导你做出选择，而依照决定去做也十分重要，尽管这通常是十分困难的。

推理、发展及行动

如果你熟悉道德推理的一些基本内容，那么对于伦理思考你将会有更好的准备。这些基本内容包括：道德哲学、道德心理和道德行为。对于每一种内容，我们都将只是略作阐述。你会发现，在这些问题上往往存在一些不同的有时甚至是相互矛盾的解释，而且有些人（可能包括你的老师）可能并不同意这里提及的一些观点。因此，不妨把这些资料作为抛砖引玉之用。

道德哲学　提及道德哲学，我们可能会问，在一系列特定环境里，我们将如何决定对错？换句话说，我们将如何评定什么是合适的行为？方法之一是考虑在不同的行动方案中，谁将受益而谁将遭受损失，然后找出可以以最少的代价换取最大收益的方案。另一方法则是寻找一个能对特定案例各方面进行测量的道德准则。在第一种方法中，人们关注的是行为的结果，而在第二种方法里，人们寻找的是行为的普适准则。

伦理思考最为普遍的形式之一是功利主义。功利主义关注行为的结果，认为只要行为的结果对于最大多数人来说是最优的（或者损失是最小的），那么相对于其他行为来说这种行为则是最佳的。这种理论的支持者认为世界上不存在普适的行为指导准则，人们应该依据行为所带来的收益和代价来判断行为的道德与否。

显然，这种观点将导致相对主义。根据功利主义的观点，并不能判断说真话是对还是错，说真话的对错取决于对谁会得益和谁会受害的估算。只有这样，一个道德判断方法才
得以提出。在功利主义者的观念里，行为本身并没有内在价值，它们只意味着获得有价值 129
的事情（DeGeorge 1982，p. 40）。

行政人员在特殊的情况下采用功利主义的方法进行道德推理时，可能会考虑不同的行为所导致的不同后果。例如，修建某一穿过特定区域的高速公路虽然会造成一部分人的不便，但却可以使更多人受益，于是，在当地修建高速公路会被视为是恰当的。用功利主义来指导行动时，行政长官并不遵循任何既定的道德准则（例如那些遭受不便的市民不应该被强制迁移），而只相对地对具体案例进行成本和效益的估算权衡。此外，行政长官不会在具体案例之外做一般化总结，各个案例都因其自身的绩效受到判评。

另一种道德推理的方法则相反，它寻求的是行为指导的基本原则，通常我们称之为“义务论”。“义务论”认为，关于对错的普适原则是可以建立起来的。而且这些原则并不取决于行为的结果。义务论者倾向于把焦点放在责任上（“义务论”一词源于希腊语“责任”）。简单说来，不管结果如何，人们的责任应该是做道德上正确的事，避免道德上错误的行为。义务论者关注的是用于判断对错的广义原则，例如体现“权利”和“正义”等思想的概念。

根据义务论的观点，行政长官应该依据得到普遍认同的道德准则来行动，例如诚实、

慈爱等。人们希望行政长官能够诚实守信并尊重他人尊严，而行政长官之所以这么做并不在于法律或伦理规则的约束，而是缘于广被认可的道德原则。在某些特殊情况下，有些行为与道德秩序的普遍含义相符，但却可能损害组织或社会的整体利益。因此，坚持"义务论"行事的行政长官在行动时可能会遇到强大的阻力。

哲学家约翰·罗尔斯(John Rawls)提出的"当代义务论"理论受到了广泛的关注，该理论强调政策决定的公平与正义(Rawls 1971)。罗尔斯的理论认为，如果决策是在决策者不知道其决策将给个人带来什么损失或利益的情况下做出的，公平就会存在。假定一个这样的场景：城市委员会对将在哪个社区进行花费百万美元的街道建设进行决策，这时如果每个委员会成员都从自身利益出发，他们就会把钱投入到自己居住的社区里(这些社区很可能就是那些相对富裕的社区)。然而，如果所有的成员都处于"无知之幕"下，即他们既不知道自己居住在什么地方，也不知道该地段是否富裕繁华，他们则最有可能把钱投入到贫困社区，将其发展到某一标准水平(这使得他们可能将更多的钱投向较贫困的社区)。罗尔斯认为，如果每一个公共决策者都是受公平和正义而不是受个人私利驱动的人，一个全新的道德秩序将被建立起来，而它将更符合自由与正义的基本原则。

道德心理　心理学家劳伦斯·科尔伯格(Lawrence Kohlberg)列举了道德发展的三个
130 阶段：前常规阶段、常规阶段和后常规阶段(Kohlberg 1971)。根据科尔伯格的分析，大多数人处于道德发展的前两个阶段，很少有人能够达到第三个阶段。

在前常规阶段，孩童开始形成有关对错的理念判断。他们通过自身行为的结果或是他们周围其他行为的心理力量来理解这些理念。早期，这些理念与惩罚有关。例如，如果孩子在墙上乱涂乱画，他就会受到责备。为了避免这种惩罚，孩子们就会下意识地避免这种行为。此外，为了获得如父母赞扬之类的奖励，孩子们开始特意行事。

不管是为了免受惩罚还是为了得到奖励，孩子们都开始以我们标定为对的方式行事。当然，从孩子们的视角出发，这些行为并不涉及道德准则，他们这样做仅仅是为了免于惩罚或得到奖励。因此，在这一道德发展阶段，人们是根据行为的结果——受到的奖励或惩罚——来定义行为的对错。前常规阶段形成的定向将伴随人们进入成人阶段。

在道德发展的常规阶段，人们以家庭、集体或国家的行为标准或是约定俗成的准则来行动。个体寻求与既定准则的契合点，事实上是在积极支持和维护这些准则。这个阶段包含了两个时期。科尔伯格将第一个时期称为"好孩子"时期。在这个时期，我们往往会根据父母、老师或同龄人的期望，以及我们在家庭、教堂、学校所学到的准则去行事。尽管在我们看来良好的行为事实上只是满足他人期望的行为，但是，我们形成了道德准则和是非标准。

道德发展常规阶段的第二个时期以"法律与秩序为定向"。在这一阶段，我们朝着权威和社会秩序的要求形成道德定向。我们学习"好市民"的内涵，并且认同以社会规则来生活的重要性。在这一时期，个人的责任和荣誉观念决定了他的道德观念。我们认识到说谎、欺骗、偷窃等某些行为是错误的，但若被问及原因，我们只能回答："因为每个人都认为是错误的"(DeGeorge 1982, p,25)。大多数成年人，至少有一部分成年人，持续处于这一道德发展时期。

很少有人可以达到最后阶段，即后常规阶段，但还是有人例外。在这个阶段，人们接受了道德准则，并依其行事，不仅因为他们表明了应该这样做，而且因为他们深知只有自己才能证明这些准则的正确性。这些人寻求道德原则的真谛，并努力让这些价值观独立于任何团体或社会而自主运作。后常规阶段也分为两个时期，第一个时期称为“社会契约”或“守法”时期，具有极强的功利基础。个体对个人信仰、价值观等他人权利，以及社会如何保护这些权利都有所认识。尽管人们意识到了变革法律（而不是像前面阶段那样听之任之）的可能性，但结果仍是一个守法的观点。对现状的改变是以大多数人的最大利益为基础的。

后常规阶段的第二个时期是道德发展的最高阶段。在这一时期，个体自主选择以诸
如公平、正义和对个体尊严的尊重等某套特定的抽象道德原则来生活。人们选择这些准 131
则并不是因为奖惩，也不是为了迎合他人的期望，而是因为他们懂得了为什么必须支持这些原则，并依其生活。常规阶段与后常规阶段的确切标准大同小异，最重要的区别在于人们正确行事的原因驱动不同。

尽管在这里我们关注的是科尔伯格的学说，但我们也看到，近年来已经出现了一些替代学说。其中一个重要的观点是由卡罗尔·吉利根（Carol Gilligan）所提出的。相对于科尔伯格和罗尔斯提出的理性和公平的观点，卡罗尔·吉利根认为，人们应该从人情和人际关系的角度来解释道德理论。根据卡罗尔·吉利根的观点，一种最终的、成熟的道德理论，包含着对公平的关注和对人情与人际关系的关注这两者之间的相互作用（Blum 1988，pp. 427—491）。

当你从事于公共组织的工作时，你将逐渐意识到，你所做的许多有关伦理的决定都是以某个道德发展阶段为基础的。我们会因为奖惩而去做某些事，会因为必须遵循法律或组织原则而去做另一些事。例如，你可能会为保住职位而服从上级的命令，还可能因为法律选择根据投标结果而不是从朋友那里购买器材。但有些情况却要求你更慎重更人情化地考量你甘愿遵从的那些准则。同样是购买器材的事，如果你的上司命令你从他一个并未中标的朋友那购买的话，这件事情就变得复杂了。在这种情况下，后常规阶段或“恪守准则”的推理当属关键。当然，如果你能意识到，并非所有的答案都来源于权力或是他人的期望，并且所有经过精心考量的道德准则通常都是适用的，渐渐地，你就能更好地定位并做出正确的伦理决定。

道德行为　只是懂得正确的行动方针是不够的，你还必须照其行事。（毕竟，当我们称某些人“正直”时，并不只是基于他们所持有的信念，更是因为他们的行为。）这一观点对于希望按伦理行事的公共管理者来说尤为重要（也可以说，对于任何专业人员来说都非常重要）。公共服务中的伦理问题并不抽象，它们真实存在，并且会给人类带来即时的，有时
甚至是严重的后果。因此，懂得如何确保公共组织中的道德行为是十分重要的。 132

你会怎么做？

假如你最近被提任为田纳西州一个小社区的市政管理者。昨天，市长给了你一个装满收据的信封，这些收据是市长最近参加一个经济发展会议的旅程花费。但是，其中也包括了市长及其夫人在会议地点附近的一个旅游城市四天的度假消费。显然，市长想要报销信封里的所有开销。这时，你会怎么做呢？

长久以来的哲学传统认为，将原则（无论是功利主义原则、义务论原则还是其他原则）引入行动，要求形成个体的“性格”。换句话说，有必要发展一套复杂的可供具体案例运用的一般性原则——它要求的不只是抽象的理论知识。亚里士多德指出了获得实践智慧的重要性，因为它可以帮助人们在具体情况下做出道德上正确的判断。这种实践智慧和美德要求人们不仅知道如何运用既定的准则，而且明白为什么要这么做。也就是说，为了让道德理论知识适应现实世界，个体需要有人类行为理想境界的强烈意识。特里·库珀(Terry Cooper)认为，美德是通过反思和行为获得的性格特征，是思想和感觉的集合体，存在受控的可能冲突的趋势(Cooper & Wright 1992, p. 6)。

这种“美德的伦理”不仅是一种哲学路径，也是一种提高伦理决策问题解决能力的方法。亚里士多德指出，发展美德能力的方法与发展其他能力的方法一样，那就是实践。“我们首先是通过实践来获得美德的……因为我们先学后行，借行助学……我们通过做正直的事而变得正直，通过做温和的事而变得温和，通过做勇敢的事而变得勇敢”(McKeon 1941, p. 952)。

然而，什么是我们必须践行的美德呢？数世纪以来，这个问题一直困扰着哲学家们。答案包括忠诚、勇敢、可信赖的良善、公平、独立等，但大部分答案似乎都围绕着对仁爱和正义的关注。如果这就是答案，那么所有人都应践行这些美德，然而，一些特殊职业人员（如公共行政人员）应该在其具体环境中践行这些美德的适用部分(Tong 1986, pp. 91—92)。

在“现实世界”做伦理选择时，人们如何才能将各种哲学路径和心理学路径区分开来呢？首先，如果你在具体环境中运用广义的道德准则着手解决高难度的道德问题，你必须理解这些问题下的原则和道德推理。其次，你必须通过自我反省以及与他人的交流进行缜密、持续的伦理思考。再次，你必须懂得在公共组织中如何贯彻实行诸如仁爱或正义等美德。也就是说，你必须对决定公共服务道德优先权的政治和伦理背景有所认识。

詹姆斯·斯瓦纳(James Svara)曾提出一些将各种因素都加以考虑的路径。首先是基于义务的路径，它强调公共行政人员的责任，着重指出其公共服务职责(Svara 2007, p. 28)：

1. 把公共利益置于个人利益之上；
2. 实现服务目标和服务承诺；
3. 承诺程序公平；
4. 行使代理职责；
5. 遵守并维护法律；
6. 支持民主程序；
7. 回应政治领导人的政策目标，同时公正监督各项政策选择，实施本职领导权力。

对公共行政人员来说，义务路径是非常有用的工具，但若单独使用，则可能产生意料
133 之外的问题。对于那些经常面对复杂情况，若不考虑美德、原则和结果就无从轻易解决问题的行政人员来说，义务路径也是不错的指导纲要。

基于美德的路径侧重于“好人该做的事情”，这一路径具有高度的直觉性。它所反映的是广受社会认可的价值观和准则。但若单独使用，则可能使行政人员陷入进退两难的窘境，因为对某些人来说好的东西未必也适合其他人。

基于原则的路径在正确行事方面给公共行政人员以指导（区别于义务路径的职责）。尽管这种方法对于公共行政人员来说可能非常有用，因为它以善恶的广义概念为支撑（外

部来源），但因各种原因仍然不能单独使用。有些原则是相互矛盾的，如不伤害他人原则和诚实原则。

行政管理强调结果路径。倡导“最大多数人的最大利益”的功利主义看起来是正确的，但它同样难以执行。如果最大多数人的最大利益以非道德的方式伤害了最小部分人的利益该怎么办？我们能够为此辩护吗？运用于结果的方式是道德的吗？

任何路径的单独使用所导致的问题告诉我们，公共行政人员必须使用一种全面的路径，把责任放在中心位置，同时将美德、原则和结果纳入其中。基于此原因，詹姆斯·斯瓦纳提出了道德三角模型，这一模型提出的依据是他所主张的“传达这一理念，即行政人员必须通过寻求美德、原则和良好结果的平衡，履行其职责以提升公共利益”（Svara，p. 67）。运用道德三角模型不仅可以避免对以上任何一种路径的过度使用或使用不足，而且有助于避免单独使用某一路径所带来的缺陷（Svara，p. 68）。它可以吸取各种不同路径的优点，避免因使用单一路径所带来的不足。举例说来，如果我们想要追求最大多数人的最大利益，道德三角模型就能帮助我们找到我们的责任（为公共利益服务）、原则（不对任何人造成伤害）和美德（公平与正义），并得出每一种路径的“善”果。

当遇到类似的问题时，首先以功利主义的立场加以考虑也许是有效的：方案的成本和收益是什么？哪个选择方案可以带来最大的收益？然后，你可以考虑你选择的方案是否会侵犯他人的权利？如果答案是肯定的，那么是否存在导致这个结果的最大因素？接着，你可以考虑这个方案是否会违反公平和正义的原则，如果答案是肯定的，那么主要原因又是什么？最后，你可以考虑这个方案与你所理想的人类行为准则（特别是在公共事务中的行为准则）是否相一致，通过选择这个方案，你是否将以你认为高尚的方式去行事。任何时候你都会发现这个方案存在不足，从而必须寻求其他方案。记住，你的最终目标，是使美德得到发展，并且运用良好的道德推理以解决公共问题。

行政责任问题

从事公共组织工作的人确实都会遇到很多道德窘境。有些问题，如撒谎、欺骗、偷窃等，其他人也同样会遇到。但还有些问题，如公共管理者对于民主标准所承担的义务和承 134
诺，或是公共管理者对于公共雇员政治参与的情感态度，则是公共组织所特有的。

在行政管理领域，行政责任问题是一个最令人费解的“范围宽泛”的主题。（在随后的章节里，我们将着重关注诸如诚实、平等、正义等个人价值观问题，它们与公共服务更宽泛的价值观密切相关。）作为公共管理者，你经常会遇到可能相互冲突的要求：一方面要尽可能高效运作，另一方面则要对行政长官、立法机构、公民和民主治理原则进行积极回应。这种“效率”和“回应性”之间的矛盾是公共管理者所面临的许多问题的共同特征。

正如我们所看到的一样，效率与回应性之间的矛盾源于深深植根在公共行政历史中的其他两个问题：政治与行政；官僚与民主。该领域的早期探索对政治和行政做出了明确区分，并且认为，无论在什么地方，行政活动都必须与潜在的政治的腐败影响隔离开来。显然，这个理论是基于政策制定和政策执行相分离的前提假设而建立的。该假设很轻易地解决了民主责任问题：立法机构，负责政策的制定，对人民负责；行政机构，负责政策的执行,对立法机构负责;民主要求可以经立法机构授权的中立而有合法权力的官僚体制得到实现。这就是中立权限理论。大多数理论家和实践者都明确偏爱行政责任的这一狭义的观点。事实上,中立权限理论及其所立足于上的政治—行政二分法,对公共行政领域产生了持续的影响。然而,从古至今,有许多人意识到,维持一个中立的官僚机构存在很大困难。有些人甚至认为,行政机构在政策程序中扮演的角色不仅不可避免,而且有其合理性。

网络链接

想要获得有关政府伦理的更多探讨,可以登录以下网站:公共诚信研究中心:www. publicintegrity. org;哲学和政策研究所 www. puaf. umd. edu/IPPP 以及 Josephson 道德研究所:www. josephsoninstitute. org。致力于提升公民行为的组织有公民网络中心:www. civicnet. org,和民主与技术中心:www. cdt. org。

行政自由裁量的有限性

我们注意到,行政人员主要从制订计划的立法者的行为和执行计划的行政负责人那
135 里获取借鉴。如果你受聘管理一间新机构,你首先要做的是熟悉创立该机构的法规条例以及概述该机构职责的行政指令。但通常情况是,你将会发现,无论是法规条例还是行政指示,都不足以让你应对工作中遇到的所有问题。因此,开发应对这些问题的政策是十分必要的,事实上,政策就是更为详尽的法规条例。此外,当你着手工作时你会发现,有必要让立法机构或行政长官对你所要遵从的法规条例做出改变。

当然,问题是你要确保所改变的政策或提议与公民的意愿保持一致(参见专栏 4. 1)。大部分法律规定,立法机构和行政长官都是经普选产生的,而他们能否连任则取决于他们对公众预期需求和利益的回应性。对于他们来说,选举程序至少在理论上确保了回应性。只要你的行为和立法意图清楚地保持一致,你就是做出了恰当的回应。但是,由于大多数情况都是不清晰的,于是问题就变成了"如何保证行政人员的自由裁量行为与通过宪法、法律法规和公民偏好所表达的公民意志相符?"历史上,对于这个问题曾经有过两种回答。在《公共行政评论》和大约 40 年前的期刊杂志上的一次重要论争中,赫尔曼·芬纳(Herman Finer)表示,为了保持对公众的回应性,公共组织管理者必须受立法机构严格而周密的控制。他的问题开门见山(尽管可能有些过度):"公务员的行为是由自己决定,还是应该由他们之外的机构决定?"(Finer 1972, p. 8)他的答案也同样直接:只有通过具体而详尽的法律法规限制公共管理者的行为,才能做到对立法机构负责。这种确保回应性的说法通常被称为"客观责任",它取决于客观的外部控制。

卡尔·弗雷德里克(Carl Friedrich)则从另一方面提出他的看法,他认为,就算不是绝无可能,现代社会日益增加的复杂性也加大了制定这种详细法规的难度。因此,卡尔·弗雷德里克认为,行政人员对公众利益的关注是唯一使其行为回应选民的真正保证。卡尔·弗雷德里克写到,幸运的是,政府日益增加的专业人员提高了把民主责任意识作为对行政人员的必然要求的可能性。

另外,在卡尔·弗雷德里克的倡导下,人们注意到,出身于公共事务和公共行政学院

的政府官员人数不断增加。这些学校特别注重让学生学习在公共组织中可能遇到的行政伦理问题以及如何解决这些问题的方法。这种确保回应性的方法通常被称为“主观责任”,它取决于个体的主观天性。

最近,特里·库珀指出,公民权不仅包括权利,还包括义务,公民应该为整个社会的进步发挥积极的作用。这样,公民行为追求普遍良善,并且与政治参与、政治平等和正义等相符。当市民成了公共行政人员,他或她便承担了“市民—管理者”的角色,是公民,同时也是致力于公民事业的人。这样,行政人员的最终责任,便是“以通过促进社区生活的普 136
遍良善形成其特色和市民美德的方式”(Cooper 1991,p.161)提供公共物品和服务。

代表性官僚制是一种减少主客观区别的确保回应性的方法——按照这种方法所设立的公共机构其雇员反映了整体人口一定的统计学特征,其运转也与一般市民的政策偏好相符的可能性更大。根据这个观点,拥有大量女性和少数民族雇员的机构将会比只有白 137
种男性雇员的机构更关注女性和少数民族的意见。代表性官僚制的经验产生的结果是混合型的。尽管这种机构对于种族和性别问题确实有着更大的回应性,但是对于其他问题的回应究竟是更多了还是更少了,我们无从得知。而且,也不能保证一个来自特定群体的人必然总是反映了这个群体的政策偏好,这些偏好可能正好体现了那个人所采用的职业标准或官僚法规。

专栏4.1 当今领导地位的挑战——公民参与

公民参与是民主改革理想的组成部分,也是我们政治文化的一个方面,包括“公共参与、公共干预、民主参与、民主审议和协同治理”。这些术语在参与的目的、范围和技巧方面有所不同,但它们都意识到了并且建立在这样的信念之上,即公民有权参与关系其生活的决策。公民参与政策因而反映了对这一原则的基本责任和承诺,并邀请公民参与政策的形成和决策活动。公民参与活动主要围绕六大基本目标:

- 就主要政策议题给公众以通告和教育;
- 通过更好地向决策者提供来自公众的信息,完善政府决策;
- 为公众形成,有时甚至是决定公共政策创造机会;
- 通过确保受政府政策影响的声音能够被听到、考虑并探讨,使政府决策合法化;
- 让公共参与对政策产出之评估的监督;
- 通过恢复公众对公共生活的信任和参与,提升公共生活的质量。

自从联邦政策决策中公民参与进入现代化时期以来,要求政府积极支持公民参与服务供给的呼声不断。民主活动家们总说这还远远不够。

因为这些影响,重塑了公民参与作为提高政府行为质量与合法性工具的形象。一名高级管理者告诉我们:“公民参与的重要影响是打破了政府的中间人角色——在人们无法听到他人观点的有关技巧的信息里担任掮客。”我们将这一转换视为建立了20世纪政府的新角色:公众的集合体。为了担当并持续这一角色,公共机构需要对现有的政策和行政程序进行修订,支持形成新的国家机制以共享知识、促进实践、用逐渐提升产出的方式评估公民参与的结果。六月会议的另一位参与者说道:“公众的声音不应该只是在项目众多变量塔中的一个里面听到回声，而应该是整合所有变量塔的备受瞩目的声音。”作为集合体，政府的角色是推进形成这个“备受瞩目的声音”。

资料来源：Carolyn J. Lukensmeyer, Lars Hasselblad Torres. (Fall 2006) Today's Leadership Challenge—Engaging Citizens. *Public Manager*. Potomac: (35), 3: 26—31。

公共参与的渠道

确保公共管理者及工作人员的行为与公众意愿保持一致的另一个方法，是通过咨询委员会、公开听证或直接投票让公众直接参与到决策程序中来。这些已被广泛使用的技巧，其原动力来自1964年的《经济机会法案》。该法案要求在反贫困计划的设计和指导上实现穷人“最高程度上的可行性参与”。在这件事上，参与问题本身成了一个大问题，特别是因为穷人代表要直接面对那些握有职位实权的人。然而，很快就形成了支持广泛公民参与的运动，并迅速蔓延到当地学校董事会、大学院校和其他政府机构。如今，在行政决策之前举行听证会对于各级政府来说成了常有的事。

当然，至于实权是否真的转移到了公众手中，或者说公共参与是否只是一个矛盾缓冲装置，仍然存在问题。有人用“推选”一词来描述这种情况，即公民有参与的感觉，却没有实权。总的来说，这样表达可能更准确：有些情况下，公民通过参与咨询委员会或听证会确实受到了推选，但大部分情况下，行政长官真正感兴趣的，是从公众那里获得帮助，以使自己在难以抉择的问题上做出决定。

关于公共参与行政决策的复杂性，在随后的“经典”案例中得到了阐述，事实上就是我们在第2章讨论过的一个案例的后续。《清洁空气法》要求环境保护局为有害空气污染物制订国家排放标准以保护公众健康，但是，并没有界定什么是“最大的安全边界”。

1983年，当环境保护局试图处理无机砷（一种将含砷矿石冶炼成铜时产生
的致癌污染物）时，该议题才引起国家的关注。这一污染在华盛顿市的塔科马港
地区尤为严重，因为运营炼铜的美国冶炼公司就坐落在那里。环境保护局总结
138 出，由于对美国冶炼公司砷排放的控制缺失，塔科马港地区每年大约新增四起肺
癌病例。甚至在安装了最先进的污染控制设施后，该地区平均每年仍然会新增
一起肺癌病例。但是关于该议题，另一方面存在又一重要思考。有人认为，如果
环境保护局向美国冶炼公司施加一些更为艰巨的条件，例如，要求使用砷含量更
少的矿石，或是要求安装一种更昂贵的新型电子冶炼设备，那么美国冶炼公司就
有可能因为难以负担高昂的成本而关闭。美国冶炼公司提供着570个工作岗
位，每年支付大约2,300百万美元的薪酬，每年还从当地市场购买大约1,200万
美元的物品。该公司的倒闭，将使当地经济受到重创。

环境保护局的行政长官威廉·鲁克尔斯豪斯（Willian Rukelshaus）认为，塔科马港地区的民众应该团结一致应对这个问题。因此，威廉·鲁克尔斯豪斯于1983年夏季飞赴塔科马港，主持了三次公共研讨会，旨在让当地居民充分了解

污染问题的种种细节，帮助他们为随后的正式听证做准备，并使其能够就所应做的事进行商讨。

有些问题涉及技术方面，如所提议的控制设备的信度，以及环境保护局的判断所基于的危害数据和传染病学研究的信度。还有些问题反映出环境保护局对于熔炉所带来的相关健康危害的解释并不充分。甚至有居民问到，那种危害是否比汽车尾气的危害还要大？

然而，当地居民关注的并不只是环境保护局所要求的事实基础，还有些居民倾向于讨论坤的放射对于他们的花园、动物以及整体生活质量的影响。起初，有些居民对于环境保护局使其卷入这项困难的决策很是反感。这个问题太过复杂，公众尚未成熟到足以做出这种决定。这并不是说环境保护局没有告知公众的职责，只是信息是一回事，放弃法律授权则是另一回事。

这些声势浩大的研讨会，以及威廉·鲁克尔斯豪斯飞赴塔科马港所引起的国民关注，受到了许多报纸杂志的批判。1983 年 7 月 16 日出版的《纽约时报》登载了一篇题为“鲁克尔斯豪斯先生就是凯撒大帝”(Mr. Rucklshaus a Caesar)的文章，该文写道：“鲁克尔斯豪斯本末倒置……不可饶恕的是，他居然向塔科马港施加了这么一个不可能的选择。”《洛杉矶时报》的一篇文章则指出这种做法难度很大：“在决定一个社区的重大事务时……是否需要通过社区投票……或是在大型听证会上进行利弊分析？”鲁克尔斯豪斯对于这些争议并不感到吃惊，他说：“听着，我知道人们现在并不喜欢这种做决策的方式……但是，欢迎来到规制的世界：人们要求参与，现在我已让他们置身事内。他们会说：‘别问那个问题。’那么，替代方案是什么呢？别让他们参与其中吗？那你就会因为做出错误的事情而受到指责”。(Reich 1985) 139

这个案例的结果有点虎头蛇尾：环境保护局还未来得及宣布其规制，美国冶炼公司就因铜价下跌而关闭了。但是，该案例表明，设计充分的公共参与项目存在不少困难。当然，我们有足够的理由相信，鲁克尔斯豪斯确实想在制定法规之前充分了解公众的意愿，但是，他的努力换来的不只是矛盾，常常还有敌意。而且，尽管他已付出努力，但是并未获得有关如何行动的明确信息。这种由于行政责任的要求所带来的道德问题确实非常复杂。

私有化的伦理问题

从第 3 章我们了解到，营利组织和非营利组织越来越多地参与了公共服务的供给。特别是随着政府对一些服务实行合同外包或“私有化”之后，私人组织和非营利组织成了公共服务的主要供应商。但是，正如我们所看到的，责任的转移可能会产生有关公平和问责方面的重大伦理问题。例如，政府可能会发现，把回收垃圾承包出去实乃必要之策和权宜之计，但是，有其必要性和节约了成本并不意味着允许出现歧视或其他不道德行为。

对于倾向于追求利益最大化，甚至不惜牺牲其他一些公共价值的私人部门供应商来说，这个问题尤为关键。私人组织可能会提供比所需更多(以增加支付而营利)或更少(以减少成本)的服务。这些受利益驱动的行为，在非营利组织的服务供给中很少出现，因为它们有其服务精神，即使是这样，非营利组织仍然需要一定的机制以确保公平和责任(Rubin 1990)。

在私有化协议中，政府不仅有责任确保公共物品或服务的质量和花费与公共资源的管理方法一致，而且有义务推进民主理想、保障宪法精神。至少有两种授权方法可供参考：非自由裁量权和自由裁量权。许多契约合同并不涉及权力的转移，例如，公共事务合同通常都被标准化和高度专业化，从而在实质上限制了签约者的自由裁量权（尽管也有例外）。政府有实施公共权威的权力（如决定街道维护或垃圾回收的适当频率），并负责管理签约者，使其对所作工作的质量、数量和成本负责。

还有些协议可能涉及自由裁量权的转移。例如，对学生贷款资格具体要求的决定权，或私营监狱应该给犯人提供什么服务的决定权。对于此类情况，必须有适当的责任机制以确保公共服务供应商对管理合同的政府机构和公众保持回应性。促进对公共利益保持
140 充分关注的契约制度的发展，是当前公共服务私有化面临的最大挑战。

个体的伦理问题

即使最简单的伦理问题也可能令人头疼，特别是在公共组织的工作背景下。想想说真话这件事，乍一看，似乎没什么比“说实话，说大实话，只说实话”更显而易见的了。但是，（在法庭外）这是否真的也是正确的伦理姿态呢？你应该为保护国防机密而准备撒谎吗？你会就影响你顾客的绝密事件向新闻界说出全部真相吗？为了让人们更好地支持一项你认为有利于公共利益的政策而夸大研究结果是不是恰当的行为呢？这些只是你将面对的最迫切最困难的问题的一部分，它们不仅考验你的原则，还测试你是否有根据那些原则行事的意愿。

与民选官员的互动

公共管理者与民选官员，包括行政长官（如市长和州长）和立法机构成员之间的关系问题，是公共管理者所面对的一系列独特却又普遍的问题。无论是与立法委员会合作的部门领导，与市政委员会合作的城市管理者，还是与非营利组织董事会合作的行政管理者，他们与立法机构之间的关系问题始终是特有问题。

我们已经注意到这些关系对于公共政策发展的意义，但是我们也应该意识到可能包含的道德意义。一方面，行政人员应该对立法机构负责，另一方面，盲目服从并不一定总符合公共利益。

后一种情况可能以各种方式出现。当然，立法机构成员在考虑政策问题上的巨大差异会带来很大麻烦。作为行政人员，你又能在什么程度上说服立法机构采纳你的想法呢？为了使本机构能够在立法时得到特殊照顾，管理者尝试在立法机构内建立权力基地是合适的吗？如果法律法案与你坚守的信念相冲突，你是辞职还是继续留任？如果继续留任，你在以后的执法过程中尽力形成与自己信念较为一致的法规条例是否合适呢？

同样，若是管理者被要求做一些不恰当的事情，也会产生难题。举例来说，如果一个立法者要你做一些违法的事情，如批准一项条件不合格的健康赔偿，你会怎么做？如果这个立法者只是叫你稍微“越规”做点事，你会怎么做呢？如果这个立法者是负责你所在机

构拨款的委员会主席，你又会怎么做？

这些问题在任何公共组织中都可能会出现，但在实行议会—市政经理形式的地方政府中特别显著。该形式以政治与行政相分离为基础，从理论上来说，议会负责政策的制定，市政干事负责政策的执行，但在实践中，政治与行政之间并非泾渭分明，市政干事和议会在行政事务和政治事务方面相互渗入是难以避免的。 141

由于这种重叠关系的存在，国际城市管理协会的伦理守则包含了许多有关议会—市政干事关系的说明。该守则的头条强调了市政经理们的职责是“通过对民选官员负责建立一个民主高效的地方政府”，承认在这方面专业化的管理是可以实现的。具体说来，关于市政经理的政策角色，该守则认为他们应该“向民选官员提供政策建议；就政策事宜为其提供事实和建议以作为决策和设立社区目标的基础，并贯彻执行民选官员采取的市政政策。”同时，市政经理还应该“意识到民选代表有权为市政政策的形成表决，而公共执行权则归成员享有。”

尽管有这些有益指导，市政经理在处理与城市议会的关系时依然举步维艰。有市政经理强烈反对城市议会限制拓宽某一特殊街道，认为改善街道对当地经济的发展是必需的；也有市政经理认为议会成员在提出有助于合同外包事务的立法建议方面完全不负责任；还有市政经理被要求报销一些包括私人旅行费用在内的差旅凭证。仅仅了解如何有效应对这些情况就已经够为难的了，不得不做出政策或伦理决定的市政经理面对的难题更大，他们可能会被视为冒犯到上级而随时遭到解雇。因此，在这个国家里，市政经理的平均任期只有4—5年就不足为奇了。

服从命令

另一个问题与组织权力的限度有关。如果上级命令你去做一些你认为违反道德的事情，你该怎么办？假如有人要求你对一份可能危害公众的有毒垃圾的报告加以掩盖；或者迫于时间压力，你被要求迅速批准一件有安全隐患的器材；又或者明知虚报，你还是被要求批准上司的开支报销，你又该如何是好呢？

在这样的情况下，你面临困难的抉择，而官僚制组织的思维逻辑使得抉择困难加倍。官僚制组织本身是十分有魅力的，它可以让人们完成在其他组织形式下难以胜任的大规模任务。但作为一种社会形式，官僚制组织在对权威的服从上要求很高。究其原因，可能是一旦命令不能得到执行，整个系统就会崩溃。因此，就有巨大压力迫使人们服从命令，而不是遵从良知。

对于无条件服从最为极端的例子当属二战期间希特勒在欧洲对犹太人施行的大屠杀政策。尽管这项政策是由政治领导者命令的，执行者却是德国的官僚组织。从组织的高层到基层，都面临这一难题。一项大屠杀经典研究的作者劳尔·希尔伯格(Raul Hilberg)曾经写道：“大多数官僚撰写备忘录、描绘蓝图、签署文件、接听电话、参与会议……但是， 142
这些人并不愚蠢，他们意识到了自己的文书工作与东方成堆的尸骨之间的关系，他们也意识到了关于犹太民族低劣、日耳曼民族优等的辩解存在漏洞。这就是为什么他们不得不为其个体行为狡辩的原因所在。另一种诡辩最古老最直接因而也最有效，那就是上级命令不得违背原则。最重要的是，还有职责。不管有什么反对意见，是命令就要绝对服从。

一个清晰的指令如同基督教中的赦罪，肩负这一指令，罪犯顿感自己的良知得到了提升，并能履行其职责”(Hilberg 1961，p. 649)。

这种论证个人行为合理性的方式成了纽伦堡审判中为被告辩护的关键。同阿尔弗雷德·约德尔将军一样，许多被告为自己辩解道：“评判上级长官并不是士兵的责任”(Arendt 1963，p. 133)。尽管当时的德国官僚及其同僚以“命令至上”原则作为依据，但是，这种命令施加的道德困境依然存在。

当然，也许有人认为德国的例子太过极端，因为这样的事情在像我们这样的民主社会里永远不可能发生。但是，谁又能保证呢？事实上，耶鲁大学心理学家斯坦利·密尔格拉姆(Stanley Milgram)许多年前从事的一系列著名研究指出，美国人总是相当愿意服从，哪怕这种服从会使他们在道德上感到极度愧疚。在一系列精细的实验中，斯坦利·密尔格拉姆要求实验对象对一个据说在参与一项记忆试验的人进行电击。尽管被电击者非常痛苦地蠕动着(事实上，他只是在演戏)，但实验对象依然按照斯坦利·密尔格拉姆的命令继续实施电击，原因只是他们被命令这样做。斯坦利·密尔格拉姆总结道：“只要认为命令来自合法权威，不管行动的内容是什么，也不管良知的限度何在，相当比例的人都会遵照命令行事”(Milgram 1974，p. 189)。

关于上层命令问题的当代案例远远不及德国的事件那么荒谬，但同样体现了个体的艰难抉择。当然，你可以向上级直接或间接地抗议这一行为，尽管这么做可能会让自己陷于困境之中；或者你可以离开组织，用辞职表达抗议，尽管诸如失业等替代方案并不美好；又或者你还可以只是简单地保持沉默并执行命令。大部分情况下，最后一种选择无疑是
143 最容易的。通过遵行命令，你会觉得万一事情有错，你也可以归咎他人(上级)。很多人认为，在大型组织中的人们如果不服从命令，任务就无法完成。不幸的是，这种辩解并不能使你免除行为的道德后果。

你会怎么做？

假如你是学院院长，一天校长用 E-mail 给你发了份关于一家咨询公司助学金研讨会的广告，并要你转发给所在学院的其他人。你对学校的 E-mail 系统用于企业目的特别担心。这时，你会怎么做呢？

利益冲突

公务员可能遇到的另一个伦理难题与利益冲突有关。寻找避免利益冲突，特别是经济利益冲突的方法曾是过去 25—30 年里联邦政府、州政府和地方政府伦理立法的关键。在联邦政府层级，规定公务员伦理行为的立法有着深远的历史渊源，1965 年约翰逊总统签署的第 11222 号行政令奠定了现代伦理立法的基调。该政策的部分内容如下：

> 在以民众同意为基础的政府中，所有公民都有信任政府正直品质的权利。每一位政府官员、雇员或顾问都必须尽力赢取和维护这种信任，并以公务员准则指导自己的行为。

该行政令提供了一套行为标准，内容涉及接受赠礼、金钱利益冲突、滥用政府财产和限制在外兼职等主题。这项政策还禁止公务员利用职务之便谋取私利或为与其有家庭、商务或经济联系的人谋利。

同时，约翰逊政策还开创了公共财务公开的先河，这一内容在1978年的《政府伦理法》中得到了更好的体现。该法案对先前已有的许多标准加以编撰整理，并建立了政府伦理办公室，以制定更详尽的法规来监督公务员的行为，同时为管理者及其他官员提供伦理培训。

当前法律规定，联邦政府行政部门官员不得出于个人或金钱目的，参与决策、审批、推荐或建议与自身、家庭成员、关系密切的同事朋友有经济利益关系的事务。公务员在面对可能的利益冲突时有许多有用的回避方法。首先，可以简单地回避参与一些特定事务；其次，官员也可以弃权，特别是当其利益并非举足轻重或关系太过疏远不会影响行动完整性时；再次，公务员可以选择将自己的财产交付"保密信托"；最后，公务员还可以选择出售、转让或以其他方式使自己摆脱有问题的财务利益。

联邦伦理法则的其他部分涉及对于接受礼物和在外兼职的限制。例如，联邦雇员不得接受来自联邦政府外的任何薪金和捐赠。对于礼物、娱乐和宴请，该法也进行了限制。例如，公务员可以接受工作餐，但不能接受单独的款待。

这部法律还对公务员的后就业问题做出了规定。根据法律规定，公务员离职后两年内不得代表其他党派就其在职期间所管辖或参与的事务与联邦政府交涉。公务员在离职后必须经过一年"冷却期"，在此期间不得代表任何政党与原部门交涉，即使该事务不在其曾经的职责范围内。布什委员会提议，通过禁止前联邦政府官员代表外界利益与政府机构交涉，同时禁止向其他人提供咨询建议，加强对公务员再就业的限制规定。这一提议不但禁止直接代表，对"幕后参谋"也进行了限制禁止。

你会怎么做？

如果你妻子的兄弟已经在你所负责的州政府部门申请了一份工作，你会怎么做呢？ 144

显然，这种伦理法则旨在避免新离任官员的"钱权交易"以及人们频繁出入政府部门从而为外部组织谋求有用信息的"旋转门"现象。里根政府期间，这个问题尤为突出，包括迈克尔·迪弗和林恩·诺夫齐格在内的许多官员曾被指控利用先前职务之便滥加影响政府的决策过程。

最后，由于对部分政府官员财务公开的要求使得利益冲突的可能性有所降低。老布什总统创立的委员会曾经写到："财务公开是道德执法体系的关键，是清除滥用职权行为的消毒阳光"(President's Commision 1989, p. 5)。尽管该政策有时因财务报告的要求过分具体和干涉隐私而遭到批判，但在大多数伦理专家看来，它们对于保证政府公信力有极高的价值。起码，财务报告意味着人们不得不重新审视其自身可能带给政府的利益冲突，因而对那些可能引起冲突的利益有更多认识。

1993年2月，布什委员会的提议在所有联邦政府机构中形成了更加统一的新标准。这些标准包括以下七方面：(1)来自政府外部的礼物；(2)联邦政府官员互送的礼物；(3)财务利益冲突；(4)行政中立；(5)兼职；(6)滥用职权；(7)公务外活动。在许多方面，这些标准反映了新总统恢复以价值为领导基础的承诺。作为候选人竞选时，克林顿总统对前政府的伦理缺陷进行了强烈抨击。就职日当天，他签发的第一个行政令就是要求形成新的行政伦理委员会，对官员的游说活动或试图影响所在机构的活动加以严格限制。

尽管克林顿总统努力设定一种很高的道德基调，但是，人们记住的不可能是克林顿总统道德上的高姿态(更可能是他的不道德行为)。诚如第 2 章所提到的，克林顿总统由于
145 在联邦大陪审团前的不诚实而遭弹劾。尽管最终被判无罪，但克林顿总统为保其政治生涯而向大陪审团和公众说谎的事实是无法磨灭的。乔治 · W. 布什总统政府也未能幸免于伦理冲突，尽管他领导的反恐行动得到了广泛的支持，但同时也给政府带来了严重的责难。诸如“美国爱国者行动”等特殊行动，因为允许官方对电话和网络记录进行无限制监视，从而引起了人们对保护基本人身自由的关注。同时，总统为伊拉克战争所作辩解的可信度以及解雇联邦律师的政治动机受到了质疑。伦理是个永恒的话题，包括总统在内的政治领导者有时很难达到最高标准。

联邦政府伦理立法中许多避免利益冲突的方案，同样适用州政府。有许多州已经通过了具体的伦理立法，常常运用财务公开作为防范滥用职权行为的主要机制。事实上，几乎所有州政府都有针对其雇员的某种形式的财政公开方案。此外，更多的州采用了伦理守则并成立了伦理委员会。例如，1991 年得克萨斯州成立了伦理委员会以检查游说集团、政治候选人以及民选官员的行为表现。同样的，考虑到金钱对政治的影响，许多州也对政治资金实行控制制度。例如，佛罗里达州放宽了对选举捐献的限制，同时建立了一套资金充裕的竞选财政体系。还有许多州采用了与布什政府期间通过的联邦利益冲突法律类似的方案。

网络链接

处理伦理问题的主要联邦机构是政府伦理办公室，网址：www. usoge. gov。

举报

在过去 20 年里，雇员对公共组织问题的举报明显增加。他们透露公共组织过分维护合同；披露地方警察部门的腐败现象；揭发功绩制的滥用、对有害废弃物法律的不当执行，以及其他问题。卡特政府期间的人事管理办公室主管艾伦 · 坎贝尔曾经这样描述这些举报现象：“很简单，我认为举报是针对违法、管理不当、资金浪费、滥用职权、危害公众健康或安全等行为的一种流行速效药，不管这种揭发是否受到指示”(Bowman 1983, p. 91)。换言之，举报提供了有关欺诈、浪费、政府滥用行为，以及可能危及其他政府雇员或广大民
146 众安全与自由等行为的信息。

一般来说，下定决心举报的公共雇员们会经历以下几个阶段。首先，雇员们意识到组织的某些行为是不道德的或危险的；其次，他们关注其上级或领导的动态；其三，由于不满组织中某些人的所作所为，他们通过媒体或外部公共利益集团向社会曝光。(毫无疑问，媒体在揭露违法行为的活动中扮演独立而重要的角色。)

不幸的是，在政府部门和工商界，举报者常常受到上级的打击报复。一项关于举报者的研究指出，大量举报者遭到解雇、强制辞职或提前退休，还有部分举报者升迁受阻或被指派负责很不合意的工作任务。还有部分举报者感觉自己被排斥于组织的交际圈之外，不再被上级和同事信任（Truelson 1986，p. 91）。调查显示，正因为如此，许多掌握腐败信息的雇员不愿去举报，许多去举报的人遭到了报复（Bowman 1983a，p. 91）。

如果你发现部分组织成员有不正当行为，你有强烈的责任去举报。但是，你当谨记，你的指控应当基于事实，并举报恰当。诺曼·鲍伊建议，如果符合以下条件，则可进行举报：

1. 如果是出于正确的道德驱动；
2. 如果所有的内部异议消解渠道全都行不通；
3. 如果以可以令人信服的证据为基础；
4. 如果对问题进行了谨慎的、即时的、专业的分析；
5. 如果有应该对事件负责任的人；
6. 如果有成功的机会。（Bowman 1983a，p. 91）

在联邦政府层级，行为指导守则鼓励公务员只要发现腐败行为就进行举报，并在《公务员制度改革法》中规定必须对举报者进行保护。此外，有些机构建立了正式的异议消解渠道，这是一种在正式的命令链条之外的秘密沟通方式，从而让潜在举报者或持不同政见的人得以表达其异议而无需担心会遭到报复。因此，联邦政府层级的举报更为普遍。但是，无论你在哪里工作，一旦你决定举报，你就必须对潜在的风险有充分认识，还必须认识到可用言论自由权来保护自己，并禁止歧视行为。通过提供更自由、更开放的异议消解机制鼓励更多的沟通，是确保公共组织中更多伦理行为的一种方式。（参见专栏 4.2） 147

专栏 4.2　给意欲举报人的十个小锦囊

1. 咨询你爱的人。举报是一个家庭决定，在采取任何不可逆转的行动之前，把举报的决定告诉你的配偶、家庭或密友，他们将是你未来日子里的依靠。如果他们并不支持，那你则需三思。

2. 私下检查证据，任何个人疏忽和破绽都能够，而且最有可能被你的举报对象所利用。一个可行的方法是将你私人文件的全部内容加以备份以防止罪证消失。

3. 文件，文件，文件！对所备份的文件、记载了相关信息的日记本和信件进行整理归档，并把它们制成一套工作之外的独立文件，置于安全地方。你获胜的机会可能就取决于你所拥有的文字证物力量的大小。一旦举报发生，你保存在机构里的文件记录将会被立即销毁。

4. 切勿动用政府资源。不要在机构进行举报，如果没有得到特殊保护（如工会的集体谈判协议），你必须学会保护自己免遭报复。

5. 寻找支持者。正确估量同事对你提出的这些问题的关注程度。如果你没有可指望的人，那么建议你在挑战不当行为之前还是先等等。努力与能够了解组织近期行动的行政职员保持良好关系。

6. 提前通知律师。不要等到自己身处“职业生涯急诊室”了，才去寻找专业人士的帮助。

7. 选择战役。挑选有利地形，突出你的议题。不要为小事担心，并且记住，在任何人事行动中，处于优势地位的是雇主，而非势单力薄的雇员。

8. 确定盟友。从数量上凝聚力量，别等着被组织孤立。有可能的话，寻找关注此事的利益集团、民选官员或媒体结成统一战线。阵营力量的大小可能决定战役的结果。

9. 做一个深思熟虑的计划。明确自己要做什么以及如何去做，并为应对各种不同预期反应努力准备好对策。

10. 做一点职业咨询。为自己一年、两年、五年后的职业出路做好准备，并为你将采取的渠道以及期望的职业路径做好策划。毫无疑问，你的职业旅程将重新起航。

政治活动的禁区

政治中立历来被视为有效民主治理的关键。杰斐逊总统曾颁布法令，反对联邦政府雇员公开支持党派的行为。该法令的精神实质被甘特总统和海耶斯总统反复提及。对有
148 关政治活动的禁区立法始于 1883 年的《彭德尔顿法》，该法禁止向美国政府雇员谋取政治捐款、政治捐物，发出政治请求，雇员本身也禁止。对政治活动的最严格禁令当属西奥多·罗斯福政府期间实施的法令。他宣布要把文官和政务官区分开来，文官“不得参与政治管理或政治竞选”(Master & Bierman 1985, p. 519)。随后，国会于 1939 年通过了《哈奇法》，开始在美国政府内执行“联邦政府的任何官员、雇员及其附属机构或部门，都不得参与任何政治管理和政治竞选”的法律。(1940 年通过的系列修正案扩大了禁止参与政治管理和政治竞选的对象范围，至此，在州政府和地方政府中，凡由联邦财政提供全部或部分经费的项目雇员都被包括在内。)

《哈奇法》规定，公共雇员可以登记投票，为竞选捐款，协助管理选民登记活动，就候选人和议题提出看法。然而，以下行为是被禁止的：

1. 公开支持党派候选人；
2. 为政治活动委员会筹款；
3. 参加党派性的选民登记，操纵投票活动；
4. 代表候选人分发竞选资料；
5. 担任政治公约代表；
6. 发表竞选演讲；
7. 在党派竞选中谋求公职。(Master & Bierman 1985, p. 519—520)

尽管《哈奇法》的出发点是保护公共雇员远离政治纷争，保护政治程序不受特殊影响，但其解说五花八门，执行起来也含糊不清。此外，许多人还抨击《哈奇法》剥夺了公共雇员任职期间参与重要政治活动的权利，从而造成对公共雇员政治自由的不恰当限制。

还有人指出，与英国、加拿大、澳大利亚等国家相比，《哈奇法》给美国的政府雇员施以更为严格的限制。基于这些原因，国会开始着手对《哈奇法》进行修订，以扩大政府雇员参加政治活动的范围。许多人支持这种立法议案，特别是公共雇员联合会的那些人，认为公共雇员在私人时间竞选公职和筹集竞选资金是合理的。同时，也有人认为，《哈奇法》禁止政务官的胁迫行为仍是必要之举。《哈奇法》的改革经过多年酝酿，于1991年经国会通过了大部分改革立法(尽管它遭到了布什总统的否决)。

1993年，国会对《哈奇法》进行了修订，突出了联邦雇员上班期间的活动，并扩大了他们下班后的活动范围。基本上，除了竞选公职仍被禁止之外，新法案允许联邦工作人员在私人时间参与所有政治活动，当然，上班时间是不被允许的(*Congressional Quarterly Weekly* 1993, p. 511)。

管理伦理

管理者如何在组织中激发更多的伦理行为呢？首先，对于公共组织雇员的行为，当然存在包括法律在内的各种正式控制——法院指导公共官员能够做什么或不能做什么，他 149
们可能被要求代表其任职机构对个体做出伤害或赔偿事件等，而且，任何公共雇员，一旦违法，必将受到法律的制裁。然而，问题是，如果个人因履行工作职责而遭受起诉，又该怎么办？

事实上，这个问题历来是美国法律论争的主题。早期的法律解释普遍倾向于保护公共官员而反对这类起诉，认为对公共官员因履行职务而进行起诉违犯他们的个人权利。近期的法律解释则严格限制了对公共官员的豁免。大致说来，豁免有两种类型：绝对豁免和资格(善意)豁免。绝对豁免意味着公共官员对于履行工作职责中出现的任何情况都没有承担责任的风险，某些立法和司法官员享有绝对豁免权，在少数情况下，行政官员也可享有(美国总统享有绝对豁免，州长则没有)。

大部分其他官员只享有资格豁免；这些官员可能会遭受起诉，但他们可以通过证明其行为的善意来保护自己。他们必须证明，自己没有意识到其行为在当时是不恰当的，而且任何有理性的人在当时都会采取相同的行动。尽管当前的法律允许起诉官员，但胜诉很少，因为大部分公共官员都被证明是出于善意。在任何情况下，懂得公共官员对于承担其行为责任的相关知识可以让你以及组织成员更好地防止问题发生，并且在出现问题时能够做出更好的回应。

除了法律程序以外，对于防止公共官员以及与其有互动关系的私人个体或组织的浪费和欺诈行为，还有一些其他的正式方式。例如，部分主要联邦机构都有检察长办公室负责调查政府内部浪费、滥用公共资源以及欺诈的情况。总检察长负责调查联邦雇员和资金使用不当的情况。调查对象可能是政府雇员，也可能是私人个体，如承包商可能存在欺骗政府的行为。

通过对联邦机构的内部调查，检察长有时候会发现一些重大问题。例如，健康与人类服务部的检察长办公室对医疗补助金的额外支出进行的调查显示，医疗补助结算的价格高于向公众的收费价，还存在配发普通药的同时搭售高价药的行为。同样，国防部的检察长最近宣布计划调查军用紧固物行业——螺栓、螺钉，以及其他器件装备的生产商，以检查是否由于劣质的零配件而造成军事事故。在相关案例中，两位马里兰的国防承包商就一个出售低廉、劣质的军事装备紧固物的十年计划向国防部认罪。这些承包商承认，他们以低廉的商用螺钉、螺栓及其他紧固物，来代替国防承包合同中所订购的昂贵的军用器件装备，包括像波斯湾战争中使用过的雷达、声纳系统、卫星、三叉戟潜艇、装甲机和推土机(*Washington Post* 1992)。

营造伦理氛围

除了正式的控制，管理者还可以通过提供强有力的伦理领导、营造重伦理行为的氛
150 围、鼓励组织中自由开放的交流来激发组织的伦理行为。伦理管理涉及的不只是发表拥护某套特定价值观的公开声明，也不仅仅是挑选具有良好道德品质的员工。伦理管理还包括慎重分析组织文化，努力营造重视伦理操守的文化环境，发展促使组织成员遵守伦理操守的法规、程序和体制(Dehardt 1989, p. 1)。遗憾的是，包括许多公共组织在内的大多数组织都没有执行提升伦理的有效计划。(参见专栏 4.3)

专栏 4.3　使伦理融入组织运行中的介入技巧

- 提供有关服从与美德的培训和咨询；
- 给新职员提供有关工作中普遍伦理问题的简介；
- 就潜在的后就业问题提供禁止说明；
- 为有关美德的议题设任高级管理人员，独立于服从部门和调查部门；
- 签署关于未来事务的年度承诺；
- 重视新成员的伦理观念和道德品质；
- 把伦理操行作为晋升条件和年度考核的一部分，将伦理行为与激励挂钩；
- 公开宣传积极、杰出的模范角色；
- 通过会议或其他常规沟通渠道提升伦理关注；
- 训练中层管理人员，使其对下属有关伦理问题的声明有充分意识和要求；
- 对组织的所有单位和层级展开管理实践和行政条例的检查回顾；
- 动员包括所有雇员、层级和单位在内的整个团队，使其参与进来，因为伦理不是观赏类运动；
- 认真关注下属、顾客和他人的伦理情况。

资料来源：Carol W. Lewis, *The Ethics Challenge in Public Service*. © 1991 by Jossey-Bass。

许多组织成员都感觉到，如果没有伦理计划，庞大的官僚制组织将导致非伦理、不诚实和不人道的行为出现。“许多官员认为，官僚制比他们自己拥有的伦理价值观和道德信仰还要少。迫于压力，他们为实现组织目标不得不放弃个人准则，因为他们的上级感兴趣的只是结果，而非过程或手段”(Bowman 1983a, p. 74)。

在组织中，为了激发更多伦理实践，首先要对引导组织成员行为的基本思想、信念及

态度进行分析。

伦理审计是评价组织普遍信仰的一个有用工具，它对引导组织行为的价值前提进行评估，对组织活动和蕴于活动中的隐含价值观进行有条不紊的审查。尤为重要的是，这些 151
价值观可能并不是包含在公共声明中的那些。一位组织行为学的学生这样总结道："要了解个人或组织的伦理情况非常简单，别听他们怎么说，只看他们怎么做"(Pastin 1988, p. 92)。通过明确树立引导组织行为的价值观念，组织成员能够更有意识更清晰地着手摒弃那些不恰当的价值观念。

例如，在发现了多起国防合同违规事件后，通用公司引进外部咨询顾问以帮助建立伦理计划。这位顾问运用伦理审计，让组织成员意识到他们共享了一个虽未阐述却很基本的假设，即政府是他们的对手，而利用对手是可行的。一旦这一假设得以被了解，它就会被公开地认可，并被有关政府及其承包商关系的更为合适的假设所取代。卡罗尔·刘易斯的《公共服务的伦理挑战》(Carol Lewis 1991, pp. 199—202)一书中就有公共机构实施的伦理审计的例子。

根据伦理审计，你的组织可能希望建立一套更为清晰的价值观念，用以引导个体的行为。这套价值观必须包括普适的伦理准则，而且能够清楚表达出组织的使命——它代表什么？目标是什么？如何实现？形成这样一套价值观，必须得到组织多数员工的共同参与以及管理高层的支持(随后我们将对价值声明进行更为详尽的讨论)。

除了为组织建立一套管理哲学声明，你可能还想引进一套由其他组织形成的更为通用的伦理法则。例如，联邦政府曾颁布一套联邦服务伦理守则，许多州政府和地方政府组织也制定了类似的法则。诸如国际城市管理协会(ICMA)等专业组织也有针对其职业成员的伦理守则。关于公共部门管理者最全面的伦理守则当数美国公共行政学会(ASPA)的伦理守则。该守则及其附属条例对公共管理者所面临的各种伦理问题进行了阐述，并为这些问题的解决提供了指导准则(参考本章末尾的附录部分)。

在对价值观做出评估和说明、表达了所期望的价值观后，你可能希望建立培训项目或其他策略从而在组织内部交流这些观念。例如，政府伦理办公室常常为联邦管理人员举办关于公共服务伦理问题的研讨会，同样，像国际城市管理协会(ICMA)和美国公共行政学会(ASPA)也制定了适用于国家或地方环境的培训项目。非营利组织管理也可以运用这些培训项目。

然而，作为一名管理者，你必须认识到自身行为的模范作用。你所做出的行为表率将成为组织成员最重要的培训素材之一。如果你希望他们道德高尚，你必须用例子来证明
道德的重要意义以及非道德行为的不可容忍。 152

小结与行动启示

随着我们从公共行政的背景转移到公共服务的伦理，我们也从一个注重抽象知识的领域进入到一个关注行动能力的领域。在处理公共官员面对的许多伦理困境时，你不仅需要知道什么是正确行为，而且能够根据判断标准行事。懂得如何做出伦理选择是非常有用的，意识到思考在伦理决策中的重要性也一样有益。但是，导致最终差异的是你基于

伦理准则行事的意愿。

从与个人美德有关的事件到追求公共利益时涉及特殊价值承诺的事件,都是你可能要面对的特殊伦理问题。大多数问题都与普遍存在于公共组织的有效性与回应性之间的冲突有关。这种冲突,和责任问题及对公众需求的回应问题,在行政人员与立法机构之间的关系中尤为突出。

作为一个公共管理者,你所面临的许多问题与其他管理者遇到的问题类似,但由于公共利益的存在,有些问题有其特殊性。在某些情况下,你必须在你的行为中体现乐善好施和正义(包括忠诚、诚信、公平)的品德。不管什么情况下,当你遇到困难时,谨慎地自我反思,与他人进行有关伦理问题的讨论都是非常有益的。

在组织内鼓励和营造一个更为伦理的氛围,是行政管理人员的权限。实施伦理审计,制定组织哲学条例或伦理守则,建立处理伦理问题的培训项目,都有助于提高组织的伦理水平。

作为一个管理者,你所传达的最强烈的信息可能来自你的行为。如果你重视伦理问题,组织的其他成员也会一样。你所提供的示范作用能对组织伦理产生重大影响。

术语与定义

推选(Cooptation):一种公民有参与感觉,却很少行使真实权力的情况。

义务论(Deontology):认为能够建立对错的普遍准则,并且不取决于特殊情况的主张。

伦理(或道德)相对论(Ethical or moral relativism):认为道德判断仅仅需要考虑行为发生背景的主张。

伦理(Ethics):人们借以界定对错并按正确标准行事的过程。

153 **伦理审计**(Ethics audit):对引导组织内行为的价值前提进行的评估。

道德(Morality):或对或错的实践与活动,以及这些实践所体现的价值。

中立能力(Neutral competence):认为"服从立法机构命令的中立的公共官僚制能够满足民主要求"的信仰。

客观责任(Objective responsibility):通过外部控制确保责任。

主观责任(Subjective responsibility):通过内部控制确保责任。

功利主义(Utilitarianism):关于"最多数人的最大利益"的哲学。

思考题

1. 伦理与道德的含义相近,但它们之间的区别是什么?
2. 讨论伦理思考的步骤。
3. 比较道德哲学中普遍使用的两种方法。
4. 讨论哲学家劳伦斯·科尔伯格提出的道德发展的三个层次。
5. 什么是"美德的伦理"?
6. 讨论有效性与回应性的冲突。

7. 解释说明行政人员有关"回应性与有效性"自由裁量权的局限性。
8. 讨论公共组织工作人员遇到的伦理难题以及正确处理这些问题的方法。
9.《哈奇法》对公共雇员的禁止行为进行了界定,请对这些有关个体政治行为的禁令的重要性加以解释说明。
10. 提高公共组织工作人员伦理行为的方法有哪些?举出一些伦理管理的实例。

案例与练习

1. 综述伦理思考的各个方面,阅读并讨论以下案例。 154

某地有一条水流湍急的河流,渡船是唯一的渡河工具,而A(为了保护无辜者和犯人,我们这里使用假名)是唯一拥有并运营渡船的人。河的此岸住着X,对岸住着X深爱的C。一天,X请求A渡自己过河,并表示愿意为此支付酬劳。A拒绝了金钱,表示如果X愿意跟自己发生性关系就同意渡X过河。X斩钉截铁地拒绝了,同时恳求A用其他条件交易。但是,A的态度坚决。

于是,X离开了,但第二天又折回恳求A的帮助,A的态度依然强硬。无助的X找到第三个人B,B很同情X的遭遇,并斥责A是一个十足的流氓,但是B说:"我现在要去处理其他事情,我也爱莫能助。"

沮丧之下,X第三次找到A,迎接X的还是同样的交易条件。X最终不得不答应A的要求,与其发生了性关系,A也依照约定渡X过了河。

X和C幸福地团聚了。然而,当C问起X如何渡过河时,诚实的X告诉了C真相。C非常愤怒,呵斥X:"滚出我的生活!我不要跟一个如此轻视原则和名誉的人有任何关系。"

悲痛欲绝的X向D哭诉了自己的不幸,D安慰X:"我能够理解,并深感同情,我愿竭尽所能帮你。"(ASPA,n.d.)

讨论该案例并思考:这个案例在哪些方面体现了道德相对主义、功利主义和义务论。然后根据本章提到的伦理思考的步骤,重新思考这个案例,理清事实原委,找出基本原则,分析这些观点,最后思考:如何才能实现道德行为。

2. 一项由检察长进行的针对住房与城市发展部长途电话使用情况的抽查显示,大约30%的长途电话是私人电话(而话费由政府支付)。样本话费估计达到73,000美元,以此类推,整个机构多达290,000美元。有些电话是员工打给家属或亲戚的,有些则是用来预定信息的,如时区气温、星座占卜、财经信息等等。对于挪用联邦政府电话做私用的处罚包括罚款、停职和解雇。

思考并讨论:在你看来,住房与城市发展部乃至其他部门的员工滥用办公电话的原因是什么呢?如何制止这种行为?有些员工认为,偶尔使用办公电话打私人电话是有必要的,对此你如何回应?还有员工认为,使用办公室电话是组织应该提供的基本福利之一,对此你怎么看?如果你对这种行为加以严厉打击,机构的精神面貌将发生什么变化?

把这个案例放到更紧迫更逼真的环境中去,假设你是住房与城市发展部的部长,你刚在国会听证会上做了见证。当你正要离开,一位参议员冲到你面前,挥动由检察长提交的报告副本,怒斥道:"这是一种暴行!这些人在盗窃公共财产!而你竟然任其滋生!我要 155

你立即对此采取行动!”一个见到报告、听见参议员叫嚷的记者当即赶过来对你进行采访,问你将要采取什么行动。对此,你怎样答复?你的近期措施是什么?

3. Sidney Franklin 知道,他最得力的雇员 Anderson Hayes 有盗窃组织物品的行为。尽管不多,而且除了 Sidney Franklin 之外无人知晓,但是,这毕竟是盗窃!Sidney Franklin 很清楚,如果没有 Anderson Hayes,他的团队不可能按时完成新指派的任务。于是,Sidney Franklin 决定保持缄默,同时希望新任务的顺利完成能够让他得到渴望已久的晋升,并且使他逃脱这一困境。

思考并讨论:个人在这种情况下应该采取怎样的道德立场?你的伦理推理的本质是什么?你使用的道德哲学、道德心理和道德行为有哪些?

练习一

在你就读的大学展开一次伦理审计(或调查),并就提升学校伦理行为标准的方法提出建议。

首先从细微处思考,从对组织实施的这种调查中,我们能够得到什么?对于学校内部学生实施的这一项目来说,什么才是可行的与合乎伦理的?了解你的可用资源以及你开展工作的局限性有哪些?(在正式开始前,你甚至需要同一些校方领导讨论这个项目。)

在行动方面,你的工作应该着重奠基于对学校重要决策人的采访,包括学校的行政长官、学院院长和部门领导、全体教师成员(特别是委员会和议会成员)、学校体育项目代表,以及主管财务和人力资源的职员。同时还可采访学校管理董事会的成员,也可以从公共记录中收集材料,如新闻报道、杂志文章、期刊社论等等。《高等教育编年史》和其他有关高等教育的材料记录了其他学校做出的相关努力。

在你采访和进行其他研究的过程中,你应该首先找出高等教育机构面临的主要伦理问题。你找到的主题可能有抄袭剽窃和其他形式的学术不忠(这在教职工和学生里都有可能发生),研究过程中的道德问题,学校管理存在的问题,机会平等和反歧视行动中存在的问题,针对毒品和酒精的政策问题,对于特定政治议题的学校立场问题,体育特长生的招生政策问题等等。你会发现,在一些领域(可能很多领域),学校已经表明强烈的道德立场,甚至有些学校还对他们的伦理态度进行严格详尽的评估。然而,你也可以看到,许多问题并未受到应有的重视,至少在伦理结果上是这样的。

如果你能把这些理应受到学校成员更多关注的伦理问题整理出来,那么你已经做了
156 巨大贡献。但你也必须识别这样的情况,你采访的那些人所声称的伦理态度与他们的实际行为所体现的伦理立场根本不一样。如果你发现了这样的情况,你要做的不仅是将结果用文字记录下来,而且要以有益且有建设性的方式体现在报告中。记住,你要做的事情并不是披露学校弊端,而是帮助学校解决问题。

基于你的分析和研究,准备一份提交给校长的书面报告,并与校长(或其代表)约定一次会谈以讨论你的研究结果。再次强调的是,你的路径是提供有助于解决学校伦理问题的初步结果。最好站在校长的角度,做一份基于此能够采取建设性措施的报告。任何情况下,你都必须有所准备,随时提供具体行动策略,以使学校对其伦理态度有着持久、认真的关注。

完成以后,花时间想想,从这一实践中你学到的有关学校伦理和行政过程的知识,它

们能够让你成为一个更有效率、更负责任的行政人员，为未来行动形成一份具体的行为驱动细则。最后想想，你在完成这个项目的过程中是否遇到伦理难题？你是如何解决的？或者说，你是否解决了？

拓展阅读

Adam，Guy B.，and Danny L. Balfour. *Unmasking Administrative Evil*. Rev. ed . with a new foreword by Charles Perrow. Armonk，NY：M. E. Sharpe，2004.

Bowman，James s.，ed. *Ethical Frontiers in public Management：Seeking New Strategies for Resolving Ethical Dilemmas*. San Francisco：Jossey-Bass，1991.

Bowman，James，ed. *Public Integrity Annual*. Lexington，K Y：Council of State Governments，1997.

Bruce，Willa. *Classics of Administrative Ethics*. Boulder，Co：Westview Press，2001.

Burke，John P. *Bureaucratic Responsibility*. Baltimore：Johns Hopkins University Press，2000.

Cooper，Terry L. *The Responsible Administrator：An Approach to Ethics of the Administrative Role*. 3rd ed. San Francisco：Jossey-Bass，1990.

Cooper，Terry L. *An Ethics of Citizenship for Public Administration*. Englewood Cliffs，NJ：Prentice-Hall，1991.

Cooper，Terry L. *Exemplary Public Administrators：Character and Leadership in Government*. San Francisco：Jossey-Bass，1992.

Cooper，Terry ed. *Handbook of Administrative Ethics*. New York：Marcel Dekker，1994.

Denhardt Robert B. *Theories of Public Organization*. 5th ed. Belmont，CA：Thomson/Wadsworth，2007.

Frederickson，George H.，and Richard K. Ghere，eds. *Ethics in Public Management*. Armonk，NK：M. E. Sharpe，2005.

Harmon Michael M. *Public Administration's final Exam：A Pragmatist Restructuring of the Profession and the Discipline*. Tuscaloosa，AL：University of Alabama Press，2006.

Harmon Michael. *Responsibility as Paradox*. Thousand Oaks，CA：Sage Publications，1995.

Hodgkinson Christopher. *Administrative Philosophy*. Oxford：Pergamon Press，1996.

Jun，Jong S. *The Social Construction of Public Administration：Interpretive and Critical Perspectives*. Albany：State University of New York Press，2006. 157

Kellar，Elizabeth，ed. *Ethical Insight/Ethical Action*. Washington，DC：ICMA，1988.

Pasquerella，Lynn，Alfred G. Killilea，and Michael Vocino. *Ethical Dilemmas in Public Administration*. Westport，CT：Praeger，1996.

Richardson，William D. *Ethics Character：The Pursuit of Democratic Vitues*. Durham，NC：Carolina Academic Press，1999.

Rohr，John. *Ethics for Bureaucrats*. New York：Marcel Dekker，1978.

Rohr，John. *To Run a Constitution*. Lawrence，KS：University Press of Kansas，1986.

Rohr，John. *Ethics and Public Administration*. Armonk，NY：M. E. Sharpe，1993.

Svara，James. *The Ethics Primer for Public Administrators in Government and Nonprofit Organizations*. Sudbury，MA：Jones and Bartlett Publishers，2007.

Tong，Rosemarie. *Ethics in Policy Analysis*. Englewood Cliffs，NJ：Prentice-Hall，1986.

Washington, Sally. *Ethics in the Public Service*. Paris: OECD, 1996.

附录：美国公共行政学会伦理准则

Ⅰ. 为公共利益服务

先为公，后为私，美国公共行政学会成员必须做到：

1. 为促进公共利益行使自由裁量权。
2. 反对任何形式的歧视和骚扰，提倡反歧视行动。
3. 充分理解并支持公众对于公共事务的知情权。
4. 支持公共参与政策制定。
5. 要有同情心，与人为善，公正，乐观。
6. 给公众的答复要完整，清晰，易于理解。
7. 协助公众处理与政府之间的事务。
8. 有些决定未必受人欢迎，对此要有所准备。

Ⅱ. 尊重宪法及法律

尊重、支持、学习界定公共机构、雇员与公民责任的宪法和法律，美国公共行政学会成
158 员必须做到：

1. 理解并运用与其专业角色相关的法律法规。
2. 努力改进不合时宜的法律政策。
3. 消除非法歧视。
4. 建立并维持强有力的财务控制和管理控制，支持审计和调查活动，防止任何形式的公共财政管理不善。
5. 尊重、保护特权信息。
6. 鼓励政府异议者的合法活动，保障公共雇员的举报权。
7. 提倡平等、公正、代表制、责任制以及保障公民权的应有程序等宪法原则。

Ⅲ. 保持个人美德

在所有活动中保持最高标准，以激发公众对公共服务的信心和信任，美国公共行政学会成员必须做到：

1. 保持忠诚、诚信，不得为升迁、荣誉或个人利益而有所改变。
2. 确保他人的工作、贡献得到应有的赞誉。
3. 大力防范利益冲突及其苗头，如：任人唯亲、不当兼职、滥用公共资源、接受馈赠等等。
4. 尊重上级、下属、同事及公众。
5. 勇于为自己的失误承担责任。
6. 摒除党派因素，秉公办事。

Ⅳ. 提升伦理组织

强化组织能力，运用伦理、效率、责任服务大众，美国公共行政学会成员必须做到：

1. 增强组织能力，执行公务开诚布公，有创造性，全力以赴。

2. 将公共利益置于对组织的忠诚之上。 159

3. 建立应有的程序，以促进伦理行为，并确保个人和组织对其行为负责。

4. 为组织成员提供表达异议的行政途径，确保应有的程序，防范打击报复。

5. 提倡功绩制原则，防范专制和反复无常的行为。

6. 通过适当的控制和程序提倡组织责任制。

7. 鼓励组织把伦理守则作为一份有生命力的文件加以采用，推广和定期评阅。

Ⅴ. 力争专业上的精益求精

提升个人能力，鼓励他人专业能力的发展，美国公共行政学会成员必须做到：

1. 鼓励、支持能力的提升。

2. 把不断学习新生事物和潜在问题作为个人职责。

3. 鼓励他人在其职业生涯中积极参与专业活动和专业组织。

4. 为学生的课堂学习和公共服务实践搭建桥梁。

资料来源：www. aspanet. org。 160

第5章
组织设计和组织管理

公共行政人员需要很好地理解公共部门与非营利部门工作的价值以及原则，了解公共政策如何形成和实施，熟知公共组织和非营利组织所专有的行政技巧。但是，成功管理的真正关键并不在于你知道什么，而在于你能做什么。在组织环境中，怎样才能高效负责地处理一系列永无止境的问题和机遇？一个就你所知需要一周才能做出确切调查的问题，可能会受立法机关成员或基础项目官员的要求，让你即刻进行汇报；一名下属突然向你忏悔，说自己已经吸毒并且需要你的帮助；在会议上，突然有人对你认为微不足道的小事大发雷霆，甚至威胁说要让你因此丢掉乌纱帽；忽然一天，你的上司要你协助设计一个全新的项目并问你是否有兴趣负责这个项目。所有这些以及其他许多类似的情况构成了公共行政的真正挑战。

当然，对于每一件事，你的反应都是即时的，但是，你的行为会形成一个模式——这个模式反映了你的知识和价值观，最重要的是，反映了你在处理与他人关系时的技巧能力。组织为这些行为创造了环境或背景，同时也为其他人如何看待并回应你的选择和行为设置了舞台。对组织的理解——组织如何构成，如何影响行为，如何在限制可能性范围的同时创造新的机遇——是公共行政成功的关键所在。在意外出现并要求迅速回复（而且没有时间去思考其理论可能性）的情况下，如果你都能一再高效负责地行事，那么你就是一个非常成功的管理者。

幸运的是，有效管理所需要的这些技巧可以逐渐形成。在本章和接下来的章节里，我们将讨论的是如何形成应对现实世界各种境况的知识和价值观。我们将重点关注组织的特点和结构，管理者所需的特定的个人能力和人际关系技巧，以及深化和拓展那些技巧的方法。在这一章，我们将着眼于理解公共组织和非营利组织的结构与设计，以及在组织背景下人们行为的宽泛路径。

组织的背景

为了能够在组织内出色地执行任务，首先就组织创建的方式和原因提出一些基本问
161 题是非常有用的。为什么要创立正式组织？优势何在？有何得失？是否有一个组织或重

建公共项目和非营利项目的最佳方式？关于如何组织和构建工作，我们都有着特定的想法和假设。例如，关于怎样为学校任务组织一个团队计划，或者怎样为你和一些朋友的聚会分配任务，你都有着自己的偏好。这些有关组织活动的想法来自哪里？我们又学到了哪些有关这些组织如何运作的知识？

在现代世界里，组织是不可避免的，也是必需的。思考一下所有与你有关以及你所依赖的组织，这个清单似乎永无止境：你的学校，你购买商品和获得服务的商场，能源公司，以及你赖以获得从交通、消防到国防、教育等服务和项目的政府组织。然而，因为这些组织有时让我们感到失望，使得我们忘记了创建它们的初衷。它们在我们生活中是如此重大的一部分，以至于几乎人人都能传达一些有关和组织打交道以及组织如何缓慢、死板、不负责任的"恐怖故事"。那么，为什么我们不干脆摆脱它们呢？

最简单的回答是：组织的存在是因为我们的需要。试想一下，如果没有一个这样的组织——有着工作分工、综合办公、课程表、规则条例、程序、规章，以及所有可能让诸如大学等组织外观上有时令人沮丧的特点，那么学校将会成为什么样子呢？怎么知道什么时候上课？是否由每个教授自行决定授课的对象、时间和地点呢？向谁咨询毕业所需的学时数？若没有专门的部门或程序用来申请财政资助，结果会是怎样呢？若图书馆是管理员想开放时才开放，人们不经检查就可以把书拿走，并且想借多久就借多久，结果又会是怎样呢？

显然，组建正式组织以使事情顺利完成存在许多好处。从最基本的层面来说，通常与他人合作，我们能比单独工作时完成更多任务。当然还有其他优点：通过组织，我们能够获得人际间的合作以及任务间的协调；组织的结构以及与之伴随的规章和程序，为在组织中工作的以及与其有互动关系的人形成了规则和可预见性。创建了日程安排和工作程序，人们才能不任性行事；建立正式的规则，才能增加公平和连贯性。组织的结构使人们清楚自己能够期待什么并且需要付出什么。组织还为分工提供了框架，以致人们能够发展自己在特定领域的技能——并不是人人都必须成为组织里各方面事务的专家。

与此同时，正式组织也有一些不足之处。如果你想获得正式组织结构的好处，那么对个人选择做出限制是不可避免的。在处理组织中个人事务时，确保公平和一致的同样程序却经常使得他们不能在需要时如愿以偿。尽管在与组织的互动中，我们有时想越过规章制度办事，但是若没有规则，我们每个人都不得不单独行动并通过乞求、贿赂或说服他人等方式来帮助自己。作为组织的雇员，我们也许会觉得自己何时着手工作以及何时完 162
成(或不完成)，任务的自由决定权受到了限制。然而，如果我们能够完全自由地做这些事，那么我们将很难完成共同的任务，更无从谈起公平对待我们为之服务的人们的需求。当我们创建、设计和管理组织时，我们希望收获公平和可预见性等优点，同时顾虑其不足以及对个体的限制。鉴于面临的挑战，评估组织管理和设计的替代方法有哪些呢？

公共部门和非营利部门的组织意象

在所有管理者头脑中，都有关于公共组织和非营利组织应该如何运转以及公共管理者应该如何行事的观点或形象。这些形象经由经验、阅读、讨论和深思得以建立，包括公共机构最具效率的结构、管理雇员的最好方法、民选官员和政务官员之间的恰当关系等看法。依据特有的观念，你可能倾向于强调某些方面而忽略其他。你脑海中已有的形象，引导你重视组织活动的某些方面而忽视其他方面。

在这些形象中，有些来自我们的家庭生活经历，有些来自学校生活经历，还有一些则是在其他组织工作的结果。有些是我们学习有关权力与权威、交流与合作等主题的一般性经验。有些则是工作或公共服务领域中更为具体的经验。有些是相当容易理解的，有些则深藏于表面现象之中。

无论它们是何种形式，这些形象都以具体的形式指导着我们的行为。它们使我们用一种特定的方式看待这个世界，从而相应地以特定方式行事。所以，思考人们对公共组织和非营利组织的看法是非常重要的。关于公共组织和非营利组织，我们有着怎样的形象？这些形象如何指导我们的行为？什么样的形象将使我们获得最大的成功？什么样的形象会使我们落后于人甚至停滞不前？

随着你开始更加认真地思考那些塑造你工作的形象，特别是随着你开始积累经验，你就将开始迈入洞察力（相应地还有你的行为）得以改善的领域。使你对公共组织和非营利组织的形象变得清晰的一个方法，是思考一般管理领域，尤其是公共部门和非营利部门管理领域的学者和实践者的所说所著。幸运的是，有着客观的并且越来越丰富的材料可供利用，它们为你思考参与提供了多种类别和方法。

在很大程度上，这些文献并非形成于实际管理者的经验。（因为有关非营利组织管理的文献仍然停留在其早期阶段，接下来的讨论大都与公共部门的管理有关。）不断反思的从业者和深思熟虑的学者反复思考，如何帮助公共部门和非营利部门的管理者选择那些对他们最有用的组织生活特征。许多公共行政的学生和实践者为我们理解公共机构的管理做出了贡献。他们制定"字图"（经常被简称为理论），以说明当你面临相似问题时什么
163 才是最有帮助的。

每一个理论路径都将人们的注意力引向某些特定主题或思想，而远离其他。你可以根据自己的特殊情况，选择最相关和最有用的方法。在本章，我们将对公共部门的组织和管理方面最有影响的思考方法加以回顾。一些早期的方法着重于颇为明显的观点，而近期的方法则更为复杂和缜密。

管理的职能

在20世纪，法国管理理论家和实践者亨利·法约尔（1949）确立了管理者应该执行的五项一般职能：计划、组织、命令、协调、控制。若干年后，卢瑟·古立克（Luther Gulick）编纂了一个类似的列表。古立克——联邦政府改造顾问——按照首字母缩略，将公共管理的职能描述为POSDCORB，即：计划、组织、人事、指挥、协调、报告、预算（Gulick 1937a）。对法约尔和古立克而言，这些活动是管理的实质并界定了管理的职能，组织若想得到有效管理，就必须践行这些职能。他们为管理者如何行事提出了建议。

计划涉及为自身及其组织有效融入未来做准备。至少在一定程度上，所有管理人员都参与了规划，而对于诸如从事战略规划的管理者而言，计划几乎成了一项全职活动。有

些管理者为整个组织做规划，有些管理者则为其直接监管的单位做计划，但是，所有管理者都为他们自己的活动制订计划。不幸的是，正如我们先前注意到的，计划是一项很容易被忽略的管理职能。管理人员陷入繁忙的谈话、会议和最后期限之中，经常忽略了规划。然而，最有效的管理者会意识到，抽出时间来做计划，无论于个人还是于组织，都将得到丰厚的回报。

决策与计划密切相关，是管理工作的一个方面，影响着许多其他领域。深思熟虑的决策能力，似乎是更为成功的管理者脱颖而出的标记。因为决策对于管理工作具有如此根本的意义，多年来它已得到透彻的研究。在大部分组织里，决策是一项核心活动（以后，我们将对决策进行更为详尽的讨论）。

组织意味着许多不同活动，包括把组织分为不同的部门，在组织等级制度中设层级，决定由谁向谁汇报，等等。在具体部门中，组织也包括确定具体职位和工作等任务。注意：组织包括工作设计，但是具体工作的人员安排，涉及的是人事功能，而不是组织功能。

人事是招收、培训、组建人员队伍以践行组织活动的过程。它通常被描述为“人事管理”，有时也被称为“人力资源管理”。正如我们在第6章将看到的，诸如雇佣、培训、解雇等具体事务都是人事职能的例子。显然，处理人事涉及沟通和激励方面的技巧，以及做出雇佣谁等正确决策的能力。 164

指挥通常是最具动态和最显性的管理职能。它包括三个关键的管理活动：领导、激励和在必要时改变。给一个组织提供指挥是一项微妙而复杂的任务，它涉及全方位的个人和人际关系技巧。

协调不同职位上许多不同人员的工作，同样是一项核心管理职能。多数现代组织的复杂性和多样性意味着必须花费大量时间以确保所有“分子”在正确的时间到达正确的地点。协调涉及解决问题的特殊技巧——如何使事情正常运行——但也与沟通和谈判的技巧有关。

你会怎么做？

> 你被指派管理一项全新的联邦方案，设计这个方案是为了确保每年有足够的流感疫苗供应。你的首要任务，是对疫苗供给究竟应该成为公共职能还是应该继续留于私人手中（或介于两者之间）进行研究。随后，无论你建议的是哪种新体制，你都要为组织这一转型制订规划。那么，你会怎么做呢？

报告为问责提供了依据。它包括对组织的活动和业绩进行分析与记录，为民选官员、市民以及管理者应对其负责的其他人提供有意义并且有用的信息。报告和记录非常重要，因为管理者和其他人可以据此对任务和活动进行跟踪，对业绩和目标的实现进度进行分析，及时发现问题并寻找改善的良机。

预算涉及对组织资源，尤其是财政资源的管理。它也包括对组织资金的争取、规划和管理。正如我们在第7章将看到的，预算是一个技术领域，但也涉及人的技能，尤其是那些为项目发展资金以及在相互竞争的项目和人员之间分配稀缺资源。

除了这些标准的组织职能之外，还有许多通常被视为管理工作的各种各样的任务，其中最重要的任务之一就是处理组织外的人员问题。随着不同层级组织之间的关系变得越来越紧密，向其他人表述你的组织和观点的技能也正变得日益重要。在作为“边界生成”的相关管理文献里，在外界团体和组织面前代表你的组织已经成为共识。

早期学者：对结构的关注

多年来，理论家和实践者总在思考，如何才能最好地组织和管理工作。当你考虑建立一个组织时，你可能会思考有关由谁负责什么、分配任务和委派工作，也许甚至建制一些
165 规章和时间表等问题。尽管这些可能有点像“自然而然”或显而易见的组织方式，但其中许多思想可以追溯到德国社会学家马克斯·韦伯的著作。在19世纪末、20世纪初，马克斯·韦伯注意到大规模组织的出现，他是使用“官僚制”这一术语并综合描述了这些大规模组织结构的第一人。根据韦伯的思想，官僚制意指任何大型组织（公共的或私人的），具有这样一些特征，即一个清晰明确的非人格化职务等级、雇佣能够遵守严格纪律和控制的合格人员（Weber in Gerth and Mills 1946, p. 328）。更具体地说，韦伯认为官僚制应该具有如下特征：

1. 有一个固定和稳定的结构，用于划分根据规则和条例建立并运作的任务和责任。
2. 用正式规则阐述发布相关职责命令的权力。
3. 为确保组织任务的一致和持续完成，只有能够胜任工作的人才予以雇佣。
4. 存在一个分级授权或等级制度，该制度中，自下而上组织各层都受下一个更高层级监管。
5. 根据书面记录和文件进行管理，以跟踪通信、决策、财务事项，以及其他重要项目。
6. 办公室管理应以全面和专业的训练为基础。
7. 官僚机构的工作是一门职业或专业，它通常是一项全职活动，而不是次要活动。

虽然我们现在使用“官僚制”时通常带有贬义，但韦伯对该术语更学术化的运用并未带有任何否定含义。实际上，韦伯认为官僚制是最有效的组织方式，“经验普遍表明：纯粹的官僚式管理能够获得最大程度的效率并且是在正式意义上对人员进行必要控制的最合理的已知手段”（Weber in Gerth and Mills 1946, p. 337）。在另一方面，韦伯也注意到了官僚制形式的一些缺点。首先，他发出警告说，充分发展的官僚权力和专业技能可能会超过或凌驾于民主控制之上。其次，他担心官僚制对个人自由的影响。

尽管存在这些忧虑，组织的官僚制形式长久以来都是我们关于组织设计和组织结构诸多思想的基础。早期公共行政学者将管理视为高级机械的术语，认为组织结构和设计问题是至关重要的。公共行政作为一个单独的研究领域，诞生于科学和工业硕果累累的时期。新思想和新产品几乎在一夜之间改变了社会，是工业和组织程序使得这些成为可能。这是一个由“工业领袖”严格控制的时代，也是一个促进装配生产线诞生的时代。

在这样一个时代，机器成为组织技术和人类进程的主要形象。就如机器是精确、机械和有效的，组织也应像建造机器一样地建立。结果萌生了一种高度机械化的组织方法，该
166 方法极力推崇制定适当结构并以较高效率运作的思想。

这种导向体现在弗雷德里克·W. 泰勒（Frederick W. Taylor）颇具影响的著作中，他提出了所谓“科学管理”的方法，以仔细界定的“法律、法规和原则”（1923, p. 7）为基础。泰

勒首先将注意力集中于个体工人，他设计了详细的时间和动作测量方法用于发现工人怎样做才能更有效率。例如，有个实验就是测量从某一特定设备储存地到其使用地之间的距离，然后试图减少使用此设备所需的距离、时间和动作。（例如，基于这样一个假设，即每把铲子的负荷量大小将影响到"一流铲土者"的日产量，泰勒寻求发展了一种"科学铲土法"。经过认真和详细的实验，确定大约平均每铲 21 磅的负荷量能够实现每天最大的产出。）

泰勒的方法可以应用于从组装线的设计到办公桌上的项目安排等各种工作程序问题。除了努力使工人变成高度调节的机器之外，泰勒的工作还为整个组织的管理者提供了指导。管理者的作用变成了通过运用详尽的"科学"信息从而使组织更富效率。平稳运行的组织变得高度机械化，并为实现总体效率而严格控制人力要素。管理者的工作就是确保系统的高效运作。

正如泰勒和一些学者强调工业体系的高效运作，有些学者不久就将这一着重点应用于公共行政领域。伦纳德·怀特(Leonard White)写道："公共行政的目标，就是在官员和雇员的处置上达到资源的最有效利用"(1926, p. 2)。古立克亦同意此观点(1937b, p. 192)。尽管有些学者表示反对，他们认为诸如回应性等其他价值也应考虑进来，并指出机械效率是"冷冰冰的计算和非人性化"(Dimock 1936, p. 192)，但是效率显然是大多数早期公共行政学者的主要兴趣所在。

公共行政的早期学者从企业领域转移经验用于组织的设计和构造，尤其是借鉴了建立基于自上而下结构的单一的权力控制中心的重要性。在组织的顶层，存在一个单一的权威，所有下属人员都最终向其汇报。尽管组织将由众多管理人员(也许由众多组织单位)赋予其特色，但是最终的责任和权威依然置于组织的顶层。

网络链接

管理研究院在线(www. aomonline. org)、工业和组织心理学会(www. siop. org)、运筹与管理科学研究院(www. informs. org)，提供了组织理论和组织行为一般原则的研究和信息来源。此外，还可访问激进组织理论电子期刊(www. mngt. waikato. ac. nz/ejrot)，该网站由新西兰汉密尔顿怀卡托大学管理研究学院创建。 167

为了调和公共组织应顺应民意这一民主需求的观点，早期学者认为组织的领导者——权力和权威的单一来源——只需对立法机构负责，这很像公司的首席执行官只需对董事会负责一样("中立权限学说"观点)。在描述一个部门行政长官的角色时，早期学者建议应将所有行政权授予一个行政长官，他将接受开展工作的权力和确保工作完成的责任。魏洛比(W. F. Willoughby)认为，这是使行政部门成为"一个单一的、集成的行政机器"的第一步(1927, p. 37)。(这一观点与当时规范的政治实践相冲突：选举大量行政官员并采用许多大型执行局。正如我们先前所看到的，甚至在今天，许多州选举诸如秘书或司库之类的官员，并不要求这些官员对单一的行政长官——在这种情况下，即州长——汇报。)

提出行政管理观点的早期学者是一些实践者，他们运用了他们管理公共机构的经验。因此，当他们描述其工作的时候，他们趋向于强调如何建立组织结构。例如，古立克就大量论述了机构的形成。在机构得以创建和行政长官得以选定后，古立克认为接下来的任务是对必要工作的划分，然后建立合适的协调和控制方式。新的组织应当经历四个阶段，其中立法机构或首席行政长官将(1)界定工作；(2)选择一名负责人；(3)这名负责人将确定所需单位的性质和数量；(4)并且建立一个权力结构，该负责人通过这个权力结构协调和控制单位的活动(1937a, p.7)。

分工——相当于建立一个组织结构——是一个至关重要的环节。这个逻辑是令人信服的：因为人们在知识和技巧方面各有差异，并且每个人在大规模问题的解决上可花费的时间是有限的，所以有必要把组织的工作划分成易控制的部分。正如我们先前所看到的，分工的实现方式是有限的。古立克认为组织应基于：(1)所服务的主要目标(如教育或福利)，(2)流程(管理或医药)，(3)单位需要处理的人或事(退伍军人或罪犯)，(4)工作的地点或地理位置(1957a, pp.21—29)。

分工完成后，新的负责人或管理者将面临的下一个问题是创建一个权力结构以协调和控制组织的各个部分。同当时其他学者一样，古立克对这个问题的回答是：再次运用企业中的传统实践，组织的特色应是通过一个等级制的权力结构来践行命令的统一。直到20世纪早期，官僚制组织，像那些以标准的组织图为代表的组织(见图5.1)，已经成为工业的模型(就像它们先前在军队和天主教堂中的一样)。古立克和其他许多早期学者以及公共行政实践者，建议将类似的方法应用于公共部门。

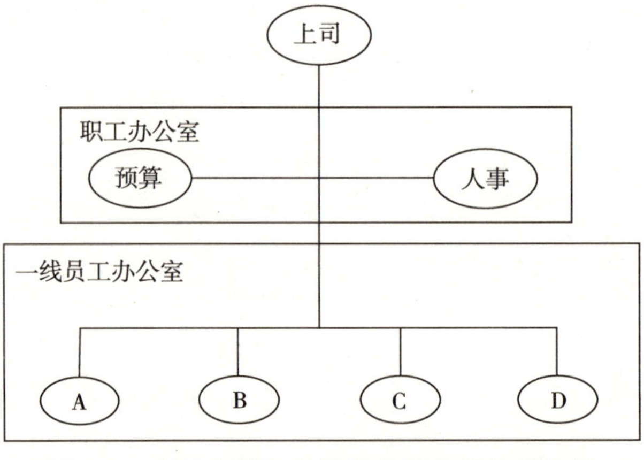

图5.1　显示直线和职员的典型的组织结构图

建立这种结构的指导者是通用汽车公司两名前高管，即詹姆斯·穆尼(James Mooney)和阿兰·赖利(Alan Reily)(1939)。穆尼和赖利描述了构建大型组织的四条主要原
168 则。第一，通过统一指挥实现协调，强调通过具体、正式的指挥链行使强有力的行政领导权的重要性。在这一结构里，每个人只有一个上司，每个上司的控制幅度都是有限的——也就是说，向其汇报的人员数量是有限的。穆尼和赖利认为，关于服从谁的命令，不应该存在问题。

第二个原则是等级原则，所描述的是在不同组织层级的垂直分工。(从军事角度而言，将军和士兵的区别体现了等级原则。)第三个是职能原则，所描述的是水平分工。(从军事角度而言，步兵和空军的区别就是功能的不同。）最后，穆尼和赖利讨论了直线和工作人员之间的关系，认为直线办事处代表权力的直接流通，职员办事处（诸如人事部门或财政部门）可以向行政长官提供建议，但不能对直线办事处直接行使权力。

等级结构这一语言变得有点标准化。就像直线和职员之间的区分一样，管理者过去（现在也一样）常被分为高层、中层和监管员。监管员在等级制度的底部，高层管理者在顶端，中层管理者介于两者之间。监管员直接管理涉及组织成果生产的人员。监管层级是第一级管理，所以监管员有时被称为一线管理者。一般而言，没有比监管层级更低的层级了。举例来说，邮政局的监管员就是邮递员向其汇报工作的人。

监管员向中层管理者汇报，中层管理者通常被界定为“管理其他管理人员的管理者”。若组织规模较小，则可能只有一层中级管理者；大型组织通常不止一层中级管理者。管理的最高层级——顶层——管理者人数通常最少。高层管理者——通常被称为“行政长官”——对整个组织负责，而中层和监管层级的管理者集中于越来越小的组织部门。高层管理者通常是与其他团体或机构交往最为频繁的管理人员。 169

区分监管员和中层管理者并不难，但中层管理的止步之处和高层管理的开始之点却经常模糊不清。头衔所产生的混淆往往多于帮助。例如，副总裁头衔，在一些组织中是指一名高层管理者；而在另外一些组织里，副总裁仅仅是一名中层管理者。众所周知，银行里有许多副总裁，他们当中的大多数明显不属于高层管理部分。类似的，公共组织中的头衔，如司长、处长、部门主任，以不同的方式在使用，通常只有当你理解了组织的准则才具意义。

不管怎样，早期公共行政学者一般都设法将他们认为正确的行政管理“原则”应用于公共组织的管理之中。他们认为，政府面临的问题及其解决方案与工业组织非常类似：权力集中和等级结构的发展。但是这一假设回避了对于公共机构运转至关重要的一些问题。效率标准是否是评价公共组织工作的唯一标准？建立高度集权的结构以开展民主工作是否是不相宜的？

单单基于结构分析的组织方法是否是最具效率的，仍然存有疑问。例如，无论是在公共部门还是在私人部门，管理者和研究者都开始质疑，行政管理原则中描述的严格结构是否能够有效适应变革。而且，可能最重要的是，个体在哪里进入这个方程式，而不是作为一个潜在的机器？许多学者和实践者借以观察这个世界的结构镜头被证明有点局限性，还需要一些其他东西。

认识人类行为

20 世纪 20 年代中期，哈佛大学研究人员在西部电气公司霍桑实验室进行的研究，推动了对组织生活中非正式因素或人为因素的进一步调查。这些研究，以一种很大程度上符合科学管理传统的方式开始，用以测量工作环境（诸如光线、温度、湿度）和工人生产效率（诸如枯燥和疲劳）之间的关系。在这个实验中，将某些群体与其同事隔离，并置于受严格控制的环境里，这些环境中的条件可以系统性地变化。但是随着实验的开展，不考虑环境条件的改变——明暗、冷热、湿度的程度——受实验群体的生产率趋于提高。你能解释其原因吗？

研究人员发现，受实验群体对其周围条件没有什么反应，但对他们被挑选出来给以特别关注却有所反应。结果，研究人员在组织生活的人性因素方面发展了一个新的研究兴趣。霍桑实验研究人员开始认识到，组织不仅要满足既定的商品或服务的生产目标，而且应该（哪怕是含蓄地）关注组织成员的“满足感”分配（有些是金钱上的，还有一些是精神上
170 的或社会上的）。非正式组织（换言之，与组织结构规定的人际关系平行的人际互动关系）被认为与正式组织同等重要甚或更为重要。若此情况属实，则是有意义的，管理者不仅要关注工作程序的正式结构，还要留意工人之间非正式的关系格局。两者中的任一方面都将影响到效率和效益。

关于如何管理正式结构，建议颇丰；然而，如何管理组织的非正式方面或人员方面，却仅有一些推测。因此，大量研究开始涉及管理者和工人之间重要人际关系的处理。许多研究表明，管理方法或管理风格的改变，将导致生产率发生重大变化。通过对工人区别对待，将会对他们的工作产生影响。

道格拉斯·麦格雷戈（Douglas MacGregor）有关 X 理论和 Y 理论的讨论就是这种导向的例子。在回顾了有关管理的其他著作后，麦格雷戈建议，一个更好的人类行为理论（不是结构理论），应该能够更有效地控制组织中的工作人员。麦格雷戈将 X 理论和 Y 理论进行了对比，X 理论是指构成传统管理技术基础的一系列有关人类行为的假设，Y 理论是指他认为将构成一个全新的、更加开明的管理方法的一系列假设。在传统观念里，管理者假定人类是懒惰的并且不喜欢工作，因此必须胁迫他们生产，事实上也最需要这种指导。与之相反，麦格雷戈认为，工作是很自然的事情，人们不需要被胁迫，他们将把精力奉献于他们所承诺的目标，他们承诺一些目标，完成之时就会获得回报。因此，麦格雷戈认为，大多数工人的潜能都没有得到充分发挥。教训很简单：管理者必须认真确定其雇员的需求和欲望，然后帮助他们定位其个人目标，从而使得这些个人目标能够通过致力于组织目标而得到满足。

两部经典著作

对组织生活中人性因素的新的关注，激励了组织行为方面的两位学者于 20 世纪 40 年代和 50 年代期间就这一主题写出了两部“经典著作”。一位是赫伯特·西蒙（Herbert Simon），来自公共行政领域；另一位是克里斯·阿吉里斯（Chris Argyris），从工业心理学开始其著作。两人都对管理领域产生了重大影响，直至今天依然如此。

西蒙认为，起初人们建立大型组织的原因是，人们解决现代世界复杂问题的理性或能力是有限的或“受限制的”。“与问题本身的大小相比较，人类阐明和解决复杂问题的脑容量显得特别小，因为解决这些问题要求在现实世界中能够客观理性地行事，甚至要求合理地近似于这种客观理性”（1957, p. 198）。组织被视为一种策略，它将我们偶尔偏离的行为修正成实现我们目标的理性典范。

理论上来说，设计一个实现组织目标的理性系统并不难。但是，当人类及其情感和兴趣都被纳入系统之中时，困难也就伴随而来了。因为他们是人，尽管在他们看来自己的行
171 为可能相当理性了，但是从系统的角度而言他们通常显得“没有理性”。因此，西蒙认为主

要的问题是,如何从这样一个角度,即以一种理性的(就是有效的)方式帮助人们追求组织目标,来理解和指导人们的行为。

西蒙将组织描述成一个决策系统,它涉及个人的两套基本决定,即:决定加入一个组织;决定向组织作出应有的贡献。西蒙通过对成本和效益的理性计算处理每个问题。例如,只要个人在一个组织中的收益超过了他在别处可能获得的效益,那么这人就会期待继续留在该组织里。

同样的方法被用于说明个人对组织的贡献,这个问题与权力密切相关。西蒙认为,每个人都建立了"一个接受领域,在这个领域里下属乐意接受上级为其做出的决定"(Simon 1957, pp. 74—75)。但是,因为是出于组织利益而尽可能地拓宽接受的"区域"或领域,所以组织通过其管理者施加一定的"诱因"以增加个人的"贡献"。诱因包括金钱和地位,还涉及创建一种使个人趋于遵从而不是违背的精神状态。

西蒙认为不能期望人们做出完美的理性决策。事实上,大多数人都是有限理性的,他们寻求最佳的解决方案,尽管从纯经济学的角度来看未必就是最理性的。通过诱导,恰到好处地引出所需贡献,可让成员与组织期望相符。用这种方法,西蒙冠名的"行政人"(与"经济人"相对照)成为理性行为系统的一部分。

克里斯·阿吉里斯聚焦于个人与组织的互动,而不是理性系统。同麦格雷戈一样,克里斯·阿吉里斯认为,正式组织结构和传统管理实践与争取成长和发展的自然人很不相称。他总结出,社会人从幼年到成年会经历几个重要的发展维度:从消极到积极,从依赖到独立,从有限行为到更大范围的行为,从浅层利益到深层利益,从短期目标到长期目标,从服从地位到平等地位或上位,从缺少认识到更清楚的认识。各维度的发展进步,都有助于成年人形成健康的人格。

然而,阿吉里斯认为,这些目标恰恰是传统管理实践所阻止的。例如,标准管理模式使个人对其工作几乎没有控制权。工作人员被期望是被动的、顺从的,并且局限于在其所反应的范围。人们希望工作人员像孩子似的行事。并且,如果有人在这种情境下表现出沮丧,管理者通常就会将其行为视为挑衅和失效行为。对此,典型的管理对策是镇压,甚至主张更加严厉的控制方法。

阿吉里斯认为,一个更好的方法是懂得人性成长和发展的基本趋势,然后将这些趋势与组织的目标相"融合"。管理者的任务就是实现这一叠合或融合。这就需要管理者形成"在自我意识、有效判断、帮助个人成长并且更有创造力、应付有依赖性倾向的员工、在竞 172
争激烈的管理世界求生存等方面的技巧"(1962, p. 213)。

西蒙和阿吉里斯都从对组织结构的关注转向对人类行为的关注,他们都提供了一个看待组织及其内部员工的新方法。根据这个新观点,管理者需要考虑组织结构(因为那将影响人类行为),但"底线"是人们怎样作为。当然,影响人类行为的不仅仅只是他们所依存的结构。在西蒙和阿吉里斯的著作中,管理者的注意力从结构重新转移到人类行为。根据这一新观点,管理者的工作就是塑造符合组织目标的人类行为。

组织及其环境

早期对结构的关注和后期对人类行为的关注,都证明了把注意力集中于复杂的组织生活的重要方面是有益的。但是这两种观点都忽略了组织及其环境之间的关系。然而，随着公共行政领域的学者重又回到结构问题，这个被丢失的部分开始显现，尽管他们是以一种完全不同的方式在审视结构。对结构的新的关注，缘于两个新兴的公共组织路径的刺激：系统理论和政治经济学路径。系统理论路径认为，公共组织（或其他组织）可以像生物系统或物理系统一样被视为整个“有机体”，独立于其组成部分，并在复杂的环境里追求明确的目标。政治经济学路径侧重于把政治和经济作为分析组织行为的范畴。

系统理论

系统模型认为，组织从其环境接受它运行所需的人力和物力资源，以及有关如何操作的要求和指示。这些资源、要求和指示，通过组织进行处理，并由组织加以转换。由此产生的成果（产品、服务等等）又被传送返回环境之中。反之，这些产出又被作为新的输入而得以开发，周而复始，实现了使组织继续生存的平衡点。

有关机构及其环境之间关系的经典研究，是20世纪40年代赛尔兹尼克（Selznick）对田纳西河流域管理局（TVA）的分析。与公共组织诸多路径所暗示的封闭的、机械的系统相反，赛尔兹尼克认为组织实际上是开放性的系统。也就是说，组织存在于一个制度框架之中，这个制度框架包括政党、压力集团和特殊利益团体。尽管从组织的视角来看，集团的要求可能显得“非理性”，但是它们不能被轻易忽略。

为了预测潜在的需求并做好回应的准备，田纳西河流域管理局试图让已有的地方机
173 构参与对权力配置系统和其他项目的规划。此外，田纳西河流域管理局想通过让地方团体感受到自己是组织的一部分从而使其致力于田纳西河流域管理局的项目。通过吸引外部团体进入组织结构之中（通过委任顾问或与其签订服务合同），田纳西河流域管理局为自身方案寻求支持。这让人想起“推选”（cooptation），赛尔兹尼克把这个术语定义为“吸收新元素，将其纳入组织的领导集体或政策决策结构的过程，作为避免威胁组织稳定或生存的手段”（Selznick 1949, p. 13）。

你会怎么做？

你在一所地方大学教授博士生课程，同时在州政府担任中层管理者职务。最近，你的同事嘲笑你管理上的“理论性”方法在“现实世界”根本就行不通。你开始自我怀疑，理论思想是否真的能在实践中发挥作用。这时，你会怎么做呢？

另一个考察环境因素对公共机构运行影响力的研究是赫伯特·考夫曼（Herbert Kaufman）对美国林务局的分析（Kaufman 1960）。林务局面临着如何确保散布于全国各地的护林员的遵从性与一致性，以及由谁承受当地社区压力等问题。当然，护林员通常在偏远地区服务。尽管他们尽力执行林务局的政策，但是他们也要对地方社区忠诚。他们通常不得不执行会对其朋友、邻居产生不利影响的规章制度，在这种情况下，他们可能会试图偏离核心部门的指示。林务局的对策是设计一系列培训计划、程序装置、检查制度和制裁措施，尽力减少对地域环境的影响并确保核心部门的指令得到切实执行。

对环境因素如何影响公共组织的研究，还导致一些学者把公共机构定性为运行于一

个复杂环境中相互依存的系统。任何机构的工作都不再被认为是与其他公共机构或私人机构隔离开来的。不清楚影响机构的无数外部因素,就无法理解机构是如何运作的。例如,想象一下,在一个坐落于州界的城市(如辛辛那提)实施一套新的水质标准的难度。需要考虑的因素有:都要通知到位并且都想表达自己意见的所有公共机构和私人机构;各种政治管辖区——州、市、县和特区;各管辖区内可能需要输入的不同实体:市长、立法机构和行政机构。

行政活动的复杂性致使一些学者认为,聚焦于某一特定机构对政策执行的贡献不再具有意义,而需从项目角度加以考虑。还记得许多联邦项目都是通过筹资模式进行运作,在这个模式中,资金、规则和方针都是专为项目设立的,这些项目通过公共机构和私人机构交付给州和地方各级。例如,在提供诸如禁毒工作等社会服务时,州政府和地方政府利用联邦资金资助私人供应商或非营利供应商。许多情况下,资金都是用于资助项目,而不 174
是具体的机构,以致这些项目是通过散漫的松散结合的团体网络进行运作,而不是通过传统的等级结构。在这种结构不良的“结构”里,组织控制的旧观念让位于对谈判和协商的新强调,系统观点在这种结构中可以大有作为。

从政治经济理论到组织发展

理解公共组织的政治经济路径的出现,进一步刺激了对组织间政策网络的兴趣。瓦姆斯利(Wamsley)和扎尔德(Zald)(1976)认为,从影响公共组织运作的政治和经济因素相结合的角度出发,可以更好地理解公共组织。这些因素从外部和内部都对组织产生影响,形成了我们借以观察组织的四个类别:第一,外部政治环境,包括不同利益集团的相互影响以及影响组织政治气候的其他组织;第二,外部经济环境,包括影响现有资源供应的市场交换;第三,内部政治类别,侧重于权力和权威的分配;第四,内部经济,关注资源的分配和使用状况。

瓦姆斯利-扎尔德路径与一个和文森特·奥斯特罗姆(Vincent Ostrom)密切相关的更为缜密和复杂的路径有关。奥斯特罗姆的公共选择理论,开始于对个人可以理性地并根据自身利益自由行动时他们将如何抉择的审查。有些情况下,人们可能被期待参与集体行动,尤其是在涉及“公共物品”或者既不是纯粹公共的也不是纯粹私人的情况下。(公共物品可通过具有高度不可分割性这一事实与私人物品相区别——私人物品可以测量、销售和拥有;诸如国防之类的公共物品,一旦提供给了一个人,对所有人都是可得的。)

按照这一逻辑,奥斯特罗姆把公共组织视为“为提供公共产品和服务以回应不同社会环境中的个人偏好而分配决策能力的方法”(Ostrom and Ostrom 1971, p. 207)。奥斯特罗姆认为,满足个人偏好的最佳结构,不是集权的官僚制机构,而是更加分散的多元组织安排。

尽管早期行为研究,诸如西蒙和阿吉里斯的研究,在反对该领域对组织生活结构性解说的依赖方面极为重要,但它们在某些方面有其局限性。首先,大部分行为学著作未能对自上而下的组织权威格局提出质疑;许多人认为它仅仅是提供了更加精密的管理控制机制。其次,对组织变革进程似乎兴趣不大,当时迅速的社会变革正成为该领域的主要特征。还有,正如开放型系统理论家所指出的,这一观点没有理解组织间谈判和协商的复杂性。同样，政治经济路径似乎对创造力和沟通有了不必要的限制，并且至少在一定程度上把一些价值观置于次要位置。

对早期路径做出主要批评的是 20 世纪 70 年代早期的一群学者，他们的集体著作后来
175 被称作“新公共行政”。与侧重效率和控制的古老路径相比，新公共行政宣称开放和变革，公平和参与。在一个由不同群体构成的迅速变化的社会里，新公共行政学者认为组织生存（事实上是社会生存）的关键因素是适应快速社会变迁的能力。组织必须设法应对日益“动荡”的环境。

为实现这一点，需要激发每个人参与机构和环境中所有公共项目的创造力。新公共行政学者认为，让组织成员及其顾客参与决策过程，能够鼓励创造性。此外，这种路径比自上而下的控制结构更符合民主的规范和实践。新公共行政的关键词是公平和参与。

许多与新公共行政有关的人都成了研究组织变革程序的学生，并寻求帮助组织实施必要变革的方法。他们采用的最重要的路径之一就是组织发展，一个以过程为导向的规划改革路径。组织发展学提出了许多变革技术（后面我们将做研究），它还提供了审视组织工作的又一路径。

作为在公共部门应用组织发展战略和技术的领袖，罗伯特·戈伦比夫斯基（Robert Golembiewski）指出，组织发展代表一个特定的管理哲学，它与传统的自上而下的倾向有着很大不同，并有着以下价值理念：

1. 相互对接和开放交流；
2. 愿意尝试新行为并从中选择最有效的；
3. 协作的权力概念：强调合作，乐意公开地审察冲突；
4. 帮助建立关涉团体意识和对他人负责的人际关系；
5. 人际关系的真实性。（Golembiewski 1972，pp. 60—66）

组织决策

正如我们在对公共政策过程的讨论中所指出的，决策是公共组织和非营利组织最关键的职能之一。尽管决策的范围和性质因不同议题而异，但决策过程本身就是一种日常行为。有些人甚至认为，组织可以被看做是其决策过程的鲜活历史。为了更好地理解这一重要职能，考察组织决策的一些核心概念并理解领导者在管理实践中如何运用这些概念将是有所裨益的（Hatch 1997，pp. 270—281）。

组织理论的学者历来遵循经济决策观点，假设决策是理性的、消息灵通的选择程序的
176 结果。（我们对这一点的许多讨论都反映了这一传统观点。）在理性模型里，管理层认识到存在的问题，确定备选方案，选择并实施最有效的替代方案，并监测结果。

然而，从马奇和西蒙（March and Simon 1958）、西尔特和马奇（Cyert and March 1963）开始的一系列著作，挑战了这种理性观点，认为决策只有在特定情况下才可以被看作是理性的。多数情况下，组织缺少做出理性决策的信息和能力。因其关于人工智能的著作而获得诺贝尔奖的西蒙把这种现象称作“有限理性”，他界定了五个最普遍的制约因素：

1. 不完善和不完整的信息；
2. 问题的复杂性；

3. 人类信息处理能力；

4. 决策过程中可利用的时间；

5. 决策者关于组织目标的偏好的冲突。(Hatch 1997，p. 274)

尽管管理者努力尝试更理性的程序，但是这些因素对理性决策施加了不可逾越的障碍。影响是双重的。首先，管理者不能获得足够资料以充分获悉决策的过程。其次，即使他们做到了这一点，他们将面对来自利益相关者互相冲突的目标，以致他们无法真正理性地挑选出最有效的备选方案。在西蒙看来，管理者最好可以做到他所谓的“满意”，也就是说，及时获得最多信息并尽力在竞争的需求之间寻求平衡。

但是，当某一特定决策点的目标是相对明确的，并且唯一的真正变量在于政策方向或结果的不确定性时，将会发生什么呢？亨利·明茨伯格(Henry Mintzberg)与其同事(1976)将这称作“试错”决策模型。管理者采取渐进的方法来执行政策备选方案，评估影响，然后移向下一个决策点。随着时间的推移，人们相信，能够获得问题的全面解决方案，但是这一进程需要决策者谨慎行事。

通常，也可能存在相反的情况。决策者可能会(而且必定会)面临利益相关者相互冲突的各种需求，甚至他们还没来得及进入决策阶段就必须平衡这些需求。应对这些复杂的情况，需要一种组织理论家所称的“联合决策模型”。联合决策模型寻求的是“调节利益的方案”，而不是理性模型中“解决问题的信息”。政策领导人认识到，最有效的方案未必会被不同的利益集团所接受，最佳的选择是他们把它推销给他们的关键支持者。尽管有人认为联合决策模型意味着“正常”决策的某种中断，但在今天这个充满活力的多元文化世界里(尤其是在公共部门和非营利部门)，它往往是规则而不是例外。

当然，试错决策模型和联合决策模型要么假定方法的确定性，要么假定过程的目标已经确立。所有剩下的都是对其他变量的填充。为公共组织或非营利组织服务过的任何人都将会告诉你，两套问题都需要做出很多次回答。这些情形表现为持续的低潮和领导层 177
的流动、政策环境的不断变化，利益相关者中各种联盟的转换。在这些情形下，领导者发现自己可以利用“垃圾桶决策模型”。(这听起来是否很熟悉？若不是，很快就能变得熟悉。)随机性取代了理性。事实上，科恩、马奇和奥尔森(1972)曾把那些以垃圾桶决策模型作为常规政策的组织描述为“有组织的无政府状态”。

这里所描述的组织决策方法不应被视为相互排斥的。根据政策环境中不断变化的条件，公共组织和非营利组织的领导者应该探寻各种方法。实际上，最有效的管理者能够“读懂”不断转换的条件，并在对理性的要求和对“政治晴雨表”的敏感性之间取得平衡。

组织文化、组织学习和战略管理

上一代对管理和组织的诸多讨论都强调理解组织“文化”的重要性，在私人部门尤其如此。大多数学者认为组织文化是指构成组织运行基础的态度、信仰和价值观的基本形式。组织文化包括该组织成员具有的共同的理念。埃德加·沙因(Edgar H. Schein)(1997，pp. 8—10)指出，组织文化可以多种方式体现出来，包括如下方面：

1. 人们互动时可观察的行为规律。他们所用的语言、传统和习俗的演变，他们在不同情境下所采用的礼节。

2. 团队规范。工作团队中逐渐形成的潜在的标准和价值观，比如霍桑实验中工人之间演变出来的“做一天公平的工作，得一天公平的工资”的特殊规范。

3. 所信奉的价值观。团队声称要试图达到的明确的、公布于众的原则和价值观。

4. 正式哲学。指导一个团队对股东、员工、顾客和其他利益相关者行事的广泛的政策和思想原则。

5. 游戏规则。在组织中友好相处的潜规则，以及新人若想被接受就必须掌握的“窍门”——“我们在此做事的方式”。

6. 氛围。通过物理布局和组织成员之间相互交流，以及组织成员与顾客或外部人员之间相互交流的方式而在团队中得以传递的情感。

7. 嵌入技能。团队成员在完成特定任务时所展现出来的特殊技能，一种无需用书面形式阐述就能使某些事情代代相传的能力。

8. 思维习惯、心智模式和/或语言范式。共同的认知框架，这一框架指导团队成员所
178 运用的观念、思想和语言，并在早期社会化进程中传授给新成员。

9. 分享的意义。团队成员相互交流时自然发生的彼此之间的理解。

10. “根隐喻”或集成符号。各团队形成的用以显示自身特色的观念、情感和形象，可能会也可能不会被有意识地领会到，但会在团队的建筑物、办公室布局以及其他设施上表现出来。

正如这些特性所建议的，组织的一些最重要的方面与正常的团队互动中共享的明确特征无关。一个组织内外交流的独特方式、组织的奖惩系统以及团队成员认识自己和外部世界的方式，都起源于更深层次的、通常无需辩论的价值观和信仰系统，这种系统将组织界定为一个整体(Schein 1997)。

你会怎么做？

作为一名新上任的城市管理者，你想改变你的组织文化以体现对公民服务更多的承诺。你会怎么做呢？

组织文化的这些层次代表了它们自身的核心关怀。它们以非常不同的方式展现出团队的本质。而当组织文化与有计划的组织变革相关联时，它变得更加重要。组织面临着其内外环境中存在的多种动态的条件——各种社会、经济和政治因素影响着组织的业绩。成功的组织会保持灵活性以应对这些不断变化的条件。然而，鉴于组织文化的多元层次，组织中的改变不能仅停留在表面。如果变革是持续的，那么组织的基本信仰和价值观系统必须转变(Schein 1997；Senge 1990)。

关于这一点，组织文化的概念与另一个重要的管理概念紧密相关：组织学习。学习型组织认识到，导致错误的主要因素，或者团队预期行为和实际行为之间的差距(Argyris 1993)以及因此而产生的变革障碍，都深深扎根在组织的集体意识之中。它们不被谈及，甚至团队成员都不能立即认识到。因此，成功成为学习型组织的团队，以及那些能够改正错误并克服阻碍的团队，能够在组织的表层行为和组织文化的根本层次上成功地进行变革。

例如，由于员工满意度的下降和工作人员之间的内斗，一个组织的业绩开始遭受损害。当务之急可能就是改变组织行为以减少内斗并改善工作生活质量。这种表面层次的改变是一种单循环的学习形式。然而，这种行为改变很可能不能首先解决产生内讧的深层问题。为了解决更加深刻的问题，需要进行双循环学习，或者在基本的信念系统进行变革。组织的行为和价值观都需要受到影响。 179

在其《第五项修炼》中，彼得·圣吉(Peter Senge)提出了有益于建立学习型组织的五大原则：

1. 自我超越。这项原则把个体学习、个人技能和心灵成长与组织学习相结合，它涉及一个人持续地关注最重要事情的固有能力，同时确保对现实的看法依然清晰、真实(Senge 1990，p. 141)。

2. 心智模型。这项原则把我们观察世界的方式——我们对"事物如何运转"的假设——与创新和学习相连接。我们的心智模型可能会对新思想构成重大障碍，这些新思想与目前我们对现实的理解相冲突，或者它们可能成为新的知识和创造性学习的源泉(Senge 1990，pp. 174—178)。

3. 共享愿景。在此原则中，一种形象或想法转化成整个组织或团体都共享的一股强大力量。有着共同愿景的组织是"由共同渴望连接在一起的"(Senge，p. 206)。

4. 团队学习。该项原则反映的是一个团队的凝聚力，是把各个个体融合成一个整体团队的能力。团队通过其共同的愿景保持连贯性，从而确保个人学习转变为团体经验——实际上是共享经验(Senge 1990，pp. 234—235)。

5. 系统思维。这项原则展示了人类行为——无论是在商界、政府，还是其他领域——如何表现一系列系统的、相互关联的事件。因此，通过认识到我们的行动与其在更广泛的系统中所产生的后果的关联性，我们可能理解并影响变革。JP2 能够实现这种系统思维的那些人——圣吉称其为"第五原则"——包含了个体学习和组织学习的概念(Senge 1990，p. 7)。

网络链接

> 由多伦多大学的研究生所开发的网站有着对组织文化不太正式的介绍：www.oise.utoronto.ca/～vsvede/culture.htm。然后，请访问麻省理工学院的社会组织学会网站：www.solonline.org。该网站讨论有关组织文化和变革的研究。

组织文化和组织学习概念的融合为理解组织变革提供了重要基础。然而，这些概念也涉及一个更古老的概念，即战略管理，它在当代社会仍至关重要。彼得斯(Peters)和沃特曼(Waterman)合著的《追求卓越》(1982)一书，在对指导美国大多数成功企业的潜隐哲学的分析中，介绍了这一概念。与三十年前一样，大部分工作在今天仍然颇具价值。彼得斯和沃特曼特别指出建立核心价值观的重要性，它包含组织的使命，并形成决策结构。他 180
们建议要重视管理者与工作人员、组织和顾客之间的经常交流。尽管像走动式管理("MBWA")这样的术语可能显得过时了，但是支持与组织成员保持密切联系的领导原则已经显著增长。

这些追求卓越的准则可以毫不费力地应用于公共部门之中。例如，国际城市管理协会和卓越地方政府中心(Center for Excellence in Local Government)曾经调整彼得斯和沃特曼的准则，用以界定地方政府的卓越。

1. 行动导向。通过与各种结构性的、政治的、法律的和环境的约束作斗争——这些限制使政府采取行动比私人部门采取行动更困难，卓越的地方政府能够发现问题并迅速解决问题。

2. 亲民。这项准则涉及政府要与其所服务的市民(包括受规制违背其意愿的那些人)建立并保持各种紧密联系。卓越的地方政府应当聆听公众意见，并对其具有敏感性和回应性。

3. 自治和企业家精神。卓越的地方政府形成了有利于孕育思想和创新作为以解决问题的氛围。即使面临资源不断减少的情况，他们也有执行创造性解决方案的跟踪记录。

4. 员工导向。比起对员工需求开空头支票来说，这项准则所要求的更多。卓越的地方政府坚持以深切的、无所不在的人性和成熟理性的方式对待雇员。

5. 价值观。卓越的地方政府有一套明确的价值观。他们的焦点全部在于通过向公众提供优质服务以达到最好。他们的价值观清晰地传达给雇员，并定期作出示范。那些价值观也为员工提供了激情和自豪的源泉。

6. 使命、目标和竞争力。使命是组织的内在基石。基于不断变化的资源水平和市民需求，卓越的地方政府评估自己的使命，并把使命宣言作为设定团体与组织目标的基础。卓越的地方政府把提供始终如一的、标准的服务，纳入其明确的使命范畴内。

7. 组织结构。在卓越的地方政府中，陈旧的官僚制结构所带来的潜在消极影响已经变得最小化。这些组织拥有较少的管理层级和集权人员。它们提供坚定不移的中心方向，同时给员工最大的自主权。

8. 政治关系。政治关系所指的不仅仅是民选治理机构怎样与管理人员合作。在卓越的地方政府中，管理者和政策制定者已经适应了政治环境，彼此之间建立了积极、开放和尊重的关系，并建立了政治稳定(Barbour 等人，1984)。

最近，基于对澳大利亚、加拿大、大不列颠和美国一些相当成功的公共管理者的采访，罗伯特·B. 登哈特(1993)详细列出了公共管理的几条路径。登哈特的研究表明，因其质量和效率的提高而受同僚高度尊重的这些管理者拥有自己独特的管理风格，它与传统的
181 规则驱动的官僚制运行模式不同，但仍有很多相似之处。如下所示，就是这些“革命性”的公共管理者所使用的路径：

1. 价值观承诺。管理者很少通过关注组织结构以寻求组织变革，更多的是通过形成有关组织使命和价值观的普遍承诺，尤其是专业和诚信、服务和质量的价值观。价值观通过行政长官清晰阐述，并由整个组织共享。

2. 服务公众。管理者优先考虑服务顾客和市民。这种优先权是由绩效和职责的高标准以及对质量的持续强调来支持的。最为重要的是，管理者认识到仅仅在技术方面努力是不会成功的，除非在人性方面也给予相同甚至更多的关注，尤其是要在组织内部建立团队意识，在组织外树立合作意识。

3. 赋权和分享领导权。管理者鼓励组织内所有成员的高水平参与，以努力提高组织

的质量和效率(参见专栏5.1)。通过对全体组织成员赋权以确保其各自职责范围内的领导权,顶级的领导层得到了补充。

4. 务实的渐进主义。变革是通过一个随意的过程发生的,在此过程中,管理者追求各种意外的机会,以使组织朝着期待的方向发展。管理者将变革视为组织生活中一个自然而然的适当特征,并运用一种创造性的、人道的改革路径,同时考虑组织成员、顾客和其他人的个人关注和兴趣。

5. 献身于公共服务。全体组织成员都理解并欣赏公共服务的特殊品性,尤其是公共组织在民主的政府过程中所发挥的作用。管理者坚持认为组织成员应该保持高水平的标准,并鼓励他们把组织建设成为同等水平人群的完整模型。

登哈特认为,这些公共管理路径不仅仅是用于追求组织利益的技巧,而且是与公共服务的历史和传统相一致的思想。对于许多公共管理者和雇员来说,在背后驱使他们作出最大努力的动力,并不是追求个人利益,而是追求对他们工作的意义或重要性的感觉。随着管理者越来越多地意识到这一因素并对之思考,公共组织变得对顾客和市民越来越具灵活性、创造性和回应性。

最近,吉姆·科林斯(Jim Collins),一位在企业管理领域非常知名的学者,提出了一个实现高水平的公共服务成就的想法。在其专著《从优秀到卓越:为什么有些公司实现了飞跃,其他的则没有?》(2001)和接下来的《从优秀到卓越和社会部门:有关从优秀到卓越的专论》(2005),明确指出公共组织不应该盲目学习企业实践,理由很简单,因为公共组织的成就不能通过所赚利润来衡量。对于卓越的私人公司而言,从货币角度衡量投入和产出是非常合理的,而对于卓越的公共组织来说,货币可以用来衡量投入,但衡量成功产出的合理方法应该是提供"卓越的绩效"并"在长时间内产生明显的影响"(Collins 2005, p.5)。 182

专栏5.1　重新发现你的员工的十大秘诀

1. 积累应急管理经验。研读问题,确定意外情况如何在组织中以明显的方式体现出来,然后着手改变意外情况发生的习惯和程序。

2. 利用复杂性。对复杂情况的管理与应急管理恰好相反。复杂性管理是一种非直线型的管理模式。它不仅仅是一种理论。应该学习它在实践中的意义,还应该激发员工采用新的工作方法。

3. 制订计划并坚持不懈。对员工而言,应急管理中所有的不可预见性和非确定性都是令人不安的。它会给人一种缺乏方向、缺少可信度和自相矛盾的印象。学会制定能够接受并适应挑战的计划,而不是一味顺应外来要求的计划。为意想不到的事做计划,预测难以预知的事。

4. 重新评估你看待组织文化的方式和态度。要认识到,组织文化会受到高层管理者的影响,而不是控制。不要错把绝对顺从当成文化变革。组织文化是员工生存的一个机制;在这之下可能有愤怒在沸腾。

5. 设法让所有员工都参与到组织文化重建、评价和发展中来。记住,是你的员工创造了文化,因此,让他们保持积极、奋进的状态,会产生一种积极、奋进的文化。

6. 仔细观察你的组织文化信息和符号，并且问问你和你的顶尖团队是否释放出了这些信息和符号。一个外来者第一次来到你的地方，能否理解你所宣传内容的意思，又或者你所宣传的仅仅只是更多空话？花些时间让你的价值观能够体现一些东西。

7. 思考一下，你如何才能停止对授权工作实践的讨论，并开始付诸于文字记载，从而让人们相信你是认真的。立下契据是个不错的主意。

8. 记住，委派代表不是授权。检查一下你的授权方式，并确保管理者不会把工作当作“发展机遇”而传递给他人。员工总是能够看到此中真相，而且它造成的只有损害。

9. 请员工采取主动行动。真正的授权是为人们自我赋权创造空间。支持并鼓励这种行为，而不是口头上说说而已。

10. 要清醒地认识到：管理主义命令方式的改变可能会使组织变得更加灵活和精简，但是，应该谨慎控制其对民众政策的影响。

来源：Paul Davis,“Too Busy Managing to Lead? A View from ‘Down Under’,” *Public Management* 89 (1)(January/February 2007)：28—32。

科林斯(2005)为建立“卓越的”公共组织提出了五个必不可少的要素：

1. 界定“卓越”——不用企业指标测定成功(p. 4)。公共组织在提供服务时应该追求卓越。在作者看来，“重要的不是找到完美的指标，而是确定一个明智的、连贯的评定产出成果的方法，然后严谨地跟踪过程”(Collins 2005，p. 8)。他给公共组织的建议，实质上是
183 要集中在卓越的产出上。

2. 第五级领导——在散漫的权力结构中把事情做好(p. 9)。第五级领导者是指能够“通过个人谦逊和专业意愿的矛盾结合建立持久卓越”的领导者(Collins 2005，p. 12，第五级领导/第五等级)。正如作者所暗示的，真正的领导者是那些授权予人者。当人们拥有不追随他们的自由时，这些领导者仍受人们拥护。

3. 先人后事——在社会部门的限制中，让正确的人上车(p. 13)。真正的领导者还要清楚谁应该“在车上”，并且知道怎样吸引正确的人“上车”；也就是说，他们懂得怎样克服社会部门的限制，招募有积极性的并且能够胜任的“卓越”(不是优秀的或者普通的)人才。

4. 刺猬概念——在没有利润驱动下，反思经济引擎(p. 17)。为了能在社会部门的所有约束下保持高效，社会部门的管理者应专注于三项要素：“激情”、“最优”、“资源引擎”(Collins 2005，p. 19)。“激情”指的是组织的价值观和核心使命；“最优”指的是组织特有的活动；“资源引擎”指的是时间、资金和品牌的恰当结合。

5. 转动飞轮——通过品牌建设打造动量(p. 23)。社会部门中的组织应树立品牌，通过品牌，人们会以一种积极的方式认识这个组织。品牌帮助这些组织取得卓越的绩效。但是，只有意识到应该在组织内部做出改变的时候，组织才能够建立品牌。换句话说，当部门自身可能面临巨大挑战时，社会部门组织应该认识到自身优势，并着手建立和改进它们的“卓越之袋”(pocket of greatness)(Collins 2005，pp. 28—31)。

公共管理指导原则

作为一名公共管理者，你能从这些不同的观点中学到什么以引导你的行为？回答该问题的一种方式，是根据指导实践的方针原则，总结出一些管理思维。近期战略管理文献提出了以下指导原则：

1. 在组织的优先事项、宗旨和目标方面，保持清晰透明。尽管在阐述组织的优先事项、宗旨和目标时，通常难以避免地会存在一些模棱两可，但是大多数组织在这些问题上有点太过模糊。这种模糊使得组织里的所有人，包括那些经常要对组织方向做出决策的人，没有一个适当的基础用于做出此类决策。组织方向应该尽可能的清晰明确，并广泛地传达给所有成员。

2. 从未来最有可能发生的情况的角度，做出今天的决定。战略管理意味着从"未来"角度制定所有的组织决策——即他们将怎样面对环境的预期变化。它意味着根据预期情况采取一切行动，从而将组织置于最佳位置以利用未来的机遇。

3. 留意你所管理的组织的背景，尤其是与政府系统中其他行为者的关系。在大多数组织中，存在这样一种自然而然却又很不幸的"隧道视野"(tunnel vision)趋势。从即时的 184
角度考虑行动，而不考虑谁将受到这项行动的影响。承认环境的重要性是战略思维所必不可少的。

4. 清晰理解组织的能力和有限性。只有当新项目和新政策处于组织现有的能力范围内或者为组织的能力建设提供足够机遇的情况下，它们才能够得到有效执行。资源没有得到充分利用或者变得过度都是危险的。

5. 在项目目标与对组织价值观和程序的关注之间建立平衡。清晰确定项目目标很重要；然而，组织的文化与组织成员的现行规范、信仰和价值观也同样重要。诸如领导、沟通、激励、群体动力等组织程序也需要持久的关注，因为它们对于目标的实现至关重要。

6. 创造各种暂时的和永久的机制，以便继续重新商议项目和程序。项目关注和组织程序都以影响组织所有成员的方式持续变化着。因此，对优先事项、宗旨和目标的明确规定绝对不会导致僵化。事实上，机制必须允许和鼓励组织的全体成员定期为项目和程序的重新界定作贡献。

7. 通过公开交流和真正参与，建立信任和承诺。我们借以衡量组织所鼓励的参与程度的指导方针，包括成员对信息的获取和参与决策论坛，他们公开任何议题而无需担心报复的能力，以及他们对自己的想法将至少被决策者考虑的感觉(Redford 1969, p. 8)。

这里所回顾的许多工作，对于公共部门和私人部门的管理都同等适应。但有趣的是，管理领域最近一些普遍的趋势已经在公共部门的管理中得到提前运用。公共组织对多元化决策程序(即不同团体和个人都有可能参与的程序)的依赖，使得公共部门管理变革的程序异常复杂。它也意味着，大多数实施或变更项目的努力，很可能受高度的含糊性和不确定性所遮蔽。管理者必须对跨越组织边界的协商相当熟稔，而不是期望"从顶部"来控制境况。另外，公共组织必须要有服务导向——明确说来，就是要理解公共利益，并努力采取符合公共利益的行动。我们认识到，寻求公共目的的组织必须公开运作，认识到顾客利益，并理解其运作所处的政治背景。

既然如此，现在看来是“现代管理”很大一部分的价值和观念（如与战略管理或全面质量管理有关的价值和观念），一直居于公共行政理论的中心地位（如果不是主导地位），这一点都不奇怪。例如，马歇尔·迪莫克（Marshall Dimock）曾经评论说，“成功的行政是温暖的，能够产生共鸣的。它是人性化的。”这听起来很像是彼得斯和沃特曼的语录。可能有人会争辩说，与伍德罗·威尔逊关于公共机构应该像企业那样运作的忠告相反，看来公
185 共组织与其所代表的价值和利益今天应该成为并且正在成为各类组织的模板。

然而，在这个重塑政府和管理主义政府的年代，有理由注意到，企业价值观已经覆盖了伴随我们民主理论的公民道德。与培育有意义的契约精神和维持公民社会中的公民参与相比而言，公共行政有时似乎更加关注对企业家精神的鼓励。我们致力于让顾客满意，却忽视确保公民的公平、公正和平等，这是很危险的。

在讨论近期对再造运动的批评时，我们将注意到，公民不仅仅是政府的顾客，同时也是政府的业主。把这种关系置于经济角度，减少了公民在治理过程中的作用（和责任）。这种批评为我们的公共管理概念带来了重要的含义。具体说来，在目前的框架内，公共行政人员能够从工具角度看待公民，于是相信，通过实现有效的、市场导向的服务系统，就能维持公民的信任和参与。在这种背景下，公民参与可能被局限为是对已经以更合理的形式制定的公共决策的合法性来源（不同的观点，见 Bryson and Crosby 1992；Chrislip and Larson 1994；Thomas 1995）。

这种有局限的参与概念，不仅弱化了我们的公共管理和公共行政系统（它消除了公共领域的决策流程），还对我们公务员现在享有的公民信任水平构成了毁灭性的威胁。公民已经表示，他们对诸如效率和绩效等管理目标的信心越来越少，而更加信赖回应性和公平等价值观。然而，人们很容易忘记这个重要的信息，只顾着为更高的生产效率而努力。

我们再次遇到的问题是“在公共项目的运作中，我们如何才能在效率和回应性之间建立平衡？”公共行政领域通常倾向于等式的效率方面。然而，现在有越来越多的证据表明，强调回应性不仅符合民主原则，而且从长远来看，它也可能是最有效的运作方式。鉴于组织的结构观点倾向于强调内部效率，显然，对外部关系和跨组织协商能力的更多关注，在我们日益复杂的社会里将会变得越来越有必要，对于一个培养创造力的组织环境而言也同样变得越来越有必要。

形成一种“民主”的管理路径，通常引起公共行政理论家的注意力，因为似乎只有这样才是恰当的，即民主社会的政府机构应当民主运作。我们越来越多地发现，这种路径不仅具有吸引力，而且对所有类型组织（不仅仅只是那些公共部门组织）的生存都是必要的。

管理的后现代叙事

刚刚讨论的组织形象近年来受到了来自不同立场的人们的批评。有些人挑战有关管理和组织单一、统一概念的主张；有些人则质疑管理理论过度实用主义的性质；还有些人
186 试图反对传统理论的政治背景，尤其反对由精英行使权力，使得无权者边缘化。现在，我们将在后现代主义的指引下讨论关于组织的这些对立观点。但是，我们会发现即使这个术语也是有问题的，因为后现代主义无视我们的变化趋势，而只是把各种不同观点归入一

个单一的、明确的理论。

后现代主义

后现代主义的哲学渊源,可以追溯到20世纪60年代后期一个以后结构主义著称的法国哲学流派。后结构主义者对现代主义哲学的许多核心假设持异议。例如,突出现代性对启蒙运动的感恩,后结构主义者反对将理性、客观性以及运用科学准则解释社会世界置于现代性的首要地位。他们支持更加多样化的社会"读物"——基于符号学和语言学的新的认知途径,以帮助探索社会现象的象征性内容。这种影响有助于实现社会学理论中的"语言学转向"。

在管理理论中,蕴于后现代主义者批判当中的一个关键主题集中于知识的多种来源,在我们的组织经验里常常会遇到这些知识——我们可以称之为碎片。正如哈奇所解释的,"后现代主义者挑战了现代主义者对于统一观点的渴望,他们认为知识在本质上是支离破碎的——知识的来源表现为众多又各异的点点片片,以至于根本不可能将它们整合成一个集成的、单一的观点"(Hatch 1997, p. 44)。因此,我们将面对这样的问题:鉴于公共组织和非营利组织日益全球化、网络化的特点,我们如何才能在一个核心的、完整的管理理论中坚持一种信念?

后现代主义者挑战的第二个重要主题就是所谓的"进步神话"。这起源于现代性的假设,即我们的科学知识是累积过程的结果,在先前理论之上统一建构一个理论,实现改善人类状况的共同目标。与一些利他企业不同,后现代主义者认为,经由掌权者出于维持其地位现状的目的,启蒙运动及其现代性产物被证明是对科学知识的一种批量滥用。事实上,甚至人类共同目标的理念都揭示了现代主义的权力饱和与新殖民特征。所以,怎样才能假设我们是在一个能够决定什么是全社会最佳利益的位置上,更不用说利用一个特定的知识形式来界定和评估政策备选方案?

为了应对这些趋势,后现代理论家采用了被称作"话语分析"的叙事装置。话语分析首先将诸如口头、文字或图像说明的组织调查报告视为话语形式,然后利用话语分析对这些说明进行解构,以揭示潜在于内容之中的现代主义者的假设。话语分析揭穿(并挑战)了部分"作者"按照现代主义者的传统提供一些有关组织或社会的宏大叙事类型的企图。然而,另一个目标是更多的定向行为,同时包括使用话语分析以扭转组织背景中语言的权力饱和状态。它为组织说明中更多样化的"声音"打开了大门——包含了历来受剥夺的对 187
社会管理经验的参与权。

性别和权力问题

女权主义者使用话语分析和后现代主义的自由经验,对传统的组织和管理理论发起了一场持久的批判。这场批评的核心是组织等级中基于性别因素的权力分割,女权主义者简·弗拉克斯将这视为现代管理中的"性别分工"。

在第8章,我们将讨论限制女性在工作中得到提升的"玻璃天花板"。然而,弗拉克斯指出,这种结构障碍将带来一种必然结果,即女性倾向于被雇佣在由绝大部分女性所构成的工作领域,薪水较低,并且女性工作者受制于性别定型的角色,像儿童看护(学校老师)、房屋清洁（秘书）和“女性工作”的其他形式（Hatch 1997，p. 293）。

通过质疑是什么导致妇女的工作薪酬较低，玛丽·盖伊（Mary Guy）和梅雷迪丝·纽曼（Meredith Newman）（2004）对这个问题进行了研究。他们使用“情绪劳动”这一术语，指出一些工作需要“女性与生俱来的情绪工作思维，如照顾、协商、同情，理顺棘手的人际关系、幕后工作以实现合作”（p. 298）。这类工作大部分是隐性的，并且是不完全补偿的。公共服务严重需要这样的技能，但是薪酬和提拔系统没有认识到也没有补偿这类工作。

对于无权者的关注可能为女权主义理论提供了最具说服力的论点。从新马克思主义批评理论的基础出发，女权主义者质疑我们在后工业时代的组织方式的合法性。对他们来说，研究组织和管理理论，跟研究证明精英滥用权力合法性的知识来源同样重要，这些精英的唯一目的是保持社会、政治和经济秩序。甚至后现代主义本身也遭到了女权主义批评者的攻击，他们将后现代主义理论看成是转移人们对日常工作生活中的大量权力问题和不平等问题的关注。

此外，不同于有关全球市场经济和政治空间民主化的拥护者的描述，女权主义批评者认为，全球化和工业国家实施的新的治理形式并没有做出什么贡献，除了将北部和西部对权力和经济至高无上的追求带到了新的地带。结果是进一步加剧了女性的边缘化，这在被认作是“第三世界”社会的处于发展中的共同体里尤甚。

小结与行动启示

正如我们所看到的，你的行为受脑海中的想法指引。有些想法涉及公共机构在民主
188 社会中的角色，有些涉及一个复杂的公共组织最有效与最可靠的运行方式，还有些则涉及你与政府系统内外其他行动者所建立的关系。在你的职业生涯中，你需要在经验、认真反思和自我批评的基础上形成和完善你的想法。通过将你的想法（和方法）与其他人所建议的想法进行比较，你也会从中受益。

这些年来，公共行政的学者和实践者花费大量时间，用于反思其工作的本质并挑选出构成成功公共管理的因素。每一个“理论”都代表一种尝试，这种尝试建议你应该将注意力投向何处。因为你不能一次关注所有的事情，经过一定量的选择才会着手理论的构建。每一个理论都意味着是对为成功管理所意识到的和所做的最重要事情进行的评估。

早期学者认为组织结构问题是最重要的，因而他们花了大量时间对结构进行了详细关注。后来的理论家（有些是实践者）感觉到，对组织中个体行为的关注即使不抵消也应该平衡对结构问题的关注。还有另外一些学者则从行为到结构又回到行为，以寻求进一步完善。更现代的路径强调组织的文化或价值结构，但是还有一些路径挑战的正是当代社会的组织方式的观点。

然而，我们当下应该注意到这种特别现象，即公共组织工作人员经常存在价值观问题。我们已经不止一次地看到，公共服务的价值观（对公共利益的追求）影响到公共组织工作人员的工作。在企业以及与服务和人类价值观相关的领域中，当代学者所关注的事情正是公共行政工作人员一直以来不得不应付的问题，特别是随着他们面临挑战必须找到一种与民主社会需求相融合的管理形式。

术语与定义

可接受领域(Area of acceptance):下属愿意接受上级所做决定的范围。

边界跨越(Boundary spanning):一个组织对外部团体和组织的代理。

有限理性(Boundary rationality):个体寻找最优可行性方案,但从经济角度看不一定是最理性的。

功能性原则(Functional principle):横向分工。

组织发展(Organization development):以过程为导向的计划变革的路径。

组织文化(Organization culture):潜在于组织运行中的态度、信念和价值观的基本形式。

组织学习(Organization learning):通过认知团队应该发生与实际发生的结果之间的差异来纠正错误并为未来吸取教训的过程。 189

政治经济学方法(Political economy approach):侧重于将政治和经济作为分析组织行为的范畴。

标量原则(Scalar principle):在不同组织层级间的纵向分工。

科学管理(Scientific management):以谨慎制定的法律、规则和原则为基础的管理方法。

战略管理(Strategic management):一种以系统为基础的管理方法,它寻求在宗旨和目标、实现这些宗旨和目标的战略、衡量成果的评估过程等方面实现清晰化。

系统方法(System approach):建议能够用与生物或物理系统一样的一般方式看待公共(或其他)组织。

思考题

1. 讨论早期学者所倡导的公共管理方式。
2. 解释道格拉斯·麦格雷戈的X理论和Y理论的管理概念。
3. 比较赫伯特·西蒙和克里斯·阿吉里斯的管理方式。
4. 系统方法和政治经济学方法把人为因素与组织结构方面的因素结合起来。试讨论这两种方法的差异。
5. 与组织文化相一致的共享假设,埃德加·沙因列出了哪些?彼得斯和沃特曼对这个清单做了哪些方面的贡献?
6. 如今组织文化和战略管理工作所蕴含的基本哲学观点是什么?

案例与练习

1. 把你们班分成四个小组(或是四的倍数)。让每一个组都将你们班看作一个组织来加以分析,需要考虑到权力和权威、沟通、激励、团体动力等问题。进行分析时,第一小组只从结构的视角，第二小组只从行为的视角，第三小组只从系统的视角，第四小组则可采用其成员认为是最新颖和最全面的任何视角（或综合各种视角）。然后，由各个小组（或者
190 根据成员数量，每组选出一名代表）向全班同学汇报他们的结论。每种视角都能允许你看到一些特定东西，而阻止你看到另外一些东西。从结构的视角你看到了什么呢？从行为的视角和系统的视角，你都分别看到了什么呢？各视角的混合可能看起来是最全面的，但要考虑这种现代观点忽略了很多事情的可能性，并且，尽管我们认为这种现代观点是全面的（正如使用先前观点的那些人认为他们的观点是全面的一样），关于组织（即使是小规模组织），可能还有很多留待理解。未来我们还可能碰到其他哪些问题呢？

2. 全班同学研究一个小型组织的内部关系。这个组织可以是大学的一个部门（学院或人力部门），可以是城市、州政府或联邦政府的机构，也可以是一个地方性的非营利组织。挑选一个可以清晰识别的组织，如果可能的话，这个组织最好是看起来有足够的自主权。基于对其高层管理者和上层职员的采访，绘制一个能够展现该组织与其环境中其他组织之间关系的图表。（一个类似分子结构的模型可能是合适的。）标明各种关系的重要性、关系的积极性或消极性程度和关系的必要性程度。尝试看看，与内部组织工作相比，管理者和职员花费在外部关系上的时间是多少。

3. 以下是来自奥克兰市（加利福尼亚州）的使命说明。

奥克兰市有义务提供有效、文明和可靠的服务。公平对待市民和雇员，尊重其人格和尊严。通过不断追求卓越和一支珍视与体现奥克兰社区多样性的劳动力队伍，来满足市民和雇员的自豪感。首先，这项说明渗透于整个组织。对于既定的事情而言，你想给这个说明增加一些什么要素？其次，思考城市与其市民之间的关系。对于处理城市与其市民之间的关系，增加什么样的哲学观点是合适的呢？最后，鉴于这项说明以及你的修正，为了使他们的（和你的）承诺付诸实践，你将向该市的民选官员和被任命的官员建议什么样的具体步骤呢？

拓展阅读

Ban, Carolyn. *How Do Public Managers Manage?* San Francisco: Jossey-Bass, 1995.

Baum, Howell S. *The Organization of Hope*. Albany: State University of New York Press, 1997.

Bennis, Warren, Jagdesh Parikh, and Ronnie Lessem. *Beyond Leadership*. Cambridge, MA: Basil Blackwell, 1994.

Block, Peter. *Stewardship*. San Francisco: Berrett Koehler Publishers, 1993.

Boje, David M., Robert P. Gephart, Jr., and Tojo Joseph Thatchenkery, eds. *Postmodern Management and Organization Theory*. Thousand Oaks, CA: Sage Publications, 1996.

Box, Richard C. *Critical Social Theory in Public Administration*. Armonk, NY: M. E. Sharpe,
191 2005.

Caiden, Gerald. *Administrative Reform Comes of Age*. Berlin: W. de Gruyter, 1991.

Carnavale, David G. *Trustworthy Government*. San Francisco: Jossey-Bass, 1995.

Cohen, Steven, and Ronald Brand. *Total Quality Management in Government*. San Francisco: Jossey-Bass, 1993.

Colins, Jim. *Good to Great and the Social Sectors: A Monograph to Accompany Good to Great*. New

York: HarperCollins, 2005.

Crosby, Barbara C., and John M. Bryson. *Leadership for the Common Good: Tackling Public Problems in a Shared-Power World*. 2nd ed. San Francisco: Jossey-Bass, 2005.

David, Charles R. *Organization Theories and Public Administration*. Westport, CT: Praeger, 1996.

Denhardt, Robert B. *The Pursuit of Significance*. Belmont, CA: Wadsworth, 1993.

Denhardt, Robert B. *Theories of Public Organizatio*n. 2nd ed. Belmont, CA: Wadsworth, 1993.

Diamond, Michael A. *The Unconscious Life of Organizations: Interpreting Organizational Identity*. Westport, CT: Quorum Books, 1993.

Dunn, Delmer. *Politics and Administration at the Top*. Pittsburgh: University of Pittsburgh Press, 1997.

Farmer, David John. *The Language of Public Administration*. Tuscaloosa, AL: University of Alabama Press, 1995.

Farmer, David John. *To kill the King: Post-Traditional Governance and Bureaucracy*. Armonk, NY: M. E. Sharpe, 2005.

Fox, Charles, and Hugh Miller. *Postmodern Public Administration*. Thousand Oaks, CA: Sage Publications, 1995.

Fredrickson, H. George. *New Public Administration*. Tuscaloosa, AL: University of Alabama Press, 1980.

Frost, Peter J., Arie Y. Lewin, and Richard L. Daft, eds. *Talking About Organization Science: Debates and Dialogue from Crossroads*. Thousand Oaks, CA: Sage Publication, 2000.

Grubbs, Joseph W. "Cultural Imperialism: *A Critical Theory of Interorganizational Change.*" *Journal of Organizational Chang Management* 13, no. 3 (2000): 221—234.

Guy, Mary Ellen, and Meredith A. Newman. " Women's Jobs, Men's Jobs: Sex Segregation and Emotional Labor," *Public Administration Review* 64(3), 289—298, 2004.

Ingraham, Patrica W., Philip G. Joyce, and Amy Kneedler Donahue. *Government Performance: Why Management Matters*. Baltimore: Johns Hopkins University Press, 2003.

Kass, Henry D., and Bayard L. Catron, eds. *Images and Identities in Public Administration*. Newbury Park, CA: Sage Publications, 1990.

Kettl, Donald, et al. *Cutting Government*. Washington, DC: Brookings Institution, 1995.

Lee, Dalton M. *The Basis of Management in Public Organizations*. New York: R. Long, 1990.

Milakovich, Michael. *Improving Service Quality*. Delray Beach, FL: St. Lucie Press, 1995.

Morgan, Gareth. *Images of Organization*. 2nd ed. Thousand Oaks, CA: Sage Publications, 1997.

Omar, Ray. *Management Analysis in Public Organizations: History, Concepts, and Techniques*. New York: Quorum Books, 1992.

Peters, B. Guy. *The Future of Governing*. Lawrence, KS: University Press of Kansas, 1996.

Peters, B. Guy, and Bert Rockman. *Agenda for Excellence* 2. Chatham House, 1996.

Rainey, Hal G. *Understanding and Managing Public Organizations*. San Francisco: Jossey-Bass 1997.

Schein, Edgar H. *Organizational Culture and Leadership*. San Francisco: Jossey-Bass 1987.

Senge, Peter M. *The Fifth Discipline*. New York: Currency Doubleday Dell Publishing, 1990.

Senge, Peter M., et al. *The Fifth Discipline Fieldbook*. New York: Currency Doubleday Dell Publishing, 1994.

Shafritz, Jay M. *Classics of Organization Theory*. Pacific Grove, CA: Brooks/ Cole, 1992. 192

Stever, James A. *The End of Public Administration: Problems of the Profession in the Post-Progressive Era*. Dobbs Ferry, NY: Transnational Publishers, 1988.

Stivers，Camilla. *Gender Images in Public Administration*：*Legitimacy and the Administrative State*. Newbury Park，CA：Sage Publications，1993.

Terry，Larry D. *Leadership of Public Bureaucracies*：*The Administrator as Conservator*. 2nd ed. Armonk，NY：M. E. Sharpe，2003.

Wamsley，Gary，et al. *Refounding Democratic Public Administration*. Thousand Oaks，CA：Sage Publications，1996.

White，Jay D. *Taking Language Seriously*：*The Narrative Foundations of Public Administration*
193 *Research*. Washington，DC：Georgetown University Press，1999.

第6章
规划、执行和评估

制定政策和计划，把它们付诸实施，评估它们的成败，这对于公共部门和非营利组织的管理者来说，构成了一个重要的、循环性的工作周期。一个新的监控项目在巴尔干半岛首次启动，为了支持这一政策，美国海军组织了一个舰队在亚得里亚海巡逻，而政治军事领导人在评估这一项目的运行并决定下一步的行动。相似的，一项新政策涉及向全美所有家庭派发有关艾滋病的宣传资料，外科医生综合办公室召集了一个团队来监督这一政策的实施，邮递效率和宣传资料作为教育手段的效力都属于讨论的范围。同时，一个地方性的公园、娱乐部门和非营利组织一起为残疾运动员开展一项活动。当人员和资金到位并足以支持这一项目且项目开始运行后，娱乐部门的负责人询问起这一项目是否值得花时间和精力去做，是否比把这些时间和精力花在其他任务上更加值得。规划被制定出来，政策和项目被贯彻执行，组织的工作被评估，这些工作都被再三地重复着。

最近，这些问题显得愈益重要，因为公共和非营利部门的管理者被要求做更多事情，花更少成本，同时提供更多更好的服务。这导致很多人呼吁“为结果管理”——清晰地阐述公共目标，设计和执行计划，然后对照既定标准，测评政府或其他机构的绩效。“为结果管理”或“绩效管理”的理念表明了把详尽的规划、执行、评估结合在一起的重要性。

尽管规划、执行和评估均需要政治学的知识、公共行政的伦理背景和一定的人际技巧，但在过去的十年里，已经发展出各种各样的技术援助手段以帮助这三个领域中的管理者。这些技术援助手段包括以网络为基础的参与规划、战略规划或特定的测评绩效的定量模式。此外，这些技术还反映了公共和非营利组织行为解释方式的转变。公民、立法者和其他请愿团体要求公共机构不仅对他们花费公共和慈善资源的效率负责，而且也对他们实现公共目标的效益负责。诸如战略规划、流程再造和绩效测量等技术把公共组织和非营利组织的行为和特定的、可测量的结果联系在一起。通过这些技术的使用，公共行政人员可以说明他们自己的努力及那些努力在每个给定的政策领域内所产生的影响。 195

网络链接

美国审计总局 www.gao.gov 提供了与“为结果管理”相关的资料。更多的关于生产力和绩效管理的资料可参见美国生产力和质量研究中心网站 www.aqpc.org。

规划

所有的管理者每天都忙于规划，但是组织，确切说是整个政府，致力于更正式的规划过程，该过程时常涉及广泛的参与者、数据资料的开发及其他信息。通常，规划导致可供选择的一连串行动，并且每个行动必须经过检验以决定走哪条路。根据问题的层次，在检验和选择备选方案的过程中，管理者要么参与“政策分析”，要么参与“项目设计”，要么两个都参与。

最近，能够引起公众空前关注的一项规划是，纽约市面临着一个重大的决策任务，即如何重建在“9·11”恐怖袭击中遭受毁灭的商业片区。纽约区域规划协会召集“公民联盟”担当参与规划过程的先锋(参见 www.civic-alliance.org)。公民联盟是一个由大约 85 个不同的公民团体、企业、大学、基层组织和社区团体组成的联合体。他们联合起来征求公众的意见，请求公众关心支持，并提供建议给曼哈顿下城开发公司。曼哈顿下城开发公司是一个联结城市与州的组织，主管重建和复兴工作。公民联盟采用若干不同的方法为公民提供参与机会并且使他们的意见在这一参与过程中得到倾听。例如，被称作“倾听城市”的这一事件，在一个全天候的专题讨论节目中运用了面对面的对话和技术。超过 4,500 的人参与了小型的圆桌讨论，期间，网络工作人员用便携电脑记录并即时把参与者的想法传递给“主题团队”，主题团队确定出关键的主题和概念，并反馈给所有的参与者。参与者同样也可以通过键盘来反映他们的偏好和对特定问题的解答。继这些讨论之后，还有 800 人在一个小型的虚拟讨论团中交流了约 1 万条信息，并且在两个多星期中参与了许多在线民意调查，表达了他们的意见和偏好。

另外还有一些项目，其中就包括由纽约都市艺术协会发起的“想象纽约”的项目(参见 www.imagineny.org/aboutingmagineny/index2.html)。在该项目的第一阶段，动用了 230 个工作坊和一个交互式网站，请求公众回答三个基本问题：我们失去什么？我们发生了怎么样的转变？我们应该做什么？大约有 3 千 8 百人或参与了工作坊，或参与了在线问答，共提出 1 万 9 千条意见。随后各阶段，参与者们被要求就在原址上重建世贸中心的提议做出回应。尽管复兴计划还没有完成，但纽约市所采用的这一方法说明，运用新的策略
196 和方式使公众参与大型规划项目是一个潜在的趋势。

战略规划

规划并不只是用来回应危机，而是已经逐渐被公共部门和非营利部门所运用。学者们已经讨论过我们目前正在经历着的社会和科技的快速变化，以及由这些变化所带来的骚动和错综复杂。许多私人企业努力地认识这样的变化并对之作出回应，20 世纪六七十年代，这些企业就已开始着手一些项目，为未来发展而系统地进行规划。今天，超过一半的公共性商业公司在某些方面使用了战略规划方式，这一事实证明了上世纪六七十年代私人企业的那些项目是成功的。战略规划有助于实现组织的目标和能力与环境的预期要求之间相互匹配，有助于组织制定出可以确保实现目标的行动计划。我们可以通过几种

方法把战略规划与许多相似的长期计划区别开来。长期计划主旨在于确立一定时期的目标或成就标杆；它较少关注实现目标的具体步骤。另一方面，战略规划，意指一系列的行动步骤将成为规划过程的组成部分，并且这些步骤将指导组织在最近时期内的活动。战略规划把未来纳入考虑之中，但却是以改善目前决策这样的方式。

战略规划与长期计划的第二个区别是其对环境复杂性的特别关注。组织并非是想当然地生存在真空中的，相反，组织环境中存在着各种资源条件和限制因素，组织的目标和实现目标的步骤都寄身于这一背景之下。

两类计划的最后一个区别是，战略规划，特别是在公共部门中，是一个需涉及多个层级中众多个体参与的过程。正如许多管理者所熟知的，在组织实践中，那些涉及所有人都将受到影响的变革，是最容易实现的变革，也是有效的变革。这一普遍规则特别适用于那些经由战略规划过程所产生的变革。

有多种原因使公共组织致力于战略规划：(1)给组织制定清晰的目标和方向；(2)从众多具有冲突性的目标和行动中做出抉择；(3)应对预期将出现的环境变化；(4)收集组织工作中所有参与者的想法和意见。更为重要的是，规划活动提供了一个广泛参与的机会，领导人到民众都参与到有关明确社区或机构未来的发展方向上来，并以此方式来建构信任和承诺。

为规划而规划

作为一名管理者，你可能会对这样的活动是否适合你的管辖区或机构产生疑惑。无论你的工作是什么——在各级政府中或者一个非营利组织内，你都可以找到规划的先例。许多联邦政府机构、州政府机构、地方政府机构在多年前就已开展了战略规划项目，志愿者协会、公民服务组织、职业培训机构等也是如此。关键在于，似乎任何组织都可以成为战略规划候选人，如果通过资源的分配，它能明显地影响公共政策的制定或执行的话。 197

当然，你可能会质疑，战略规划是否值得花费这些代价：顾问费，研究和数据分析，占用从事其他任务的时间。最好的成本计算方法是：(1)详尽的规划可能会降低运行成本，或者提高长期运行的生产率；(2)假如缺乏一个走向未来的更全面并相互协调的路径，那么组织可能失去什么。

后一个问题已经越来越被地方政府所重视，地方政府现在意识到他们必须与其他共同体竞争以吸引工业投资、提供设施和维持人口基数等。然而，问题是必须区分对待，当一个行政机构诸如一个州政府的部门正在考虑规划的时候。尽管战略规划可以使机构在获得行政部门或立法部门的资源上更具竞争力，但是明显地，这并不应该成为制订规划的目的。相反，机构应当运用战略规划使关键的“利益相关者”对该单位的工作进行评估，并运用其来改善机构提供的服务。这一过程确实要求将来的资金投入，但它也为更有效地利用现有资源提出了各种方法，甚至是减少活动范围的方法。

你会怎么做?

你是佛罗里达州一个中等规模的海滨度假和退休人员居住社区的管理人员。你被要求就市议会所关心的事务提出建议，这些事务应该是该市的新思路及相关战略规划的组成部分。你会怎么做呢?

由于预算还不确定，你可能会疑惑现在制订规划是否合乎事宜。有人说没有明确的资金信息，是不能制订规划的。但是反方的意见也是令人信服的——在一切尚未确定的时候，规划是最基本的，因此，现在正是你最需要把握自己命运的时候，时间的不确定并没有减少对规划的需要，反而加强了计划的重要性。

公共部门的管理者提出了一个相关的论点：政治领导人周期性的变更致使公共部门制订规划比私人行业难得多。对此，反对的声音又再次强硬：在变革时期，规划可以保证连续性，尽管新的领导人希望改变早期规划中所确定的方向，但如果规划适当的话，也是可以做出改变的，关键是要点清晰和针对性强。

最后，你可能会对战略规划的成就是否与你的组织所信奉的民主或参与过程相一致产生疑惑。这里列举了公私部门的战略规划之间最显著的区别。私人部门的规划可能牵涉到一个组织中的许多人，但它始终以组织的顶层为中心并受其指导，因为在那里，公司的私人利益得到了最清楚的表达。然而，在公共部门，很明显，所有那些在管辖区或机构
198 中担当重要角色的力量都必须加以考虑。例如，一个地方政府的规划不仅包括涉及民选领导人和市民，而且还涉及其他许多与规划结果利害攸关的力量：工会、邻里协会、商业会所、公民组织等等。同样地，一个州政府机构的规划也应该涉及来自各种组织的人们，选民团体的成员，当选官员，来自其他机构和其他各级政府的人们，普通民众代表。

在公共部门，战略规划必然是一个高度参与的过程，相应地，这种参与开启了在各种团体中建立新共识的可能性。许多已致力于制定战略规划的社区发现，这一过程以一种以前不可能的方式使各种团体走到一起。因此，战略规划是获得方向和承诺的保证。

规划组织

规划的过程包括很多不同的路径，但最普遍的方式是成立一个规划中心小组，和外面的顾问紧密合作以获得信息，并对各种新趋向抱有热忱。对于一个地方社团来说，这一中心小组可能包括了城市的政治领袖，城市行政管理的代表（比如，市政干事），商界、工业界和劳方的代表，邻里协会的成员，等等。另一方面，对于一个联邦或一个州的机构来说，主要的规划小组可能是由机构负责人、下一级部门的管理者、择优而出的项目负责人组成的。非营利组织的规划小组可能包括行政负责人、理事会成员、全体职员和选民团体的代表们。

规划步骤

综合各种因素，规划小组将主要关注四个方面：(1)组织的使命和目标；(2)对环境中机遇和挑战的评估；(3)考察组织存在的优势和劣势；(4)对组织未来的发展至关重要的价

值、旨趣、抱负(参见专栏6.1)。考虑了这些问题后将会产生若干战略选择——也许可表述为“未来的场景”——并将对组织未来行动的特定方向做出抉择。最后,一系列的行动步骤或执行条目将会被制定出来,表明什么是必须立即去做的,确保组织处于恰当的位置以最效地面对未来。

专栏6.1 战略规划的步骤

1. 陈述使命;
2. 环境分析;
3. 优势和劣势;
4. 组织领导人的价值观;
5. 制定可供选择的战略方案。 199

陈述使命 为达成一个简明扼要又内容全面的使命或目标,组织使命的陈述将是规划过程的一个艰难步骤。尽管大多数的组织对他们的使命有一个大概的认知,但问题还是常常出现,他们不容易说清确切的目标。然而,拥有一个特定的使命陈述,可以给组织提供一个身份标识,一个未来的决策指南,以及一个测量具体行动的基准。

由于达成一个使命陈述意味着一定的战略,所以,要对实现组织目标的可选路径深思熟虑。例如,一个城市的使命陈述可能表明,是希望寻找更为宽泛的产业基础,或是专注于特定类型的行业,如旅游业或高新技术产业。同样地,一所大学的使命陈述可能表明,是寻求各领域学科的齐全,或是只专注于有限的超高品质学科。一个州政府机构的使命陈述可能表述了其所渴望的顾客范围,对环境变化的回应,或是服务质量。假如对这些目标存在疑问或者争议,他们会将其作为战略要素带入到下一阶段的思考。

环境分析 在使命陈述形成以后,规划小组将对组织运行的环境进行分析。这一分析包括法律上和政治上的考虑,社会和文化的趋势,经济形势,技术发展,以及适于组织开展竞争或开拓“市场”位置的地方。要根据当前的环境以及它在将来可能如何变化,来考察每一种情况。环境评估可使组织能够鉴别出各种可能性,减少限制因素,扩大机遇。

优势和劣势 在这一点上,规划小组可把关注焦点转移到评估组织的现有能力上——它的优势和劣势。这一分析应该尽可能明确和全面,把财政资源(包括资金结构的转变)、人力资源(包括政治上和管理上的优劣势)、技术和组织系统的运行情况、工作质量等因素考虑在内。对能力的评估应尽可能与组织的使命直接关联。例如,一个机构要进行设备设计和建设,可能要考虑到设备的使用年限和条件,建筑师和工程师的人数和能力情况,设计项目的总数和频次,以及该装置在其他同类组织中的使用情况。检验组织优劣势的同时,也应该关注那些可能在一个或更多领域中显著提高组织能力的项目。

组织领导人的价值观 准备进行战略选择的最后一个步骤是考虑那些将会引领组织
未来的人们的价值观、旨趣和志向。人们对相同的环境和组织的分析有着千差万别的看 200
法。例如,从商业性的角度来看,有些人满足于安全稳定的市场份额,而另一些人则寄望于高风险以期获得更多的利益。领导人之间在创造力、精力、所承担的义务诸方面是不同的。但是，为了更高效地执行计划，必须考虑那些对塑造组织未来发挥重要作用的领导人的关注点和兴趣。

制定可供选择的战略方案　在这个步骤上，规划小组要制定出备选的战略方案。这些方案可以采取多种形式；但是一个行之有效的方法是描画出可供选择的“未来场景”，表明组织在未来五年、十年或是二十年后的情形。这一“未来场景”应该指明组织的新方向；未来的悲观主义、现实主义、乐观主义诠释模式；影响这些未来模式的因素。设计出一种以上的方案是十分有用的，可以对不同方案的优点进行选择性比较。经过对方案彻底的讨论后，一个或更多的策略方案将会产生，与组织使命、特定环境中的机遇与挑战、组织的优劣势、领导阶层的价值观、旨趣、志向等相关的最佳方案将会被挑选出来。在确定战略方向后，规划小组应该着手确定执行规划的行动步骤。例如，一个地方性的职业培训规划项目的实施，要经历大量的有计划的试练，包括对环境中的机遇和挑战、组织的优劣势等做出彻底的分析。对于那些雇用失业者和以技能培训方式谋求津贴的当地企业，项目负责人在综合信息和未来的资金结构的基础上，选择了弱化补贴的方案。

政策分析的逻辑

正常的规划过程的一个可能结果是确定对新政策的需要。（对新政策的需求也可以以其他方式产生出来，在第2章时我们已经讨论过。）一个地方性的规划小组，考虑到经济发展问题，可能会认识到需要新的税收政策以鼓励产业界到当地落户。一个州福利部门的规划小组可能把提供日间关照和职业培训两项工作间的关系作为关注中心。或者一个非营利组织可能决定有必要作出一项新的出版物计划。在每一个案例里，一个问题被发现时疑问也就出现了：解决这个问题的新方法——一个新政策——是否是有用的。

很多问题的要害出来了。确切地说，问题的实质是什么？利用新政策，我们要达到什么预期目的？什么是可以替代的方案？对每个可供选择的方案，我们有什么期待？我们用什么准则评估这些方案？哪个备选方案更符合我们的准则？对这些问题的回答是分析公共政策的基础。由此，我们可以把政策分析定义为：研究或分析公共问题的过程，给政
201 策制定者提供有关有效的政策选择及其优缺点的详细信息。

你可以通过若干渠道参与政策分析。所有的管理者几乎每天都致力于一种非正式的公共政策分析，他们不断遇上新的问题，考虑可供选择的政策方案。常常要对政策备选方案作出更为正式的评审。有时候，职员也会参与到政策分析，很多公共组织聘请了专门分析这些问题的政策分析员。在其他情况下，其他政府机构也会提供帮助，例如，美国行政管理与预算局及其在许多州的相应部门作出政策报告。立法部门的职员或研究团队也可以进行政策分析。最后，许多政策分析是由咨询机构包括大学里的研究机构来实施的，此种情况下，公共管理者作为一个主顾，签订合同，监督工作，收受最终报告。甚至，作为一个管理者，你自己也可以进行分析，但你必须把高质量的分析和工作的有限作用区分开。

一般来说，绝大多数政策分析试图遵循决策的“理性”模式，这一模式包括了五个主要步骤：(1)明确地阐述问题；(2)建立评估标准；(3)拟订备选政策方案；(4)考虑不同备选方案的预期影响；(5)依据一定的标准对方案进行排序（参见专栏6.2）。举一个简单的例子，考虑你是如何决定从家里到工作地点的路线的（Quade 1989，pp. 33—34）。如果我们从一

开始就假定“最好”的路线是最短的路线，那么，我们就能够简单地在地图上展示出可选择的路线并从中挑出最短的。（利用一幅地图就可以很有效地创建我们所需的分析模式。）然而，在几乎所有的政策分析中，都不仅只涉及一个准则。例如，最短的路途可能会遇到更多的交通信号灯并且需要花费更多的驾驶时间。因此，最短的驾驶时间可能会成为第二个准则，但是这就需要比一张地图更为复杂的分析模型，必须考虑到交通堵塞和其他变量。只要想想这个“简单”的例子所产生的各种复杂因素，就不难知道，在进行一个要经历五个步骤的更复杂的政策分析时你所遇到的困难。

专栏 6.2　政策分析的步骤

1. 界定问题；
2. 设定目标和标准；
3. 拟定备选方案；
4. 分析各种备选方案；
5. 排序并选择。

界定问题

明显地，公共组织正面临着许多问题，而且相应地，也拥有很多分析政策备选方案的机会。然而，必须有人来对问题和如何进行分析作出决定。这位重要人物——分析的发起者——可能是一名立法者，一名民选的行政长官，或者一个机构的管理者。但是，无论如何，这位进行分析的人士——分析员——应该尽可能清晰地阐述问题，尽可能多地寻求 202
有关问题本质和解决方式的信息。为什么问题会浮现出来？谁是受影响者？这个问题与其他相似问题的关联性如何？哪些政策备选方案可能已经被试用过？在经济上和政治上都可行的政策边界是什么？现有的可支持政策分析的资源有哪些？

显然，问题在最初是怎么形成的，将引导分析员靠向某些可能性而远离另外的可能性。因此，从一开始就尽可能清楚地阐述问题并排除不必要的问题选项是非常重要的。例如，那位政策分析发起者可能会问，“这个冬天，我们如何为我们社区中的无家可归者提供足够的避难所？”这一表达方式可使我们在资助现有的避难所和新建避难所两个方案中进行探索。然而，如果特定的方案如建立新的避难所，由于受时间或资金的限制而根本是不可能的，那么，这些限制因素应该让分析员知道。

有时，问题在最初总是模糊不清的，分析员的部分工作就是进行背景描述或者是在纸片上勾绘出问题的轮廓。某些情况下，在图书馆中收集信息将会有助于分析员，特别是如下几个方面的信息：可展示出该问题的发生史，可发现其他司法管辖区所使用过的解决方法，可了解此领域中的技术发展。分析员要与其他人讨论交流，或许是其他司法管辖区的人们，要从他们的经验中获得启发。在其他政府中的人们，其他各级政府，同一级政府的其他机构，都可以对分析员有所帮助。分析员可以从所提及的这些对象中获得信息。在我们的例子中，分析员可能要与那些参与提供避难所的人们进行交谈，甚至可能得到一份统计调查。最后，机构记录和统计数据也是有用的。通过收集这些原始资料，对于不同的人和不同的团体如何设想问题、可能如何解决问题，分析员要形成自己的看法。

设定目标和标准

正如我们所知的，为新政策建立目标或准则来判断备选方案通常是十分困难的。只有在极少数机构中，才存在着足以引导决策的清晰的价值观和偏好。这些机构的管理者可以很有把握地说，“对于我们来说，实现A结果比实现B、C或D结果更为值得。因此，无论什么时候要做出抉择，我们都会选择A。”但是在大部分的政策领域里，经常存在着多元的且经常是相互冲突的目标。例如，修建一条通过城市地区的高速公路，必须考虑诸如工程造价，使用这条高速公路的人群和数量，有多少房屋和其他资产需要搬迁，对邻近的居民产生的噪音和污染影响等等因素。如何对所有这些因素进行排序呢？

另一个问题是选择标准。例如，不同层次的组织，其标准的选择也是不同的。对于决策者来说，一个不变的难题就是确保在一个层次上可以运用的标准在另一个层次上也能够适用。一个特定的行动过程可能适应在某一层级上制定出的标准，但在一个更高的层级上则会扭曲了对资源的使用，从而导致不适当的选择。标准也必须是尽可能被完善地阐述。一个分析员可能被告知要寻求以最小成本获得最大产出的解决方法，但却发现没
203 有任何一个备选方案可以符合这两个标准。那么，哪一个更为重要呢？

最后，选择标准有赖于个体的看法。大多数政策领域有很多不同的利益相关者——这些人参与政策决定并被政策决定所影响。他们可能包括立法者、机构人员、用户团体和其他利益团体，并且每一个团体对于什么是最重要的这一问题的看法是各不相同的。例如，在高速公路的设计上，一个邻里协会可能对与环境相关的问题最为关注，而对于那些住在郊区的人来说，他们最关注的是修建一条最短最快的上班路线。在任何政策分析中，不同的标准都为凸显其重要性而处于竞争状态。而且经常是，立法者或行政高官们的政治决定就是最重要的标准。

拟定备选方案 拟定可供选择的政策方案无疑是政策分析中最具创造性的步骤，因为在这里，政策分析者必须超越简单的解决方法，探索解决公共问题的新途径。不同的备选方案经常是源自对问题的不同假设。例如，福利系统是应该支持贫穷的母亲待在家里，还是通过提供日间照料以使母亲们可外出工作？是应该建造新的日间照料中心，还是给予税收抵免或代金券补贴给现有的中心？显而易见，对于这些孩童照护的政策方案的选择，取决于对贫困原因和母亲们意愿的解释。为了制定出一个全面的备选方案，政策分析者必须评估很多不同的利益相关者的看法。

制定出比较全面的备选方案的另一个方法，是考虑特定的问题和其他相似问题之间的关系。例如，对无家可归者的适当照顾与卫生保健、住房的财政支持、福利政策以及诸如精神保健和社会保障等领域的问题密切相连。还有，如果分析员把多个不同的利益相关者的观点都考虑在内的话，那些包含着相互交织的利益关注的备选方案才可能产生。分析员不应该问“我的组织怎么样才能解决这一问题？”而应该问“这一问题怎样才能得到解决？”

分析各种备选方案 若干真实的政策备选方案产生后，分析员必须评估每一个备选

方案所可能产生的影响。对这种影响的分析方法，将根据具体的政策类型而变化。在一些政策领域中，包括一些至关重要的领域，分析员可以得到的、有关可能产生的影响方面的信息是有限的。分析员只能依靠他或她的经验或其他方面的经验来做直觉判断。然而，在其他情况中，分析员可以通过定量方法来收集特别的数据并进行分析。如在修建城市高速公路的例子里，那些用来确定每公里的成本、道路承载力、道路使用者的使用时间及其他各种要素的数据，是可以收集到并对之展开分析的。

偶尔，对若干政策方案进行现实试验是可能的，有时某个试验设计类似于自然科学中所使用的那样。也就是说，当只有一个变量(政策)变化时，特定目标人群的行为可以与对照群体的行为相比较。这样的试验应用于解决大规模的社会问题时，其成本可能十分高昂，但从长期来看，它们也可能节省大量的时间和金钱。有时候，花上一百万来节约十个亿是很值得的。(我们还应该注意到伦理问题，这种伦理问题与这样的情形相关联：给一个群体提供一种福利待遇，但却有意地拒绝给另一个对照群体。拒绝给予一些人你认为是有益的待遇，这是合乎伦理的吗？) 204

当一个州或者地方政府尝试一个特定的政策途径，并将结果向其他团体公开时，一个不正式的政策试验方法就产生了。有时候，这种试验形式只是不同的团体尝试不同的项目的结果。但是，有时候，也会引起自觉的效仿。当州和地方团体促使卡特政府把在小城市里开展的社区发展整体补助项目扩大到州范围时，威斯康星州和肯塔基州被要求在试验的基础上运作这一项目。他们在适应当地需要的成衣业项目上的成功，使得立法机构允许其他的州来效仿这一项目(Jennings et al.，1986)。

排序并选择 政策分析过程的最后一个步骤，是对不同的备选方案的影响和早期建立的评估标准进行对比，接着，按各自的影响对备选方案进行排序。当标准和影响的水平都相当直截了当时，只要对可能产生的效果进行简单的对照，就可以轻易地显示出应该作出哪种选择；其他的例子可能就更加复杂。例如，在高速公路建设的例子中，可能会产生3或4个可供选择的方案和多达20个评估备选方案的标准。处理这种案例的一个方法是简单地陈列出每个方案对应不同评估标准所预期产生的结果，然后，把比较这些资料和对备选方案排序的任务留给决策者。有时，分析员也会用到更为复杂的定量方法。

成本和收益

最直接的定量方法是成本—效用法。成本—效用法通过确定总成本和总效益的数量，对政策进行比较。成本通常是用货币单位来衡量的，但效用经常是用其他类型的单位来衡量。

通常来说，成本—效用法有两种形式。第一种是效用水平被固定下来，然后，寻找达到这一效用水平的最低成本的备选方案。例如，我们想要检验一个社区里面新增的房子数量有没有达到25%，那么聘请调查员或花钱打广告让业主自己来参与调查，这两种方式那种花费更低？第二种方法是把预算数目固定，并寻求在这个数目内能提供最佳效果的备选方案。如果我们想要在这一调查中花费不超过50万美元的话，哪种方法将能得到一个更准确的数目？

成本—效用模式的运用是相当广泛的，因为它运用起来非常灵活，并且不像其他方法一样需要非常精确的内容。成本—效用法应用于具有相对优势的可比性政策建议时特别有效。例如，对不同的儿童照顾提供机制的比较。然而，对于一些可比较的拥有绝对优势的问题，成本—效用法则不是那么有用。例如，是否为儿童早期照护项目或居室氡气检测配置资源。此外，当标准和影响更为复杂时，成本—效用法的使用也会受到限制。

与成本—效用法密切相关的方法是成本—收益分析。实际上，成本—收益法涉及验
205 证和量化一个政策提议的消极影响（成本）和积极影响（收益），然后并从积极的收益中减去消极的成本从而衡量其净收益。与成本—效用法相比，成本—收益法尝试去确定一个政策方案的全部货币成本和货币收益。成本—收益分析的逻辑是很明显的，但是将其运用于那些涉及大规模开支和产生难以衡量的结果的政策提议时，则相当复杂。

成本—收益分析有很多优点。如果项目可以根据成本和收益被评估，那么这一方法可以给出一个相当精确的建议。尽管计算出成本和收益是十分困难的，但把注意力集中在这两个方面有助于管理者更加清楚地思考提案。立法部门经常需要使用成本—收益分析法，着手进行特殊政策的改变，特别是环境政策或规制政策。

有几项因素使得对一个特殊项目进行成本和收益评估十分困难。第一，要求分析员提出对成本和收益进行衡量的尺度，并把它们简化为普通的测量单位（通常为货币）。但在分析一个建设新高速公路的提案时，我们能够精确地把发生于相似的高速路段上的死亡率描述为衡量安全的尺度吗？而且如果可以的话，我们如何做到将死亡率转换为美元呢？第二，我们必须记住，最终计算出来的成本—收益率并不是对备选方案厚此薄彼的唯一基础。不管我们高速公路案例中的成本和收益率怎么样，异常水平的死亡率都可单纯地被认定为太高，无论在政治上还是在道德上。

通常，成本被认为是投入而收益则是产出。成本可能包括一次性项目，如研究和开发，建筑物和设施，土地购买，设备采购等等。成本也可能包括二次预算项目，如员工工资、租金、维修费用、行政管理的日常开支和保险金等等。因为这些开销都是长期发生的，计算的时候也会把货币的时间价值考虑在内——人们普遍不愿在今天为未来某物支付的事实。尽管特定的计算项目远远超过了本书中所列举的范围，但是把时间因素考虑在内可以使我们回答以下问题，诸如初始成本低而维修费用高的A计划，是否比初始成本高而维修费用低的B计划更好？

收益，以产出为基础，包括积极和消极的效果。（一个项目的消极影响很明显即是成本的增加和收益的减少，通常是后者。）积极收益可能包括疾病的减少或是饮用水质量的提高，或高速公路安全性的提高。消极收益包括建造一个新机场所产生的噪音和污染。此外，把积极或消极的收益转化为货币形式，还需要更多的努力。

显然，衡量收益并把他们转换为美元是十分困难的。例如，祛除一种疾病可以提高生产力，这是可以衡量到的，但如果是减少疼痛和痛苦，那就很难被衡量了。由于这些因素难以测量，更别说是量化它们的货币价值，所以在定量过程中会把他们排除在外。因此，在对成本和收益的定量分析中经常会附加一份定性考虑的说明。

其他定量方法

除了成本—效用和成本—收益分析法外，还有其他许多辅助政策分析的方法。对数

学公式的检验并不重要，重要的是理解它们所依靠的逻辑。让我们带着这一目标对以下的支出矩阵进行检验。假设一个简单的例子：雇用一名精通计算机操作和预算工作的办公室员工。在面试过两名申请者即 A 和 B 后，你觉得 A 在这两个方面都比 B 强，你的想法会如表 6.1 所示。 206

表 6.1

价值衡量		
可能的行动	计算机	预算
选择 A	1	1
选择 B	2	2

在此，你的选择很简单，因为有一名候选者在两方面都处于明显的优势。但是如果你的决定被表 6.2 中所示的情形所左右，你将如何选择？

表 6.2

价值衡量		
可能的行动	计算机	预算
选择 A	1	2
选择 B	2	1

现在没有一个很明显的选择，即使你觉得计算机的技术比预算技能更为重要，但你也无法做出选择，因为 A 的计算机能力只比 B 好一点，而 B 在预算能力上比 A 好很多。为了做出决定，你需要对能力做出更为复杂的测量或者找到衡量这两个因素的方法，正如我们在表 6.3 所做的。

表 6.3

	计算机	预算	总和
选择 A	.9	.3	.8
选择 B	.5	.8	.6
比重	.7	.3	

这里，我们假设可以使用 10 分制来衡量两个方面的能力，并且我们设定了计算机能力比预算能力更为重要。通过得分与比重相乘，我们得出了两名候选者的总分，这可使我们选择出更适合的候选者。（这一经典的案例源于 Latane 1963。）

我们可以把支出矩阵的逻辑延伸得更远。有一种方法是在不同的工作条件下进行综合评分。事实上，依据支出矩阵的逻辑，我们可以容纳大量的可衡量的变量，如涉及面广泛的政策分析；逻辑在很大程度上也是一样的。记住，要是一个人可以采纳不同的决策规则，那么这种选择的标准就是主观的。 207

另一种政策分析工具是决策分析，这是一种在决策可能被相继作出但还存在一些不确定因素的情形中被采用的技术。决策分析运用于一系列复杂的问题，如为新机场选址或为商业性的裂变增殖反应堆制订发展计划。但其基本的逻辑还是相当直接和有用的。

例如下面这一个例证。

> 负责大使馆娱乐活动的官员计划通过组织一个晚宴来筹集职员俱乐部的资金。这个地方十有八九都是下雨天，他必须决定是在室内还是室外举行宴会。现有一个可收缩的大帐篷，但是用起来不是很舒服，并且过去的经验显示在室内聚会的到场人数比较少，在帐篷里举行的话有 60% 的机会可以从宴会中获得 100 美元，有 40% 的机会损失 20 美元。另一方面，如果不下雨的话，那么在室外聚会可能会获得 500 美元的收入，但是如果下雨的话，聚会将会损失大概 10 美元。(Stokey & Zechauser 1978, p. 202)

使用决策分析来解决官员的困境，首先要构建一个决策树来显示各种可能的结果，并且把相关的风险也列举出来(参见图 6.1)

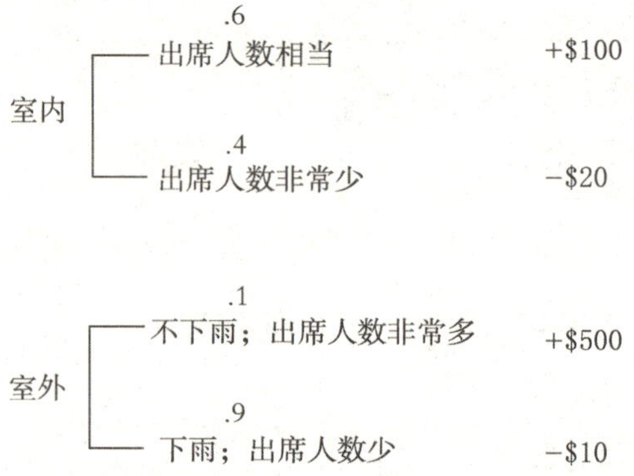

图 6.1　决策树

明显地，决策树和支出矩阵一样，列举了各种方案选择，各种情况发生的可能性和预期的结果。然而，由于其他变量或决策选择的增加，我们可以很容易想象到，情况会变得非常复杂。即使在这个简单的案例里，由于其他的变量，事情会变得非常复杂，如天气是否会变热还是变冷，是否还有其他方法来增加参与者(如投放公告等等)，指挥官喜欢在户外还是户内。你可以设想一下一个有关核设施坐落场所的决策所涉及的结果和变量。

而且似乎这个还不够，设想一下当你与他人竞争的时候会发生什么。让我们想象一下，在国际象棋比赛中，我们决定了一些可以测量的评判标准，如国王的安全或者中心控制权(参见图 6.2)。也就是说，我们所走的每一步都是依据我们所设定的达到目的的方法而行。假定白棋准备走一步，并且它有两个选择，W1 和 W2，所导致的决策树如图 6.2。
208 (如果我们走 W1，那么黑棋可以走 B1 或者 B2；如果我们走 W2，黑棋可以走 B3 或者 B4；如此类推。我们将会考虑走这些棋所引起的结果。)我们当然会很乐意选 W2，并且希望黑棋走 B4，这样我们就可以选择 W9，这是我们获得最高收益的选择。但是黑棋也会这么考虑，我们意识到如果我们选择 W2，那么黑棋就会选择 B3，我们只能得到两个最低的收益。认识到这一可能性，我们将会选择 W1，黑棋将会选择 B1，这样我们将能获得一个满意的结果。

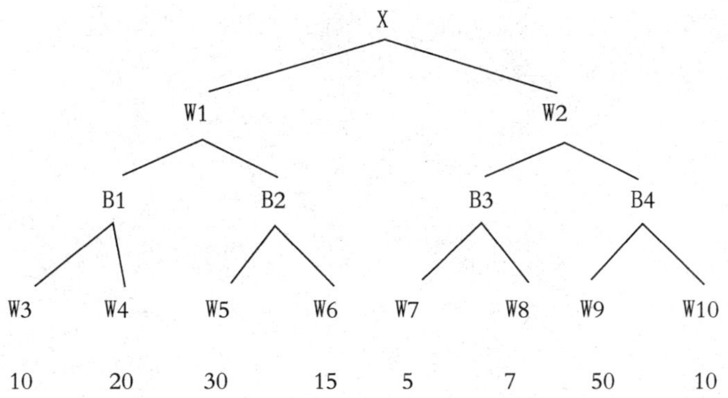

图 6.2　国际象棋竞赛决策树

尽管我们的例子非常简单，但它们的逻辑可以为更复杂的政策分析应用程序提供支持。此外，对于相对来说更为简单的应用程序而言，这些技术原则也是有所裨益的。这些模式可以帮助我们去检查我们的假设，更清晰和更具逻辑地构建问题，并且考虑到所有可能存在的选择，也有助于我们就政策分析问题与他人进行更有效的交流。

由此我们被带到最后一点。不管分析过程多么复杂，其结论多么理性，进行政策分析时都必须与实际的决策者进行有效的沟通。沟通通常是相当困难的，因为决策者极其繁忙，要应对各种相互冲突的要求。有时候，甚至那些被请来做政策分析的人员会发现他们自己和分析工作都被政治上的或其他方面的考虑撇到一边，而且事实上，那才是主要决策者优先考虑的事项。在决策过程中，理性的分析是十分有用的，但是，从积极意义上来讲，政治上的因素必须在行动开始之前就被加以考虑。

巴达奇(Bardach 2005)认为政策分析更像一门艺术而非科学，并强调直觉作为政策分析方法论的补充部分的重要性。他提出了政策分析过程的八个有用步骤，这些步骤在建构政策议案时可以充当实用指南。

1. 界定问题。给问题下一个清晰的、具有可操作性的定义，是一个关键步骤，它包括两个方面，即“给出理由以开展所有的、对完成项目来说是必需的工作，为你的资料搜集活动指出方向”(p. 1)。

2. 搜集信息。在收集信息前，分析者应该仔细思考哪些是与问题相关的信息。相关的文献评论、已被采用过的最好的经验和类推方法，都是有关现存政策问题的论点的支撑来源。

3. 构建备选方案。要用一个全面而又专注的方法来寻找备选方案。备选方案应该是能够应对问题并且具备可行性的。 209

4. 筛选标准。常用的评价标准是：效率、平等、公平、公正和正义。常用的实践标准是合法性、政治可许性、稳定性和非概率性。

5. 预测结果。政策分析和政策建议通常指向未来可能发生的结果。这一步骤的最重要之处是对未来的期望要现实。(不要太过乐观，乐观通常是一个迷惑人的陷阱。)

6. 权衡。“正如经济学教会我们的，权衡发生在边际”(p. 48)。换句话说，它告诉了我们要花费多少额外的钱来获得一份额外的服务。

7. 决定。在这一步骤里，政策分析员就哪项备选方案更吸引他或她的注意力作出了选择。

8. 说出你的故事。这一步骤意味着政策分析的目的是为特定问题提出解决办法。政策分析人员应意识到,他或她的报告必须清晰易懂,这一点非常重要。

执行

在规划、执行和评估这一循环周期中,执行是行动的阶段。当规划被制定和政策被决定后,你必须把它们付诸实施。要配置财政资源,动员人力资源,设计组织结构和体系,制定内部政策和程序。在执行期间,你可能参与发布和执行指令,支付资金,授权和签订合同,分析计划性的和操作性的问题,进行矫正活动,与市民、企业和其他公共和非营利组织中的人们进行商讨。

最近,研究执行过程的大量文献涌现出来。有些文献只是使用新术语来讨论公共部门行政管理的一般过程。另外一些文献把注意力集中在政策制定和政策执行两者之间的关系上。这些文献特别警示我们,有效的政策执行是如何困难,政策执行如何扭曲甚至颠覆政策制定者的意图。最为尖锐的是,有一份评论写到,“设计出在纸上看起来还不错的公共政策和计划就已经很难了。用言语和口号表述它们,并在政治领袖耳朵里形成愉快共鸣,在选民那里得到满意回应,就更难了。以一种使所有人包括受益人或顾客都满意的方式执行它们,则是难上加难”(Bardach 1977, p. 3)。

有关决策与执行之关系的经典研究,是一本被富有提示意义地题名为《执行:华盛顿的伟大期望是如何在奥克兰落空的;或者联邦的规划工作为何如此令人称奇》(Pressman & Wildavsk 1973)的著作。《执行》一书描述了一个特别的经济发展项目在加州奥克兰市失败的情况。普雷斯曼和威尔达夫斯基的结论是:“一个看起来似乎是简单的计划,结果被证明是相当复杂的,它涉及许多参与者、一大堆不同的观点,还要经过漫长的曲折的路
210 径才能看清楚决策点”(p. 94)。执行过程中充斥着多种多样的、相互冲突的利益,每种利益主体都试图去影响计划的方向以适合他们众多而分歧的需要,这些构成了执行的特征。这项研究提供的主要建议似乎是,参与设计公共政策的人们“在创建项目执行的组织机制方面投入的关注,要像在制定政策项目时所投入的关注一样多”(pp. 144—145)。

这一点在战略规划的分析中已经被清楚地认识到。规划得不到执行就发挥不了作用,因此,规划与执行紧密相连。如前所述,最有益的规划是有助于决策者依据未来影响做出直接决定的规划。因此,任何规划过程的最终步骤是采取一系列具体行动以迎接不远的将来——接下来的六个月,或者下一年或两年——谁来做什么,何时做,达到什么效果。这些步骤,它们详细表明了新的政策方位或新的组织程序,将会为社团或机构提供新的行动议程。

组织设计

规划执行的一些典型方法,以前被称为“组织管理”,主要致力于新组织的构建和设计及其工作程序或流程。从传统的组织图表中可以了解到组织内的劳动分工和指挥或控制结构。

在20世纪30年代后期,卢瑟·古立克建议管理者发展新型组织,采取若干标准进行

分工(Gulick 1937, pp. 21—29)。这些方法包括:(1)目标;(2)过程;(3)人和事;(4)地方。根据目标进行分工,可能导致诸如提供教育和控制犯罪之间的差别,而根据过程进行分工,可能会产生立法单位、医疗单位或工程单位。还可以根据被服务的人或是被处理的事情进行分工——例如,退伍军人管理局(Veterans Administration)处理退伍军人面临的所有问题,无论是法律上的,还是医疗上的,等等。最后,还可以依据地理区域进行组织分工,如一个州的福利部门有地区或县级办公室。

网络链接

与新生产项目的计划与执行相关的在线资源和案例研究可以在美国市长联合会网站上找到:www.usmayors.org/uscm/best_practices。关于规划蓝本的信息,在全球商业网络 www.gbn.org 上可以找到。

古立克和他的同伴也讨论到了适合一个组织的层级数目。显然,很多组织是相当地"高"——它们有很多层级;其他则是"扁"的——它们仅有少数的层级。工作类型和最基层的员工数目是决定层级数目的指南。"控制幅度"(span of control)这一术语表明了一个管理者能够直接管辖的人数;尽管由于工作类型的差别,存在着明显不同的控制幅度,但一般认为,管理对象超过 6 到 10 个人,就是件困难的事情。 211

除了构建组织结构外,早期的学者还极力主张绘制工作流程图表来作为组织设计的一个辅助工具。过程图和流程图可以就一套行动步骤、实施每个步骤的人员、各因素之间的关系等提供一个图解说明。图 6.3 示范了一个简单的过程图,不过现实应用的图表则复杂得多。这一过程图使用了一系列符号来表示各种不同的活动,直线搭建了这个图表的基本框架。各栏目表示从一个人到另一个人的工作流动,栏目之间的变化依赖于过程的复杂度和所期望的分析程度。栏目的标题表明研究的职位。在图 6.3 中,椭圆指的是一项特定的任务(分类、商谈等等);圆形标示的是从一个人到另一人之间的工作传递。三角形标示的是存储,一个活动固定的时间段。最后,四边形标示的是检查,通常是质量或数量检查。正如这里所说明的那样,在图表中,我们可以在图上加注来表示过程中特定步骤的本意。

过程图在这种情况下是最有效的:相当多的办事员或是非专业雇员从事相同的一般性工种,遵循相同的常规性行动步骤。尽管过程图对于分析专业性工作少有帮助,但在这里可能不妨被运用。例如,绘制一个专业性的行动图标可以揭露出活动的瓶颈,如过长的评议期,或过多的致使工作流程延缓的检查点。与其他方法一样,过程图也会变得十分复杂,但其逻辑非常简单且令人叹服。过程图简化了分析过程,因为它明确地指出了反馈路径、过多的细节、不必要的重复、差劲的分工和其他管理上的缺陷。出于这些原因,过程图受到了那些执行全面质量管理计划的人们的追捧。

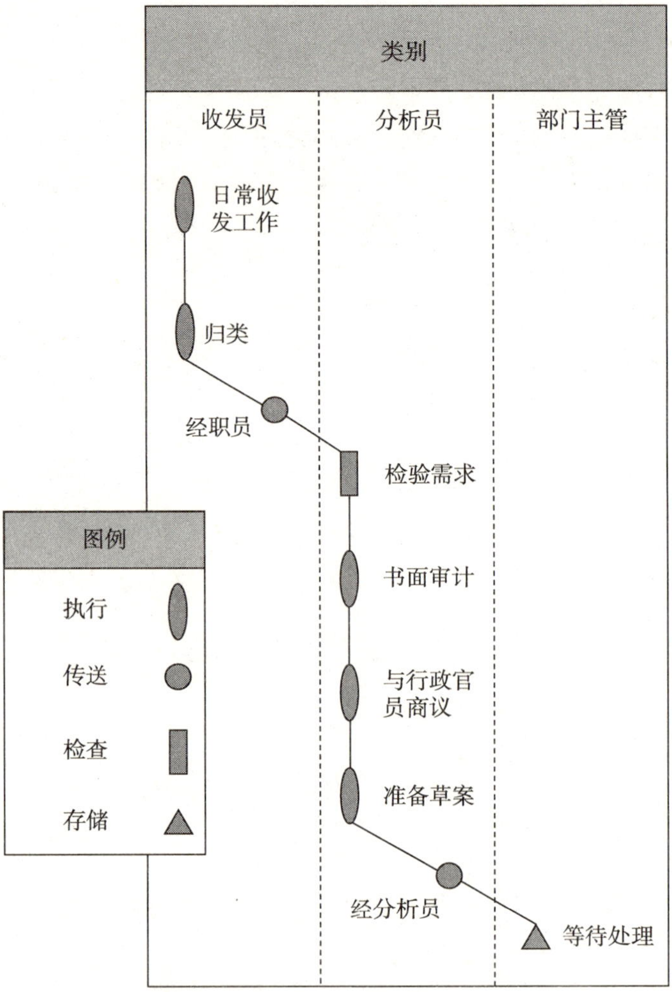

212

图 6.3　过程图

系统分析

还有其他很多复杂的方法，用以分析公共和私人组织的设计和运行。很多方法都是基于系统理论，该理论以逻辑的方式，致力于发现各种影响组织运行的内在和外在因素的互动关系。系统方法被应用于很多领域，包括物理学、生态学、经济学、社会学和信息科学，尽管学科不同，但基本概念还是一样的。一般说来，一个系统就是一系列有序的互动，这种互动具有一定的形式或被限定在一定边界内，从而使之相异于和区分于构成系统环境的其他行动。因此，我们可以谈论起一个生态系统，一个物理系统，一个经济系统，或者一个政治系统。任何这样的系统都从它的环境中接受“输入”，然后通过某种“转换过程”，把“输入”转换为“输出”，回归到环境中。这些输出转而通过“反馈环”影响对该系统的未来输入。据此推理，如果系统的输出对环境有价值，那么新的输入将随之而来，并且组织将生存下去。图 6.4 说明了一个基本的系统模式。

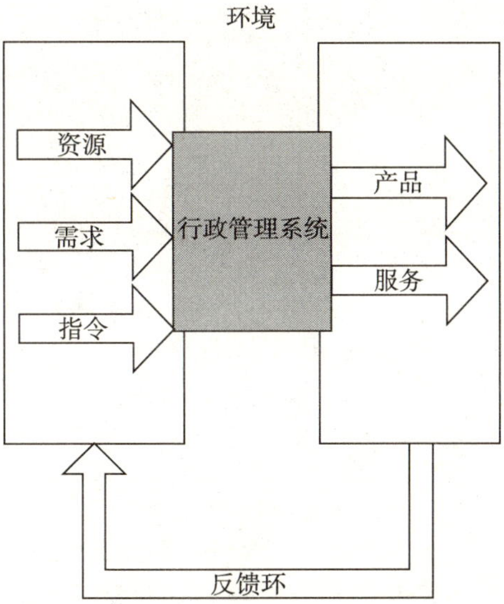

图 6.4　基本的系统模式 213

依据这一模式，考虑一下自动调温器的运行情况。自动调温器接收房间内的热度信息，然后依据标准测定热度。如果热度水平低于标准，自动调温器就产生出更多的热量来调节房间的温度。新增加的热量会成为环境中的一部分，并且产生新的信息(反馈)，这些也将成为系统中新的输入。

系统的概念在人类组织中运用也是相似的。一个企业可能从它的环境中接收到输入：顾客想要更多的红色鞋子。于是，一个要生产更多的红色鞋子的决策可能就出台了，并且，这些红色鞋子将成为组织输出的一部分。新的红色鞋子成为环境的一部分并影响到对系统的新的输入，包括对鞋子质量的评价或者市场需求还没被满足的信息。这些新的信息指引着系统未来的运行。

如同我们在本章中讨论过的其他许多模式一样，系统方法已经被运用到高度复杂的应用程序中，其范围包括从组织设计和过程分析到重要武器系统的创造和修改。事实上，对系统分析的较多应用首先是在军事上，这发生在第二次世界大战期间和战后不久。从那以后，美国国防部是系统分析的主要应用者，这有赖于各种承包商，其中最著名的是兰德公司。然而，运用系统逻辑来解决公共组织面临的各种问题也是可能的，正如其他方法一样，这一方法在解决问题时所依据的系统原则可能是它的最强优势。

系统分析强调组织和它所处的环境之间的关系，建议公共管理者仔细考虑影响他们行动的环境因素。这些因素包括法律上的和政治上的问题，利益团体和顾客组织的支持和反对，人力和财政资源和可使用的技术手段。当然，环境因素还包括了大量其他相互影响的组织，如行政首长办公室、立法机关、预算办公室、同级政府的相关部门、其他政府层级的平行部门，以及各种许多私人的和非营利的组织和联盟。

很多系统分析者易于忽视系统内部所发生的情况，倾向于认为输入和输出是在一个黑箱里面产生的。也有人提及推进组织工作的若干不同的子系统。在一个经典的论述中，制度上的子系统负责使组织适应环境，并对组织的未来进行预测和规划。这一活动所涉及的人员通常是由组织的领导骨干所组成。另一方面，技术上的子系统，主要关注的是组织实际工作的有效成就。如果组织的任务是造火箭,那么技术子系统就是由实际建造火箭的人员构成的。最后,管理上的子系统主要关注的是提供完成技术任务的必要资源,并且协调技术子系统和制度子系统(Thompson 1967, pp. 10—11)。

公共组织的输出包括从产品(如高速公路或建筑物)到服务(如学生贷款或就业咨询),但也包括规制、审判和对其他项目的支持。为了了解他们努力的效果,管理者需要某
214 种反馈机制。反馈通常自然地产生:顾客写信致谢;立法者调查项目执行情况;竞选期间一个项目甚至可能成为一个问题。然而,有时候,你会想要获得更多的系统化的和准确的反馈,为此,你可以采取一些手段,比如问卷调查,实地测试,或者对服务供给进行抽样检查。反思一下,系统分析有助于把注意力集中在组织如何与它所处的环境进行互动;在此过程中建立有效的反馈机制来帮助管理者。

项目评估评审技术(PERT)和关键路径法(CPM)

用以指导公共项目执行的其他技术还有项目评估评审技术(Program Evaluation Review Technique,ERT)和关键路径法(Critical Path Method,CPM)。(这两种方法虽然是各自独立发展的,并且存在细微的区别,但是我们可以把他们视为一体,用 PERT 做标题。)PERT 是一个组织和监管系统,对那些有一个特定的起点和终点的计划进行组织和监管。美国国家航空航天管理局在发展载人航天项目上广泛地应用这个系统;这一系统能够适应相当重要的项目。我们将聚焦于这一系统的基本逻辑。

项目评估评审技术图使用了一系列的圆形(用来标明事件)和箭头(用来标明时间或成本)来指代完成项目的各种活动和必要的先后次序。一个圆形可能表示某一特定活动的开始,并被一个箭头连接向另一个圆形,这就表明了第一个活动的结束和第二个活动的开始。每一个活动都必须在它之前的活动结束后才能开始,每一个活动似乎都是前一个活动的余声。因此,项目评估评审技术图的关键要素就像这样:

穿上袜子:穿上鞋子

相互独立的活动显现于独立的次序中。例如,你如果可以边穿衬衫边穿鞋子,那么穿衬衫与穿鞋子的活动就是平行的。

图 6.5 是一个更复杂的项目评估评审技术图,展示了为召开一个会议而进行的一系列的活动。正如所有的项目评估评审技术图,没有任何活动可以在其之前的活动未发生前开始。例如,印刷和邮寄宣传册(I),有必要进行预算(H),承办场地(D),确定会议发言者(K)。每一事件都必须有序进行。对每一活动的时间估算在直线上表示。(有一些项目评估评审技术图给出了一个正常的、一个乐观的、一个悲观的时间预算,但这里我们只给出了一个预期天数的数据。构建项目评估评审技术图,也可以用成本预算代替时间预算。)

从决定举办一个会议(A)到召开会议(G)有很多不同的途径。如果你计算出完成任何一个特定途径上的所有步骤的加总时间,你会得出完成那个特定途径的预期时间——ABCDEFG 所需的时间是 22 天;ABJKIFG 所需的时间是 42 天。所花时间最长的途径就是关键途径(在这个例子里面,关键途径是 ABHKIFG),关键途径经常以某些方式被高度强调。关键途径上的任何延迟都会延误到整个项目。其他途径可能有一些固有的松动时

间，即使是有一些小延误也不会超过关键途径所需的时间。在这例子中，关键途径告诉我们会议的组织者有 43 天的时间来完成他们的计划。如果出于某些原因会议必须提前召开的话，他们必须找出减少关键途径所需时间的办法。 215

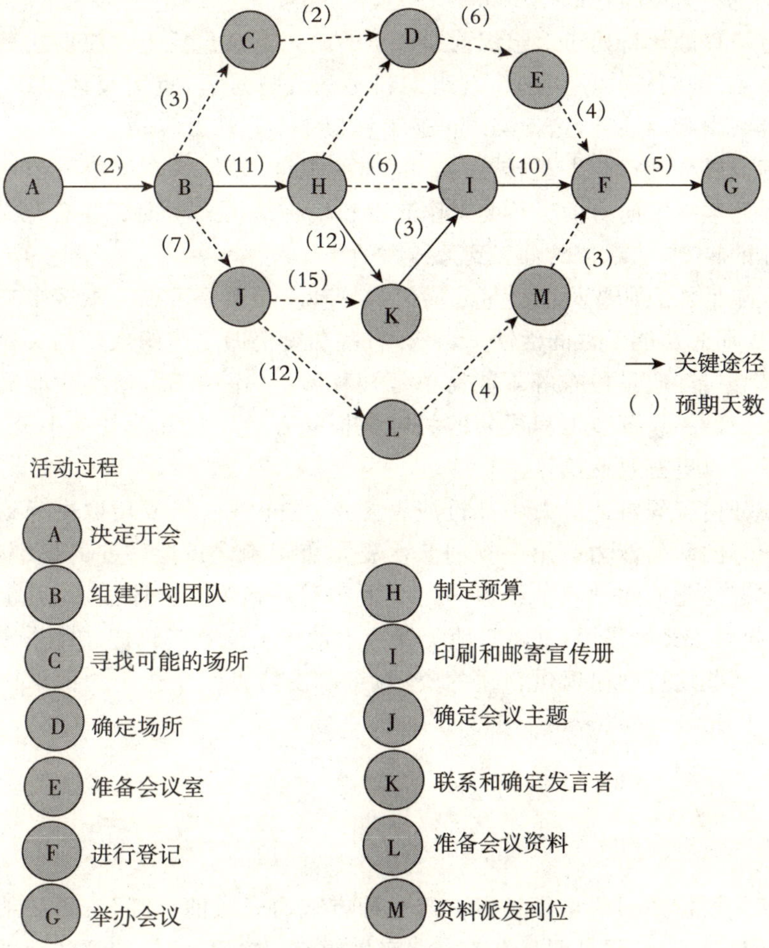

图 6.5　组织一个会议的图表

总的来说，虽然项目执行涉及全方位的行政管理技能和观念，但是有时执行只需使用一定的方法就可以方便地达成。我们的例子就很简单地展示了这些方法的逻辑。然而，所有这些方法都可以被应用于一些庞大而复杂的项目。尽管应用起来是非常复杂的，但是结果应该是一样的：产生一个有关项目执行的更有条理和精准的视角。

再造工程　最近一些公共行政人员使用了一种更全面，甚至更激进的方法来提高组织绩效，这种方法被称为“再造工程”。再造工程的核心原则是重新设计工作流程和组织结构使其达到实现组织产出的要求。这一方法的提倡者把现存的官僚机构视作是工业时代的遗产，并寻求重构公共组织。通过这一方法，他们试图使公共组织更具有灵活性，并更有能力去回应当代社会的动态环境。

在某些方面，再造工程是以系统理论、项目评估评审技术和其他方法作为基础的，因为它涉及了核心流程的识别和员工行为的系统背景。然而，再造工程的结果远远超越了在现有的官僚结构内做简单的抉择。它的目标是对僵硬的政府机构进行彻底的革新，使其变成一位著者所称的无缝隙组织："与过去支离破碎的官僚机构相比，无缝隙政府可以为顾客提供一个更顺畅、透明和几乎是不费劲的体验。在无缝隙政府中，职员是在与最终
216 用户的直接交流中完成工作的"（Linden 1994，p. xii）。

一个再造流程的执行始于对组织预期产出的确定。这包括组织想要达到的短期和长期的影响。然后，围绕核心原则和实现组织目标的支持过程，重新设计组织。但是，由于公共组织的等级制和僵硬性，这使实现再造工程似乎不是那么容易。

再造工程需要公共行政人员转变他们目前的观念，如把行政组织与传统的官僚机构相提并论。如此重新定向有助于转变工作流程和机构结构来实现那些有意义的产出——从部分到整体的转变，从断裂的分工到无缝隙的合作。

再造工程包括加强那些可能会带来增值的活动——那些可以给顾客带来更多满意的活动，并且减少那些功能不强的活动。当然，有些功能仍旧是组织成功的关键。关键的行政活动如预算、财务、质量检查等不能简单地被移除。另一方面，这些功能经常贯穿于更具增值性活动的始终。再造工程成功的关键是把核心过程从其他任务中分离出来，使得这些关键活动可以更有效地执行。

而管理在任何工程再造努力中都扮演着主角，这一方法的成功取决于致力于项目设计和执行的核心团队的能力。第一支团队主要是负责确定需要转变的组织流程。接着，第二支团队掌握变化的主动权。组织中的个人和利益相关者群体的成员，也都参与到这一过程，并且起到监督的作用，这将有助于保持主动权不偏离其轨道。每个团队中都有领导人出现——那些通过确保提供合适的资源、行政支持以及全体组织的承诺来指导再造工程的个人（Hammer & Champy 1993；Linden 1994）。

评估

规划、执行、评估系列活动是经由这样一种方式而完成的：询问是否在某种程度上实现了项目目标和目的，也即是否是有效率和有效益的。然而，这样的评估活动是在不同程度上开展的。有些可能是对立法部门的兴趣作出回应，立法部门需要知道预期的立法效益是否实现；有些则是为了与公众进行沟通：广泛的公民利益领域里正在发生什么；还有一些可能是为了改善政策执行的计划或者改进政策实施的方法。要理解当今的评估方法，需要在两个方面加以注意：早些时候提到的绩效测量运动和更传统的项目评估方法。

鉴于项目评估可使我们深入了解每项政策或项目的方向、效用、可持续性，绩效测量则提供了关于组织或整个网络的信息。当此两者被合并于评估研究的框架内时，这些策
217 略不仅有助于决策过程，而且提高了公共组织的总体责任感。进而，评估研究加强了立法监督和行政控制。

在联邦层级中，有些立法团体进行或"发起"了评估研究。包括政府问责办公室、国会预算办公室和各种立法委员会，主要是那些关注预算并监督特定项目的委员会。行政机构，如管理和预算办公室、总统行政办公室，也进行了评估研究。然而，大多数这样的研究是由机构本身发起的，因为管理者想知道如何才能实现更好的管理，或者如何才能使他们

的组织产生更大的生产率。

州和地方也对绩效测量和项目评估抱有极大的兴趣，尽管支持这些活动的资源经常受限。州政府通常通过预算办公室，促进其行政分支机构的分析能力。最近几年，很多州重新调整了预算结构，使其与预定的绩效标准相一致。这样可使州政府把财政资源与每个机构预期要达到的目标联系在一起。评估研究可用于帮助州政府确定它在成功实现绩效目标方面的情况如何。相应地，现在州立法机关和公民们可以看到投入的公共资源获得了什么样的服务和效果。

再者，如同联邦层级一样，在州和地方层级以及在大多数非政府组织中，大量的评估研究已经成为机构或者项目管理者日常职责的一部分。特别是在“政府再造”和“国家绩效评审”期间，公共行政人员不仅要日益表现他们的行动效率，还要向主要的利益相关者团体展示他们的行动结果。绩效评估和项目评估的案例范围从复杂的、详细的一次性研究到对绩效目标日常的综合性监督。不管复杂性如何，评估研究都能提供重要明细以支持组织的总体战略规划，并帮助组织确定个别项目的方向。

绩效测量

评估研究领域的最近进展——绩效测量——出现于20世纪80年代后期，原因是公民、立法者和倡议组织开始向公共组织要求更多的价值。在此压力下，政府不得不说明其所花费的公共资源的效率，不得不证明其行动的实质效果或与项目的公共效用相关的产出。20世纪90年代初，随着“再造政府”的呼声愈益响亮，绩效测量运动在各级政府中全面开展。联邦机构制订了测量项目水平和管理功能的绩效标准，州和地方政府也纷纷进行效仿，都把绩效测量作为评估他们的活动、完善联邦项目报告的方法（Wholey, Harry, & Newcomer 1994）。

1993年，绩效测量正式成为《政府绩效与效果法》（Government Performance and Re-
sults Act,GPRA）的法律内容。该法案授权联邦机构制定一个战略规划来确定五年内的 218
绩效成果。然后，通过年度绩效评审，对旨在实现绩效成果的各种组织活动进行测评。该绩效评审计划被要求于1999财政年度开始实施。在这些计划里，联邦机构确定绩效指标——具体的、定量的目标，即政府机构努力追求的目标。这些指标反映了每一个机构的产出和成果。

网络链接

> 联邦政府依据《政府绩效与效果法》，提供了最新的、与战略评估相关的信息，这在GPRA报告网址 www.ombwatch.org/gpra 和美国国会研究所网址 www.conginst.org 里都可查阅到。与州和地方政府相关的评估活动，可以访问这些网址：www.policywork.gov 和 www.auditor.leg.state.mn.us/ped/pedintro.htm。

在输入、输出和成果这三者之间应该有一个区别：输入是组织可得到的资源——财政的、人力和其他资源；输出是组织生产的实际的产品或服务；成果，正如我们提到的，是组织期望达到的长期目标。举一个例子来说明，美国联邦航空管理局发布的规制条例，是构成其成果的一种类型。但是某些人测量该组织的绩效时，只是适度地对它所发布的规制条例的数目感兴趣。然而更重要的是，这些规制对其预定目标所产生的影响，如提高飞行安全。飞行安全的提高就是一个成果。（一般来说，目标倾向于具体和详细，直接绑定每个组织的特定活动；另一方面来讲，成果与组织工作的更大目的相关。）

“布什政府相信 GPRA 所要求的只是数据资料的产生，事实上，没有证据证明这些信息可以用于指导决策”（Joyce 2007，p. 27）。然而，绩效测量是布什政府优先考虑的头等大事之一，通过项目评级工具（Program Assessment Rating Tool，PART）而得以实施，已经成为总统管理议程（President's Management Agenda，PMA）的一部分。PART 被认为是测量绩效的一种工具，并在 2004 财政年度中首次被运用。“PART 的评审，可以帮助确定项目的优势和劣势，为资金和管理决策提供信息，使项目运行更加有效。因此，PART 把影响并反映项目绩效包括项目目的和设计的所有因素都尽收眼底；绩效测量，评估，和战略规划；项目管理；和项目结果。由于 PART 包括了一系列分析性的问题，它使项目日渐改进，并在两个相似的项目间进行比较”（OMB 网址：www. whitehouse. gov/omb/part/index. html）。

明显地，PART 作为一种评估工具将会通过统一的标准来对所有的机构项目进行比较评估。但是，正如乔伊斯（Joyce 2007，p. 29）所指出的那样，运用 PART 最大的问题是这
219 样一个事实：很多项目不能“证实结果，至少依据 PART 的标准是不能的”；然而，这并不必然意味着这些项目是无效的。尽管 PART 的主要作用是帮助决策者决定哪些项目需要更多的资金，但乔伊斯（p. 29）指出，“对于绝大多数项目来说，资金和绩效之间的关系并不好理解，即使是在那些存有良好的绩效数据的项目。”这一观点来自于一些联邦项目不能单纯依靠绩效标准而被抛弃的事实。PART 的长期影响还有待于观察；当一些批评意见认为，PART 作为一个工具不能一律应用于评估所有的联邦项目时，政府机构依旧依照该标准提出预算议案。

你会怎么做？

你是一个州级工作团队的一部分，负责整合多个机构在处理儿童、青少年及其家庭问题时的工作。要求你提出一套综合性的结果评估方案，以帮助州政府决策者和公众了解州政府在处理涉及就业、儿童健康、药物滥用、青少年怀孕和辍学等方面的情况时绩效如何。你会怎么做呢？

PART 的长期影响还有待观察；然而，在最近的研讨中，来自联邦机构和学术界的代表们就一些针对联邦授权的绩效测量项目的反应进行了讨论。凯瑟琳·纽科莫（Kathryn Newcomer），学界参与者之一，写到，“会议所释放的信息完全是混杂的。在这个《政府绩效与效果法》时代，以增进对话的形式讨论联邦政府的绩效是有益处的，但是，要增进跨机构的和跨国会委员会之间的对话，依然有很多工作要做。而且，向联邦政府报告的绩效报告卡（基于联邦机构的报告标准）仍未出台。在绩效评级游戏中，国会在对绩效报告进行分级时所使用的标准仍然是重大的——显要的——未知的”（Newcomer 1999，p. 10）。不

考虑其他因素,《政府绩效与效果法》确实有助于拓宽对话范围,包括政府效能问题和联邦机构实现公共目标的能力问题。

当然,在《政府绩效与效果法》及其对联邦机构的要求之外的情况下,绩效测量运动进展得很好。各级公共组织以及非营利部门中的组织,都开始把评估研究与他们的规划与执行功能联结在一起。例如,大多数州政府和许多地方政府,现在都使用绩效测量方法,依据输出和成果,来评估他们的活动。相应地,这些州可以把预算决策和项目指令与各机构设定的特定绩效标准相联系。结果是,这些州都享有一个可向公民和其他利益相关者证明他们的效率和效能的更加有效的系统。

"到2004年,33个州维持、修改或者新增了立法,描述了有关基于绩效的评估方法的运用,17个州制定了有关这一应用的行政要求或行政指令"(Melkers & Willoughby 2007, p. 80)。尽管存在这些要求,但是对于全面应用基于绩效的评估方法,大多数州既没有立法也没有行政要求。只有11个州有一些全州性的行政要求:亚利桑那州、特拉华州、路易 220
斯安那州、马里兰州、明尼苏达州、密苏里州、新墨西哥州、俄勒冈州、南达科他州、弗吉尼亚州和怀俄明州(p. 83)。

例如,几年前,得克萨斯州设立了绩效预算系统来增强机构的责任性和工作效率。在这一新系统下,州政府机构必须确定实现绩效目标所需要的资源,然后就这些目标和资源与州立法机关商讨。一旦确定了目标和资源配置,立法者将会依据绩效目标进行授权。这一活动远离了项目清单和单项任务,但是,赋予了得克萨斯州的行政管理者以极大的灵活性,去实现他们的绩效目标。并且,预算系统确保了评估与测量活动是基于机构的产出而非过程(Carter 1994)。然而,正如我们在专栏6.3所见,确定测量的任务并不容易。

专栏6.3　相同看法:绩效测量对公民的重要性

公民参与犹如一个方形的木桩,公共行政人员经常试图把它挤入政府的圆洞里,无论是为战略规划、预算编制、土地利用规划,还是其他关键议程。这种情形在绩效测量中尤其真实。大部分公民参与是由输入驱动(公民满意度调查)或输出驱动(年度绩效报告)。而两者都是绩效测量系统的重要组成部分,既不影响系统的设计也不影响实际测量。纽约市基金会进行了一项为期多年的课题研究,巴巴拉·J.科恩·伯曼(Barbara J. Cohn Berman)的《倾听公众》(*Listening to the Public*)一书呈现了这项研究的结果,这就好像是为地方政府提供了一个圆木桩,可能会极大地影响绩效测量系统的设计。

1996年至2001年期间,纽约市基金会都市政府绩效研究中心参考私人部门的市场调查做法,通过焦点小组[1]、调查、访谈等方法来倾听纽约市民的声音,了解公众对当地政府绩效的评价。总的来说,研究人员发现,参与者对公共服务方面的内容很了解,并且他们的期望也是很现实的。他们的意见来自于他们的个人经验,而与政府雇员和机构互动的经验则严重地影响到他们的大部分意见。

① 指的是研究者为了听取对某一问题、产品或政策之意见,而特意召集到一起的一群人。——译者

伯曼工作的价值在于她的方法论及其潜在的广泛应用和影响。在焦点小组讨论中,组织者先向参与者简要说明了30个不同的城市的责任,使所有人在平等的认知基础上讨论问题。接着,参与者依据他们对各项服务的熟悉度、他们所认为的各项服务的重要性以及各项服务的执行情况,对服务进行排序。尽管这种做法不尽科学,但是这些评级活动透射出公众对城市服务的看法,使研究人员可以得出上述结论。

从焦点小组讨论和随后的电话访谈中,伯曼推断出了共同的主题,表明了新的的绩效测量方法对公民的重要性。例如,一个被调查者这样评论:“我为我祖母呼叫了911。他们来得很快速,熟悉业务,并及时把她送到合适的医院。”从这个评论中,伯曼
221 得出了三个可能的绩效测量标准:(1)抵达病人身边所花的最初反应时间,(2)运送病人到适当的医院所花的时间,(3)知识丰富、有同情心、有才干及反应能力的人员。伯曼记录下了对30种服务的评论和潜在的绩效测量标准。这种做法很容易被其他辖区所复制,并用其验证目前的方法的正确性,和/或提供对公民而言更重要的新方法。

该中心还确定,那些为公民所重视的政府职能是非常重要的,但是却没有绩效数据来证实。因此,该中心研发出新的工具来发掘可信赖的绩效信息并将其运用于纽约市。第一种工具用于评估道路的质量——路面维护,这在2001年的绩效排序中位居第二,焦点小组认为其非常重要但其绩效却很低。伯曼描述了该中心如何应用一种测量路面粗糙度的技术,也被称作轮廓测量法,给城市街道进行平坦度打分和颠簸度打分。志愿人员和焦点小组使用统一的测量口径,使绩效测量易于理解,并绘制地图来立体地描绘测量结果,观察随时的变化。自从纽约市首次使用这项技术后,其他城市也开始进行类似的研究。

如上所述,伯曼发现,市民对政府的认知与政府对其本身的认知是大不相同的。对于市民来说,问题的治理并非恰好合乎政府部门的结构。想想街道上的问题,如垃圾、空地、不安全的建筑物、涂鸦等,这些都共同影响到市民对政府的看法,但却并非是单个部门的责任。该中心研发出一个叫做“街区环境电脑跟踪”(Computerized Neighborhood Environment Tracking,简称ComNet)的系统,便于市民就这些问题与合适的当地权威机构沟通,而无须知道部门的责任。市民或政府雇员用手提电脑设备沿着预定的路线记录下所观察到的问题。详细摘要会被制成图表并自动发送到确切的部门。这也提供了可借以确定服务水平差别和注意随时变化情况的数据资料。许多城市甚至全国各地都已使用了ComNet或类似的系统。

中心研发出的最后一个方法,是一个叫做“市民评判”(Citizen Gauge)的在线调查工具,市民用这种方法,并根据该中心所提供的标准,去评价他们所打交道的政府雇员的素质。该中心经研究发现,政府雇员最重要的素质包括:平易近人、谦恭有礼、知识见闻、及时性和回应性。虽然“市民评判”提供了一个额外的反馈机制并应受到那些关注其绩效表现的机构的欢迎,但它的“意见箱”系统也存在一个固有的缺点——反馈的是逸闻趣事和不具代表性的意见。地方政府可以通过社区调查和“市民评判”,获得更多有用的资料,发现一些临时性问题。

来源:John Ruggini,“Seeing Eye to Eye: Performance Measures that Matter to Citizens,”*Government Finance Review*,Chicago: Dec 2005, Vol. 21, Iss. 6, pp. 62—63。

类似地，美国联合道路基金会执行了一项综合性的“结果测量”项目，以培育一个具有可持续性的、有效的绩效管理系统，对“联合道路”所资助的所有机构进行跨机构的绩效管理(Hatry, et al., 1996)。“联合道路”所采用的方法集中在一个逻辑链上——连接项目的输入、活动、输出和结果——凭借以特定指标所进行的结果测量。“联合道路”的目标是 222
鼓励机构远离传统的、与效率相关的绩效测量办法，转变到基于顾客数量和百分比的、更有意义的项目影响评估上来，以达到项目的效果(Hatry, et al., 1996, pp. 1—2)。

在绩效标准的界定上，公共和非营利组织可以列出种种来源。这通常是在一个被称作标杆管理的过程中完成的。标杆管理的特色是，在以往的绩效水平、由相似组织所设定的标准、经战略规划过程所创建的目标或者这些因素的任何组合的基础上，来规定实现特定目标的指标。然后，公共行政人员采用比较分析法，对比这些预定的指标，评估机构的绩效。通过标杆管理，公共行政人员可以把他们的评估研究直接与机构的计划与执行策略联系起来。

绩效测量最有效的应用是在绩效管理的广阔背景中进行的。最近，杰伊·哈克斯(Jay Hakes)，美国能源部能源信息管理局的行政人员，发表了一篇关于成功的绩效管理实践的报告。基于他在该部门的工作经验，哈克斯提出，那些尝试构建评估战略模式的组织，没有在组织变化过程中对这些策略首先进行排序，可能会对阻碍组织绩效测量和组织本身变化的重要因素失察。这些组织可能会陷入监管行为与组织目标和结果相互脱离的困境。

为了预防这一点，哈克斯提出了几个行动步骤，为成功的绩效测量奠定了基础：

- 依据法规法令和过往实践分析目标；
- 与政府内外的主要顾客讨论所期望的输出和结果；
- 书写一个战略规划；
- 描绘一幅组织的输入/输出图。(Hakes 1997, p. 10)

重要的是，要认识到这些步骤只是代表了成功的绩效管理的开端。最高领导层、组织成员、利益相关者和机构资源的监督人员必须对有效的变化策略负有责任。绩效测量本身必须与组织的预算分配和奖励系统联系起来。就这一点而言，创建一个有效的测量策略意味着把组织转变成为以绩效为基础的组织。

这一过程的下一个步骤是在整个组织中综合运用这些评估方法。依照哈克斯的建议，通过过程中的组织成员参与和收集强化测量的反馈信息，这些都是可以实现的。随着基准指标的完成，数据来源应该被建立，标杆管理过程开始被实施，从而确保目标将是可测量的，并且所有行动都切合预定的绩效标准。

最后，有关绩效测量系统将如何被运用，需有清晰的决定。有些人可能会选择一个更苛刻的方式，让这一技术发挥出一个监视者的功能。哈克斯鼓励公共行政人员以更具建设性的方式运用绩效测量战略：“如果员工能使用这些方法进行自我改正和持续进取，而不用冒被惩罚的风险或者怀着对奖励的某些期望的话，那么，项目进展所产生的美元价值(以最小输入获得最大输出和结果)将会超过大多数监督者的预期”(1997, p. 17)。 223

如同任何通向组织转变的成功路径一样，哈克斯揭示，绩效管理方面最有意义的尝试发生在这样的情况下：当领导层使全体组织成员都参与进来，并把评估战略和组织的长期成果联系在一起的时候。更为重要的是，哈克斯建议公共行政人员要较少严格地关注定量指标，而要更多地关注创建一个成功的组织文化。（专栏 6.4 讨论了实践中运用绩效管理所面临的挑战。）

公共和非营利部门已经开始运用的一个有趣的绩效测量方法是卡普兰（Kaplan）和诺顿（Norton）的平衡计分卡。平衡计分卡平衡了对财务业绩、内部商务运营、顾客服务和组织学习方面的关注评价。这可使决策者循着组织绩效的不同维度，与利益相关者进行更有效的沟通。然而，卡普兰和诺顿指出，平衡计分卡并非只是控制行为或评价过往表现的一个工具，而应该被用于沟通、告知和使组织处于学习和成长中。通过使用这一方法，管理者可以监督和调整他们的战略执行情况，并对组织运行方式进行根本的改革（Kaplan & Norton 1996，pp. 18—24）。

专栏 6.4　绩效管理：理论和实践

理论上，绩效测量被认为是对问题的回答。实践上，绩效测量经常是其自身的问题，或者至少它们所引发的问题和它们要回答的问题一样多。绩效测量正是对一些现实情况的定量描述。因为绩效测量是以定量形式表达出来，它们呈现事实，传达客观中立的印象。在实践中，这样的方法是对现实定量的解释，同样，也是对现实的叙述性说明。在现实中，极少的绩效测量被认为是中立和客观的；所有的绩效测量都可能被用做论据和政策争议的武器。

绩效测量

	理论上	实践上
测量的	客观中立的回答	事实根据
绩效是	问题的解释论据	有倾向性的武器
结果是	所有人的总量	针对部分人而非其他人
绩效是	长期	短期
政策推动依靠	资料和分析	讨论
测量什么	重要的方面	可被量化的
项目领域	可比较的	特定的
表原因的论断可以	被证明	不清晰
“这一项目”	执行得很差劲	执行得很差，但是不开展的话情况更糟

来源：H. George Frederickson，“Measuring Performance in Theory and Practice，”*PA Times* 23，no. 8
224 （August 2000）：8—10。

不仅是美国，全世界的政府机构都已开始制定策略来帮助他们评估他们的种种努力，并采取更多以顾客为中心的方法来达到公共效果。最近的一个研究检验了经合组织（OECD）成员国和所选择的一些非成员国家的改革尝试。加拿大、西班牙和瑞士成为检验目标，是因为它们在全国范围内致力于发展和实施绩效测量技术。其他国家，如美国、德国、韩国、墨西哥和荷兰被这项研究引为案例，是因为它们在特定的政策领域中执行绩效监督策略，这些样本领域包括医疗保健，警察和公共安全及政策建议。

这项研究发现，成功的公共组织绩效监督受到如下一些必要条件的影响："来自中心单位的战略领导"，"建立适当的组织激励以支持和鼓励基于结果的管理"，"用项目评估作为正在运行中的绩效测量系统的补充，以解决绩效测量系统不能很好处理的绩效问题，从而使这两种测评工具都能得到充分利用"(Mayne 1997, p. 16)。

该研究表明，组织运行的动态环境对每个机构的业绩能力和测评能力都有一个显著的影响。事实上，这项研究发现，组织适应变化的能力，胜过作为组织成功主要指标的业绩提升。梅恩(Mayne 1997)写到，"最大化的灵活性可能比最大化的短期效用更重要"(p. 16)。这项研究得出的结论是，组织的生存取决于每个团队对绩效测量、解决问题和战略管理诸项能力的整合能力。

当然，这种能力有赖于每个机构对整体的组织绩效及单个项目的效率这两方面进行监督的能力。我们已经注意到在绩效测量讨论中这些评估策略的重要性。然而，我们应该给予项目评估更多的关注，它赋予了我们有价值的视角，可以洞察组织过程和由政策与首创行动所产生的计划性影响。如果把绩效测量与组织联系在一起，作为一个相对于具体结果的整体来看，那么，项目评估就揭示出在每一个政策领域内，组织为实现目标是如何采取行动的。

项目评估

有种种方法来对项目评估方法进行分类。例如，结果评估和过程评估。结果评估被划归为绩效测量的评估类型；他们都把关注的焦点集中在项目活动的结果上——也就是，225 依据对环境所产生的影响，一个项目达成其目标的程度(例如，前面所讨论的"联合道路")。如果一个组织的工作是提高成人识字率，那么，学会阅读的人数就是被测量的对象。然后，那一信息可能在项目的输入中被应用，在成本收益率中显示出来(在这一案例中，指的是分配效率)，即每花费1,000美元所支持的学习阅读的人数。一般来说，结果评估是为了确定X是否导致Y，这里X指项目活动，Y则指预期结果或目标。可以想象到，结果评估对立法者、权力分配者和其他与各种项目绩效相关的人来说，具有特别的价值。

与结果评估不同，过程评估的焦点是，改善项目执行的方法以更好地实现项目目标。这里的问题是X怎么做(项目管理)，来改进Y(预期效果)。然而，如果一个评估人员对结果感兴趣，那么他会花大量时间来寻找测量项目结果的系统方法，如果评估人员对过程评估有兴趣，那么他就会分析机构活动的组织和管理，包括财务和人力资源的分配、服务供给机制的设计。过程评估也用以确定合法规定的程序是否被贯彻始终，并确保个人权利不被侵犯。

在这里，相关的测量方法将会更加关注输入方面，可能包括以下的一些项目，如工作量的测量或资源分配情况。在这些研究中，重要的是区别效率和效用。效率是输入和输出的关系，经常用每单位输入的比率来表示。例如，对每千美元投入所产生的街道铺筑量就是一个效率的测量。另一方面，效用与项目是否达到预定目标的程度相关，效用的测量是结果导向的；它们集中关注项目所产生的真正变化，如航空事故死亡率的下降。

有时过程评估发生在事件之后——项目完成后；但是，它们经常是发生在项目运行过程中的。事实上，有些过程评估几乎与项目运行审查连续在一起。无论在那种情况下，过程评估中出现的信息，对于那些希望提高他或她的组织绩效的项目管理者来说，可能是他们最大的兴趣所在。

因此，项目评估针对的是不同的受众并服务于不同的目的。信息的具体类型随着评估内容的不同而不同。埃莉诺·赫利姆斯基(Eleanor Chelimsky)，美国审计总局项目评估和方法部的前任部长，列举了以下的信息类型，这些类型都是我们需要了解的：

· 有关项目执行的信息(如：项目运行程度，跨场所运行的相似程度，是否遵循政策和既定方案，花费多少，利益相关者如何评价，是否在服务供给上存在问题或错误、欺诈和滥用职权等等)；

· 有关项目进展的信息，即当前项目应对的问题或威胁(问题是否在发展？或是减弱？是否减弱到不需要此项目的程度？问题相关的一些显著特征是否正在变化？)；

226 · 有关项目效果的信息(项目执行造成了什么结果？)；

· 有关项目所产生或正在产生的变化的信息(即问题或威胁的变化会对项目造成什么直接影响？)；

· 有关项目产生的非预期(以及所预期的)的影响的信息(如，一项药品知识普及教育是否导致了药品使用的增加？)。(Chelimsky 1985，pp. 8—9)

评估设计和方法

公共项目评估的方法涉及从历史分析到复杂的实验设计。事实上，关于项目评估的合适方法，已经争论了多年。有些人认为，这样的研究应该主要采用定性的方法，关注项目发展的轨迹，说明那些帮助形成项目的力量。这种方法的主张者比较热衷于过程中的问题，如导致项目失败或成功以及预期外结果的原因是什么；他们会问，"发生了什么？"另外一些人则主张，只要有可能，项目评估都应该使用与主要情况相应的最严格的科学方法，包括正式实验的设计和执行。这些分析者对项目的结果最感兴趣，他们会问，"它能起效吗？"(Chelimsky 1985，pp. 14)。

无论使用哪种方法，只要涉及项目评估，都面对两项针对其有效性的挑战。第一个问题关系到内部效力，追问的是这一方法是否能够测量到事情发展的趋势，这一设计与项目目标和项目发起者的需要是一致的吗？这些方法最适合回答那些需要解答的问题吗？这些结果是否尽可能地不带偏见？第二个问题关乎外部效力，追问的是这些研究结果对更一般的环境的适用程度。这一研究对相似背景下的项目做何解释？这一研究可以被复制并产生相似的结果吗？评估研究中所使用的各种方法都与这些挑战和其他问题有关联。

定性方法　许多项目评估都有赖于定性的信息，这些信息来自对项目的解读，对重要的参与者的访谈(包括机构员工、顾客和其他人员)，有时也来自对项目工作的实际参与。定性评估项目的第一步通常是阅读关于项目和主要事件的所有资料，包括关于项目主题(流感疫苗、儿童营养、快速运输系统等等)的背景资料，部门文件，运行程序，内部备忘录，报纸和杂志，其他地方的相似项目的文章和各种相关团体的报告。研究者也可能会打几个电话来确定项目的主要参与者，了解最重要的活动正在哪里发生。

在初步的调查研究之后，分析人员选定有限的一些场所（学校、医院、高速公路系统等等）来作为研究的重点。大多数的定性评估都是大规模的探索活动，探索对项目执行情况的一系列预感或直觉。对于这些情况，分析人员根据一些关键的维度，尝试选择不同的场 227
所来作为调查对象。然而，有一些评估活动是以假设为指导的，用来证明一些特定假设的真实性，因此，有限的几个能够特别说明调查中所发现的问题的场所，有可能被分析人员选出来作为调查对象。

你会怎么做？

你被要求对一个新项目的效果进行评估，这一项目旨在通过在中学里提供节育信息来降低青少年怀孕率。你已听到一些关于如何进行这项研究设计的建议和一些认为不可能在这方面进行评估的评论。你会怎么做呢？

一旦研究地点确定，分析人员可以通过重点访谈来搜集有关他或她的大部分信息，具体涉及机构内外负责项目的主要角色。访谈技巧包括确立采访者的资格，营造合适的氛围，有效地组织问题，询问合理的并具挑战性的问题，并对所有的谈话做好记录。最重要的也许是，访谈者必须保持谈话围绕主题而进行，不要太过浅显平淡也不要令双方都觉得尴尬。访谈结束后，采访者紧接着必须对访谈期间的笔记进行整理。这些笔记是得出项目结论的基础。

另一个可供选择的搜集定性信息的方法是使用参与观察法，也即某人加入到目标人群中或机构本身中，进行观察并在第一手资料基础上作出结论。例如，几年前，在肯塔基州东部进行的反贫困项目的评估中就雇佣了一名住在当地的参与观察者，该观察员每天同社区中的其他人谈论该项目，并把谈话内容向评估人员汇报。

任何一种方法都会在内部效力和外部效力两方面受到质疑。如果选择了错误的人来进行访谈，或者如果受访者有意或无意地提供了误导的信息，有关内部效力的信息和疑问就产生了。参与观察者通过他们自身就可以影响到项目的运行，使得项目结果与通过其他方法所产生的结果大相径庭。

定量方法　政策评估致力于向自然科学的科学模式靠拢，但是这通常是非常困难的。最典型的例子就是，一项实验设计在严格受控的条件下对两个或更多的团体的检验。一个小组为实验组，受到某种对待或干预；在项目评估案例中，实验组的成员将会得到被评估项目的益处。而另一个小组为对照组，由如下人员组成：尽可能与实验组成员相似的人，及在同样的常规条件下行动的人，对照组的成员不受任何干预。两组成员在实验介入的前后都会接受测试（预先测试和结束测试），并且结果将被进行比较。如果这一项目产
生了积极的或消极的影响，那么差别都会在数据中显现出来。 228

设想我们正在兴致勃勃地分析一种新的教学方法对四年级数学教育的效果，通过这个假设，我们可以说明构思一个有关社会项目的严密的实验设计是困难的。一个班被设定为实验组，并采用新的教学方法；另一个班则被设定为对照组，并沿用传统的教学方法。在应用新的教学方法之前和之后，要对所有学生的数学能力进行测评。如果新方法确实在儿童数学教学上更有效，那么，实验组的孩子们在经过实验之后的考试分数应该高于对

照组。

一般来讲，这是一个实验设计对一个社会项目的应用，你可以轻松地想象到相似的实验设计如何被用来测评其他项目，其范围包括从免疫接种到福利刺激再到高速公路设计。但是我们也会在这些设计中遇到麻烦，其中一些与内部效力问题相关。有人可能这样评论这项研究，说实验组的孩子们比较聪明，或者对照组学生的缺席率比较高。或者，你可能认为由于老师的能力不同而导致差异。或者，即使由同一个老师来教授两个班，你可能会认为他或她使用新方法来授课时更具热情。类似的有关外部效力的问题也可能会产生。例如，如果这样的实验结果可以在乡村学校得到，那么，它们是否也适用于城市学校呢？

上述一些问题，如果不是全部的话，是可以预期的，通过稍微修改研究设计。例如，学生可以通过随机组合的方式形成两个小组，这样就可以排除小组组合中可能存在的偏见。但是，这些问题反映出了社会项目测量中达到真正的实验条件的困难性。出于这个原因，大多数社会项目评估被称作"准实验"设计。

准实验设计保留了对系统性资料收集的要求，那应该是任何定量方法的组成部分，但却使研究人员从一些实验设计的难题中解脱出来，如对各小组随机分配主题的需要。再者，不同的小组可以被比较，但是对于研究者来说，最重要的任务是把一个行为所产生的影响从其他因素所产生的影响中分离出来。只需要对我们所感兴趣的行为所引起的影响进行分析。

准实验方法不仅更适用于对社会情况进行研究，也更加适用于以下情况，即项目评估人员时常发现他们被安排从事这样的评估：项目开始之后很久才进行并且不影响项目干预模式的评估任务。在这样的例子中，历史的方法可能具有特别的价值。例如，一个准实验设计——时间序列分析——要在项目干预之前和之后对目标人群进行大量的观察。（这些观察甚至可以通过搜集历史性资料，以回顾的视角进行。）比如，搜集社区犯罪的基本信息，可以追溯到引进新的巡逻方式之前数年，然后，再搜集引用新的巡逻方式之后的同样数据。

小结与行动启示

作为一名公共管理者，你将对规划、执行和评估这一循环过程非常熟悉。在实践上，
229 这一循环的各阶段很少表现出像我们所讨论的那样截然不同，但是你依旧会发现你必须为各阶段都贡献出一定的时间。在中级和高级的管理中，规划、执行和评估周期会变得十分复杂，因为你将发现你几乎是同时从事着这三个阶段的工作。那就是，你为一个项目做规划的同时，就已经开始着手执行和评估工作。显然，对各项目的时机把握，知道何时和如何从一个阶段转入下一个阶段，是极其重要的。

就我们所知，方法是用来帮助解决你在这一循环过程的各阶段将遇到的重要问题。尽管很多方法阐述起来都高度复杂，但是个中逻辑却可以帮助我们处理那些相当简单的即时性的问题。

通过对规划、执行、评估这一循环的学习，你应该要记住，尽管我们已经注意到方法对

你的行政工作的帮助作用，但是每个领域都会强烈受到你与你所在组织（和其他地方）的人们相互沟通的影响。规划、执行、评估都是人事过程，因此，会受到人们的价值、态度和行为变化的影响。在规划、执行和评估以及预算、财务管理和人事管理中，只有当充分考虑了民主的价值、明确的领导和人力资源管理时，使用这些方法才能获得成功。

术语与定义

标杆管理(Benchmarking)：在以往绩效水平的基础上确定具体目标，由类似的组织设定标准，通过战略规划过程创建目标，或者这些要素与其他相关要素的任何组合。

成本—收益法(Cost-benefit)：对一个议案的消极影响（成本）和积极影响（收益）进行确定和量化，然后从积极变量中减去消极变量从而得到其净收益。

决策分析(Decision analysis)：一种分析方法，用以分析决策方案已被制定并排序但仍存在某种程度的不确定性时的情况。

决策树(Decision tree)：一种分析方法，用以确定各种可能的结果，并对每种情况进行风险分析。

效用(Effectiveness)：一个项目达到或不能达到其预定目标的程度。

效率(Efficiency)：输入和产出的关系。

制度子系统(Institutinal subsystem)：负责使组织适应环境，并对组织的未来进行预测和规划。

管理子系统(Managerial subsystem)：关注的是提供完成技术任务的必需资源，协调制度子系统和技术子系统。 230

结果评估(Outcome evaluations)：一种评估方法，重点评估项目活动的结果及在影响环境方面项目所达致目标的程度。

参与观察者(Participant observer)：观察者进入目标人群或机构中进行观察，并在获得的第一手资料基础上做出结论。

绩效指标(Performance indicators)：具体的、定量的目标，这也是组织需要努力追求的实质目标。

绩效测评(Performance measurement)：对项目目标或机构产出的情况作详细和具体的测量。

项目评估评审技术(PERT)：对完成一个项目所需的各种活动的时间或经费进行监控的方法，从而显示出必须完成的活动的先后次序。

政策分析(Policy analysis)：对公共问题进行研究或分析的过程，为政策制定者提供关于备选方案的具体信息和不同方法的优劣势。

过程图和流程图(Process charting or flowcharting)：直观地说明了一个活动中各项步骤、执行每个步骤的人员和各种因素的关系。

过程评估(Process evaluations)：为了更好地达到项目目标而采取的改进项目执行的方法。

再造(Reengineering)：彻底地重新设计工作流程和组织结构使其达到实现组织产出

的要求。

利益相关者(Stakeholders)：涉及政策决定和影响政策结果的许多不同的人。

战略规划(Strategic planning)：确保一个组织的目标和能力与环境中所预期的需求相匹配，从而保证能够制定出一个实现目标的活动计划。

系统(System)：有规则的、相互关联的一个集合体，以某种使其自身与组成系统环境的其他活动相区别相分离的方式，装置了自身或为自己划定边界。

系统理论(System theory)：致力于确定各种影响组织运行的内外因素之间的相互关系。

技术子系统(Technical subsystem)：关注组织实际工作的有效执行。

时间序列分析(Time series analysis)：在目标人群接受项目干预前后对其进行一系列
231 观察。

思考题

1. 规划是政策过程的一个方面。讨论不同类型的规划和它们的目标。
2. 在组织一个规划过程时，规划团队首要关注的问题是什么？
3. 讨论一个完整的政策分析的必要步骤。
4. 确定用于政策分析的一些定量方法。
5. 执行规划是政策过程的第二阶段，讨论执行过程初期的一些有效方法。
6. 比较推进一项组织工作的不同的子系统。
7. “为成果管理”阶段意味着什么？如何执行这样的项目？
8. 有多少种不同的评估方法？讨论它们的区别。

案例与练习

1. 在一个班或者工作小组中，假设有如下这样一个任务：立法机关要在本州一个快速发展的地方创办一所新大学，州长要求为这所新大学制订规划。你作出的任何设想都可以成为你的规划的基础，这些假设要以书面方式来明确陈述；然而，你所有的设想都应该遵从如下指导意见：

a. 假设你有充分的合法权力来发展这所大学，包括这一权力：开发一个全方位的本科生教育项目，开发少数几个基于本州特殊利益需求的研究生教育项目。假设在建立新大学的地方，你能够获得高度的政治支持，并且还能得到全州范围的普遍支持，但同时也要假设你所遇到的主要反对来自州内处于领导地位的公立大学。

b. 假设建立新大学的地方已经有一所社区学院(新大学将接管这所社区学院)和两三所小型的私立的文艺学院。假设社区学院有2,000名大一新生和大二学生，有两栋大楼，
232 建在一大片还未开发的土地上，而这片未开发的土地足以修建一所新大学。

c. 假设该大学所在的地区传统上是发展农业和旅游业经济的，但是目前高科技工业也处于高速发展时期，这主要是因为这个地区的优美环境和宜人气候吸引了公司的进驻。

d. 假设在第一年的经营中,你预期可以贷款1,200万美元(包括了社区学院的预算)。但是在接下来的9年内每年增长700万美元。另外,在新大学开设的头十年内,有足够的财政支持来为各种新的建设项目提供保障。

e. 假设你有足够的权力去管理该大学课程的开设,并就任何新的项目向高等教育协调委员会提出建议。然而,该州主流大学会极力维护它的机械工程和计算机科学项目,使之免于竞争。

在接下来的10年中,你应该为这所新大学提供发展计划。你必须全盘考虑所有发展因素,包括学术计划、学生服务、行政支持(包括物理设施、人事、财务和会计系统)、基本建设和院际运动会。你可能希望建立分支委员会或工作小组致力于特别区域的事务;然而,所有报告都必须被整合为一份计划文书,提交给州长办公室。

2. 假设有一项法令提案要求,在该市每卖出一瓶饮料,就得为盛饮料的容器支付8%的押金,而市议会正在考虑这项提案。每一个啤酒罐、软饮料瓶或者其他容器,都带着城市的标签和印记。零售商将收取每个容器的押金,当容器被返还给店里时须向消费者支付8美分。该议案的支持者说这有助于城市的清洁卫生,并提供了一个较好的回收容器的办法。反对者则表明,该项法案对于商店经营者来说难以遵守,该市执行起来也将是一个噩梦。拟订一项调查设计——一项实施研究的计划——这将能使你向市议会报告这项法案的成本和收益情况。

3. 完成下列练习:一位新近当选的大西洋中部大州的州长要求你参与制定一项计划,内容是修改高速公路的巡逻方式。这个问题源于联邦交通运输部的一份报告,报告指出,对该州交通调查的一份独立样本表明,有太多的摩托车手超速驾驶。报告继而威胁说,如果不对此做出一些改善措施,那么将切断联邦对该州所有的高速公路资助。然而,也许最大的当务之急,是发现每一千英里的车祸数正在急剧上升。

州长办公室为你提供了一套有关高速公路巡逻和相应成本及减少事故和超速驾驶的备选策略。同时,资料中也包括了一份违章罚款收入的研究报告。你被要求撰写一份报告,说明每个策略方案所产生的各种效果。巡逻类型如下: 233

固定雷达追踪巡逻
巡逻车巡逻
飞机/追捕车巡逻

每种巡逻方式产生的费用如下:

固定雷达=600美元/每次巡逻
巡逻车=800美元/每次巡逻
飞机=1,500美元/每次巡逻

巡逻期间发生的每宗车祸,所需服务费用为250美元。然而,发生事故的可能性不尽相同,取决于巡逻的类型。固定雷达追踪巡逻遇到两个事故的几率是50%;巡逻车巡逻遇到两个事故的可能性是30%;飞机/追捕车巡逻有25%的机会可能遇到两个事故。最后,不同的巡逻类型所产生的传票情况也不同:固定雷达追踪巡逻平均发出8张传票;巡逻车巡逻平均发出5张传票;飞机/追捕车巡逻平均发出3张传票。

早前的一个研究表明，典型的情况是事故发生率少于一种巡逻类型的平均水平，这是交通运输部认为可接受的速度。

在结论部分，州长表示，发出一张传票，要花掉 50 美元（平均的传票罚款为 85 美元），但是州长接着说，这跟巡逻类型的选择无关，因为整个计划旨在通过限制车速来防止交通事故（和防止削断联邦资金）。

你打算如何为州长拟订这份报告？

4. 完成以下练习：你受聘于一家专业的分析顾问公司，参与了纽约市的一个项目。该市聘请这所公司来分析如下行动的适当性：垃圾收集合同外包、增强该市垃圾收集的能力或开发一个全天候的垃圾收集系统。

该市目前有一家拥有 2,538 名员工的清洁卫生部门，使用两种不同型号、共 781 辆垃圾车。大车每趟运载 35 吨垃圾，每天运两趟。小车每趟运载 15 吨，每天运三趟。共有 537 辆小车，244 辆大卡车。大型卡车每天所需费用是 720 美元，作为 3 名员工（8 小时轮班）的薪水和 200 美元车辆维护费。小型卡车每天所需费用是 480 美元，作为 2 名员工（8 小时轮班）的薪水和 150 美元维护费。垃圾收集外包协议要求实行轮班差别制，如果各组员工除了从上午 6 点工作到下午 3 点之外还需加班，那么就要在每小时 30 美元基础上再追加 15%。这份合约还有 3 年期满。一份近期的研究指出，该市要收集的垃圾量在下一年将会增加 14%，在随后的一年将增加 18%。这份研究同时也表明该市许多大型公司正打算使用私营的 We-haul 有限公司的垃圾收集服务，该公司最近开始与城市的清洁卫生部门竞争。这份研究得出的结论是，即使要收集的垃圾量将有所增加，但该市清洁卫生部
234 门要收集的垃圾量可能会平缓下滑或者保持不变。

快速地查阅维修记录，你就可以发现，如果全天候运行，那么大卡车的维修费用增加 20%，而小卡车则为 30%。如果你要订购新卡车，打电话给 Tidy-Truck 制造商，其今年的报价是，大卡车每辆 82,000 美元，小卡车每辆 59,000 美元。下一年，他们打算提价 6%。

刚刚放下电话，你在该市的联络人打来电话告诉你，We-Haul 有限公司已经以特价为该市提供了收集新增垃圾的服务，第一年每吨 18 美元，次年每吨 20 美元。

根据你需要的信息，拟订出合理化的设想，就该市是通过购买更多的卡车和雇佣更多的员工来拓展服务、实行 24 小时全天候运营，还是把新增的垃圾收集服务外包给 We-Haul 有限公司，提出一份建议。

（资料来源：根据宾州州立滑石大学的巴利·哈蒙德的资料改编。）

5. 一个中西部大州的州长最近开始推行绩效管理创新，以强化州机构的行动，特别是扭转教育成就滑坡和未成年人犯罪率上升的趋势。为了回应日益强烈的公众抗议，州长鼓励他的内阁在民生和社会服务上实现十个目标，然后确定绩效指标，以监控该州实现目标的进程。作为一个资历丰富的内阁成员，在这一进程中，你担当了一个具有领导作用的角色。为了改变教育滑坡的趋势，该州首先应该怎么做呢？什么样的绩效指标可以用来监控全州范围内的创新进程呢？你如何保证这些绩效管理策略在全州范围内得到贯彻实施，如何进行必要的组织变革来确保它们的效能？

拓展阅读

Alder，Matthew D.，and Eric A. Posner. *New Foundations of Cost-Benefit Analysis*. Cambridge，MA：Harvard University Press，2006.

Allison，Michael，and Jude Kaye. *Strategic Planning for Nonprofit Organizations*. New York：John Wiley & Sons，1997.

Abramson，Mark A.，and Ann M. Kieffaber，eds. *New Ways of Doing Business*. Lanham，MD：Rowman & Littlefield，2003.

Bardach，Eugene. *A Practical Guide for Policy Analysis*. Washington，DC：CQ Press，2004.

Bingham，Richard D.，and Claire L. Felbinger. *Evaluation in Practice：A Methodological Approach*. 2nd ed. New York：Chatham House，2001.

Boyne，George A.，et al.，eds. *Public Service Performance：Perspectives on Measurement and Management*. Cambridge，NY：Cambridge University Press，2006.

Bryson，John M. *Strategic Planning for Public and Nonprofit Organizations：A Guide to Strengthening and Sustaining Organizational Achievement*. 3rd ed. San Francisco：Jossey-Bass，2004.

Bryson，John，and Farnum Alston. *Creating and Implementing Your Strategic Plan*. San Francisco：Jossey-Bass，1995. 235

Chambers，Donald E. *Social Policy and Social Programs：A Method for Practical Public Policy Analysis*. Boston：Allyn & Bacon，1999.

Forester，John. *Planning in the Face of Power*. Berkeley，CA：University of California Press，1989.

Geva-May，Iris. *Thinking Like a Policy Analyst：Policy Analysis as a Clinical Profession*. New York：Palgrave Macmillan，2005.

Greene，Jennifer C.，and Valerie J. Caracelli. *Advances in Mixed Method Evaluation*. San Francisco：Jossey-Bass，1997.

Goggin，Malcolm L.，Ann O. Bowman，James P. Lester，and Laurence O' Toole，Jr. *Imple-mentation Theory and Practice：Toward a Third Generation*. New York：Harper Collins，1990.

Hatry，Harry P.，Therese van Houten，Margaret C. Plantz，and Martha Taylor Greenway. *Measuring Program Outcomes：A Practical Approach*. Alexandria，VA：United Way of America，1996.

Kaufman，Roger. *Strategic Planning Plus：An Organizational Guide*. 2nd ed. Newbury Park，CA：Sage Publications，1992.

Kearns，Kevin. *Managing for Accountability*. San Francisco：Jossey-Bass，1996.

Keehley，Patricia，et al. *Benchmarking for Best Practices*. San Francisco：Jossey-Bass，1996.

Koteen，Jack. *Strategic Management in Public and Nonprofit Organizations*. 2nd ed. Westport，CT：Praeger Publishers，1997.

Kraft，Michael E.，and Scott R. Furlong. *Public Policy：Politics，Analysis，and Alternatives*. Washington，DC：CQ Press，2004.

Krause，George A.，and Kenneth J. Meire，eds. *Politics，Policy，and Organizations：Frontiers in the Scientific Study of Bureaucracy*. Ann Arbor，MI：University of Michigan Press，2003.

Lejano，Raul P. *Frameworks for Policy Analysis：Merging Text and Context*. New York：Routledge，2006.

Linden, Russell. *Seamless Government*. San Francisco: Jossey-Bass, 1994.

Meehan, Eugene. *Assessing Governmental Performance*. Westport, CT: Greenwood Press, 1993.

Meier, Kenneth J., and Jeffrey L. Brudney. *Applied Statistics for Public Administration*. 3rd ed. Belmont, CA: Wadsworth, 1993.

Mintrom, Michael. *People Skills for Policy Analysts*. Washington, DC: Georgetown University Press, 2003.

Peters, Guy B. *American Public Policy: Promise and Performance*. New York: Chatham House, 1999.

Poister, Theodore H. *Measuring Performance in Public and Nonprofit Organizations*. San Francisco: Jossey-Bass, 2003.

Quade, E. S. *Analysis for Public Decisions*. 2nd ed. New York: North-Holland, 1989.

Rabin, Jack, W. Bartley Hidreth, and Gerald J. Miller, eds. *Handbook of Strategic Management*. New York: Marcel Dekker, 1989.

Starling, Grover, *Strategies for Policy Making*. Pacific Grove, CA: Brooks/ Cole, 1988.

Sylvia, Ronald, et al. *Program Planning and Evaluation for the Public Manager*. 2nd ed. Prospect Heights, IL: Waveland Press, 1997.

Vines, David. *Information Strategy and Public Policy*. Cambridge, MA: B. Blackwell, 1991.

Wholey, Joseph, Harry P. Hatry, and Kathryn Newcomer, eds. *Handbook of Practical Program Evaluation*. San Francisco: Jossey-Bass, 1994.

Wye, Christopher G., and Harry P. Hatry, eds. *Timely Low-Cost Evaluation in the Public Sector*. San Francisco: Jossey-Bass, 1988.

Zey, Mary ed. *Decision Making: Alternatives to Rational Choice Models*. Newbury Park, CA: Sage Publications, 1992.

236

第7章
预算编制与财政管理

公共预算编制与财政管理，涉及对有限资源的分配，以解决政府和其他公共组织面对的问题。正如你建立个人的预算以便追踪你的收入和支出，也正如企业编制预算来援助做出影响利润和亏损的决定，公共组织同样也使用预算来帮助规划和管理。公共组织必须谨慎、负责地管理好大量资金以及其他资源——税收和其他收入、购买商品和服务、剩余资金的投资和明智地管理债务。

从试图影响公共政策的管理者和公众的视角来看，预算是计划与控制的极为重要的工具。为了有效地管理公共项目，你必须在实践中和政治上都能管理好资源。在本章中，我们从个别公共管理者的立场，重点考察预算过程，检验预算决策如何制定以及怎样才能影响预算的结果。尽管在政治上对大部分预算过程都是高度负责的，但是了解有关预算系统的专门技术知识将会给你带来明显的优势。

公共组织已经开发出一些精确的系统以管理其财政事务，这些系统是相对最新的。在世纪之交以前，收入足以支付政府的支出，财政管理只是做做记录而已。随着政府范围的扩大以及它对资源的新要求，对更为复杂的决策系统的需要变得非常明显。并且，反复出现的腐败和浪费事件，使得对公共资源实行更为有效的控制成为必要。

在通过1921年《预算和会计法》(Budgeting and Accounting Act)建立行政预算的过程中，联邦政府仿效了几个已经采取类似行动的地方政府和州政府的做法。市政改革运动强调预算编制过程是对公共开支发号施令的手段；因此，到20世纪20年代，大部分大城市都建立了正式的预算编制过程。类似的进展也发生在州级政府。1910年，俄亥俄州成为第一个要求实行行政预算的州；在随后十年里，其他大部分州也采取了类似的行动。1912年，在联邦政府层级，一个专门的经济与效率委员会(也被称为塔夫脱委员会)建议建立行政预算，该建议直到近十年之后才得以执行。

自从20世纪20年代以来，随着州政府和地方政府都实行了预算，联邦预算在规模和复杂性方面都得到了增长。这种增长意味着预算编制和财政管理远远不只是收入和支出的纯粹记录。当今，政府如何花费资金，对其他许多经济领域都会产生影响，因此，预算成为财政政策的工具。而且，预算还是政府优先事项的重要表达，它包含着有关各种公共政策的决策记录。 237

网络链接

有关预算编制组织的一般资料可以登录网站：www. gasb. org 和 www. nasbo. org。

作为财政政策工具的预算

预算表达了政府以及其他部门的公共政策选择。这些选择是关于公共部门对经济影响的选择。通常说来，财政政策关注政府税收和支出对经济的影响。在大萧条以前，人们很少关注联邦预算是怎样影响经济的，经济大体上受企业周期所调节。在通货膨胀和高就业的经济增长之后，紧随而来的是具有通货紧缩和失业问题的衰退或萧条时期。同时，联邦政府每年都要努力寻求预算平衡，也就是说，使收入和支出大体上相等。

但是，经济学家很快认识到，这种政府支出模式正在以消极的方式影响着经济。在经济增长时期，政府收入自然增长，为了平衡预算，必须将税金降低到支出水平；而在经济衰退时期，必须通过降低支出使其达到较低的收入水平从而实现预算平衡。这种非预期的后果是，在经济状况好的时期增加了公众收入，不好的时期就减少了公众收入——这与所期待的正好相反。政府税收和支出有着强调经济不确定性的作用（Pechman 1983，p. 8）。

相反，英国学者凯恩斯等经济学家认为，在同等条件下，积极的政府行为能够导致更高的经济稳定性。凯恩斯分析的关键在于通货膨胀与失业之间的关系。凯恩斯注意到，快速经济增长时期典型地伴随着高通货膨胀率，这对个体是有害的，因为这会降低他们的购买力，对于依靠固定工资的人们尤其如此。另一方面，经济衰退时期典型地伴随着高失业率，这不但损害了个体利益，而且降低了政府收入。无论哪种情况，旨在实现更高经济稳定性的政府行为都是可能和必须的。

联邦政府影响经济的方式有很多种，但改变政府支出，或者更间接一点，提高或者降低税收，是最为重要而且简单的方法。如果你已经认识到政府在经济中的巨大作用，那么理解政府支出模式对经济的显著影响力并不难。国内生产总值（GDP）、通货膨胀率和失
238 业率，都是经济健康程度的关键指标。国内生产总值是经济总产出的测量工具，通过产品和服务的市场价值来衡量。事实上，我们当前 GDP 的三分之二都是私人的，只有大约三分之一（在 2006 年占 31.8%）是以政府开支为基础的。而基于收入，美国联邦政府是世界上最大的单一组织，几乎是美国通用汽车公司、沃尔玛或埃克森公司规模的十倍。显而易见，联邦政府的决策在经济的健康和稳定性方面发挥着重要的作用。

关键的关系有二：一方面，如果经济正在快速增长——伴随着高通胀和低失业——政府可能通过减少支出、提高税收或者双管齐下把资金从经济循环中拿出来，从而给经济“降温”。这也就限制了私人需求，并缓慢了经济的增长。另一方面，如果经济正处衰退或萧条时期——伴随着价格下降和高失业率——政府可能通过增加支出、降低税收或者双管齐下将更多的资金注入经济循环之中，从而给经济以刺激。这也就刺激了私人的需求，

并加速了经济的增长。在第一种情况中，创造盈余能够在经济繁荣时期抑制私人支出；而在第二种情况下，创造赤字能够在经济萧条时期刺激支出。

州和地方政府的支出同样对经济产生影响。州和地方政府的开支占 GDP 的近 12%，必须纳入财政政策的考虑当中。如果联邦政府降低税收的同时，削减对州政府和地方政府的援助，这些政府只得自行提高税收，从而抵消因较低联邦税收导致的任何经济收入。

在许多州和主要城市，支出模式的确对地方经济有着一定影响，因此，州政府和地方政府官员更加认识到他们在财政政策，特别是在经济发展中的作用。但是，这些政府通常没有制定某种决策的工具和权力。几乎所有州政府都有要求预算平衡的宪法或法律规定。（各种各样的政治领导人呼吁在联邦层级制定预算平衡修正案，作为消除赤字开支的方法。但是，如果预算通过其他方法实现了平衡，要求制定修正案的呼声就会有所减弱。不管怎样，这样的提议虽然在象征性意义上有其吸引力，但它会限制联邦政府影响经济的灵活性。）总之，预算编制过程对经济有着重要影响是很显然的，在构建公共支出的整体模式时，必须意识到这一点。

作为公共政策工具的预算

虽然政府预算中的整体支出模式对经济有着重要影响，但是预算中的个别项目代表着与各种公共政策有关的重要选择。从本质上来说，预算是测量对具体项目支持度的工具。得到支持的项目享受资助，反之亦然。基于这个原因，预算优先顺序的讨论，对政治领导人、各级政府官员以及社会不同利益代表尤为重要。作为一个管理者，你需要清楚地了解钱从哪里来用到哪里去（见图 7.1）。 239

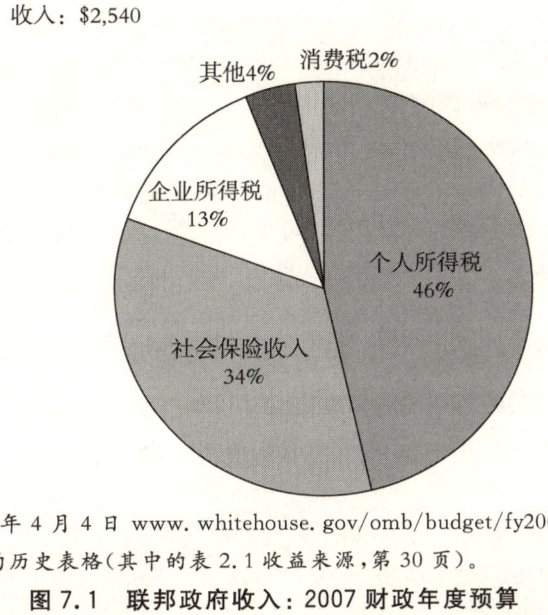

资料来源：取自 2007 年 4 月 4 日 www.whitehouse.gov/omb/budget/fy2008/pdf/hist.pdf 上美国政府预算 2008 年财政年度的历史表格（其中的表 2.1 收益来源，第 30 页）。

图 7.1　联邦政府收入：2007 财政年度预算

钱来自何处

政府从其自身资源，或者通过其他政府的转让，获取资金以开展重要项目。政府提高其收入的方法有很多种，包括征税以及向个人或组织收取特殊服务费用。因为所有公共项目都受到政府征税方式的影响，而且收入管理本身就是公共管理的一个重要部分，所以理解税收构成的方式是非常有帮助的。

制定税收政策要求不仅关注对个人或组织的征税水平，而且注意税制的公平、效率和简明。每个人都主张税制应该公平，并且人人应该支付其“公平的份额”。但是，公平的确切含义到底是什么呢？有人认为，每个人都应该根据其所获收益交税；也有人认为，付税能力更强的人，缴纳的税款应该更多。

解决这个问题的一个方法是，考虑个人收入与税率之间的关系（垂直公平概念）。如果一种税制向每个人收取相同的实际税率，那么这种税制就是按比例的（或“扁平的”）。如果向收入高于2,000美元低于20,000美元的人征收的实际税率，同样运用于收入高于
240 20,000美元低于200,000美元的人，尽管数额并不相等，但是税收与收入总额是成比例的。如果一种税制向较高收入者征收较高的实际税率，那么这种税制就是累进的。所得税通常被认为是累进的。例如，一个收入只有20,000美元的人，其税率是10%，要支付的税款是2,000美元；而对于收入高达200,000美元的人，其收入的前20,000美元（高于2,000美元）税率是10%，中间的80,000美元（高于16,000美元）税率是20%，剩下的100,000美元（高于50,000美元）税率是50%，因此，总税额是68,000美元，或者说其实际税率是34%。最后，如果一种税制向较低收入者征收的实际税率在比例上比向较高收入者征收的还要高，那么这种税制就是累退的（如消费税）。举例来说，如果一个收入为20,000美元的人买了一辆车，支付了500美元的税款，那么相对其收入的实际税率是2.5%；而如果一个收入达200,000美元的人买了同样的车，并且同样支付500美元的税款，那么相对其收入的实际税率只有0.25%。

个人所得税 个人所得税课税的所有方法都与特定税基运用的税率有关，它们的产物就是税收收入。在我们国家，个人所得税是最为重要的单一税收。它要求个人将所有应纳税的收入累加起来，扣减或免除的除外，然后运用对应的税率计算出个人所得税。目前联邦的个人所得税分为6个收入等级，运用的税率在15%至35%之间。

所有先进工业国家都使用某种形式的所得税。在美国，所得税是联邦政府税收的主要来源，并在许多州和城市得到较小程度的运用。多数情况下，收入越多，税率越高，这使得所得税成为一种累进的税制。在1913年所得税通过之后的近30年间，联邦所得税都只运用在相当少数的高收入人群。随着第二次世界大战的出现，减免额被显著减少，还运用了更高的税率。

显然，负责整个国民所得税的征收任务是非常困难的。美国国税局（IRS）已经开发出一种相对有效的征收机制，使得征税成本大约只占所得税收1%的一半。现有系统的关键，是它要求每个人都很清楚自己的纳税责任，然后由国税局审计员挑选一些缴税回单进行更为密切的检查，着重关注那些有着异常特征的回单。在这个国家，遵守税收法规的程度虽还远远不够，但相对来说算是比较高的。

企业所得税 企业所得税也是一种累进的税收，事实上比个人所得税早先存在好几年，并且在上个世纪的大部分时间里，是联邦收入的主要来源。其支持者声称，企业所得税是一种无需专门分配给个人的税金积累方式。而且，个人所得税需要企业所得税的支持，如果没有企业所得税，个人只需将其收入存放在企业，就可以避免支付个人所得税。尽管大部分州都有企业所得税，但这种税收在联邦层级更为可观；然而，即使在这里，企业所得税相对于其他收入来源来说正值下降。尽管企业所得税曾经比个人所得税产生更多的财政收入，但它已经下降到大约只占联邦财政收入的十分之一。 241

工资税 工资税支撑着各种社会保障以及诸如失业补助和老年医疗保险等其他社会保险项目。（不要把这些具体的税收与一般的所得税相混淆，一般的所得税可以从工资中扣除。）这些项目主要靠税收支付，有由雇主独立承担或由雇主和雇员等额承担两种方式。总的来说，工资税是累退的，因为存在一个统一税率，没有扣减或免除，也没有一个不必缴纳该税款的最高数额。目前，联邦层级的工资税成为联邦财政收入的第二大来源。

销售税和消费税 销售税和消费税都被应用于商品和服务当中。销售税被应用于范围广泛的商品和服务行业，并且零售和批发皆可，是州政府和地方政府普遍的的收入来源。销售税率以及销售税所覆盖的项目都有其重大变异，例如，有些司法管辖区免除食品、衣物和药品的销售税。消费税被应用于诸如汽油、烟草和酒等特定商品的销售，是联邦层级消费税的基本形式。典型说来，消费税可以按具体税率（如每加仑汽油两美分）征收，也可根据总的销售价格征收。事实上，有些消费税由用户支付以便帮助支持特别活动。例如，汽油税典型地被用于支持高速公路的建设和维护。

有关销售税和消费税的一个主要议题是公平问题。因为穷人消费所占收入的比例远远大于富人，对穷人而言，消费税的负担显得更重，所以这种税收是累退的。同时，这些税收也不利于某些大家庭或新家庭等特殊群体。另一方面，这些税收倾向于提供更多稳定的收入，这对州和地方层级是非常重要的。

财产税 个人财产税被广泛地运用于地方层级，为地方政府提供了大约一半的财政收入。财产税收的管理涉及个人财产的评估（大部分是土地和建筑），接着就是税率的使用，大约一半的财产税收来自房产，还有一半来自于企业。虽然财产税在其效应上是累进的（在住房上花费越多的人，交税越多），但其管理是困难的，通常不够专业化。而且，最近对税收的限制严重制约了地方政府通过财产税增加额外财政收入的能力。

其他税收来源 当然，政府财政收入还有许多其他来源。公共组织往往对特定政府服务的使用进行收费，最近对其他税收的限制，使得这类收费越来越有吸引力，特别是在地方层级。例如，对使用停车场和娱乐场所进行的收费正变得日益重要。彩票的使用是州政府财政收入的又一新近开发项目。如今，一些地方政府和将近一半的州政府都发行了彩票，这就为其提供了一个高度明显，但相对较小且不稳定的资金来源。彩票在其效应上同样也是高度累退的（因为越穷的市民越倾向于玩彩票），的确，彩票甚至比销售税还要累退。 242

非营利组织没有征税的权力，它们获取收入的来源截然不同，实际上，它们进行了各种各样的努力以支持他们的项目。显然，会员制组织在很大程度上依赖会员会费作为收入，但是这些组织以及其他许多组织，近来都已寻求收入的多元化。虽然拨款对许多非营利组织来说仍然是一个重要的收入来源，但是最近联邦社会服务项目的削减已经严重地限制了许多非营利组织获得拨款的机会。其他资金来源还包括捐赠（来自个人、企业和基金会）、商品和服务的销售（从书籍到咖啡杯），以及商业公司的联合企业（如保险计划或“亲和力”信用卡）。

政府收入模式 正如我们所看到的，不同政府层级所依赖的具体收入来源不同。图7.1显示了联邦层级的收益分配。2007财政年度的总统预算估计收入达2.54万亿美元，包括以下主要类别：

个人所得税：11,688亿美元

企业所得税：3,420亿美元

社会保险和退休金：8,734亿美元

消费税：571亿美元

其他收入：988亿美元

遗产及赠与税：253亿美元

关税和收费：268亿美元

杂项收入：467亿美元

网络链接

了解美国的预算，以及如何获得其他国家的预算，请登录财政部网站：www.ustreas.gov。欲详细了解最近财政年度联邦预算和获得历史的预算数据，请登录www.gpoaccess.gov/usbudget/index.html。

联邦政府严重依赖所得税，而州政府比较依赖于销售税，地方政府则主要依赖于财产税。在2003—2004财政年度，所有州政府和地方政府的财政收入总额高达14,640亿美元，其中有3,606亿美元都是来自某一类或其他类种的销售税，只有2,490亿美元来自个人和企业所得税。除税收收入以外，在政府之间（主要在联邦层级）转移的财政收入合并计算就有4,257亿美元。财政收入中，财产税占3,180亿美元。（2007年4月4日，美国人口普查局，表1：2003—04财政年度州和地方政府财政，引自www.census.gov/govs/es-
243 timate/0400ussl_1.html。）

钱用至何处

这些财政收入的数字是令人吃惊的，但是它们难以满足各级政府的需求。尽管金钱本身就是解决方案，但问题并不简单的只是没有足够的金钱用以满足所有需求或解决所有问题。相反，每年都必须对资助哪些项目以及资助到什么程度等做出艰难的选择。政府预算体现了通过公共政策过程做出的选择。因此，预算代表着政府对项目进行优先考虑的记录。

你会怎么做？

> 你是你所在州机动车登记处的主任。你的代理机构（其办事处遍布全州），负责该州所有轿车、卡车以及其他机动车辆的登记和牌照管理。大约在财政年度的第六个月，州长宣布该州所有代理机构必须以比原预算低5%的预算完成本财政年度的开支。假如你已经花费了你原年度预算分配的一半，所以成本的降低意味着你实际上必须在接下来的六个月中，减少10%的开支。那么，你会怎么做呢？

但是，政府对项目的优先考虑总是飘忽不定的。随着新情况的出现，就要计划新项目，旧的项目则要被扩张或缩减。联邦政府给予各个领域的重视已经体现了这个国家，有时甚至这个世界的情况，例如在国际冲突期间，国家资源的大部分比例被用于国防。

我们还可以追溯更短时间跨度中的预算变动，从而体现各位总统、州长、市长或其他政府官员的政策优先事项。然而，在过去几年里，建立了联邦预算的限制，这在某种程度上对总统和国会能做的选择进行了限制。例如，在过去三十年里，国会通过了各种应得权益项目，这些项目为那些符合某些资格要求的人们提供了特定的利益。比方说，可以通过立法为那些超过某一年龄或低于某一收入水平的人们提供救济金。受一些司法裁决所支持，这就意味着个人被赋予权利或有权获得某些利益（主要是社会福利）。

对于这些项目，国会基本上同意每年提供一切必要的资金以确保所有符合条件的人士获得一定程度的利益。立法通常以书面形式确定下来，这样就不需要每年采取新的行动以保持计划的运作。为了确定某一给定年份的支出水平，只需要对可能受益者进行估算。除非国会采取具体措施对利益或资格加以限制——立法者并不愿意这样做——这些项目的资金实际上是自动到位的。

这些项目随着时间的推移大小不一。例如，在经济衰退时期，随着失业率的增高，对失业补助的支出也会增加。同样，不断变化的人口性质——更多的美国老人——也会改变为该群体提供利益的资金数额。而且，大部分应得权益项目都已与生活费用（或相关指
标）挂钩，从而使得福利水平随着通货膨胀自动增加。（在过去十年里，国会已经批准了社 244
会保障和医疗保险领域主要的指数增长。）因此，应得权益项目的支出几乎每年都在增加。

这些项目刚好构成了2006年联邦预算财政年度的百分之五十有余。当它们结合农产品价格补贴（也纳入其中的），国家债务的利息（必须支付的）和基于先前承诺的支出，这些所谓的不可控制的支出将近占了联邦预算的三分之二。

联邦预算其余部分可称为自由支出，这意味着总统和国会有权在这种相对较小部分的预算中做出改变。这包括国防开支（约百分之二十）和国内自由支出（大约只有百分之十九），正是这些领域导致了最为困难的政策选择。

从赤字到盈余的循环

在20世纪80年代至90年代早期，发生了大量以控制联邦赤字为中心的政治论争。然而，直到2000年，蓬勃发展的经济和在20世纪90年代后期国会采取的财政措施，改变了论争的焦点，即从如何控制财政赤字转向如何花费与日俱增的预算盈余。为了理解财富

方面的这种变化，仔细观察过去十年里联邦政府所采用的降低财政赤字的方法将是有益的。

让我们从财政赤字开始。根据记录，传统的经济理论未必反对公共举债；其实，在特殊的年份，赤字开支会是有益的。但是有时候，不断增长的赤字会变得难以管理，尤其是当利息支付成为政府开支的一个相当重要的部分时。一般认为，巨大的赤字会限制短期和长期的经济复苏，特别是会限制私人投资。而且，巨大的赤字使得公众对他们的政治领袖有效地处理财政预算的能力失去信心。

里根时期的预算赤字是相当大的。政府累积的债务超过了所有前政府债务的总和。到了 1984 年，如果不采取进一步的行动来减少赤字，那么到里根政府后期，累积的财政赤字总额将会超过 2.6 万亿美元。单单利息支付就占用了联邦支出的六分之一。面对如此景象，1985 年国会通过了《格拉姆–拉德曼–霍林斯法》(Gramm-Rudman-Hollings Act)。这项立法，为接下来的五个财政预算年度都制定了财政赤字的目标，旨在到 1990 年将财政赤字消减至零(不过后来的修正案将这个目标推至 1992 年)。不幸的是，总统和国会对他们的经济预测太过乐观，并使用了一些不确定的预算技术以回避《格拉姆–拉德曼–霍林斯法》所设定的限制。

由于在 1990 年赤字仍然得不到控制，布什总统和国会都面临着非常艰难的财政预算审议。对于 1990 年的财政预算，《格拉姆–拉德曼–霍林斯法》设置了一个不超过 1,100 亿美元的年度赤字目标。直到十月份，当财政年度开始的时候，仍然没有就财政预算达成一致意见。(正如我们将要看到的，联邦财政年度已经开始，该年度财政预算还未获批的情
245 况并不鲜见。)因此，自动的、全面的支出削减适用于所有联邦机构。

结果，在十一月后期，一个减少赤字的计划获得批准，这将使得预计的赤字比《格拉姆–拉德曼–霍林斯法》的目标赤字还要低。然而，通过的这个计划包含有若干规定，这些规定看似预算的“障眼法”。例如，该计划的一部分是通过使政府租赁而不是购买房屋的方式省钱，这在 1990 年显然能节省开支，但从长远来看，则很可能会增加成本。同样道理，某些根据医疗补助需要支付给医生的资金被转移到下一个财政年度。最大的削减项目是简单地拖延 130 天，再将这一全面的削减施加到十月份。政府和国会认真对待减少财政赤字要求的艰难选择，被许多观察者视为一种失败。

作为预算协议的一部分，《预算执行法》(BEA)得以通过以便进一步管制财政赤字。BEA 打破了要求全面削减的上限，为几个自由开支的类别设定了年度最高限额。BEA 也要求立法活动影响强制性开支，不要在任何年度增加财政赤字。(这就是众所周知的“现收现付”条款。)尽管这些条款看似已经在预算过程中取得了预期的效果，但是，财政赤字仍在增长，部分是由于不正确的经济假设，部分是由于增加了医疗保险项目开支及储蓄和纾困贷款的结果。

网络链接

查阅国家债务表可以登录网站：www. brillig. com/debt_clock；了解财政部有关预算的常见问题请登录：www. ustreas. gov/topics/accounting-and-budget。此外，要想了解联邦层级财政状况的模拟，请登录 www. thirdmil. org。

1997年,克林顿政府集合两党的努力,在国会通过旨在平衡联邦预算的又一具有里程碑意义的立法。该项预算协议最初计划用五年时间逐步削减1,210亿美元的开支,到2002年消除财政赤字,还计划通过消减医疗服务提供者和医院的医疗保险支出,节省大量开支。此外,通过授权把每年要节省的550亿美元放在未来的开支账单上。这项预算协议的另一个特色是在五年时间里减税950亿美元,其中包括高等教育的信贷、对有孩子的家庭的救济以及对资本收益的削减。

当克林顿总统签署这项措施使之成为法律的时候,几乎没人会想到在不到三年的时间里,美国国会预算办公室将会预测到有预算盈余。但是,幸亏各种因素——包括老式的好运,联邦政府力挽了狂澜!对政府财富的改变最重要的贡献者之一,当属1999—2000年掀起的"互联网热",因为成千上万的网络公司上市到股票市场,导致税收的急剧增加和美国经济的全面扩张。冷战结束后军事开支的削减也起了帮助作用,因为政府能够把它的资源投到更多的生产性领域(Uchitelle 2000, p. A1)。实现净产出达到810亿美元的期 246
望盈余,这是未来十年的计划。这与20世纪80年代初危机的年份相去甚远。

布什的减税计划

乔治·W.布什总统抓住这一新兴盈余所提供的机遇,在其竞选纲领中推进其中的一个关键主题:减少联邦税。鉴于当年年初美国国会预算办公室和总统的管理与预算办公室的估计,很少有人会阻碍新政府进行全面的税制改革。

政府原先的计划是倡导削减1.6万亿美元的联邦所得税,但即使是总统在国会山上最忠实的支持者也会发出警告,表示通过这样一个巨大的削减计划是极为困难的。布什总统认识到赢取自己政府第一个关键政策主动权的重要性,于是同立法者一起工作,以裁剪原来的议案从而获得必要的票数。最后的措施是,计划在未来10年内逐步实现1.3万亿美元的减税,并从根本上改组联邦所得税,2001年6月7日,这一措施被正式签署成为法律。

这项计划的支持者宣称,减少美国公众的纳税负担,尤其与可预期的联邦盈余相并用,是返还向纳税人过度征收的税金和控制联邦支出的一种方法。例如,众议院多数党领导人迪克·阿米(Dick Armey)说道,"吸毒者将不得不接受治疗,我们也将不再向其他人乱收钱"(Stevenson 2001, p. A1)。支持者还认为,国税局在2001年夏季开始发出的退税,将有助于刺激从前几个月开始急剧下降的经济。

布什减税计划中的一些核心内容包括:降低个人所得税率、逐步取消遗产税、增加儿童税收抵免(并且扩大有资格获得这种税收抵免的低收入家庭的数量),以及提高配额限制到401(K)和个人退休账户。对非营利组织来说,国会最后通过的减税计划比原先的布什议案缺少了许多条款,它们原本能够鼓励慈善捐赠的增加。正如《慈善记事》杂志所报道的,该项法律缺乏的这些条款原本能实现以下几点:

- 允许并未在联邦所得税上分列项目的人们取消慈善扣减;
- 允许人们直接从他们的个人退休账户向慈善机构捐款,而无需纳税;
- 增加由公司采取的慈善扣减的年度上限,从公司应纳税款的百分之十增加到百分之十五。(Williams 2001, p. 26)

政府部门内对布什减税计划的批评预示着，这个计划将会被证明，其减税太多，日程太快。参议员汤姆·达施勒(Tom Daschle)(在2001年6月民主党控制参议院的时候成为多数党的领导人)说道，“我们认为这是一个好的短期政治，(但)它是一个灾难性的长期政策”(Stevenson 2001, p. 26)。达施勒和其他人认为，这个计划将无法留下足够的准备金用于支付军事升级，更不用说为即将发生的社会保障和医疗保险改革预留足够的准备资
247 金了。甚至总统自己的经济顾问也改变了他们原来的乐观看法，认为对于仅在减税计划成为法律的数周之后就公布的联邦盈余，应该持更加谨慎的估计，这可能要求国会重新审视它的一些主要条款。

自那以后，布什已经成功地推行了三个更为主要的减税政策，这些政策预计会在十年的时期内，降低税收达1.9万亿美元。不幸的是，盈余没有实现，支出却已经远远超过收入，从而产生高负债。自从布什执政以来，经济衰退、恐怖袭击和工商界丑闻，以及在伊拉克和阿富汗军事行动的新开支，使得联邦政府陷入越来越深的债务当中。与布什政府一开始所预测的盈余截然相反，如今美国管理与预算办公室预测在这十年里会额外增加5万亿美元的债务。仅2004年财政年度累积的债务就有破纪录的4,127亿美元。虽然2007年预计的年度赤字已经下降至2,440亿美元，但同一年度累积的债务预计高达9万亿美元以上。结果，目前政府必须平均每天借贷10亿美元以支付其账单，并且正以每年大约1,590亿美元的支出作为债务的利息支付(*Washington Post*, Oct. 8, 2004, p, A01)。

州政府和地方政府支出

州政府和地方政府的支出比较，被我们的政府间的转移支付体系所复杂化了。例如，在教育方面，联邦政府直接提供资金给个人(以学生补助和贷款的方式)，但这也将大笔的资金转移给了州政府和地方政府。各州直接花钱(为高校)，但是他们也会把从联邦政府获得的和一些在州层级筹集的资金转移给地方政府，主要用于支持教育。因此，地方政府为这个国家提供不到30%的教育资金，而实际上花费该项资金的70%。如果我们把花费在州和地方层级的政府间的转移支付计算在州政府和地方政府的支出当中，就会出现下面的模式：州政府在教育上的花费占去它们资金的最大份额，公共福利次之，紧接着是高速公路、卫生和自然资源。在地方政府层级，在教育上的花费又一次占去了资金的最大份额，卫生、公共工程和社会福利次之(见图7.2)。由于政府间的转移支付，联邦政府的财政政策能够对州政府和地方政府产生重大影响。联邦政府层级的削减不仅直接影响到联邦机构，还对依赖于联邦资金的州政府和地方政府产生直接影响。事实上，全国州议会联合会(National Council of State Legislatures)的一份声明表明，联邦政府平衡预算的方式使各州从中获得了“无法估量的股份”(参照 www.ncsl.org/statefed/fedbud.htm#Federal-Grants)。

作为管理工具的预算

作为公共管理者，你将会发现预算过程对你以及你所在机构的成功是非常关键的，原因很简单，因为预算过程为你的项目建立了资金供应水平。一个机构能够支出，需要各种
248 步骤。首先，必须由行政长官通过和签署法律，以授权这个项目。法律授权允许一个特定

项目或机构建立和延续。(尽管一些项目如航天计划要求每年得到新的授权,但授权立法通常是多年的,甚至是没有限期的。)接下来是拨款,借此立法机关划出资金并建立资金支出的预算权威。一个机构只有在采取这两个步骤之后才能够为实现其既定目标花费资金。

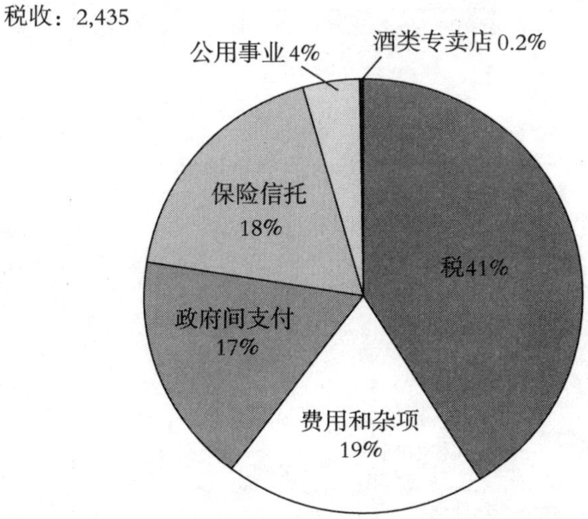

资料来源:美国人口普查局,2003—2004 年度州政府和地方政府财政表 1,取自 2007 年 4 月 5 日 www.census.gov/govs/estimate/0400ussl_1.html。

图 7.2　2003—2004 年度州政府和地方政府税收(以 10 亿美元计)

在大部分情况下,政府使用一个财政年度作为其基本的会计周期。财政年度开始于 10 月 1 日,贯穿到下一年的 9 月 30 日。财政年度是以它结束的年份来命名的;因此,2002 年财政年度或者 FY02,开始于 2001 年 10 月 1 日,结束于 2002 年 9 月 30 日。就财政年度的形式而言,州政府和地方政府有很大不同,有些随同联邦政府的模式,有些则开始于 7 月 1 日(正如联邦政府在 1976 年之前所采用的模式),还有一些则使用与历年相一致的财政年度。肯塔基州和其他一些州事实上使用长达两年的财政年度,因为它们的立法机构每隔一年才召开会议和通过一次预算。

财政年度是花钱的关键时期,但在财政年度之前和之后,都必须采取各种步骤,这些步骤影响着部门的开支。典型地,行政长官(总统、州长、市长)负责制定预算,并转交给立 249
法机构;预算必须在财政年度开始之前经立法机构批准;必须在该财政年度期间实行;还必须在该财政年度后加以检查和审计。在预算周期的任何给定时间点,其实都有几个预算在同时运作。当一个预算正在执行时(如 06 财政年度),另一个预算则在被制定和批准(07 财政年度)的过程中,而第三个预算(05 财政年度)则正在被审计。

预算编制

在联邦政府和许多州及地方的司法机构中,行政长官对预算的准备负有主要的责任。一般说来,预算周期(见图 7.3)通常开始于中央预算办公室向各机构发出函件之时,函件列出了预算准备的时间表,在该过程中所使用的传递形式,并指出该财政年度的任何特别优先的政策考虑。然后由各机构编写自己的预算要求并呈交中央预算办公室供其审查

（见专栏 7.1）。通常还会召开一系列会议（有时是听证会），以协商中央预算办公室（反映了行政长官优先考虑的事情）和各部门之间相左的意见。最后，预算文件由中央预算办公室起草，经由行政长官递交给立法机构以获批准。

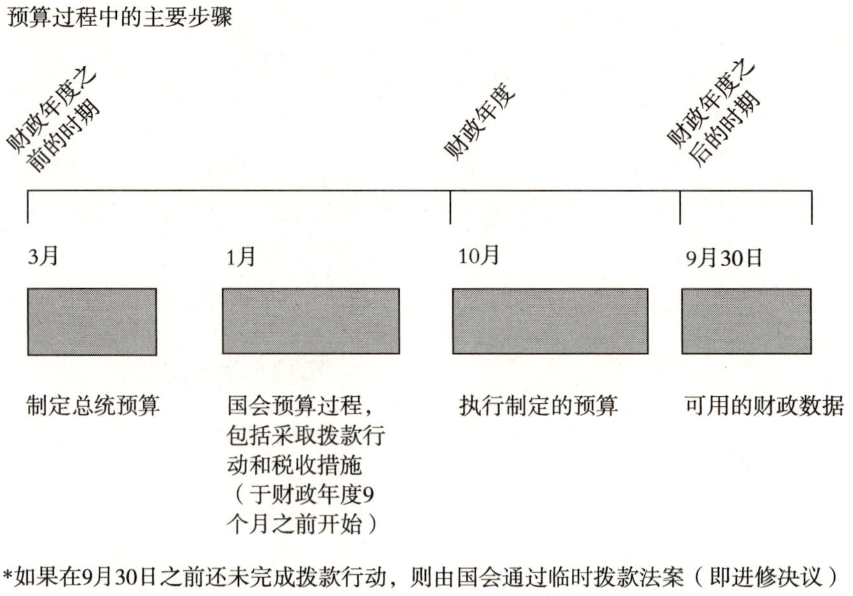

图 7.3 联邦政府层级的预算周期

专栏 7.1 财政管理：项目管理者的角色

政府中许多人都认为，财政管理是诸如财政办公室、会计部门等此类部门的责
250 任。尤其是大部分项目管理者都觉得他们不必关心财政管理。

大错特错！没有什么比这更不符合事实了。在政府中，成功的项目管理者领会到他们对财政管理负有责任。他们明白这意味着什么，因此，尽管减少了预算，他们还是有大好的机会成功地实现其计划。

那么，什么是财政管理呢？它只不过是获取并有效使用资金和其他资源，以完成组织的目标。财政管理通常需要：

- 确定实现项目目标的人员、材料和服务；
- 确定能够用来支付项目费用的资源来源；
- 获得资源；
- 管理成本并使其最小化；
- 实现资源支出的结果；
- 防止资源支出浪费；
- 就资源使用和成果产出汇报的责任。

来源：Harold I. Steinberg，“Improving Financial Management：The Program Manager's Role，” *PA Times*，Vol. 20，No. 11（November 1997）：1。

有些司法管辖区，财政预算的准备并不完全由行政长官负责，因此预算周期可能会因此而有所不同。例如，在许多州，可能由州长、其他民选官员和立法机构的成员共同承担预算编制的责任。实行强市长模式的城市通常赋予行政长官以预算责任，而实行其他形式的城市则倾向于分散预算的授权。在议会—市政经理制的城市，通常由市政经理准备预算，尽管经常也有很多来自市长和其他议会成员的投入。

管理与预算办公室（OMB）是联邦层级的中央预算办公室，它由1921建立的一个办公室演变而来。最初被称为预算局，1970年尼克松总统将其更名为管理与预算办公室，以体现除了预算责任之外，还有对管理问题的重视。在预算过程的开始，OMB收集预期下一个财政年度税收的信息以及经济前景的信息。另外，OMB还收集本年度预算进展情况及国会正在考虑的预算信息。在初步与各部门协商评估其优先项目之后，OMB与总统一起制定用于编制预算的基本政策指南。

网络链接

> 与预算编制和财政管理有关的联邦组织，包括管理与预算办公室 www. white-house. gov/omb、美国国会预算办公室 www. cbo. gov，以及美国审计总局 www. gao. gov。 251

这些指导方针以及预算要求的详细表格被传达给各机构。反过来，各机构管理者评估他们的优先项目，并决定完成下一个财政年度目标所必需的资金水平。大概从9月开始，OMB经历一段谈判的时期。中央预算办公室代表总统的政策关注点，相对于仅片面关注该部门狭隘利益的代表来说，它的观点更全面。大约在11月或12月，总统更活跃地参与预算过程，并就税收和财政状况与个别项目的需求做出最后的决定。

最终的预算文件，在新一年年初被提交给国会，它代表着一个漫长的分析过程和各群体之间互动的高峰。显而易见，由于联邦政府的重要性和复杂性，这一级的预算编制过程是这个国家中最为复杂的。但协调预算过程中不同利益之间的竞争，在所有政府层级都是非常困难的。另外，在州和地方层级，行政长官面临着联邦层级所没有的限制。例如，宪法或法令规定，大部分州长都要向立法机构提交一份平衡预算，从而使他们必须尽可能精确地计划预期的税收。

预算批准

预算批准阶段开始于向立法机构提交预算之时，结束于预算批准之日。在大多数情况下，立法机构可以批准、反对或者修改行政长官的预算议案；可以添加或者减少项目；还可以改变征税的方式。切记，计划首先必须获得授权，然后才能获拨资金以便执行。有些情况下，拨款包含在由立法机构辩论、修订和通过的一项议案中。在其他情况下，拨款可能被划分在几个不同的拨款议案当中。

提交给立法机构的预算，首先被呈送给负责拨款的委员会。这些委员会审查提交上来的文件，并举行涉及机构人事、利益集团代表、其他立法机构成员以及公民私人的听证会。经由全体立法机构考虑之后,已修订过的条例草案获得通过并呈交行政长官签署(这里的批准是必需的)。在两院制立法机构的情况下,该议案则需送交另一个立法机构进行类似程序的考虑。如果两院的立法机构产生的议案存在差异,则需召开委员会会议以解决这些差异,然后由两院再次通过该项议案,再呈交行政长官。

接下来,因司法管辖区的不同,审批过程也存在很大差异。在联邦层级,授予预算权力——为(政府开支)近期或未来支出负责的权力——可以有几种产生方式。大多数项目的预算权力必须每年通过一项拨款议案才准以授予。美国国会已经就一些项目通过了永
252 久的预算权力,所以不用国会进一步的行动,资金每年都能到位。

此外,在任何一个既定的财政年度中,一些支出将基于以前年份所履行的责任。因此,任何一个财政年度的预算总支出包括之前授予的预算权力,通过本年度拨款获得的授权,以及前几年为下一个财政年度预留的资金,再减去推迟到来年的支出。

根据1974年《国会预算法》规定的程序,国会在考虑单个拨款措施之前,先考虑预算总额。在两院预算委员会的工作基础上,到3月15日通过首个共同决议(由两院做出的不需要总统签署的决议)。它为下一个财政年度各职能领域内的总税收和总支出设定了目标。虽然总统并未正式参与这个阶段的预算过程,但经常会有协商,以使各方都了解批准程序的进展。在有些情况下,各方甚至商定了一套预算总额,这套预算总额在预算呈送中得到了总统的好评,在批准程序中也深受国会的赞赏。

美国国会的拨款请求审查在众议院开始,由美国众议院赋税委员会审查收入估算,而拨款委员会(通过各个小组委员会)审查开支建议。在十三条不同的拨款议案中考虑拨款,这些议案囊括了一大群相关职能领域内的部门和机构。经众议院初步通过之后,所有税收议案和那十三条拨款议案都呈交给参议院审议。两院拨款措施之间的不同之处,则在会议委员会里协商解决,接着由两院批准,然后提交总统签署。这两个预算委员会负责起草另一个共同决议——一个具有约束性质的决议——对总支出设置限制。最后,一项单独的协调法案努力将单个的税收、授权或拨款行动协调为整体。

你会怎么做?

你所负责的公园和娱乐部门的预算已经接近极限。对于你认为能够造福社区的新项目,市议会看似并不愿意增加任何资源以给予支持。你已经召开了一次员工大会,以考虑其他收入来源,但你不知道,如果你们现在自己努力筹集资金用于市议会没有支持的项目,是否会得罪议会。那么,你会怎么做呢?

如果直到财政年度开始时(10月1日),该财政年度的拨款行动还未完成,就由国会制定一个持续性决议,该决议允许政府继续运作,直到拨款议案得以通过。从20世纪70年代直到1987年,持续性决议变得比临时性的资金议案还要多,并且反过来在财政年度尾声提供资金。最近,持续性决议已经回到比较有限的范围和期限内。

253 贯穿预算考虑的全过程,国会得到了预算委员会工作人员(近年来成员数量显著增加)和美国国会预算办公室的协助。这个机构提供基本的预算信息和它自己的经济预测,并向国会指出其结论如何不同于行政部门的结论。数年中,这些差异使得美国国会预算

办公室比行政部门预测到了更多的预算赤字。

在大部分州和一些较大的城市，工作人员能力的提高，是立法批准过程中最为重要的改善。立法预算职员在结构和构成上有所差异——党派的或无党派的，集中的或分散的，联合议院的（两院的）或单一议院的等等。他们的责任通常包括分析州长的预算，预测收入和支出以及制定预算执行的替代方案。总之，更强的职员能力，已经显著地帮助了州立法机关在预算编制过程中活力再现。

在州层级，审批过程的一个重要特点是大部分州都存在“单项否决权”①。（单项否决权允许行政官否决拨款法案中的具体项目，而不是必须在“全有或全无”中做出决定。）最近几任总统已在联邦层级寻求这种权力，当 1997 年 1 月联邦《单项否决法》生效的时候，克林顿总统成为第一个获得该项权力的行政长官。这一法案虽然阻止了所有宪法单项否决权力的短暂扩张，但却给予总统从联邦拨款法案中否决项目的权力，而不必否决整个立法条例。克林顿政府，像其共和党前辈一样，认为根据该法案获得的权力能够使总统对联邦开支做出大幅度削减。支持者还补充道，该权力能够节省大量的时间和精力，因为行政部门和立法部门不必在某个具体项目存在争议时重新谈判整个预算。

尽管这种措施有其本身固有的价值，最高法院在“克林顿诉纽约市案”（Clinton v. City of New york，1998 年）中宣判该项联邦法案无效，声称虽然可能存在修改或废除联邦法规的程序，但这个过程必须符合每个政府部门被赋予的宪法权力（参见 1983 年“美国移民归化局诉查德巴案”）。在单项否决权的情况下，总统根本没有修改或废除由国会通过的支出法案的宪法权。由于缺乏适当的形式满足宪法的考验，看来联邦的单项否决权将作为历史异常现象而告终。

预算执行

预算执行阶段，一般与财政年度相符，是预算周期中政府机构实施商定的方案和政策的那一环节。执行阶段涉及这一管理过程各方面——计划、分析、人事管理、沟通以及其他人际关系技能——的公共行政人员。

基本的财务控制在预算执行阶段通过分配机制行使，它是为当年各具体时期向机构分配资金的一个程序。通常地，中央预算办公室要求提交开支计划，以说明各机构预计在 254
每个季度支出多少资金。因为各机构在拨款过程中可能并未得到所有他们想要的，所以分配机制还充作必要的项目和政策改革的基础。一旦中央预算办公室（以行政长官的名义行事）与各机构之间就分配计划的改革达成一致意见，各机构就开始接受配置，以便在指定时期内支出。

为了确保资金被用于原先预设的目的上，并确保有足够的预算资金用于议定的支出，通常要求进行事前审计（事先审查实际的支出）。根据管辖范围不同，分为由机构自己的预算办公室，或由一个独立的机构，甚至由一个民选的州级官员进行事前审计等三种形式。一旦获批，财务主管就为支出“开支票”。

尽管直到财政年度前（甚至进入财政年度后），预算还未得以通过，在这一年间，可能

① 1996 年，美国国会曾立法赋予总统以“单项否决权”（line-item veto），但在 1998 年，美国最高法院裁定此项权力是违反宪法的。——校者

出现要求改变机构预算支出的重大变化。有些变化可能要求更多的资金，例如，在诸如干旱等意外天灾给农民带来特别负担的时候。如果这个需求必须比下个预算周期优先得到满足的话，总统和国会可以共同工作以提供“追加拨款”，这是一个在财政年度期间通过的为该财政年度机构预算增加新资金的法案。这种法案可能只是为现存项目提供更多的资金或者为一个新授权的项目提供资金。

另外，还有用于限制机构开支使其低于预算数据的策略，主要由行政长官作为行政自由裁量权使用。纵观整个国家历史，通过扣留——扣除——法律授权和拨付的基金，所有总统都在努力限制机构的开支，尤其是在紧急情况下或者是在资金目标已经实现并且预算资金仍有剩余的情况下。在州层级，在收入预测低于预算所基于的水平时，州长经常会扣除机构的资金。

1974 年的《预算法》力图通过界定合法扣留的两种类型，以使问题明晰。第一种类型是推迟，是由总统做出的短期扣留资金的决定。在这种情况下，总统必须通知国会，而国会的任何一个议院都可以否决这个行动。第二种类型是撤销，是一个永久性扣除资金的总统决定，撤销必须得到国会两院的积极批准。通过这些策略，国会得以保持其对预算执行的参与，同时又准许总统拥有一些行政自由裁量权。（难怪，包括克林顿总统和布什总统在内的最近几任总统，都主张扩大撤销权。）

因为情况变了，公共管理者在使用拨款方面往往被赋予一些灵活性。例如，原来用于支付工资的资金，可能会被转移到设备和开支类别（经适当的审批）。在更广泛的范围内，有些机构参与重新规划，即将拨付给一个项目的资金挪用到另一个以更高的优先地位出现的项目上。因为法律和道德问题，也因为推翻立法机关意图的努力很可能在下一年的
255 预算过程中招致报复，因此必须谨慎使用这种战略。

审计阶段 预算过程的最后一个阶段是事后执行或审计阶段。财政年度一结束，就进行事后审计，侧重核实机构运作的正确性和恰当性。这些审计原初被设计用于确保财政控制，正因为如此，他们侧重于记录的准确性、对法规的遵守以及对欺诈、浪费和管理不当等行为的揭露。最近，审计的概念已经被扩大到包括绩效审计——分析和评估各机构在实现其目标时的有效业绩。事后审计可以达到三个目的：(1)财务可行性，正如由资源的有效使用所揭示的那样；(2)遵守规定和其他限制；(3)项目成绩，包括项目执行的结果。

各机构本身能够进行审计；我们已经看到，检察长的审计工作是如何揭露出一些机构存在着的浪费和欺诈行为。因此，有一股明显的趋势，倾向于更广泛地运用独立机构的审计。而且，为了保持它们审查执行机构的独立性，事后审计职能正日益偏向立法机构，而不是行政机构。比如，在 1921 年，联邦政府设立了美国审计总局(GAO)作为国会的一个附属机构，虽然威尔逊总统曾否决了该项立法，理由是这样一个机构的官员应该对行政机构而不是对立法机构负责。还记得，GAO 最初主要关注所选定的联邦机构的财务审计；然而最近，它不仅更改了名称——成为美国问责总署(General Accountability Office)——还扩大了活动范围，将项目评估也纳入其中。

在州层级，组织安排各不相同；但是，让事后审计机构依附于立法机构的趋势是清晰的。1938 年，只有 5 个州的立法部门拥有审计职能；到 1960 年，增加到 15 个；如今，已经超过 40 个(CSG，1993 年)。许多州都保有一个民选的州级审计官员，他的办公室经常无法进行独立分析，并常卷入政治争议。最后，包括达拉斯和西雅图在内的许多大城市，已

经制定出事后审计职能的立法。

公共预算编制方法

为了成为管理和决策中的有效工具，预算必须提供所议定的活动目的和将被使用的资源的信息。而提供这些信息的方法有多种。例如，一些预算编制的方法基于预算决策主要是(并且应该是)“渐进的”这种假设之上——政策制定者从作为基础的既定情况(去年的预算)开始，并且只根据该基础做出轻微的调整。按照这种方法，管理者通过要求有限增加支出而不是侧重主要的项目议题来建立预算。同样地，立法机构重点关注单个支出而不是“全部情况”。在渐进主义的支持者看来，这种方法是决策者实际行为的一种准确表现，也是在预算中保持不同利益代表之间平衡的一种适当方法。与此相反，其他预算 256
理论家则主张更理性、全面和有计划性的方法。

根据服务目标不同，预算可以分为不同种类。艾伦·希克(Allen Schick 1987)，一个在预算编制领域的杰出学者，认为预算至少有三大不同目的，所有这些目的在预算编制的任何方法中都能得到体现，它们就是规划、管理和控制。规划涉及确立组织目标并制定战略以实现那些目标；管理涉及组织方式的设计，通过这些方式将获准的目标转化成行动，同时为执行行动开发必要的人力和资源；控制是指确保作业人员遵照他们上级所确定的政策和计划的过程。根据希克的观点，预算改革的每次尝试都改变了这三个目的之间的平衡——有时是无意地，有时是故意的。了解预算是如何组合的将有助于你为项目变化提出一个有效的案例。

单项预算

首个系统化的政府预算方案的创建者们主要关心的是，要合理地编制和说明财政支出，要使公众对此信任。因此，他们所设计的这套系统强调了控制功能。因为所有机构基本上都购买同样的商品和服务，有人认为，应该设计出能够广泛适用于各机构或部门的账户分类。这样审计员才有可能实行统一的标准来评估所有的开支。

在被称为单项或者支出目标预算中，支出项目及其对应的配置数额被一一列出。通常，单项预算是由各部门编制的，因此，一个机构的预算可能看起来就像这样：

组织单位:XXXXX			
支出代码	项目/子项目	2007	2008
100	薪金和工资	2,585,400	2,879,000
200	其他运营开支	887,250	1,102,000
2,100	旅行	150,000	200,000
2,200	供应	250,000	370,000
2,300	公共事业	88,000	93,000
2,400	维修	78,500	89,000
2,500	其他	320,000	350,000
总计		3,472,650	3,981,000

257

大体说来，每个支出目标的花费是根据该部门以往的经验并对该预算年度预期变化的分析得出的。因为人事支出（包括薪水、工资以及其他员工福利等）明显占去总预算的半数有余，所以预期的人事变动受到了特别关注，这样的变动同时影响预算的确定。（举个例子，计划在下一年增加一名文职员工。）

单项预算一直被普遍应用，由于它易懂且方便政治领导人直接删减条目（如旅游），而不必为淘汰整个计划而头疼。此外，单项预算也适用于增量决定，只需在原预算基础上做些许修改即可。但是，由于单项预算方法注重的是支出而非支出的结果，因此对规划或管理帮助甚少。

绩效预算

20 世纪 30 年代被称为公共预算史上的一个重要转折点。联邦预算发展突飞猛进，预算局直接隶属于白宫，一般而言，更多的注意力集中在政府机构的行政管理上。这种对管理的兴趣遍布于州和地方各级，州和地方对项目活动的预算报告已经进行多时。结果产生了预算史上的一个新进展：绩效预算。

绩效预算改变了以往以部门为中心的方式，根据活动或项目自身来组织安排。它运用多种绩效测量方法指出实际上完成的工作和成本花费之间的关系。正如胡佛委员会所描述的，绩效预算“根据其职能、活动或项目，对政府部门和机构的工作进行分析。这将有助于把精力集中在需完成的工作或需提供的服务上，而不再在那些可以得到的东西上。”通过集中研究可用资源和待完成的工作之间的关系，绩效预算能很好地适应管理的目的。

在建立绩效预算方案之前，管理者必须首先确定一个恰当的项目目录（如高速公路安全），再把这个项目细分为恰当的子项目（如访问学校和广告项目等），然后需要为每项活动制定详尽的工作准则，如制定一个高速公路安全项目，可能需要在学年期间访问 27 个学校。接着，把这些数据与参观活动的成本联系在一起。在其最详细的报告中，绩效预算要求明确工作活动，建立单位产出，计算每个单位的成本，预测这些单位所需和来年的相关花费。

尽管绩效测量方法显然有益于预算决策的做出，但并不是所有组织都能轻易收集到这些信息。发证机关能够很快汇报发放了多少许可证并相当容易地算出每个证件所需的费用，但一个研究机构或一个促进民权的组织将发现其工作是相当难以测量的。此外，绩
258 效预算更倾向于工作的数量而不是质量。

最后，绩效预算在某种程度上分散了组织机构的责任，因为一个项目或功能可能被分置于几个不同的单位。例如，“公共信息”，可能涉及市长办公室、警署、消防部门以及其他部门的工作。要根据部门把花费分门别类，则需要制作一个支出的斑马线图或矩阵图。矩阵图将各种活动放在一端，各类部门则放在另一端。

活动	1	2	3	总额
部门 A	$10,000	$20,000	$15,000	$45,000
部门 B	12,000	16,000	10,000	38,000
部门 C	5,000	12,000	13,000	30,000
总额	27,000	48,000	38,000	

矩阵图有时也会根据传统的消费条目对相关活动进行列表，这样的计算方式也经常出现在绩效预算分析中。

项目预算

20 世纪 60 年代早期，另一个预算编制的方法开始于美国国防部。罗伯特·麦克纳马拉(Robert McNamara)出任国防部长后不久，就发现他对这个部门的管理能力严重受限于规划与预算之间的不协调。每支部队(陆海空)都准备自己的年度预算，反映自己的优先项目，然后将文件提交给部长。这种计划不能对全系统性的问题致以适当的关注。而同样重要的是，由于预算编制系统是建立在每年一次的框架之上，它与部门规划和分析人员的长年预测很不相称。例如大型武器系统的发展需要多年的研发、立法审议和试用操作等。然而，这样的事实并未在年度预算议案中得到清晰的反映。

麦克纳马拉创立了一种被称之为“计划—项目—预算系统”(PPBS)的新方法，一种把计划、系统分析和预算编制联结为一个实际行动的尝试。国防部开始应用 PPBS 鉴别近千个项目元素，并把每个元素归入九大项目或任务中的一项，即战略性报复武装，陆军和导弹防御系统以及民防系统等等。不仅需要做大量研究来确定项目因素的正确组合以支持各项任务，而且一旦建立了这样的组合，国防部的所有单位都必须就所提出的项目整改呈交详细的分析报告。此外，这个新的预算系统被设计成能够覆盖长达九年时间，并能展示出前六年的详细计划。约翰逊总统深为国防部 PPBS 这样的系统而震撼，因此他下令将这个新系统广泛应用于所有联邦机构。要求每一个内阁层级的部门确定一定数量的目标使 259
机构为之服务，然后围绕这些主题组织预算请求。比方说，卫生、教育与福利部(HEW)选择诸如“社会和康复服务”此类贯穿于 HEW 中一些机构的主题。对每个项目元素的成本都做了五年的规划，并有大量文件证明每个元素的必要性，尤其是在那些发生着重大变化的领域。大部分机构都能依照这种新的方法编制各自的预算，但在 PPBS 的执行中却还存在不少混乱。由于这些混乱，加之其他各种政治原因，尼克松总统于 1971 年正式废止了 PPBS 系统。

在其相对较短的应用期间，PPBS 引起了极大的关注，美国许多城市和州，以及其他国家都采用了这些新技术。PPBS 不仅强调预算编制的计划方面，它同时也极大地促进了预算过程的全面性与合理性。只是，实现这样的目标要付出非常大的代价。无论是在中央预算办公室还是在各个机构，都需要大量新班人马来负责 PPBS 系统所需要的分析研究。这个过程是相当耗时的，因此，尽管 PPBS 的许多原则被其他方法所吸收，通常被贴上“项目预算”这一更为普遍的标签。但是，只有极少数成熟的系统保留了下来。

绩效预算与项目预算之间有着显著的差别。“一般而言，绩效预算关注的是工作的过程(应该使用什么方法)，而项目预算则侧重工作的目的(应该授权什么活动)”(Schick 1987, p. 53)。此外，尽管两个系统都强调完成工作的量度，极力促进工作的完成，绩效预算更倾向于使用与工作相关的计量单位(如大量垃圾的回收量)，而项目预算则关注与工作目的相关的衡量标准(如社区传染性疾病人群的比率)。追求提高生产率的管理者对绩效数据有着极大的兴趣，而立法者和其他政策制定者则更可能对各类活动的目的感兴趣。

基于结果的预算

近期，政府预算编制有提高对公共资源的责任水平的趋势。市民、当选官员和行政人员希望能够决定每个项目或机构的支出量以及公共投资的回报额——每项政策的实质性影响。在实践活动中，这要求把预算信息和某种绩效测量系统联系起来。由此产生的预算能够帮助管理者追查支出水平，并报告正在取得的成果。

与之前提到的绩效预算不同的是，基于结果的预算不仅仅关注生产和单元成本的问题，它还对各项政策、项目或机构在其目标领域内的长期影响进行评估。尽管以定量测量为基础，基于结果的预算决定了政府举措的定性结果。许多政府机构已将基于结果的预算合并在它们的战略规划过程当中，这样就能观察到实现目标所需的资源，然后利用这些
260 信息以便制定预算决策。

在北卡罗来纳州的卡托巴县，当地政府官员利用基于结果的预算以加强其政府服务的传递系统。过去几年，该县的税收收入增长相当缓慢，而在此期间，要求社会服务的呼声却不断提高。作为回应，县领导层授予机构管理者以决策权，激发他们降低成本却还要更有效地满足公民的需求。那些完成了 90% 目标的管理者，能将他们的节余用于那些不受限制的需求上。卡托巴县的管理者致力于建设一个公民驱动的、基于结果的预算系统，以确定资源都被用于实现具体的社区目标之上。一段时间之后，他们不但节约了金钱，还提高了政府的回应性。

不久后我们将看到，绩效或结果测量法已经影响到各级政府公共事务的管理。如今，我们轻易就能注意到，现有的联邦预算编制系统，跟大部分州政府和地方政府的一样，都是我们讨论过的一些方法的要素综合体。但最重要的不是哪个系统正在被使用，而是选择某一特定预算方法蕴涵什么样的政治选择和行政选择。也就是说，什么是决策者试图通过他们所选用的预算类型来强调的东西？

预算战略和政治博弈

无论做多少努力使预算过程理性化，公共预算本身都是一项政治活动。对政府及其各项目不断变化的需求，政策决策中所承受的变幻不定的利益，以及许许多多作为预算过程组成部分的不同行动者（和个性），都意味着预算决策总是发生在一个高度受控的政治环境之中。因为机构管理者尤其（或者说适当地）相信他们所执行的计划，并且希望看见那些计划给公众带来更多的福利，他们愿意成为所在机构立场的辩护者，并且常常努力扩张该机构工作的范围和影响力。

如果你能有效处理预算编制发生的政治环境，你可能在扩展或者至少能在维持机构项目方面取得更大的成功。（当然，存在许多这样的情况：人们根据你控制支出水平或降低项目开支的能力来评价你。）无论你打算做什么，了解预算过程中的政治是有好处的。

谈及预算战略，认识两个基本的概念将有助于你的理解。第一个概念是项目基础。基础指的是机构项目的要素，所有人都期望这些项目会年复一年持续存在。通常情况下，项目的基础在当年和下一年保持大体相同，并且不受特殊检查的制约。把一项活动列入年计划是一回事；把那项活动列为机构基础预算的一部分则重要得多。第二个概念是获

得总预算的公平份额。管理者衡量其成功与否，通常以政府对他们项目的资助份额是否增减为尺度。机构员工通常要努力数年去打造一个他们视为总预算公平份额的基础。 261

正如我们先前所看到的，预算要求明显由机构原创。然后经由中央预算办公室(充当行政首长的代表)审核，而且通常会有所更改，然后呈交立法机关以获批准。在创建一项预算要求时，需要考虑到几种不同类型的支出。很多联邦部门都有大量的预算构成成分实质上是无法控制的。比如说健康与人类服务部(HHS)，管理着很多应得权益项目，它的预算中有很大一部分比例实质上都是固定的。机构预算的第二部分可能被用于调整通货膨胀。公用事业、电话、邮资以及其他基本服务费用的上涨都必须被考虑进去，要么归入预算基础，要么被增加的支出所涵盖。最后，该机构的某些预算是自由裁量性的，是增加还是减少取决于该机构的优先考虑事项。预算的自由裁量部分允许你决定可以提议哪个新项目，可以建议为哪个现有项目增加(或减少)资金。了解这些类别有助于您为改变某项具体预算而辩护。

项目开发战略

这些选择引起一些战略问题，你在编制预算时必须回答这些问题——包括需要多少预算总额这个重要问题。尽管与上一年总预算有所区别的可能只是金额上有所增加，但有些机构在其要求上明显地比其他机构更强有力。他们更希望得到大额度增长，而不是小额增长。然而，如何做到强有力，则受制于一些因素的影响。

行政首长(如总统、州长、市长等)的支持是相当重要的，不管这种支持是对某个项目的特别拥护，还是对某个领域的更广泛的兴趣，诸如法律实施领域。立法支持也是相当重要的。机构员工全年的工作就是保持与立法领导人的联系，建立有助于支持共同利益项目的各种联盟。最后是你的个性——特别是冒险和抵御风险选择的意愿——将对决定要求多少预算额起着非常重要的作用。

威尔达夫斯基(Aaron Wildavsky)撰述了一本具有里程碑意义的研究预算过程中的政治的著作，他指出还有另外三个战略因素影响着预算需求的属性并且有助于为其获取政治支持。第一个因素是顾客支持。顾客群体及其他对该机构工作感兴趣的组织的支持，在为项目进行论证和游说时有很大帮助。一个自信能证明自己拥有“非常满意的顾客”或者能够展示顾客对其提议的变更表示支持的机构，将会比其他机构取得更好的成功。当然，获得支持的最有效方式是为一个顾客群体提供良好的服务，但是，机构也会尝试鼓励那些支持它的顾客去向立法者反映该机构的好成绩。

威尔达夫斯基的第二个政治支持因素是上级行政和立法官员对你个性和能力的信任。政府预算量值如此之巨大，上级官员或立法者无法轻易了解到所有必要的细节，去做出一个纯粹理性的分析。有时候，他们只能相信管理者。有着良好声誉的管理者，显然能够取得更大的成功，特别是和立法机构打交道的时候(见专栏7.2)。有个管理者曾经这样 262
说道：“如果你的[拨款]小组委员会信任你，那么你的日子将会容易得多，同时你也能给所在部门带来好处；而如果对你信任不够，你不但不能有所作为，还将经常陷入困境”(Wildavsky 1988, p.105)。建立信任的方法有很多种，但相当成功的管理者似乎都同意正直(坦诚相告)和回应性(熟知要求并做出全面回应)尤为重要。

第三点,机构官员可以采取某些战术立场,努力开发或保护他们偏好的项目。有种方法,并不怎么道德但却已是老把戏,就是预算虚增,即提议一个比实际需要高很多的预算要求。

专栏 7.2　直来直往

大家都同意对信任最重要的要求是光明磊落,至少在消极意义上是这样的……一个谎言,公然掩盖某些恶劣行径的努力,做些狡猾的小动作,都会不可避免地导致信任的丧失。有个管理者做过典型的评论:"不要试图欺骗他们(委员会成员),因为一旦被发现,你就等着卷铺盖走人,离开华盛顿好了。"被逮到的几率是相当大的,因为委员会及其工作人员有着丰富的经验和许多消息来源。

行政管理人员相信,建立信任失败所遭受的惩罚远比建立信任成功所获的奖励大得多。但是,他们还是时不时出差错,引起大麻烦。1952 年,国会限制了人事费用的支出,有个部门通过把项目外包给私人投资者显然规避了这一限制。议会小组委员会对此相当恼怒:

议员杰生:现在看来清理门户是必要的,所有人…所有那些对发生这种事情有责任的人。

官员:是的,主席先生,我们会这样做的。

议员杰生:我不是说"也许"。这已经是我在所有部门中所见过的最可耻的事情了。

官员:我对此真是感到万分遗憾。

资料来源:Aaron Wildavsky and Naomi Caiden, *The New Politics of the Budgetary Process*, 3rd ed. (New York:London), p. 60。

机构官员认为,在中央预算办公室和立法机关缩减了预算之后,你会得到自己最想要的预算。另一个战略是威尔达夫斯基所说的"骆驼鼻子"战略。管理者申请小笔费用去开始一个项目,不久之后把这个项目当作项目基础的一部分,然后声辩说如果不完成该项目,之前所投资的钱就白白浪费了。

在过去几十年中,各级政府的很多项目都曾经历了较低的收入和更有限的资助的情况。有些情况下,项目最后被缩减或删掉了,如社会服务就是一例。有些情况下,项目收
263 入发生了改变,如某一级政府所分享的收入终止导致另一级政府收入的降低。还有一些情况下,受到限制的要么是收入,要么支出,如加利福尼亚第 13 号议案限制了政府的资金。许多公共管理者只好把他们的注意力从开发新项目转移到维持甚至是减少现有的项目。人们将这称之为管理财政压力,或者,在已经出现财政严重缩减的领域,减少管理。

如你所料,在财政缩减的情况下,很多管理者采用了威尔达夫斯基所列的各种预算战略去减少财政压力对自己部门的影响(Wildavsky 1988, p. 113)。任何抵触缩减的尝试都是在冒险,因为这会迅速削减该管理者的可信度。在长期财政限制的情况下,抵触削减对许多管理者来说已经不算一种现实的选择。还有其他一些处理财政压力的方法已被尝试并取得了一定成功,这些方法如下:

· 遵循一个长期计划以便保存行政能力和司法管辖区的资本投资；

· 有目标地削减具体项目，而不是削减所有项目（所有项目进行同比例削减）；

· 消除项目削减带来的影响（减少它们的即时影响）。这可通过提高生产率来实现，所以该组织可以利用更少的预算完成更多的事情，或者还可通过创造新的收入来实现，如对新用户的服务实行收费等。

财政管理的各个方面

公共组织工作人员不仅需要预算其资源，还必须致力于公共资金管理的其他方面。他们必须关注建筑物、道路和高速公路以及设备的长期融资；必须谨慎地计划和管理借款；必须预防未来可能的损失。总而言之，他们必须尽力从其资金支出中获得最多的收益（见第6章）。

☞ **网络链接**

有关预算与财政管理的职业组织，可以登录以下网站：www.aabpa.org，www.abfm.org 和 www.gfoa.org。

资本预算

除了预算年度支出外，公共政策制定者和管理者还要对经年可用的设施和设备进行投资，如政府对建设和维护国家公共基础设施——街道和高速公路、隧道和桥梁、下水道和污水处理设施等负有主要责任。政府投资各种主要设施，包括学校和大学、医院和精神康复中心、公共住房以及惩治所等。不计其数的设备购置（特别是联邦层级的军备）都是 264
预计长期使用的。对可以使用数年时间的项目的支出，被称为资本支出。

资本支出的预算编制类似于年度支出的预算编制过程，但在一些方法上有所不同。在除联邦政府以外的大多数司法管辖区，资本支出被列入一种被称之为资本预算的单独预算之中。大多数州都有单独的资本预算，几乎所有州都在预算报告中对资本支出予以特殊对待。同时，大部分地方政府以及几乎所有主要城市都使用了资本预算。多年来，联邦政府只是把资本支出视为常规预算的一部分。直到近期，才开始提供资本支出的专有分析，但在联邦层级仍然没有单独的资本预算。

最初支持把资本项目列出来单独考虑，是因为这些项目的利益能够惠泽好几代人，因此分担偿还借款的负担也不无道理。单独的资本预算也可以鼓励更多的长远思考——年度预算过程因缺乏这一点而经常遭受谴责。另一方面，资本预算也是一块“笼络民心的政治拨款”，每个立法者都想在此得到自己的项目份额（及其资金）。通过把必须立即面对的支出推向不确定的未来，资本预算能够成为逃避财政责任的工具。不管是否形成单独的资本预算，我们都应当记住资本支出与正在运行的一般支出之间的关系。比如说建一个新游泳池，意味着在未来几年都要有新的年度支出以使其继续运作。

你会怎么做？

你有一个当城市管理者的朋友，曾经说他喜欢在每个预算案中放入一个类似收音机的项目——那种制造很大声响很能吸引人却又容易被“否定”的项目。他说当议会把所有注意力集中在那个项目上并最终将其排除后，其他所有事情都能很简单地通过了。如果你正在准备向议会汇报的预算方案，你会怎么做呢？

理想地说，资本预算形成于一个相当广泛的规划过程的背景之中，要么由政府作为一个整体着手，要么由各个机构在其职能领域（如健康或罪犯审判）内开始。不管是否在运转一项规划过程，一个重要的中间步骤（几乎所有考虑资本项目的政府都会沿用的一个方法）是开发一个资本投资项目——显示即将开始的各种项目，完工日程安排和融资方法的时间表。资本投资计划通常覆盖三到五年的时间，并且逐年推进。例如，佐治亚州的资本预算，主要列出机构资本支出和项目类别，因为各机构向预算办公室呈送的文件中需要包
265 括这些内容。对于各个项目类别，其财政来源都明确列出（Thomassen 1990，p. 73）。

为了着手这种计划，政府决策制定者通常向各机构征求建议，然后尽力把这些意见整理归纳。决策制定者可能使用的标准包括：该项目的必要性，特别是在健康和安全方面；计划是否填补了现存服务中的空白；它是否有效地增强了现有的服务；以及它是否满足了未来不可知的紧急需要。因为资本项目的融资通常延续好多年，收益也如此，所以各个项目的完整分析可能涉及对长期支出和收益的详尽考虑。

债务管理

对资金来源的谨慎考虑，是资本预算编制过程的一部分。一些司法管辖区尝试在“现收现付”的基础上运作，也就是在其获得授权的财政年度期间全额支付所有项目。（这种想法的一个变体是把资金积累为偿债基金，有点像圣诞俱乐部账户，然后用于支付所需的改进。）其他司法管辖区可能愿意采取为项目借款的方式，不是因为等待筹款需要太长的时间，就是因为该项目的花费和收益都是长期性的“现付现用”方式。

借贷经常用于资助资本改进项目，但也可能用于满足许多其他方面的需要。有些情况下，预期的税收根本无法在必须支出时及时到位。为解决这样的“现金流”问题，政府开始短期借贷。（在问题更严重的情况下，未来几年的税收收入都被借用于填补本年度的资金缺口。这样的做法是导致70年代中期纽约金融危机的部分原因。）借贷也用于紧急需要，如火灾或洪水等自然灾难所需要的资金远非当年财政预算所能提供的。特别是当这种支出将用于支付有长远利益的重建事业时，借贷就是相当必要的。最后，至少在联邦政府层级，有时借贷也是一个刺激经济的方法。

政府可能进行多种借贷。政府债务融资的首要机制是发行债券——承诺在特定时间（到期日）内按特定利息率偿还特定数额（本金）的保证。一种最常见的债券就是一般责任债券，以该司法管辖区的所有信义和信用为抵押，换句话说，政府以其所有税收和资源做保证。相反，收入债券承诺以一个资本项目将产生的预期税收作担保。发行收入债券，可能基于某条新高速公路的未来通行税收入或者以某个新的市政体育建筑的总收入为

基础。

从司法管辖区和债券潜在购买者两方面的立场上看，了解司法管辖区的债务能力都是有帮助的。例如，你也许想知道一个城市资源的价值以及该城市政府的支付能力。作为对投资者的一项服务，有好几家公司为城市和其他司法管辖区提供债券评级服务。评定等级对司法管辖区来说也是很重要的，因为越低的等级对政府来说意味着越高的借贷成本。标准普尔公司指数显示了从“AAA”到“AA”到“A”到“BBB”到“BB”等不断下降的 266
债券质量等级。获得高等级的城市或其他政府单位将会比其他低等级者在发行债券方面取得更大的成功。

风险管理

公共组织也要承担成本极其高昂的各种风险。例如，一个人的车子失控，撞坏了防护栏并掉进水沟里。司机严重受伤，然后起诉该市的防护栏安设不当，要求几百万美元的赔偿。同样，一个本来身体健康的城市雇员，工作后患有严重的背痛症。经过几次手术，支付高额的医疗费用并接受物理治疗后，他不得不在 26 岁时因残疾退休(Lynch 1985, p. 316)。还有个城市被居住在该市机场附近的居民投诉，因为飞机升降的噪音使他们的资产贬值。数年来，诸如此类涉及市民损失、违约、工人赔偿以及相关法律问题等，已花费城市、州和其他司法管辖区数百万美元。

风险管理关乎公共组织如何预期和处理这些风险。风险管理的第一步，是确定损失发生的潜在领域，然后尽力降低损失发生的几率。降低风险项目可能包括加强工作安全、定期检查城市拥有的有形资产以及雇员健康项目等。但是，无论降低风险项目做得多么成功，损失依然发生。政府有很多应对损失的选择，包括从流动资金或财政储备中支付，征收特别的税收来填补这些损失，甚至发行债券等。

在预期损失方面，许多公共组织部门通常向私人公司购买保险。近几年来，随着对政府部门和其他公共组织收取的保险费率的剧增，并使许多传统的保险形式变得遥不可及，这一选择也变得困难重重。(购买保险的困难也导致一些司法管辖区删除了诸如娱乐项目等未获保的服务。)然而，还有另外一个可能就是自我保险，由司法管辖区自己发展起来的保险池。很多政府规模都比一般的保险公司大，因此，发展这样一个项目，不仅在财政上是可行的，还提供了私人保险公司所不具备的一些行政控制和灵活性。一个越来越流行的自我保险方法，关涉到某个由若干城市联合运营的共享项目的集中风险(见专栏 7.3)。

专栏 7.3　风险和应对——我们何去何从?

对风险和相互依存的错误理解，给个人、企业和公共部门在处理灾难性风险中提出了巨大的挑战。倘若认清人们决策过程的本质以及私人部门自己应对这些风险的局限性，那么公共部门和私人部门之间的创造性伙伴关系便可以发展起来。在让个人做出选择与在他们身上施加要求这两者之间，不可避免地存在冲突。但是个人会忽略一个问题，因为他们不认为这样的事会发生在他们身上，并且相信即使发生了公共部门也会援救他们，所以有理由提前为可能的灾难施加要求。大约三十年前，芬恩·基德兰德(Finn Kydland)和爱德华·普雷斯科特(Edward Prescott)在他们的诺贝尔获奖论文中就突出强调过这一点，并将其力推为规则而不是自由裁量权。如今，处理全球灾难风险的挑战比当时更为重大。

在考虑一场可能爆发的禽流感时，依存风险挑战的重要性显得尤其明显。就像我们意识到可能发生像卡特里娜飓风这样的事件一样，我们也意识到因为病毒的人际传播而可能爆发的危险。世界上每个国家都采取自己的预防措施，但是如果一些国家没有这样做，那么疾病波及的范围就会比所有国家都采取相同措施以预防流行病的发生要严重得多。各国必须通过集体协议的引导，共同致力于缓和爆发禽流感的潜在灾难性风险。然而，这个案例与卡特里娜飓风不一样，不会有全球政府前来营救。

我们需要重新思考降低灾难性风险可能性和后果的方法。过去五年期间，美国遭受了一系列空前的大灾难，开创了大规模灾难的新纪元。可能一些决策者依然不喜欢思考这些灾难所产生的问题，因为这样意味着他们能够在需要即时关注的短期问题上投入时间。但在下次灾难袭击以后，后果将远比他们想象的严重。因此，在成为下一批受难者之前，政府、企业和个人必须采取措施应对这些风险。

资料来源：Howard Kunreuther, "Risk and Reaction," *Harvard International Review* (2006, Fall) 28 (3):38—42。

采购

公共组织财政管理的最后一个方面是商品和服务的购买。公共组织显然不能生产或提供所有他们需要的商品和服务(大部分情况下，这样做在财政上也是行不通的)，因此他们必须从私人部门获得这些商品和服务。像个人和企业一样，公共组织也想把他们的钱
267 花得最有效益。与此同时，因为政府采购涉及巨大金额，一般而言还能对市场结构产生影响，所以公共采购必须将社会和政治目标也考虑进来。

政府部门通常发现由某个机构集中采购，而不是各机构自行采购所需，可以节省大量经费。一方面，集中采购单位采购时价格更优，数量充足；另外，采购部门的员工可以形成有关价格、生意状况和市场实践方面的专业知识。最后，采购专家可能在谈判过程中做得更成功。尽管偶尔会有个别机构抱怨采购部门没能满足其具体要求，大部分州和地方司
268 法管辖区还是采用集中采购的方法。

大部分情况下，采购部门传递并宣传政府的需求，就所需商品和服务进行招标。根据成本估算最终标价，通常情况下，都是出价最低者中标，虽然不是自动地中标。当然产品质量，供应商以合乎时宜的风格提供商品或服务的实际能力，也在被考虑的范围之列。此外，采购员常常被要求给某些集团优先权，例如少数族裔拥有的公司或国有企业。在采购活动中，通常几个司法管辖区联合起来，共同合作。有些情况下，几个地方政府可能组成一个共同的采购部门；还有一些情况下，州采购办公室协商所得的价格也同样适用于各个地方政府。

会计和计算机信息系统

持续跟踪政府及其他公共组织的收入和支出，是一项极其繁复的工作。不仅有大量美元的巨额资金需要记录和汇报，而且财政信息报告必须同时服务于几个目的。当然，应该以这样一种方式制作和汇报财政数据，即公职官员对公共资金的使用负责。同时，会计和报告系统必须为管理者提供信息，使得他们能够更有效更快捷地管理自己的组织。这种双重要求意味着财政信息必须与其他诸如人事资料或生产措施等相关管理的资料紧密联系在一起。

政府会计

会计，无论是在公共部门还是在私人部门，都只是简单的“确认、计算和交流经济信息以帮助信息利用者做判断和决策的过程”(Berne & Schramm 1986, p. 12)。但是由于公共组织和私人组织在目的上有所区别，会计实践也有所不同。公共组织一般不以赢利为目的，而倾向于强调在收入和支出——得到和付出之间实现平衡。虽然也有例外，如公共企业、医院和水厂等更像那些追求利润的团体；但是，几乎在所有公共组织中，责任始终比利润最大化更重要。

政府会计系统反映了这些不同的目的。公共部门的会计基石是将资源分配给各种基金。被设计出来的每种基金都用以记录特定功能领域内的各种交易，并确保所有基金的使用与所追求的目的相一致。(这种基金的使用在私人部门并不常见。)基金尤能体现政策制定者在授权某些活动和拨出款项中的意图。例如，立法机构可能做出决定，某项燃油税的收入必须专门用于高速公路的养护——这种情况下，一项独立基金就有可能诞生，用以跟踪该项税收收入并支付高速公路的养护费用。总之，首要关注的都是会计系统显示 269
组织的活动是否和建立时的目的相一致。

公共组织最常用的基金有以下几大项：

1. 一般政府基金，用于政府大部分日常开支。在一般政府基金中最重要的当属普通基金，它处理政府的“无限制的”资金，也就是那些不受具体目的限制的资金(而且，通常可以分配给其他基金)。普通基金是大部分司法管辖区最主要的财政基金，用于支撑绝大部分的政府运营活动。相关的一般政府基金可能包括诸如专用燃油税等特殊税收，或者那些监管资本项目支出的税收等。

2. 权益基金，用来支持那些在其利润驱动中很像私营企业的政府活动或事业。这并不意味着使用基金的所有部门都必须赢利，事实上，它们也可能破产或需要补救金。其中蕴含的是，在这种运营中，一定量的利润是可能的而且通常是必需的，地方的运输系统或州立印刷工程就是很好的例子。

3. 信托基金，用于当政府必须为个人托管资产(如养老基金等)或者当政府持有待转移给其他组织的资源(如县为某个市征收的财产税)之时。

在每一项基金中，都有一个负责可用资源和进出账户资金流的会计，都有资产——政府拥有的，也有负债——政府亏欠的。资产包括现金、主要设施、设备和归政府所有的钱等。负债包括政府尚未支付的账单等项目。当组织的负债从其资产中扣除后，剩余的被称为资金结存（这可能是积极的也可能是消极的）。一个拥有 252.5 万美元资产和 230 万美元负债的组织，其资金结存为 22.5 万美元。要注意的是，资金结存并不是指“手中的现金”金额，而是指总资产（包括现金）和总负债之间的关系。广义上讲，资金结存是衡量该项基金所监管的项目可行性的关键措施，也是政府和其他公共组织财政报告中所必含的一项。

会计实践和财政报告都受被称之为“普遍接受的会计实践”的标准所引导。1984 年建立了美国政府会计标准委员会（GASB），为州和地方层级的会计和财政报告建立了标准。GASB 尤其关注公共财政信息的多元使用者，其中包括市民、纳税人、立法机构、上层行政部门、劳动和职工群体、利益团体、承包商以及新闻界。再次说明，政府会计的一个重要特性，是它必须同时服务于多重目的，包括民主制度内的问责制。

计算机信息系统

在处理财政数据及其他相关项目信息中，计算机的出现及其广泛使用已经引领了一
270 场被某位作家称之为公共组织信息分析和使用的“静悄悄的革命”。计算机不仅使超大量数据的积累和使用变得简单，还为分析对各级决策者都意义重大的数据提供了极大便利。计算机也提高了及时提供所需信息的可能性，而不用等到数个星期以后。因此，人们对公共部门中计算机信息系统的设计和实现以及该系统产生的政治和组织影响给予了极大关注。计算机信息系统在财政管理领域的应用已把这一方法引入到上述努力中。

管理信息系统和决策支持系统之间经常存在区别。管理信息系统收集和总结作为构建决策基础的日常信息。相关的数据库包括预算信息、薪酬支出和人事资料。例如，该系统可能被要求列出基于该部门服务年限的有足够资格提薪的人员名单（McGowan & Lombardo 1986，p. 581）。

另一方面，决策支持系统是交互影响的系统，能够为非结构性或非日常性问题的解决提供协助。这些系统允许管理者操作系统内数据，从而为具体决定提供特别的分析，或为分析特定政策谏言提供优化模型。尽管大多数公共组织都在发展各式各样的管理信息系统，决策支持系统的发展仍处于相对滞后的状态。我们期待这个领域在未来能受到更多关注。

计算机信息系统的应用程序，与公共组织的工作一样广泛。大多数组织都很快熟悉了预算分析的电子数据表和统计系统、预测收入和支出的财政管理系统以及基金会计和分析的会计系统。信息技术（IT）已被广泛应用于政府机构。近期一项调查结果显示，联邦机构在使用计算机信息系统方面差异很大，但在财政管理领域，有些机构已经研发出相当精密的系统。例如州政府已经开发并实施了一个用于操作该政府全球财政管理的复杂系统。其他联邦机构还需发展适用于整个机构的财政管理信息系统，尽管一切貌似朝着这个方向努力。所有机构报告显示，大量不同的信息技术的应用已贯穿于它们的组织。

在州和地方层级，信息技术最有趣的发展之一是，设计和执行了与预算、人事、绩效报告和审计相结合的信息系统。有几个州已经开始了这一结合过程，如密歇根州、俄勒冈州、得克萨斯州、怀俄明州以及华盛顿。这种性质的努力，反映了各州向更精密的会计系统的整体转变。过去十年来，各州政府已经利用信息技术以提高他们制作更详尽的财政

数据和生产数据的能力，因而考虑到了方案层级的广泛分析和支出与实际绩效的连接。

因为行政长官和其他高级管理人员能够及时获得预算数据和绩效数据，这使得更加高效的管理决策成为可能。此外，把预算分析师从预算程序的世俗方面解放出来，可以使 271
其将更多的注意力投向规划和分析。

同样的发展也出现在地方层级，马里兰州的巴尔的摩已经实行一个被称为“城市统计”的全面的会计和绩效测量系统，以便（几乎实时）跟踪各个城市部门的生产力和财政效率。在一个连接大型投影屏幕和电脑终端的房间里，巴尔的摩市长马丁·奥马力（Martin O' Malley）每周与高级顾问和部门主管会晤一次，听取关于城市服务提供的最新报告。如果有个部门的数据落后于其绩效目标，那么它的管理者必须为这样的差异向其同僚做出解释。“如果我们只是看着每年预算期间的绩效，那么我会在有任何改变之前变得又老又苍白。城市统计给我们带来了这里需要的紧迫感。”奥马力如是说（摘自 Swope 2001，p. 20）。迄今为止，信息系统为公共安全和公共卫生的重大改进做出了贡献，并为各城市部门之间的合作打开了新的大门。

城市统计或类似的信息技术主动权，是否能为公共组织带来全面的改进仍有待观察。有人认为，这种性质的变化需要的不只是增强处理信息的能力。此外，实施这类系统可能对组织文化和受到影响的机构之间的关系产生负面结果。

小结与行动启示

公共组织的预算编制和财政管理与其他组织的这些活动有很多相似点，但也存在重要差异，大部分差异源于公共组织对民选官员最终对人民负责的必要性。

任何一个组织的预算向心性都是不可低估的；如果你想知道一个组织的运营状况，只需看它的金钱流向。保障意欲影响预算的那些人适当程度参与的同时，建立体现组织优先考虑事项的预算过程是极为重要的。找出能清晰易懂地展现预算信息的方法，对决策者和公众都是非常有益的。最后，形成能够确保公众的钱得到有效负责使用的机制，是绝对必要的。你会发现，当你试图影响所在组织的运作时，懂得预算过程的一些技术方面的知识，能够随着预算进程清晰了解准备、管理和评审等过程是极其有帮助的。

如果你在中央预算办公室工作，你会发现预算制定的那段时间是很紧张的，而且那也是对你专业技术的考验。但是，你也会意识到，自己在公共政策的形成中发挥了重要作用。同样地，如果你在管理一个机构，你也会通过预算过程影响组织的政策和方向。你展示和支持项目要求的技能，可能决定它们是否会被执行。

联邦层级以及一些州和地方管辖范围的预算过程，通常与长期规划的过程相结合。 272
联邦机构需要为未来两年提供准备预算编制的某些预测，这样就把一个长期规划的因素增加到该过程中。

预算编制和财政管理系统是规划、进行优先考虑和操作公共项目的重要工具，也是控制和问责的重要机制。公众对预算和财政报表的了解，使其能够清楚看到政府的实际运作是如何反映民众利益的。为了公众的利益，拟写能够清晰反映机构正在进行事项的预算和其他财政文件是必不可少的环节。

术语与定义

会计(Accounting):确认、测量并交流经济信息以便做出明智判断和决策的过程。

配置(Allotments):机构获准在既定时间内花费的数量。

分配(Apportionment):在一年中各个具体时期分配资金给各机构的过程。

拨款(Appropriation):以便分配资金并为其支出建立预算权威的立法行动。

授权立法(Authorizing legislation):允许建立或继续某个特定项目或机构的立法行动。

债券(Bond):承诺在特定时间(到期日)以特定利息率偿还特定数额(本金)的保证。

预算虚增(Budget padding):提出一个比实际需要高很多的预算。

企业周期(Business cycle):一段时间内经济快速增长、通货膨胀和高就业率,紧接下来一段时间经济衰退和失业严重的循环过程。

资本支出(Capital expenditures):对于将使用长达数年的项目的支出。

持续性决议(Continuing resolution):允许政府不间断运作直到通过适当措施的决议。

债务能力(Debt capacity):城市资源价值与政府利用它们提供支付的能力之和。

推迟(Deferral):总统做出的短期内扣留资金支出的决定。

273 **自由裁量支出**(Discretionary spending):总统和国会可适当更改的预算部分。

应得权益项目(Entitlement program):对符合特定条件要求的人提供特定福利待遇的项目。

消费税(Excise tax):适用于特定商品销售的一种税收。

信托基金(Fiduciary funds):政府必须为个人托管资金或政府持有待转移给其他组织的资源时所使用的基金。

财政政策(Fiscal policy):与政府税收和支出对经济的影响有关的公共政策。

财政年度(Fiscal year[FY]):政府的基本会计周期。

普通基金(General fund):管理政府"无限制"资金的一种基金。

国内生产总值(Gross Domestic Product[GDP]):由商品和服务的市场价值衡量的经济总产量的测量方法。

扣留(Impoundment):撤销由法律授权和拨付的资金。

项目否决(Item veto):允许行政机构对拨款议案中的具体项目进行否决的规定。

单项预算(Line-item budget):列出支出类别以及与之对应的数额的一种预算格式。

基于结果的预算(Outcome-based budgeting):考虑长期效果或结果的预算编制系统。

绩效审计(Performance auditing):对各机构在实现其目标过程中的实际工作进行分析和评估的程序。

绩效预算(Performance budget):围绕包括指示实际所做工作与其成本之间关系的各种绩效测量单位在内的项目或活动所组织起来的预算格式。

计划—项目—预算系统(Planning-programming-budgeting system[PPBS]):将计划、系统分析和预算编制努力连接于一个单一实践的系统。

事前审计(Preaudit):对实际支出的事先审查。

累进税(Progressive tax):对较高收入者征收较高税率的一种税收。

比例税(Proportional tax):对每个人征收同样税率的一种税收。 274

权益基金(Proprietary funds):用于资助更像私营事务的政府活动的基金。

调和法(Reconciliation bill):试图使个体活动在税务、授权或拨款方面与整体活动一致的立法行为。

累退税(Regressive tax):对较低收入者征收的税率比对较高收入者征收的税率在比例上还要高的一种税收。

撤销(Rescission):永久性扣留资金的总统决定。

风险管理(Risk management):公共组织预测和应对风险的方法。

追加拨款(Supplemental appropriation):在财政年度期间通过的增加某一机构该财政年度预算资金的法案。

零基预算(Zero-base budgeting):展现有关现有项目效率和效力的信息,并突出剔除或减少项目可能性的一种预算格式。

思考题

1. 讨论政府如何运用预算影响财政政策。
2. 试述政府为其运作筹集基金的一些方法。区别政府所使用税收的各种类型。
3. 政府如何花费所筹集的资金?
4. 预算周期包括四个主要阶段,讨论各个阶段的要素以及政府在预算周期中的角色。
5. 艾伦·希克指出预算有三大不同目的,请辨别并解释这些目的。
6. 比较各种预算编制类型的相同点和不同点。
7. 解释预算策略的两个基本概念。
8. 政治影响力对预算过程有着重要影响,管理者影响预算过程所运用的战略有哪些? 275
9. 财务管理是财政活动的重要组成部分。讨论财政管理者所处理的一些议题,包括资本预算、债务管理、风险管理和采购等。
10. 讨论公共组织使用的各类基金。

案例与练习

1. 图7.4来自坦佩市预算文件中的章节。从以下几个视角分析这些预算文件:(1)必须决定资助哪项城市服务的市议会成员;(2)想改善社区服务的公共事业部主任;(3)有兴趣知道该市税收是否得到妥善使用的普通市民。出于各个视角的目的,怎样才是完整和清晰的信息?预算报告有没有提供你想知道的便于行事的信息?如何改进预算报告?

2. 思考以下案例:假如你是迈克·史密斯(Mike Smith),一所重点大学的采购部门主管,你手下有20名采购专家,他们负责拟定提供给供应商的采购计划并评估供货商的投标。为了撰写这些招投标文件,这些采购专家与来自学校机构了解该项目的人士一起工作。汤姆·德瑞克（Tom Drake）是一位采购专家，目前正与通讯部的凯茜·克莱恩（Kathy Kline）一起制定一个招标计划，以购买具有快速拨号功能的新的校园电话系统。学校现有的电话系统是15年前由地区电话公司安装的。在过去几年中，地区电话公司和另一个供应商已经向该大学15个部门中的5个售出附加设备。该附加设备非常昂贵，这对这5个部门来说是一项庞大的投资，通信部就是其中之一。已经安装快速拨号设备的部门对结果相当满意，而没有该设备的部门则无法支付这笔费用，并且对地区电话公司非
276 常不满。

图 7.4　坦佩市：水利部

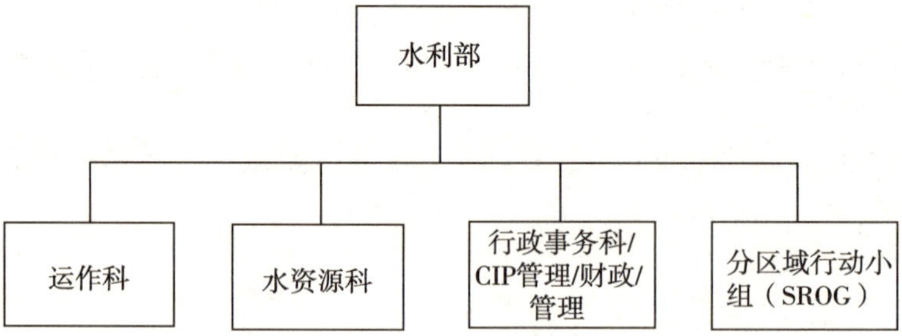

部门目标：

向坦佩市的居民、企业和游客提供符合或超过联邦政府、州政府和地方政府规定的所有质量标准的、可靠的、经济的饮用水，并通过对废水和雨水管理，以及对家居有害物质的收集和处理，保护我们社区的健康、安全和整体环境。

部门简介：

水利部下设运作科、水资源科、行政事务科和SROG科等科室。运作科的职能包括电厂运作、外勤业务、环境服务、环境健康与安全以及保卫工作。水资源科负责水资源保护计划、坦佩市湖泊管理和水利服务。行政事务科职能包括资本改进项目(CIP)管理、财务以及航空。分区域行动小组(SROG)负责管理SROG项目的管理工作。

2006—2007财政年度预算要点：

批准资金用于实验室物品和测试、更换复合仪表、清理下水道以及水资源(CIP)、污水处理和灌溉的费用研究。此外，批准了两个临时实习生职位的经费，以便应付家居用品收集中心(HPCC)增加的工作量。

支出类别	2004—05 实际	2005—06 预算	2005—06 修订后	2006—07 预算
个人服务	$9,878,309	$10,846,863	$10,805,993	$11,510,134
用品与服务	12,055,360	12,825,110	13,348,528	14,036,150
资本支出	229,835	222,100	384,933	283,200
内部服务	3,684,064	3,375,861	3,372,724	3,309,785
捐赠	1,000			

总支出	$25,848,568	$27,269,934	$27,912,178	$29,139,269
人均支出	$15,865	$16,591	$16,982	$17,575
	2004—05	2005—06	2005—06	2006—07
部门支出	实际	预算	修订后	预算
运作科	$16,327,978	$17,574,531	$18,175,519	$19,079,336
水资源科	607,459	1,073,629	892,387	1,052,672
行政事务科	4,516,225	4,216,435	4,444,003	4,604,428
SROG	4,396,906	4,405,339	4,400,269	4,402,833
合计	$25,848,568	$27,269,934	$27,912,178	$29,139,269

277

	2004—05 实际			2005—06 修订后			2006—07 预算		
授权人员	全职	Perm FTE	Temp FTE	全职	Perm FTE	Temp FTE	全职	Perm FTE	Temp FTE
运作科	113	0.50		117	1.00		116	1.00	
水资源科	4			4			4		
行政事务科	12		0.49	11	0.50	0.49	12	0.50	0.49
SROG	1			1			1		
总计	130	0.50	0.49	133	1.50	0.49	133	1.50	0.49

相关战略问题：邻里生活质量和公共安全

宗旨：为坦佩市所有公民提供安全充足的居民用水，同时最大限度地降低成本

目标：1）监督 Johnny G. Martinez 和坦佩市南部水处理厂对水处理费用的增加；2）将运作与维护费用保持在每千加仑 80 美分以下

测量项（比较基准）	实际	2004—05 预算	2005—06 修订后	2005—06 预算
水处理运作和维护总成本	$9,186,874	$10,995,858	$10,995,858	$10,849,927
顾客账户数量	41,532	41,532	41,532	42,000
处理总加仑量（百万加仑）	15,152	18,800	17,563	17,900
处理每一千加仑的运作与维护成本	$0.61	$0.59	$0.63	$0.61
每个顾客账户的运作与维护成本	$221.20	$264.76	$264.76	$258.33

相关战略问题：社区生活质量和公共安全

宗旨：　降低废水收集系统的运作和维护费用

目标：　实现废水收集费用低于每英里 10,000 美元

测量项	2004—05 实际	2005—06 预算	2005—06 修订后	2005—06 预算
废水收集运作与维护总成本	$3,153,522	$3,445,996	$3,445,996	$3,453,689
收集系统管道的英里数	500	502.2	502.2	502.2
每英里的运作与维护成本	$6,307	$6,862	$6,862	$6,877

相关战略问题：邻里的生活质量和公共安全

宗旨：　使居民对水质量的投诉次数降到最少，并在 24 小时内予以回应

目标：　保持居民少投诉，并在 24 小时内作出答复

测量项	实际	2004—05 预算	2005—06 修订后	2005—06 预算
关于气味的投诉	6	N/A	17	<17
关于液体的投诉	2	N/A	1	<1
其他投诉	9	N/A	5	<5
24 小时内回应投诉	100%	N/A	100%	100%

资料来源：坦佩市的年度预算，从 2006 年 7 月 1 日到 2007 年 6 月 30 日，《绩效预算》(pp. 194—195)。引自 2007 年 4 月 7 日，www. tempe. gov/buget/FY%2006—0720docs/5%20Performance%20Budget. pdf。

汤姆已经向你汇报了议案的最新情况。通过该议案，通信办公室坚持认为新的电话
系统必须能够使用现有的快速拨号设备。汤姆告诉你，如果是这种情况的话，只有地区电
话公司和另外两、三家厂商能够在该系统上竞标，而其他六家拥有他们自己的快速拨号设
备的厂商则无法参加竞标。汤姆解释说，在某些情况下，安装一个全新的系统比将地区电
278 话公司的一个系统连接到现有的快速拨号设备花费更少。汤姆还告诉你，他听说通信部
有几个职员威胁说，如果中标的是其他公司而不是地区电话公司的话，他们就要辞职。经
历了 15 年，他们认为地区电话公司是最好的而且是唯一符合资格的厂商。汤姆想知道，
他该怎样操作才能既满足学校的需求又维护各厂商公平参与竞标的权利。

资料来源：上述案例由 Bill Carney 提供。

a. 汤姆应该如何着手，才能确保所有投标人都有一个公平参与该竞标过程的机会？

b. 采购办公室怎样才能避免发生供应商帮助采购人撰写投标建议的行为？

c. 汤姆对纳税人的责任是什么？（如果已经购买的快速拨号设备被废弃了，那数千美元将付之东流。）

3. 下面的模拟再现了南方某大学(USA)在重大预算削减期间举行的一系列预算讨论。为举行这次模拟讨论,把全班同学分为五个小组,每个小组各代表模拟讨论中的一个角色。所有学生先阅读一下有关该大学所面临情况的一般说明。然后各组成员只阅读分配给他们小组的一般说明。(重要的是,你只能阅读分配给你的说明。)读完以下有关情况的一般说明之后,你能找到下列各人物的角色说明。

副校长　库珀(Cooper)
文学院院长　贝利德利(Berryderry)
科学学院院长　史蒂文斯(Stevens)
教育学院院长　达德利(Dudley)
商学院院长　多勒(Dollar)

在每个人一般说明及有关他们角色的具体信息阅读完毕之后,每个角色小组可以单独召开15到20分钟的会议。在此期间,各小组应该:(1)选出一名代表,扮演参与者角色参加副校长库珀办公室即将举行的会议,(2)为该代表制定详尽的战略和信息,用于在会议上代表你们小组的利益。

个别小组会议之后,上述五个角色的扮演者将围桌而坐,召开会议。副校长库珀首先宣布会议开始,并致开场白,然后主持会谈的其余部分。在这一模拟部分,其他所有学生都应保持安静。会议期间,任何成员都可以请求休会(不超过5分钟)以征求其所在组的意见。当副校长库珀办公室召开的会议复会时,之前要求休会的人将发言。直到关于削减的意见达成共识,或者直到副校长库珀认为这次会议停滞不前,因而他或她将不得不独立做出决定,这个会谈才能谢幕。尽情享受讨论吧。 279

一般情况说明

接到州行政机关通知,南方某大学(USA)本年度将要减少几百万美元的预算。该校校长I. M. 费叶利斯(I. M. Fearless)已经通知负责学术事务的副校长库珀,要求把各学院的预算平均减少8%。但与之相反,副校长不打算消减8%,并已与四个学院的院长——文学院、科学学院、教育学院和商学院的院长,讨论了不同的削减比例。为了回应几个院长的要求,副校长库珀召集他们开会,以便了解他们对他为每个学院设定的目标数额的反应,并了解各学院是如何计划落实预算消减任务的。

USA是一所中等规模的中西部大学,主要向学生提供广泛的基础性的文科教育及少数研究生课程,主要是商业和教育学科领域。这所大学服务于该州南部的一个地方选区,虽然它招收了来自全国各地的学生,但其中许多学生第一次听说USA还是因为它作为校际台球领导者的声誉。事实上,一些愤世嫉俗者将USA称之为“台球大学”(“Cue U.”)。

虽然该大学历来与州长和立法机构成员有着良好的关系,但是费叶利斯校长因其生硬粗暴的态度得罪了州政府许多人。校内有很多人认为,校长把他在海军陆战队当上校时的作风带到了学校管理中来。尽管存在着这些困难,除了个别例外,该校大部分学科被认为是合理的。同样地,有许多人认为,有些学科与该校作为地区性的中西部大学的使命并不相称,尤其是该校长期设置的海洋学学科,有人认为是不合时宜的,因为该大学与最近的海洋距离700英里之远。

角色说明

副校长库珀 在你担任USA副校长的五年中，你从未遇到过如此困境。你意识到，校长身陷政治麻烦当中，可能不久就得辞职。作为减少校长办公室负担的一种策略，他把最重大的预算削减任务转到你这里。如果你能以良好表现顺利渡过这一难关，你将赢得显赫声誉，并很有可能在校长被迫辞职时成为校长候选人。但是，你需要确保所有学院院长的支持，因为他们的支持对你的晋升是必不可少的。另一方面，学校的重大分裂，可能使你失去院长们的支持，也将结束你实现雄心壮志的任何机会。事实上，你可能会与校长一起被解雇。

根据校长的指示，除了把削减任务分配到各学院之外，你似乎没什么可做的了。但是，在审查了各学院的各种学科之后，你已经清楚知道，全面削减预算并不合适，而且有些学院比其他学院承受更大的削减负担。因此，你为各个学院分配了有差别的削减任务，其中教育学院削减比例最大(20%)，文学院次之(10%)，科学学院再次(7%)，最后是商学院

280 (2%)。你选择的这些比例，基于你对学科质量、学生数量(教职工/学生的比例)、学科性质，以及它们与你大学的使命相称程度的评估。

你分配给各院长的削减总额超过了校长要求你完成的额度。采取这一战略，你的理由有二：(1)如果有院长抱怨太强烈，作为妥协，你可以把数字降低到你确实需要的水平；(2)如果你能说服所有院长都接受所分配的削减任务，那么你将获得一些可用于内部再分配的资金，无论如何，这也是你想要实现的。

大体说来，你愿意让各个院长按其认为合适的方案在各自学院内来安排削减任务，只要每个学院都为这项任务尽心尽力地做工作。然后，如果还有资金，你可以进行其他所需的再分配，以增加所需的新学科，或者加强其他学科。

然而，从个人角度说，你对几个特定领域感兴趣。第一，你最喜爱的叔叔负责海洋学学科。第二，你自己的学位是高等教育管理，并且你已经爱上了对该系课堂的定期造访。第三，州长已经对公共行政学科的完整性表达了浓厚的兴趣。

贝利德利院长 文学院(削减任务——10%)。你怀着一些忧虑与副校长会面，因为你意识到你的学院很可能高居削减名单首列。你更喜欢不会给你的学院施加特殊负担的平均削减。但是，你学院的若干学科只达到了最低程度的质量要求，并且这些年来根本没有吸引到学生。例如，你学院的德语学科，在过去几年中，平均每年只有两名学生毕业，而且只有3位教师。其他几个学科，如人类学和地理学，正呈现出类似的结果。但是，这些学科对于一个基础广泛的文科教育来说是重要的。你觉得，如果学生认为合适的话，他们应该至少有参加这种学科学习的机会。

另一方面，目前有一些学科滞留在你的学院，你只想尽快终结它们。例如，公共行政的研究生学科，就是一个你认为与文学院视角不相协调的专业性学科。该系教职工的工资总额刚好与你需要减少预算的总额相等。显然，这是一个可淘汰的领域。

再次，你认为可以淘汰你的专业顾问工作人员，而由你的教职员工负责所有的学术咨询。这样不用减少教职工或学科便可以完成目标。

你觉得与科学学院有一种自然的联盟关系，因而更愿意看到削减发生在教育学院或商学院，而不是文学院或科学学院。然而，科学学院院长史蒂文斯一直与你有点敌对，这

也许是因为你对海洋学学科的那些批评性言论所致，你认为海洋学学科应该被取消。

最后，你还有些个人考虑。首先，如果副校长成为校长，你很可能是副校长职位的首要候选人。这个对你来说是非常有吸引力的。其次，虽然你不想表现出支持任何系，但你原来的系——政治学系，正对你施加强大压力以支持该学科的扩大。你学院预算的全面 281
削减将使之成为不可能。再次，你的一个教职员工，最近受到商学院院长多勒的性骚扰。

史蒂文斯院长　科学学院院长(削减目标——7%)。你已全面分析了消减你的学院预算的可能性。你认为，通过减少一个客座教授、四个研究生助教岗位和两名工作人员职位，你将能够达到削减的目标。然而，你很清楚，其他人把你的海洋学系看作是消除的目标。可是，这是你最古老和最强大的学科之一，当然也是在中西部处于主导地位的海洋学学科之一。你想保持该学科原来的状况；但是，即使你被要求砍掉这一学科，你希望只是减少一些教职工职位而不是剔除整个系来完成目标。你也认为该学科会得到保护，因为该系负责人是副校长的叔叔。

其他一些个人因素也影响到你的思考。首先，你认为剔除整个教育学院不会对该大学造成实际损失。本州内的其他学科显然能够在这个领域提供足够的毕业生。剔除整个学院，意味着其他学院无须再做削减。其次，你认为贝利德利院长是个白痴，你为贝利德利对海洋学的评论尤感愤怒。要是贝利德利无法管理自己的学院，为什么他要尝试管理你的学院呢？第三，你的一个教职员工最近受到商学院院长多勒的性骚扰。

达德利院长　教育学院院长(削减目标——20%)。你知道自己身陷麻烦当中！过去几年里，扩招已经使教育学下降到人浮于事的地步。同时，该州的其他学科已经发展起来并且现在有了更好的声誉。这一压力对于你的高等教育管理系来说，显得特别真实。该州的另一个学院吹嘘自己在这个领域内已是国家级的领先学科。你最大的希望就是学校的全面消减计划对各学院一视同仁。你所怀疑的是，商学院可能获得最低的削减，而文学院和科学学院则稍微居上。后两者中有一个因为反对副校长的目标性消减方案，很可能从全面削减计划中受益，而另一个则可能遭受损失——但是你不知道是哪一个。

此外，一些个人因素引导着你的思考。首先，几乎所有参与学校台球项目获奖的运动员都是你学院的学生。你担心他们是否能够通过其他课程。其次，这些年来，高等教育管理系的负责人一直是你最强烈的批评者之一，砍掉这个系意味着解决了你一个最大的问
题。再次，你的一个教职员工最近受到商学院院长多勒的性骚扰。 282

多勒院长　商学院院长(削减目标——2%)。尽管你认识到你的学院将不得不承受一个象征性的预算削减，但你肯定你的削减任务远远小于其他学院。因此，你非常支持副校长的选择性削减方案，而反对全面削减。在过去几年中，你的学院已经实现了跨越式的发展，因而你迫切需要更多的而不是更少的教职员工。同时，在你所在的领域内，工资已经急剧增长，保留住有能力的教职工存在着困难。也许你可以通过最低限度的人事变动来完成指派给你的削减任务，而不必解雇教职员工。

你把所有这些看成是对各学科进行重大重组的可能性因素。你特别有兴趣将之引进你学院的一门学科是公共管理。州长非常赞成这门学科，因而该大学的那些高层管理者也是如此。此外，在管理上，这门学科似乎与你学院的利益相一致。你在思量有没有可能因为资金的重新配置使你获得发展新学科的机会。如果你能够让贝利德利院长对公共行

政学科失去兴趣,让你来称霸该领域,你将拥有一个获得高级管理层支持的好机会。总之,你认为,这个过程等同于为你的学院开放了一个机会,以壮大你的学院,而不是削减它。然而,这一结果取决于选择性削减方案而不是全面削减,取决于校长规定的预算削减总额之外的数量再分配。

你也有一些私人关注点。第一,你认为教育学院和海洋学系(在科学学院)都应该彻底剔除,然后你能够使用这笔资金。第二,你已经听说,海洋学系的主席是副校长的叔叔。第三,你刚刚遇到一个在文学院担任顾问的非常迷人的人。你想你正坠入爱河——再一次!

请在模拟训练之后再阅读此段

在模拟结束之后,由全班讨论各组的战略和战术。有时这样是有帮助的,即先询问其他组认为每位院长正尝试做什么,然后要求那一组描述自己的战略。特别注意合作与竞争的战略,以及那些与实际的预算削减没有什么关系的战略。(比如,将一门学科从一个位置转移到另一个位置,并没有为该大学节省任何资金。)还要注意不可避免的信息缺失,以及在预算过程中谣言和虚假印象的作用。(这两个特点在预算决定中比你可能想到的都要更加典型。)最后,只是为了好玩,让贝利德利院长朗读有关其说明的最后一行,接着
283 让史蒂文斯院长做同样的事,接着是达德利院长,然后就是多勤院长。

拓展阅读

Briffault, Richard. *Balancing Acts*. Washington, DC: Brookings Institution, 1996.

Clynch, Edward J., and Thomas P. Lauth, eds. *Governors, Legislatures, and Budgets: Diversity Across the American States*. Westport, CT: Greenwood Press, 1991.

Frank, Howard A. *Forecasting in Local Government: Near Tools and Techniques*. New York: Quorum Books, 1993.

Garner, C. William. *Accounting and Budgeting in Public and Non-Profit Organizations: A manager's Guide*. San Francisco: Jossey-Bass, 1991.

Gosling, James J. *Budgeting Politics in American Governments*. White Plains, NY: Longman Publishing Group, 1992.

Gross, Malvern, and Richard Larkin, eds. *Financial and Accounting Guide of Non-Profit Organizations*. New York: John Wiley & Sons, 1999.

Jones, Vernon Dale. *Downsizing the Federal Government*. Armonk, NY: M. E. Sharpe, 1997.

Kettl, Donald F., and John Dilulio, Jr. *Cutting Government*. Washington, DC: Brooking Institution, 1995.

Light, Pual. *Thickening Government*. Washington, DC: Brookings Institution, 1995.

Maddox, David. *Budgeting for Not-for-Profit Organization*. New York: John Wiley & Son, 1999.

Mikesell, John L. *Fiscal Administration*. 2nd ed. Pacific Grove, CA: Brooks/Cole, 1986.

Miller, Gerald J. *Government Financial Management Theory*. New York: Marcel Dekker 1991.

Reed, B. J., and John Swain. *Public Finance Administration*. Englewood Cliffs, NJ: Prentice Hall, 1990.

Reischauer, Robert D. *Setting National Priorities*. Washington, DC: Brookings Institution, 1997.

Rubin, Irene S. *The Politics of Public Budgeting*. Chatham, NJ: Chatham House, 1990.

Scott, David, John D. Martin, and Arthur J. Keown. *Basic Financial Management*. Upper Saddle River, NJ: Prentice-Hall, 1999.

Shick, Allen. *The Federal Budget*. Washington, DC: Brookings Institution, 1995.

Wildavsky, Aaron, and Naomi Caiden. *The New Politics of the Budgetary Process*. 3rd ed. New York: Longman, 1997. 284

第8章
人力资源管理

对于管理者来说，没有什么比有效地管理在他或她的组织里工作的成员更重要了。然而，公共雇员的雇用和待遇似乎经常被束缚于大量的规章制度中，"繁文缛节"使有效的管理变得相当困难。一些管理者认为公务员制度（和中央人事管理办公室），最初是被设计用来吸引和留住有能力的人员，但现在它却只会使管理者的生活变得复杂，并使管理更加困难。管理者不是简单的为了工作雇用员工，他必须告知申请者参加竞争性考试，并且和其他许多候选人一起为这个职位进行报名注册（有些人可能在招聘过程中被给予了一些特殊的优先权），然后等待，直到所有相关文书都梳理清楚。有些人被雇用后，管理者发现，为激励他们提高工作业绩对其实施"奖惩"，这种措施的作用是有限的。并且，如果一个人无法有效地完成工作，为解雇他或她而需要的文件和证明似乎没完没了。你可能会惊讶其他的事情怎么得到处理。

但是，依然有一些好理由来说明政府人力资源或人事管理的方法得到了发展。虽然一些公务员制度确实过于严格，甚至"死板"，但绝大多数与政府雇员相关的要求都深深地植根于重要的政治和道德原则。要理解政府人事制度如何运行，需要人事管理技术的知识和对某些价值的敏感性，这些价值构成了公共部门人力资源管理的基础。

在人力资源或人事领域，为效率和责任两种价值所展开的竞争比在其他任何领域都更为明显。一方面，对于有效的管理而言，使政府机构拥有最能干的员工是至关重要的。另一方面，政府部门的员工应该对公民负责。在任何情况下，公共组织的人力资源或人事制度最终反映了特定的公众的政治优先权。在特定的情况下或特定的时代，管理的效率价值优先；在其他情况下，以责任价值为关注目标的民主追求则至高无上。

网络链接

有关人事管理问题的一般信息，请参阅"国际人事管理协会"网站：www. ipmahr. org。有关职位与招聘信息，请参阅 www. aspanet. org、www. fedworld. gov、www. careersingovernment. com 和 www. govtjob. net。

285

公共雇用的功绩制

因为宪法甚少提及行政结构或如何进行人事安排，早期政府各个层级的管理者都尝试用一些不同的方法雇用、使用和解雇人员。然而，在19世纪晚期，政府对公务员的组成日益关注，这引发了对能力和专业的新的关注，从而在法律上建立起公共雇用的功绩原则。**功绩原则**，虽然在其应用上千差万别，但一般意味着政府雇员的选择和待遇应该建立在功绩或能力的基础上，而不是基于个人的或政治的偏好。尽管这一观点简单明白并引人注目，但是公共人事制度的发展一直充满争议。

政党分赃制与功绩制

大多数早期的美国总统，遵循乔治·华盛顿的教导，寻找精明能干诚实正直的人——被他称为“合适的品质”——去把持政府职位。这种方式造就了一支稳定的技能纯熟的政府员工队伍，但也不是没有问题。因为社会上只有少数人受到良好教育，而且因为那些受过良好教育的人来自富裕阶层，新形成的公务员队伍很快披上了精英主义的色彩。同时，党派考虑也开始渗入这一过程。总统和国会议员开始认识到不仅需要政府雇员忠诚于新政府（和可能获得权力的政党），而且公共职位（和薪水）应该被奖励给忠实可靠的政党成员。最后，这里有了关于任期的问题：公务员是否应该终身任职，以提供经验和连续性，或者他们应该随着每届政府而改变，以示对本党的效忠（和为其工作）？

所有这些考虑在安德鲁·杰克逊的政府里得到了大力说明。杰克逊是在强烈的民主思想浪潮中进入政府的，特别关心的是，要使那些以前被排除在政府之外的人即“普通人民”，更容易接近政府。虽然杰克逊并不是第一个采用政党分赃制（“战利品归胜利者”的概念——在这里，是指把政府职位分给忠诚的政党党员的能力）的总统，他的政府因对政党分赃制的发扬光大和他对该制度的详细论证而著名。杰克逊认为，普通人与有钱人一样有权担任政府公职，而且大多数的政府工作不需要特殊培训就可以被完成。

杰克逊因为维护政党分赃制，往往在某种程度上被描绘成恶棍的形象，尽管此后的各级政府都比他更大力地滥用了这一制度。然而，同时，杰克逊也为民主政府做出了一些积极贡献；比如，他促进了他那个时代的公务员制度的民主化，为后来几十年间政府机构具有更广泛的代表性设定了基调，这些都是毋庸置疑的。

甚至连杰克逊自己也没有预见到腐败和滥用权力会很快同政党分赃制联系在一起（见专栏8.1）。后继的总统们在运用政党分赃制方面远远超越了杰克逊，州和地方的政治老板们也同样如此。 286

专栏8.1 早期的政党分赃制

到19世纪晚期，在大多数司法管辖区，政党分赃制已经牢固地成为政治生活的一部分。该制度的一面是从被任命者手中收集资金以帮助维持执政党。虽然这样的行为在一些司法管辖区，到20世纪50年代甚至20世纪60年代都坚持良好，但与以下这封信中的献金要求相比，该信函出自 1870 年一个州的政党委员会，这还算不上露骨。

亲爱的先生：

(我们)非常迫切地需要大量资金立即到位，以使竞选获得成功。因此，要求你拿出估计占你单位年度总收入 1% 的资金。请你按照这个数把钱装入信封，密封送交财务主管 E. S. 罗斯(E. S. Rowse)，不得延误。这个估算，是与我们华盛顿的朋友们开会商议之后做出的，华盛顿自信地期待着，那些接受了联邦任命好处的人会支持这架维持政党的机器，这个政党给了他们金钱上的好处和荣誉。事情非常紧急，延迟或怠慢将被确切地理解为是对这届政府的不友好。我们不期望你有这样的记录，并且你将会马上看到最早关心此事者所拥有的优先权和智慧。

艾萨克·谢泼德(Isaac Sheppard)

委员会主席

资料来源：摘自 *The Republican Era*：*1869—1901*，*A Study in Administrative History* by Leonard D. White. © 1958 by the Macmillan Company。

公务员的品质迅速下降，甚至那些在政府部门谋到职位的人都不再对每个选举年向他们强要的财政贡献津津乐道了。对每一位新总统来说，政党分赃制也变成了一个麻烦，因为成千上万的求职者向总统施压，以其"金主"身份索取政府职位，总统们很快对这群排着长队求职的政客不胜其烦。

这些因素为改革设置了舞台，但更为重要的是，最终导致改革的是日益增长的政府腐败。有来自承包商的回扣，剩余公共财产的私人出售，销毁税收收据，及其他多种权力滥用。腐败成为从事政府事务的正常途径。

政党分赃制所滋生出的各种各样的弊病最终导致了一场强大的、积极的改革运动，充当先锋的是这样一些组织，如国家公务员改革联盟。尽管改革者的呼吁雄辩有力，但最终确保他们成功的是一桩历史事件——加菲尔德总统被刺案——而不是雄辩。虽然加菲尔德几乎不提倡公务员改革，并因为不支持一个改革法案而受到来自改革群体的批判，但他
287 被一个未受到任命的谋职者杀害这一事实，使他成为促发改革的烈士。

一个名叫查尔斯·吉托(Charles Guiteau)的人希望成为驻巴黎的领事。经过数周调查，他的诉求被加菲尔德办公室再三拒绝，之后，他跟踪加菲尔德到一个火车站并对着总统后背开了两枪。开枪时他大喊：现在，切斯特·阿瑟(Chester Arthur)，著名的政党恩赐的效忠人，应该是总统了。改革者利用这句话，把这一情况描绘成邪恶的政党分赃制的鲜明后果。在思想(和现实)的突然变化面前，他们把加菲尔德说成是改革的倡导者。历经了两年多的压力之后，共和党把持的国会最终认识到改革正成为人心所向，因此通过了《彭德尔顿法》，该法在 1883 年 1 月被签署，成为法律。

《彭德尔顿法》是联邦人事管理局两项具有里程碑意义的立法中的一项(另一项是 1978 年的《公务员制度改革法》)。《彭德尔顿法》的主旨首先在于努力消除行政机构的政治影响，其次是努力确保更多的称职的政府雇员。它通过如下主要规定来保证这些目标的实现：

1. 在行政部门创设一个由两党成员共同组成的委员会，即美国公务员委员会，为联邦政府建立和实施人事规则和程序；

2. 通过公开竞争考试测试相关工作技能，全国无论何处，本法律所适用的政府机构都需实际推行公开竞争考试制度，并将之作为人事雇用决策的主要基础；

3. 保护雇员免受政治压力，如估算(强制性献金)或者被“要求”参与竞选活动；

4. 鼓励对政府职位采用公开选任制(这是指，在任何级别而非仅在最初级别上进行公开选拔)，以此维系杰克逊时代开放思想的要素；

5. 华盛顿各办公室的各职位对各州进行分配，努力保证公务员队伍的地方代表性；

6. 总统被赋予权力去扩展《彭德尔顿法》对其他政府组织的适用。

这些规定，特别是最后一个，为功绩制思想在联邦政府及州和地方政府中逐渐扩张提供了基础。一个受人尊重的公共人事研究者，为浮出水面的公务员制度下了定义：“纵观其历史，公务员制度的思想依据是三个基本原则：(1)应基于功绩选择下属政府官员——从事工作的能力，而非任何形式的个人或政治偏好；(2)既然以申请者的功绩作为职位分配的衡量标准，受雇者就应该有任期，而不受组织顶层政治变化的影响；(3)保持职位安全的代价应是对时任的合法的政治领导人的自愿的响应”(Heclo 1977, p. 20)。“功绩”的观念对美国的公共人事行政方式是如此重要，以至于“功绩制”和“公务员制度”几乎是同义的。

虽然《彭德尔顿法》对于公共雇用的功绩制观念的建立具有重要意义，但它仅仅提供
了一个框架，在这一框架下还需要发展一个更加成熟的制度。不幸的是，制度的发展没有
得到很好的协调。虽然功绩制被逐渐扩展到越来越多的政府雇员中，但它的价值并不总 288
是扩展的主要动机。比如，一个不愿为扩大人事改革设定议程的人被证明是即将离职的
总统。他们中有许多人授人以恩赐职位，再通过把这些职位附着于功绩制之下的办法，极
力为接受恩赐职位的人掩盖。通过这种方法，功绩制对所有联邦雇员的覆盖率，由1883
年起初时的10%扩大到一战后的约70%，如今为90%。

该制度内的其他的变化也慢慢地发生了。《彭德尔顿法》包含了考试的规则，但是却没有建立起提高员工队伍质量的其他策略，如职位分类、标准工资计划和客观的绩效评价。在接下来的十年里，这些想法也成为联邦公务员制度的一部分。比如，1923年的《职位分类法》，以完成工作所需要的资格条件为据建立了职位分类制度，并把它们与各种不同的工资级别联结在一起，从而为整个制度提供了一致性。

还需要做出一些改变，以应对一个崭新的职业化员工队伍和一个更大、拥有更多活跃分子的政府。早期，政府的主要工作基本上都是文职工作，但是随着政府的成长和进入新的事务领域，就需要更职业性的、更高度专业化的人员。同样，特别在罗斯福时代，大量的新机构产生了，每一个机构都对人事制度提出了不同的要求。在此之前，美国文官委员会已经承担了政府的中央人事机构的角色；现在需要将人事管理责任分散到各个机构中去，由委员会制定规章制度并监督实施。

现在，功绩制已经在联邦层级牢固地建立起来。90%的联邦雇员或者受一般的功绩制的约束，或者受若干个特殊制度中的一个约束，这些特殊制度由法律创设，目的是在特殊机构里执行功绩原则。这些机构包括邮政服务、联邦调查局、外交机构等等。剩余的职位被免于适用功绩制，因为他们不必经由竞争性选择的方式或正规的人事程序来处理；他

们包括季节性工人、情报人员,以及少数决策/机密职位。现在,每个即将就任的总统有超过2,000个建立在纯粹的政治基础上的职位去填补——这一数字在克林顿执政时被消减之后,在乔治·W.布什政府中得到了实际上地充分增长。随着迈克尔·布朗(Michael Brown)的辞职,关于政治受命者的背景和预备的问题被提了出来。迈克尔·布朗是阿拉伯马匹协会(Arabian Horse Association)的前委员,在卡特丽娜飓风之后出任联邦应急管理局(FEMA)局长。此外,灾后恢复区的首要领导人和联邦应急管理局的人事主管都是政治受命者,而在克林顿政府里,和他们出任同样职位的被委托人都是有几十年经验的职业官员。

近年来,人们已经提出了许多疑问,质疑联邦政府是否有太多的政治受命者,或者,换一种说法,联邦官员是否已经高度政治化了。由于政治受命者人数的增长伴随着白宫在授命过程中中央集权化的增强,对此事的关注也得到了加强。现在,联邦一级产生的几乎所有政治任命——行政官员、理事会和委员会的成员、大使和法官——在白宫人事办公室
289 都被清除了。

《公务员制度改革法》及其结果

近100年来,《彭德尔顿法》为联邦公务员提供了主要的法律基础。随着1978年《公务员制度改革法》的通过和实施,变化出现了。20世纪60和70年代,人们越来越清晰地发现联邦人事管理制度中存在着严重的问题。这些问题有很大一部分是杂乱无章的管理模式造成的,而公务员制度又是通过这种模式得以建立的。根据这种模式,人事管理责任分散在总统、国会、法院、公务员委员会和各个机构手中,但是对于应该指导制度发展的基本原则却经常没有达成一致。

即使是在美国公务员委员会内部,关于人事政策的方向也存在着混乱。一方面,委员会要执行总统的人事指示;另一方面,它也负责保护雇员免受政治歧视。有时候,这两个目标是相互冲突的。结果,规章制度不仅数量泛滥,而且常常直接冲突。

卡特总统将改革人事制度作为其政府的中心议题之一,把至少五个方面的问题作为改革的目标。

1. 技术上的过度的杀伤力。人们指责那些负责人事职能的部门在促进实现政治中立的过程中,为招聘、测试、选择、分类和开除雇员制造了过细的规则。在许多情况下,这些技术性规则变成了阻碍而非帮助行动的迷宫,按照程序替换一个关键位置的管理者,可以花费长达两年的时间。解除一个没有正当理由却连续不上班的商务部雇员,需要21个月。
2. 对雇员过度的保护。同样,许多人感到,为实现政治中立,雇员受到了过度的保护。虽然这些保护始于最好的理由——这样雇员就不会被不当地或任意地惩罚或解雇——但有时候它们造成了难以置信的结果,比如,一个邮局雇员因为对着一个同事的肚子开枪而被解雇,却被判给5,000美元的补偿。另一方面,其他行动却需要予以保护。比如,指出公共机构里浪费、欺骗或滥用权力的雇员——“举报者”——经常会受到虐待甚至被解雇。
3. 缺少管理弹性。管理者,特别是政治受命者们,声称公务员规则如此的不灵活,以

至于他们无法有效地实施管理。为了努力扭转这种趋势，尼克松政府的一名官员准备了一份文件，被称为马利克手册，提出了130种办法，管理者可以此颠覆功绩制的意图，去做他们想做的事情。有一条描述了如何摆脱那些不喜欢出差的人员："他接到了大量的出差指令，在乡村与拥有20,000或以下人口的城镇（希望食宿条件也尽可能是最差的）之间纵横穿梭。直到他的妻子威胁着要离婚，除非他辞职，你让他安分守己回归正道。最终，他来请求你让他轻松一些，此时，你含着泪花反复强调这个任务的重要性，并声明他必须继续服从出差命令，要么就辞职。"

4. 消除低效的激励措施不充分。也有人指责，该制度似乎是根据资历而非业绩来提
拔员工，从而使提升和晋级几乎是自动地鼓励了无效率。近3,000,000联邦雇员 290
中，超过99%的人定期收到满意的使其有资格升迁的业绩评级。艾伦·坎贝尔
(Alan Cambell)，一名改革的主要提倡者，写道："当前的制度几乎没有为管理者进
行管理或者为雇员开展工作提供激励。"
5. 歧视。许多人——特别是妇女和少数群体——感到联邦人事制度没有在官僚科层里充分提拔他们的代表。他们要确定任何新制度都能更关心他们的利益，更好地处理在这方面不断增长的投诉。

有人认为，《公务员制度改革法》旨在"为已变成官僚制迷宫的人事管理制度重建功绩原则"(Carter 1978)。该法创设了一个向政策领导层负责的新的人事管理办公室，和一个功绩制保护委员会，负责处理调查和申诉。通过创立这两个新机构，来探索处理国家公务员委员会一直存在的矛盾角色。人事管理办公室（OPM）是"总统管理联邦雇员的最重要的代理"；它负责人力资源管理和人事法规的执行（Campbell 1978，p. 100）。另一方面，功绩制保护委员会，是人事制度的"监督者"，听取并解决投诉，同时保护"举报者"免受报复。公务员委员会以前相互冲突的职责被分解给了这两个新机构。

除了建立两个新的机构，《公务员制度改革法》最显著的特点可能是高级行政职位(SES)的设立。自尼克松时代起，这种观念被讨论了近四十年，并作为议案被特别提出，但是没有得到采纳，SES为最高级别的公共服务官员们创立了一个独立的人事制度，允许在对这些官员的委任上有更大的灵活性，并且为顶层的管理人员建立了一个新的激励制度。基本上，有资格的管理人员都可以申请SES职位，并且，如果被接受，SES作为职称级别而为个人所拥有，而不受限于具体的职位级别。这意味着，在一定的限制下，拥有SES级别的管理人员可以在机构间流动，依据的是他们的才能和机构的需要。一个新的业绩评估以及与业绩紧密相连的工资增长制度也得到了建立，同时还有一个详细的杰出行政官员奖金制度。1991年，一项有关工资计划和绩效测量的政策要求SES成员每三年进行一次"再认证"。

除了这些主要特征之外，《公务员制度改革法》还做出了其他几项改变：给政府机构更大的自主权去管理自己的人事制度，建立一个新的和更加成熟的绩效评估体系，为低于SES层级的管理人员制定一个绩效工资制度，为"举报者"提供保护，分配联邦平等就业机会项目（以前是同公务员委员会一起的）给平等就业机会委员会（EEOC），并且创造了一个更加独立的联邦劳工关系管理局（FLRA）。

二十多年后，对《公务员制度改革法》的评论仍然莫衷一是。最赞许的观点是，法律本身没有什么错，但因为资金的缺乏和对增加政治受命者的行政压力，所以法律在实施中一

直存在着缺陷。其他观点则认为，这部法律建立在对联邦员工本性的可疑的假设之上，因
291 此从一开始就注定了它的厄运。但不管怎样说，《公务员制度改革法》代表了自《彭德尔顿法》以来联邦层级人事政策的第一个主要变革。它对功绩原则的确认，对人事体系多样化责任机制的努力探索，对创造更大的管理弹性的尝试，一直都有着重大的意义。

网络链接

> 联邦人事管理办公室(OPM)的网站是 www.opm.gov。

政府再造和国家绩效评估

20 世纪 90 年代，副总统戈尔的国家绩效评估(NPR)和再造政府运动，对联邦政府的人事制度产生了显著的影响。NPR 的目标是通过流线性的过程来提高政府的生产力，增加责任性，分散权力以鼓励富有企业家精神的行为。联邦行政人员探索创新路径，促进政府事务运转，同时降低政府成本。NPR 的一个直接结果是联邦组织文化的全面转变。分权化和以结果为导向的改革，带来了政府机构方面的重大变化，人事制度和工作也随之如此。现在，公共雇员应对顾客服务和生产力负责。并且，基于其机构的效率和业绩，对他们进行奖励。NPR 促进联邦政府绩效的措施包括，“除了别的方法外，赋予公共管理人员和一线人员更多的自主性，以自主性的增加换取责任的增加”，特别是分权化、竞争性的顾客服务和业绩激励(Page 2006, p. 167)。NPR 已经为其他改革和其他政府开辟了道路，它对联邦政府文化也产生了实质性的影响。

布什班子对联邦政府的行政改革有它自己的方式。2001 年 8 月，乔治 · W. 布什总统提出了总统管理议程(PMA)。管理和绩效测量是 PMA 的主要关注点。在五项要改进的基本议题中，人力资源发展是第一个被强调的。作为一个拥有 MBA 背景、以业务为导向的行政管理者，布什总统看到了这一需求，即富有才干和竞争力的员工队伍才是向公民有效地提供政府服务的关键(Breul 2007)。政府机构被赋予自主性，“运用他们的绩效管理和奖励计划，建立以结果为基础的评估要素和标准，把雇员的业绩计划和组织的目标目的结合起来，设计酬劳和激励项目，奖励那些完成任务和目标的雇员，从而在他们组织内部培养起强大的绩效文化”(OPM, n. d., p. 35)。布什继续赋予主要行政官员管理日常事务的责任，他强化了对绩效导向的管理的要求，把关注的焦点放在由每个部门和机构所取得
292 的结果上(Breul 2007, p. 22)。

2002 年，人事管理办公室建立了人力资本评估与责任框架(HCAAF)。依据人力资源评估与责任框架，每个政府机构都要“维持当前的人力资本计划，并且向人事管理办公室提交一份年度人力资本责任报告”(OPM, HCAAF, n. d.)。每个组织的人力资本管理状况都要在如下五个关键的人力资本领域，依据对确定的功绩标准的达标水平，被进行追踪评估：(1)战略结盟(计划和目标设定)，(2)领导力和知识管理(实施)，(3)结果导向的绩效文化(实施)，(4)天才管理(实施)，(5)责任(结果评估)。这些要素之间的关系，见专栏 8.2。

专栏 8.2　人力资源评估与责任框架

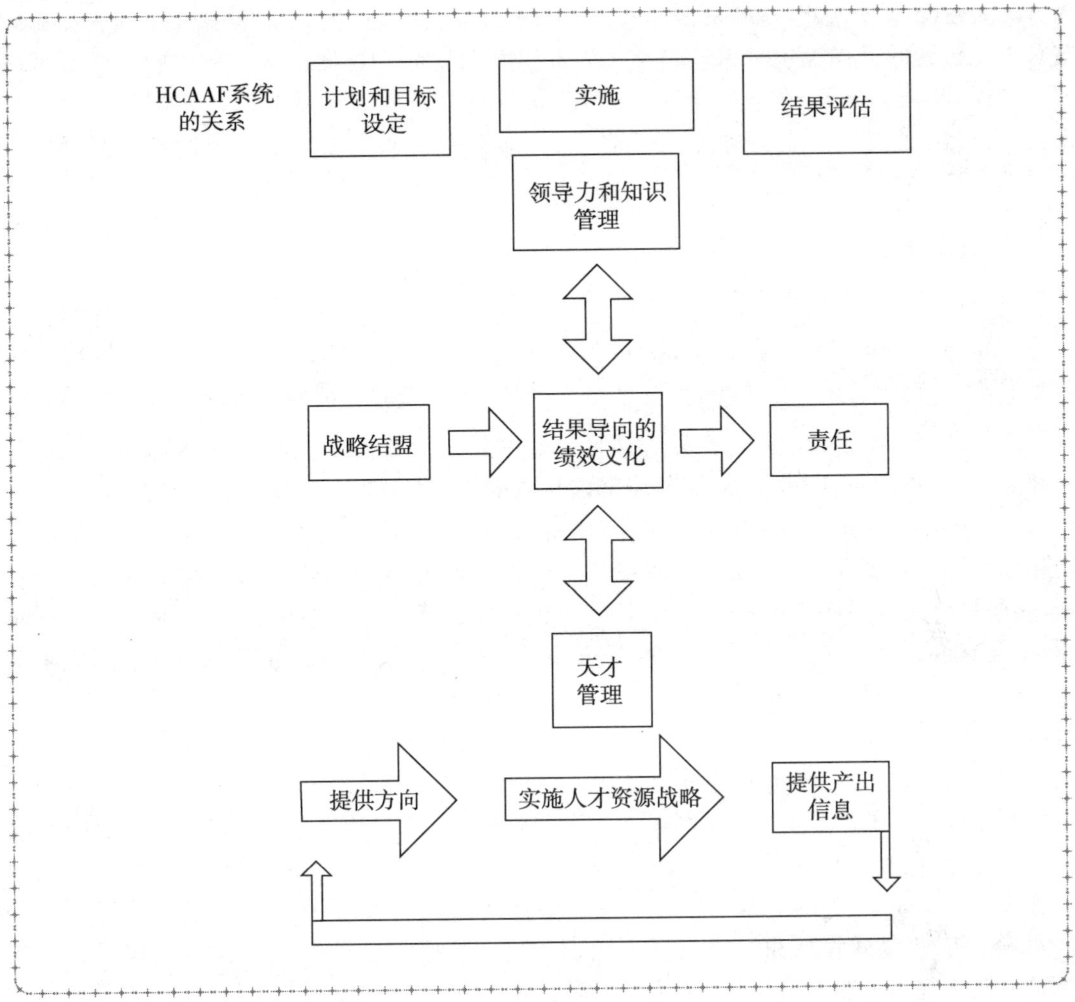

资料来源：Office of Personnel Management(November,2005). Relationships among the HCAAF Systems,Retrieved May 12,2007,来自 www. opm. gov/hcaaf_resource_center/assets/introhcaaf_rlshps. pdf。 293

州和地方人事制度

19 世纪晚期出现在联邦公务员制度中的许多问题,同样也存在于州和地方层级——实际上,问题往往更加严重。虽然联邦政府确实被偏爱通过恩赐职位来维持权力的政治家们所影响,但它却从没像州特别是城市那样,被政治老板和政治机器控制得如此彻底。

甚至在联邦政府创造了它的公务员制度后,州和地方的进程都比较缓慢。纽约在1883 年采用了第一个《州公务员法》,紧接着在 1884 年,马萨诸塞州也采用了这一法律。然而,在二十年之后,才有其他的州加入这两个州的行列。到 1935 年,仅仅有二十个州采用了功绩制。今天几乎所有的州都有相对成熟的公务员功绩制度,虽然这一制度没有覆盖到所有人,甚至如今,只有 60% 的州政府雇员适用于功绩制。

情况在地方政府也是一样的。纽约州的奥尔巴尼是第一个采用公务员制度的城市

(1884 年)，尽管其他几个城市和县在 20 世纪前也采用了这一制度，但是在地方层级，改革的步伐缓慢凝重。此外，即使是在那些正式的制度被采用的地方，恩赐职位的做法和对政府员工队伍的政治操控仍然继续着。芝加哥和库克县都在首批采用公务员制度的城市之列。然而，甚至是今天，在芝加哥，市长候选人的政见还经常是减少政治机器的控制。今天，在人口超过 50,000 的地方司法管辖区中，几乎有 90% 所实施的功绩制带着某种纸上谈兵的意味。

你会怎么做？

在过去的四年里，有六份性骚扰申诉针对你手下的一个部门主管。六个人都受到了调查但是都被解雇了。你会怎么做呢？

多年来，州和地方层级采用功绩制的一个主要动机是为了获得联邦的财政资金。州和地方政府只有根据联邦法令要求采用这样的制度，才能得到联邦资助。到 1980 年，每个州和数以千计的地方政府得到了联邦资助，这些资助同时也要求州和地方建立起符合联邦标准的人事制度。结果是，大多数获得了大量联邦资金的州政府机构都采用了功绩制；那些只得到有限的甚或没有联邦资金的机构则很不情愿采用功绩制。除了这些要求外，法院对许多公共雇员扩大了司法程序保护，并支持赞成功绩制的行动和其他与人事相关的行动，包括细化的考试、分类和报告，这些行动给州和地方政府施加了更大的负担。但是许多州因此而发现，树立或加强功绩观念对于保护他们自己来说，是明智可取的。

近年来，虽然这些规定有些放松，但州和地方政府重新大规模地运用政党分赃制似乎也是不太可能的了。事实上，有一些证据表明，州和地方政府正在进行联邦层级在 20 世纪 70 年代晚期所进行的同样的改革，在这场改革中，有些指令导致了公共雇员队伍更大
294 的政治化。比如，州和地方都正在尝试使人事管理职能分散化，赋予管理部门和政治当局更大的责任，把绩效评估和绩效工资更紧密地联系在一起。州和地方层级的民选官员是否同联邦政府的民选官员一样，屈服于同样的诱惑，即在公共人事上用更加政治化的方式雇用新员工，这仍然有待于观察。

录用、解雇及两者之间的事务

公共人事制度的大多数规定都是为了保护公共雇员免受过分的政治干预；然而，有些情况下，它们似乎使公共人事行为过度复杂。如果你正在政府机构找工作，知道这些“游戏规则”将会对你的行政工作大有帮助。

分类制度

职位分类的思想是大多数公共人事制度的关键：以任务、职责和工作所需要的技能为基础来安排工作。职位分类制度一般开始于对一整套工作的描述，每个都建立在对工作及其所需能力的完整分析的基础上。工作描述通常包括以下因素：工作主题、所要求的任务、与职位相关的责任、执行工作所需要的资格。比如说，对一份文职打字工作的职位描

述，包括的任务有：打印报告、保存通讯记录、接听电话、回应未经预约的服务需求、代表主管安排会议以及其他指派的任务。资历要求可能包括高中文凭或同等资历的证书，每分钟打字速度为 40 字，两年秘书经验。

显然，密切相关的一系列工作被分成组类，来代表难度水平——打字职员Ⅰ、打字职员Ⅱ、打字职员Ⅲ等等。在更大的权力部门中，如联邦政府，可能在职组里设定职级，区分职组工作不同的难度水平。比如，联邦政府的一般职级，包括由文书到专业职位，在 GS-11 级下列举出各种不同的职位。

政府组织采用人事分类制度，基于如下几个原因：保持职位的任务目录，为相似的工作提供平等性，将任务和执行任务所需的技能联系起来，为评判特殊雇员的工作提供标准。从历史上看，这一制度的产生和发展，是出于对客观和平等的要求，这与保护雇员免受政治歧视的思想相一致。例如，1923 年的《职位分类法》，要求将工作按照任务和职责，分成不同的职组，并且在用词上听起来更具有当代的特征，要求政府提供“同工同酬，不论性别”。随着这一早期的推动，大多数公共部门都建立了相当成熟的分类制度，并且同私营部门比起来更为完善。 295

虽然大多数人同意当前分类制度的目标——同工同酬——基本上是合理的，但有一些人认为分类制度变得繁琐，缺乏灵活性，不公平。特别是，许多人认为该制度的复杂性产生了过多的要求，阻碍了部门绩效。美国国家公共行政学院（NAPA）提出了一个替代性分类计划，将数百种联邦工作按照职级、基础技能、录用培训和绩效管理分成“职系”。职系包括这样的领域，如一般支持、办公室服务、技术、工程、健康，或法律执行。NAPA 也建议采用工资分类的宽带制。[①]（薪酬宽带制设定了高低限度，但是它们之间不同级别的数量被减少了。）

招募程序

对任务、职责和资历的客观描述，使人员招募工作有可能建立在招募对象知道什么、能做什么的基础上，而非基于他认识谁。公共部门招募也应该注重确保公平、开放和代表性。通常，招募程序涉及如下步骤：

1. 为空缺职位做广告或告示；
2. 考试或以其他的方式筛选申请者；
3. 准备合格的候选人清单；
4. 选择人员任职。

在大多数司法管辖区，特定机构的人事官员或来自中央人事部门的人员明显关心前三个步骤。近些年，考试或筛选程序受到了特别审查。筛选可以通过如下方法进行：检阅书面申请和推荐信，态度或能力测试，业绩考试，面试，或考评中心。公共部门所采用的态度或能力测试方法，有些用来测试一般知识，有些用来测试个性特征，还有一些用来测试与工作相关的特殊知识或能力。业绩考试，如打字考试，用来测试特定的工作能力。

① 薪酬宽带制始于 20 世纪 90 年代的企业领域。作为一种新型薪酬结构，它与企业组织扁平化、流程再造等新的管理战略与理念相配套。一般是指在组织内用少数跨度较大的工资范围来代替原有数量较多的工资级别的跨度范围，但同时将每一个薪酬级别所对应的薪酬浮动范围拉大，从而形成一种新的薪酬管理系统及操作流程。——校者

测试方法应该与所要填补的工作职位相关。虽然个别面试是招募程序的一个普通环节，例如，它很难预测测试对象最终的工作表现。但是，一般来讲，结构化面试和小组面试两种方法还是可取的。结构化面试为每个申请人事先设定一套问题，小组面试由不止一个面试者参加。同样，慎重组建考评中心，聘请若干独立的评估人，这种方法也是可以采用的。（考评中心让几个求职者处于一组与工作相关的模拟情景中，来观察他们在“真实生活”条件下的表现。）

在测试或筛选之后，少数合格的申请者被授予证书，并被指往录用机构，其级别安排通常以候选人的资历为基础。多数情况下，功绩制要求最少把前三名指派到录用机构，这
296 样，机构管理者在最终选择时可有一些弹性去考虑个人或主观的特征。然而，对这个“三人规则”的规定是有争议的；许多人宣称，它是被用来歧视妇女和少数民族的工具。（比如，在这个规则下，一个男性至上主义者可能会雇用一个男候选人，即使女候选人客观上更有能力。）在功绩制的诸多规定中，另一个同样具有争议性的规定是，要求退伍军人（或者，有时候甚至是退伍军人的亲戚）可以在级别系统中得到额外的分数。显然，这个规定是与非退伍军人的利益相对立的，大多数非退伍军人都是女性；然而，它却受到了退伍军人群体的强烈支持，并被法院所支持。

你会怎么做？

你的一个雇员，她的工作表现相当出色。但另一方面，她的自大态度惹恼了不少同事。你不想失去她，但是她的行为明显地干扰了其他人，他们声称，影响了他们工作的质量。你会怎么做呢？

传统上，集权化的招募程序构成了公共人事制度本身，但近年来这个程序受到了攻击。许多人认为，它把决策权放在了人力资源员工而不是公共管理者手中。例如，NPR 建议授权给联邦机构去制定他们自己的招募和考试计划。这份建议报告断定，使机构更具有生产力所需要的技能和能力，每个政策领域的管理者都能够更有效率地把它们组织起来。报告还断言，管理者处于最佳的决策位置，来决定什么时候增加雇员人数，

结果，员工招募的分权化趋势大受欢迎，甚至，联邦政府中更大的、更具有多样性的机构也青睐它。分权化的招募程序依赖的选择标准，与集权制所采用的标准相似，但也有不同，主要区别是机构首脑而不是人事管理人员选择候选人。因此，那些拥有政策领域最多知识的人，选择那些他们相信将会加强组织的人选。另外，由于不参与到选择过程中，人
297 事部门员工可以自由关注更广泛的事情，如多样性、积极行为以及其他影响组织的因素。

对于那些有意申请联邦政府或其他层级政府以及非营利部门的职位的人来说，互联网开始成为一个重要的资源。申请者可以在线完成表格并提交材料，在某些情况下，整个招募过程中没有候选人拜访招募组织。无论由本人还是在线完成申请，都要确保提交了合适的申请材料。有些情况下，这就如同发送一份带有空职数字和级别的通用简历一样简单。然而，一般情况下，简历应该附带正确的申请表格。许多招聘人员不会考虑申请材料，除非他们以与空职通告的要求相一致的形式或格式提交。（在联邦政府，候选人可以使用在 OPM 网站下载的表格来提交他们的信息。）

工资制度

招募过程和个人工作表现自然都受到包括工资和利益在内的薪酬模式的影响。一般来说，工资由工作的性质和工作质量来决定。但是公共部门的工资计划难以构造，因为它们必须包含两个经常是相互冲突的原则。为了公平和平等，它们必须被高度的结构化；为了具有竞争力，它们必须对变化的政治和经济条件作出反应。

多数大政府的人事系统(包括州和大城市)将它们的工资计划建立在分类制度的基础上，这类制度通常界定一系列的等级，每个级别包括一系列工作，这些工作在难度方面具有可比性，每个级别里有一定数量的档次。这些档次大约代表了工资的平等增长，最高档约高于最低档20%到30%。在大多数情况下，级别有轻微的重叠，所以在一个级别里的最低档次等同于下一级别里的最高档次中的某一个。员工的定级定档，依据职位描述及个人适合该职位的资历情况。

在这种制度下，可以通过若干方式增长雇员工资。一个方法是改变职级；然而，改变雇员的职级，要么职位会被重新分类，要么所有相似的职位会移向更高一级。要使雇员在职级内增长工资，要么得向上调整整个工资计划——比如，通过一个立法行动去提高总的工资水平(比如通过增加生活成本)——要么通过个人升迁。升迁建立在若干因素的基础上，包括从资历到绩效工资(业绩工资)。

绩效工资制的思想只是简单地认为，工资或薪水的增加应该与实际完成的工作的质量相联系，使那些完成得好的或更有生产力的人得到更多的奖励。虽然政府采用了绩效工资制度，但这些制度的运行并不总是处于良好状态。许多情况下，少数人因业绩而增加的金钱收入是如此之少，以至于有功绩的雇员同其他人没有什么区别。究其原因，部分是由于很难客观地测量个人的绩效，一些管理者发现评估其雇员的工作非常令人尴尬。 298

回顾一下，1978年的《公务员制度改革法》曾试图修正这种情况，它要求绩效工资建立在正式的绩效评估制度的基础上。虽然在有关采用什么样的工资制度方面，政府机构已被赋予了相当大的自主性，但它还是努力地把绩效评估建立在个人工作根本要素的基础上，或者，努力发展结果导向的制度，将评估与特定的工作产出相联系。任何绩效评估制度都必须是准确的和公平的。

> 绩效评估制度必须建立在任务的真实要求的基础上。它们必须反映绩效的真实水平，并且用工作人员所理解的语言表达出来，同时为工作人员提供一些意见，即在什么方面以及如何提高绩效。(Siegel & Myrtle 1985, p. 337)

近些年来，工资政策受到重要关注的一个方面是公私部门工资和薪酬的可比性。那些努力不过是使这种比较类似于拿苹果和橙子比较，因此，早期的研究倾向于表明，公共部门的薪水同私营部门的薪水相比是相当低的——今天的差距为22%到38%，取决于职级水平。(顺便提一句，最大的差别是在顶级职位上。)

在这些背景下，1990年的《联邦工资比较法》要求联邦政府缩小公私部门的差距，1990年，差距缩小到20%，在随后的一些年里缩小到了10%。20世纪90年代，里根和布什总统都引用国家的经济问题作为理由，实行了低于上述比较性研究提议的工资水平。克林顿总统虽然提倡增加一些，但是拒绝了比较性研究提出的目标，认为法律的公式建立在错误的方法论上。更晚一些，乔治·W.布什总统认为全部法定工资增长的话，将干扰国家反恐的能力。

雇用条件和相关事宜

在人事管理中，有几个与雇员受雇条件或其工作条件相关的当代性问题。比如，在公共部门和私人部门中，越来越多的雇主认识到，滥用药物引发了许多问题：更高的缺勤率、更高的事故率及更低的生产率。因此，公私部门都制定了一些措施，去鉴别、救助或解雇那些有滥用药物或酒精问题的雇员。

药物测试，主要通过验尿的方式进行，已经是相当普通的做法了。尽管这样的做法有损个人尊严，并且存在一些技术上的问题，但现在大量的私人公司都在采用药物测试措施。1983年，仅有3%的私人公司采用药物测试，现在已超过了75%。在私人公司中，雇员缺乏保护以免于测试，并且在缺乏集体谈判从而达成保护协议的情况下，测试雇员就是
299 一种管理决策。因为公共雇员（至少是文职雇员）比私人公司中的雇员更明确地受到保护，免受非法调查和扣押，并被保证享受平等的保护和正当的程序，因此，测试公共雇员的做法经常在法院里受到挑战。在大多数情况下，法院会坚持认为随意强制测试是对雇员权利的侵犯，不过，当有理由怀疑某人滥用药物，或者测试是录用程序的构成部分时，可以要求测试。但是，对问题的争论在继续。比如，哪种测试对于那些处于"敏感职位"的人是适当的，如空中交通管制者，或者与核武器或化学武器接触的人。

网络链接

下列网站可供研究当前的人力资源管理问题时参考：

www.ipma-hr.org (International Public Management Association for Human Resources; benefits)

www.shrm.org (Society for Human Resources Management; benefits)

www.cdc.gov/hiv/pubs/facts.htm (AIDS links from CDC)

www.hr.com (general information relating to human resources management)

www.hr-guide.com (index of subjects relating to personnel management)

www.lawinfo.com/index.cfm/fuseaction/Clinet.main (overview of sex discrimination)

www.faa.gov/acr/ocr/ACR-MWE-Comm-attch.htm (diversity, affirmative action, discrimination-free)

www.careermag.com (*Career* magazine)

www.unions.org (unions listed by state and country)

www.shrm.org/hrmagazine (*Human Resources* magazine)

性骚扰

另一个当代性的关注是，不论性别，建立一个支持和关怀所有人需要的工作环境。这

种关注的一个方面是性骚扰，一个随着几例案例高度公开后相当引人眼球的话题。性骚扰可以被定义为：任何令人讨厌的、单方面的口头或身体上的挑逗或者不敬话语，使另一方对象因此感到受到了冒犯，或者妨碍了工作业绩。性骚扰特别包括（虽然不限于）这样的情况：一个有权力或影响力的人，利用他或她的地位去鼓动或者强迫一个下属或同事进行不想要的性活动，甚至到了压制或者剥夺对方晋级或提升的程度。法院认为性骚扰是雇主必须处理的一类不公平事项，雇主要在消除冒犯行为和为男女员工创造一个更少敌意或胁迫的工作环境两个方面下工夫。

尽管有很多性骚扰实例，但也有很多没有被报导。（随着公众意识的上升，被报告的数量在20世纪90年代得到急速增加。）对于没有被报导的案例，一个原因可能是许多组织处理这种投诉的程序复杂而模糊。大多数程序都是冗长的、昂贵的、伤神的。因为这个原 300
因，公共组织目前正在审查其有关性骚扰的政策，更明确地指出这种冒犯行为的严重性，并采取强有力的执法和惩戒措施，包括解雇。目标就是消除性骚扰行为，创造一个充分支持全体雇员发挥潜力的工作环境。2006财政年度，联邦公平就业机会委员会收到了12,000个性骚扰投诉，其中85%由妇女提出。EEOC解决了几乎所有的这些投诉，为投诉当事人提供了48,800,000美元的财政救济（www. eeoc. gov/types/sexual_harassment. html）。

网络链接

两个处理性骚扰问题的网站是 www. de. psu. edu/ harassment 和 www. eeoc. gov/facts/fs-sex. html。

艾滋病政策

当公共组织像其他组织一样，致力于保护HIV/AIDS患者的权利时，其他与形成积极的工作环境有关的问题也出现了。在为联邦机构提供的首批指令中，就有人事管理办公室发出的一项，它设立了一项政策，禁止歧视患有艾滋病的雇员，并且允许管理者对那些拒绝同患有艾滋病的雇员一起工作的员工采取惩戒措施。这些指导方针规定，患有艾滋病的雇员“应该被允许继续工作，只要他们有能力保持可接受的工作业绩，并且对他们自己或工作场所的其他人不产生安全或健康威胁”。此外，在医学上，因为并没有拒绝同患有艾滋病的雇员一起工作的基础，所以，管理者可以认为拒绝就是“妨碍或扰乱组织的工作，管理者应该考虑采取适当的纠正或惩戒行动来对付具有威胁性或制造分裂的雇员”（Havemann 1988a，p. 34）。

随着1990年《美国残疾人保护法》（America with Disabilities Act）/（ADA）的通过，这些考虑变得更加重要，该部法律把感染了HIV/AIDS的人当作了残疾人。（本章后面将会更详细地讨论ADA。）结果，许多机构制定了工作场所HIV/AIDS患者保护计划。尽管已经对此予以了关注，但仍需要做很多工作去为这个被保护的群体创造积极的工作环境。

工作场所的暴力

近年来，公共工作场所的暴力事件对工作环境产生了很大的影响。虽然大量的谋杀和恐怖行为，如 1995 年俄克拉荷马市的爆炸事件，受到了公众的关注，但其他形式的暴力
301 同样是工作场所的安全和质量的重要威胁。暴力犯罪影响了所有部门中的组织；然而政府一直是主要的目标。仅在 2005 年，美国劳动部报告说，州一级雇员中有 32% 报告过某些类型的工作场所暴力，与之比较，地方政府雇员中有 15%，私营行业只有 5%(www.bls.gov/iif/oshwc/osnr0026.pdf)。

过去十年中暴力事件的增加，已经促使行政官员实施对策来减少工作场所犯罪的危险。但根据美国劳动部 2006 年的报告，有 70% 的公共工作场所没有任何正式计划来处理工作场所暴力，预防性的措施包括改进物理环境，增加安全性和相关人员安排，减少高风险时期工作时间(www.bls.gov/opub/ted/2006/oct/wk5/art02.htm)。然而，就如我们所注意到的，一些公共行政人员虽然认识到了影响其组织的暴力的实际威胁。但有些人却继续将职业暴力当作是其他人的问题，然而，最近对于暴力犯罪的调查，表明事情并非如此。政府的政治属性，政府员工公共认知的衰退，公共雇员压力负担的增加，共同使公共组织成为工作场所暴力的合适目标。

辞退雇员

有时候，工作上的事情并不能迎刃而解。一个雇员可能达不到期望或者可能变得没有工作积极性。在这样的情况下，作为管理者，你首先要试着去改进这名员工的工作(一个远比招募和培训一个替代者更加简单的策略)。你可以鼓励或者劝告这名雇员，或者私下地，或者更好地，通过雇员帮助计划。在这样的个案大量地发生的情况下，你也许能够重构工作以更好地激励雇员。对一个雇员的工作表示关心，可以采取积极而又具有建设性的方式，这对对个人和组织来说都有裨益。

但是，如果你帮助雇员的努力失败了，你可能不得不采取惩戒行动：正式申斥、减少工资、无薪停职，或者彻底解雇。在所有的情况下，重要的是能够表明惩戒行动的充分的原因。简单地说，出于个人而非工作的原因解雇某人，可能会让你和组织都面临着诉讼；而且因为政治原因解雇某人是违背公共部门功绩雇用的整个理念的。

有一个有力的根据足以支撑上述论断，那就是：在对公共部门雇员采取惩戒行动或者辞退之前，雇员们有权利被告知，并被赋予要求举行听证会的机会。这并非意味着一个人不能被降职、停职或者被解职，而是指雇主不能够随意采取这样的行动。

在联邦层级，《公务员制度改革法》鼓励发展绩效评估制度，从而让管理者更容易记录无能的雇员，并将他们从组织中剔除。在州和地方层级，各种法院案例显示被解职的雇员有特定的正当程序权利，比如提前被告知以及要求听证的机会。不管怎样，如果你决定采
302 取惩戒行动，那你就应该事实清楚地证明你的行动理由。

人事改革尝试

我们已经为改革联邦人事管理制度作出了大量的努力。最近的两个尝试强调了在人

事事务方面赋予机构自主性的重要性。2002 年 11 月,当国土安全部(DHS)建立的时候,它被授权同人事管理办公室一起,根据其需要去建立一个独特的人事制度。作为回应,国土安全部创建的人事管理体系,具有更开放的工资变化幅度,绩效工资共同储金和特殊的基于市场的工资调整制度。同样,2003 年 11 月,国防部(DOD)被要求创建一个国家安全人事体系,于是一个依据需要而设的独特的人事制度再次出现。国防部被赋予的自主性包括一个宽带工资制、绩效基础工资以及雇员申诉程序的简化。

相似的建议也来自其他部门。2001 年,国家公务员委员会,由联邦储备委员会前任主席保罗·A. 沃克(Paul A. Volcker)担任主席,被召去分析和报告联邦层级的公共服务情况。2003 年 1 月,该委员会发布了它的报告,命名为《美国的当务之急》,指出:“联邦政府组织和公共项目的运作不够好:对于美国人民来说不够好,对于应对新世纪之初非同寻常的挑战来说不够好,对于成千上万富有才干的联邦工作人员来说不够好,他们痛恨那些束缚着他们,使他们不能充分发挥才华和能量为国家服务的各种因素。”相应地,该委员会提出了一系列改进联邦政府管理质量的建议(见专栏 8.3)。

专栏 8.3　美国的当务之急

政府组织

迫切需要对联邦政府进行重大重组,以提高能力,确保公共政策决定的连贯性和执行的有效性。

联邦政府应该重组成数量有限、与使命相关的行政部门。

新部门中的执行机构应该由那些因其管理技能而被选拔出来的人员来管理,并赋予其权力去建立适于其使命的管理和人事制度。

总统应该被赋权去加速推进联邦机构和部门的结构重组。

参议院和众议院应该重组他们委员会的监督权力,以适应使命驱动的行政部门重组。

政府的领导

有效的政府领导需要直接改变顶层领导人的进入程序,并且长期建立起技能高超的联邦管理团队。

总统和国会应建立合作的渠道以加快和简化总统任命的程序。

国会和总统应共同努力,显著削减行政部门政治职位的数量。

高级公务员应被分流成执行管理团队和专业技术团队。

国会应该对联邦雇员进行“伦理”规则的重要考试,调整那些很少代表公共利益的雇员。

国会应该同意对司法、行政和立法人员的工薪进行即时的和显著的增加,以确保同其他职业机会的合理的关系。

国会应该打破国会议员、法官和高级政治官员的工薪的法定联结。

政府运行的有效性

必须重塑联邦员工队伍，其支撑体系必须植根于能够确保更高政府绩效水平的新的人事管理原则之中。

执行机构应该建立更富于弹性的人事管理制度，以满足他们特殊的需要。

国会和联邦人事管理办公室应该继续努力去简化和加速联邦雇员的招聘。

国会应制定政策，允许机构建立与当前的市场比较价相关的补偿制度。

竞争性外包应该依据清晰的事先确定的标准和目标。这些标准和目标以公共利益优先，并且不损坏政府的核心能力。

资料来源：The National Commission on Public Service，*Urgent Business for America*，(www. brook-
304 ings. edu/gs/cps/volcker/reportfinal. pdf)。

劳工关系的变化特征

一个贯穿公共人事管理领域的有趣的议题是公共部门中工会地位的上升或下降。在联邦层级，许多相当狭小的议题，主要与工作条件有关，是通过集体谈判得以解决的，然而一些更有争议性的问题，如薪酬和录用，却很少被考虑。而在州和地方上，则存在着一种劳工关系惯例的拼凑物，其范围包括从高度限制到极端宽容的劳动立法。

公共部门工会的早期发展与恩赐制的改革相联系。随着公共雇用的功绩原则的建立，雇员得到了更大的保护以免受政治干扰，但同时他们也几乎不能以直接的方法去获得政治领导的关心。为了使他们不被轻易忽略，公共雇员在19世纪晚期和20世纪早期开始组织起来。一开始，政治领导人竭力地反对这些努力；至少有两个总统发出了限制令，阻止联邦员工追求工资需求，除非通过部门的渠道。作为回应，新组织起来的雇员，由邮局员工所领导，迫使国会认可，最终在1912年的《劳埃德-拉弗利特法》(Lloyd-Lafollette Act)中获得了这种认可。这是半个多世纪以来，公共部门中工会的唯一的法令基础，该法
303 令允许联邦雇员加入工会(不提倡罢工)并且直接向国会申诉。

随着联邦层级工会的早期出现，一些机构，如田纳西河流域管理局，建立了劳工管理关系的先进模式；然而，在其他地方，公共部门中的工会出现得慢些，特别是同私营部门比起来。公共部门工会发展的缓慢，部分是由于如下一些困难因素。

首先，是主权的问题，在民主制下，决定公共政策议题的最终权力属于人民或他们选出的代表，而且这一权力，即使是部分地，也不能被恰当地委托给一些非政府组织，如工会。为表明这种立场，富兰克林·罗斯福总统写到："集体谈判的过程，如通常所理解的，不能被移植进公共服务……政府的性质和目的使得行政官员不可能在相互讨论中充分代表或与雇主利益紧密相连。雇主就是全体人民，他们借助于法律表达意见，由他们在国会里的代表来制订这样的法律"(Klingner & Nalbandian 1985，p. 292)。

第二个限制公共部门工会增长的因素是政府服务的性质，这些服务对社会来说，被认为既是必不可少的(警察、消防、国家安全)，也是非营利的(大众交通体系)。就必不可少

的服务来说，工会最大的武器——罢工——可以被看作是把将公共利益作为了抵押品，而且可能事与愿违。就低利润的事业来说，市场的平衡因素——如果压力过分，公司可能破产这一事实——似乎不起作用。在这两种情况下，私人部门的集体谈判模式应用到公共部门中来，看起来并不合格。

第三个限制公共部门工会在这个世纪增长的原因是政府雇用的多样化特性，以及它为加入工会所带来的困难。传统上，工会围绕着职业群体而建立，比如卡车司机或制衣工人。但是政府雇用了数以千计的职业群体的人；每一个群体拥有一个工会将导致双方没完没了的不成功的讨价还价。联邦政府的特征还体现在其雇员构成的地理分布上（只有约 10% 的联邦雇员居住在华盛顿地区），以及体现在政府雇员多数是白领工人这样一个事实，白领工人从历史上看，就一直很不情愿被组织起来。因此，为工会活动找到一个合适的焦点在联邦层级变得相当困难。

网络链接

> 有关劳工管理问题的信息，参见 www.labornet.org 和 www.dol.gov。
> 关于特殊的工会组织，参见 www.afge.org 和 www.afscme.org。

然而，工会是有能力去组织活动的。至少部分是因为私人部门工会的成功而受到鼓舞，1935 年《瓦格纳法》(Wagner Act)通过之后，私人部门中集体谈判的权利从来没被严重地怀疑过，因此公共雇员继续迫切要求认可他们就劳工管理争议进行谈判的权利。很快，甚至主权论也衰弱了；劳工部长威拉德·沃兹(Willard Wirtz)评论说，"这个学说在理论上是错误的；而且，它不起作用"(Levitan 1983, p.6)。国会从 1949 年至 1961 年在每次会议上都提出了认可公共部门工会的法案（虽然是不成功的）。 305

1962 年，正当又一个这样的法案在国会里看起来要被再度敷衍时，肯尼迪总统签发了第 10988 号总统行政令，积极主动地改革公共部门的劳工管理关系。肯尼迪的总统令肯定了联邦雇员成立工会和加入工会的权利，但设置了一些条件，在这些条件之下，工会的宗旨被认为是就特定问题的管理"召开会议和进行磋商"（讨论，不是必要的谈判），同时，也为可以被讨论的问题类型设定了限制。尽管该总统令把大量的行政权力放到了各种政府机构手中，但是，它的确探寻通过公务员委员会而达成权力应用上的一致性。

尼克松政府和福特政府发布的几个总统令，在一定程度上扩展了肯尼迪总统令的内容。主要体现在，在 1969 年发布的第 11491 号总统令中，通过建立联邦劳工关系委员会(FLRC)，在联邦一级探索更具一致性的劳工政策，同时，稍微扩大了集体谈判的范围。但是，非常重要的工资和福利事项，仍然停留在谈判程序之外。

联邦雇员工会发展的下一个里程碑是 1978 年的《公务员制度改革法》。虽然《公务员制度改革法》在扩展集体谈判的范围方面，或者在改变联邦劳工管理的行政权力方面（不是以与人事管理办公室分开的联邦劳工关系管理局来替代联邦劳工关系委员会）甚少作为，但是，该法的重要性体现在，它把联邦劳工关系建立在了一个独立的、全面的法令基础之上，而不是一系列行政令的基础之上。

目前，每五个联邦员工中有三个由工会所代表，最大的是美国政府雇员联合会（AFGE），是美国劳工联合会—产业工会联合会（AFL-CIO）的一部分，AFL-CIO有600,000个联邦雇员作为会员。但是因为国会不允许在联邦员工之中存在“工会商店”（union shop），虽然它存在于私人部门，因此，联邦工会的实际成员人数大大少于它在没有这种禁令的情况下可能会有的人数。（“工会商店”是指这样一种安排，在其下，一个机构的所有成员都被要求限期加入到代表他们的工会。）比如，美国政府雇员联合会谈判时所用的协议中的会员人数是其实际会员的三倍。然而，尽管有这一事实，通过工会而得到工资的联邦员工的百分比同私人部门相比是相当可观的；公共工会在会员人数方面做得相当好。实际上，总体来说，公共部门工会会员人数比私人部门的要高。比如，2003年，公共雇员中的工会会员百分比几乎是私人部门的四倍。当政府工会会员人数在过去三十年中保持着相当的稳定性，私人部门却大大地下降了。工会中的公共雇员的最大数字在地方层级，许多是在高度统一的职业领域内，教师、消防员和警察（ftp://ftp. bls. gov/pub/news. release/history/union2. 01212004）。

在州和地方层级，由法律所允许的劳工管理关系的多样性是难以置信的。虽然有时候也有人谈到用一致的联邦法令来统辖州和地方的活动，但“国家城市联盟诉尤赛里案”（1976）似乎显示了州对公共雇员有极大的主权。然而，更晚近一些，“加西亚诉圣安东尼奥都市运输局案”（1985）再次为更多的联邦干预提供了可能性。但是直到联邦法律得到通过，州还是将继续以各种各样的方式来控制劳工关系。现在，有些州追随肯尼迪总统的
306 “开会和磋商”模式，有些州则建立起一个同私人部门的模式相似的“谈判”程序。有些州对州和地方雇员两者进行了区分，有些州则对各种职业群体也进行了区分。有些州要求实施一种或另外的强制性仲裁，有八个州允许公共雇员罢工。

总的来说，43个州都有广泛的劳工关系法律，其中的大多数，较之于现有的联邦立法来说，对工会更加有利。实际上，最近三十年，全国发展最快的两个工会是美国州、县和市雇员联盟（America Federation of State, County, and Municipal Employees）以及美国教师联盟（America Federation of Teachers），两者都完全在州和地方层级运作。

谈判过程中的步骤

谈判过程的第一个和主要的步骤是认可工会存在的权利，决定被允许的谈判类型，并决定谈判的范围。在许多司法管辖区，谈判的范围是持续争论的源头。法律可以规定哪些领域允许谈判，哪些领域禁止谈判，以及哪些领域要求进行谈判。但是，可应用的法律规定涉猎广泛，从禁止有关工资和薪水的谈判（联邦层级），到工资和薪水是谈判过程的核心（在一些州和地方）。除了这些问题，对许多其他议题的规定甚至模糊不清。比如，一所公共学校里的谈判，内容包括“工作方法和程序”，这是不是意味着教师可以就班级的规模进行谈判？

典型的谈判程序要求那些想要代表雇员向行政当局请愿的组织者建立一个谈判单元，代表雇员就各种议题进行协商或谈判。（谈判单元列入或排除某些特定的群体的抉择被称作单元决定。）传统的设定谈判单元边界的标准是建立起一个“利益共同体”，但是政府并没有严格地采纳这一理念，有些情况下，认可的是基于机构的单元（社会服务部或精

神健康部),其他情况下,则认可了基于职业类别的单元(护士、看守人、安全官员)。在决定了谈判单元之后,必须建立一些机制以确保不同群体之间的协调,阻止利用一方打击另一方的策略(声称由一类群体就工资或福利所进行的谈判,也应该同样适用于其他群体)。

相似的关注是在哪里划分管理者和员工的界限;比如,一线监管者是谈判单元还是管理层的一部分?这个事情的重要性在"美国劳工关系委员会诉叶史瓦大学案"(NLRB v. Yeshiva University, 1980)中得到了说明,这一案例作出了这样一个判决:叶史瓦大学,一个私立学校,其全体教职员都是管理人员,参与决定诸如课程、课时计划等事项。因此,该案例属于联邦劳动法覆盖的范围之外。相似的问题几乎在每个单元决定中都出现过,将监管者列入谈判过程还是排除在外,各地有很大不同。

建立了合适的谈判单元后,行政当局或者无条件地认定一个特殊的工会,最重要的是通过请愿,作为一类雇员的代表,或者通过选举决定哪个工会来做代表,如果每一个工会都请愿的话。一旦一个工会被认定,通常它就被授予独有的权能,代表这个谈判单元中的 307
雇员,对所有法律所要求或允许的问题进行谈判。(与这一过程相反,否定代表资格的情况,是相当罕见的,虽然它也能够发生。)然后,谈判就可以开始了,通常双方都以良好的信心进行谈判——尝试解决手边的问题,即使他们感觉随后的策略对他们是最不利的。在大多数情况下,谈判过程最终会达成一份协议,有时候也会没有。当僵局发生时,解决这个问题的可能性有如下几个:调解、事实认定、仲裁。

1. **调解**。包括依托一个中立的第三方去尝试解决问题。调解人的工作是帮助当事人沟通和澄清他们的立场,但是并不把解决方案强加于当事人。虽然调解人的建议没有约束力,但专业调解人能够相当成功地帮助当事人达成协议。

2. **事实认定**。第三方在某种程度上更多地担当起调查和司法判断的角色:检查双方的有关证据,提交证据,而且在大多数情况下,为解决问题提出特别的建议。有些司法管辖区要求把建议公示于众,设想公众的压力将会导致协议的达成。

3. **仲裁**。这是解决僵局的一种形式,涉及事实认定的方法及接踵而至的特别建议,这些建议通常对当事人具有约束作用。最近受到关注的一个仲裁形式是最终要约仲裁,双方都会提出他们最好的意图,都会认为仲裁人将会不加修改的选择一个或者另外一个。设想一下,既然双方都认为无理的提议将使仲裁人选择相反的那个,因此提交他们最合理的要求是符合双方的利益的。

罢工还是不罢工

如果解决僵局的努力失败,雇员组织可能考虑罢工。虽然大多数政府立法禁止公共雇员罢工,它们确实还是会发生。通常在公共机构中每年都会有几百个工作中断。这些罢工为公共部门和劳工管理关系带来了难题。当然,公共雇员有权利去结社,而且有人会辩护说他们有权利同私人部门的雇员一样拒绝服务。另一方面,公共服务的重要性,特别是诸如消防或警察保护这样的公共服务,可以说明公共部门中存在不同标准的合理性。

有专家提出了如下理由,反对公共雇员罢工:

1. 罢工侵犯主权(赋予任何特殊利益群体特权,都是与公共利益相违背的)。
2. 公共服务是必不可少的,而且不能受到干扰。事实上,所有的政府服务都是至关重要的。

3. 对于工会来说，影响公共政策的传统的渠道有：游说和选举。

4. 私人部门的罢工一般是经济性的，而公共部门的罢工则是政治性的。他们的策略
308 是利用公共难题去引发预算优先权的重新配置(siegel & myrtle 1985, pp. 377—378)。

另一方面，拥护公共雇员罢工权利的人则提出了如下论点：

1. 不论公共雇员罢工是否非法，它都会发生，而且不管法律规定的处罚多么严重。

2. 在罢工的情况下，劳工管理中的冲突有了疏通管道，对社会也具有建设性：雇员和管理者彼此之间更加了解，也更能了解工作中断的后果。

3. 罢工权加强了工会作为谈判代理人的力量。缺少取消服务的根本能力削弱了劳工在谈判桌上的地位。

4. 许多私人部门中的员工从事着和公共雇员相同的工作(如，在运输、健康护理、垃圾收集和通信方面)，但私人部门的员工有罢工的权利，对于许多其他领域的公共雇员(如职员)来说，罢工的公共结果与私人部门的职员罢工的结果没有什么区别。

尽管罢工在州特别是在地方上更为频繁，但两个具有里程碑意义的联邦层级的罢工事件特别引人注目。一件是 1970 年发生的邮局工人大罢工。国家邮递员协会的曼哈顿—布朗克斯分会投票决定罢工以抗议美国邮政局。直接的导火索是邮递员的低级工资——这个等级使大量的邮政工作者不得不依赖社会福利过活。除了这一点，邮政员工渴望得到谈判工资和福利的权利，特别是如果尼克松当局按照其计划使邮政部门变成政府企业的话。罢工开始于纽约市，有 25,000 名邮政工人参加，但是很快蔓延到上下东海岸地区和全国几个主要城市，最终波及了 200,000 个工会成员。当情况变得无法容忍时，尼克松总统派出了 27,500 名国民警卫队员到纽约市去分拣和递送邮件。然而，他也打破了一个长期存在的先例，同意允许邮政工人进行工资谈判。订立协议之后，邮政工人返回工作岗位，许多人都欢呼罢工的胜利。最终，《邮政重组法》得以通过，建立起了尼克松所寻求的政府企业，并且提供了同私人部门相似的谈判方式。

1981 年 8 月，当职业航空管制员组织(PATCO)的成员们举行罢工时，结果却是大不相同。在公共部门工会中，PATCO 是较早建立的、最有力量的并最具军事性的一个，号称 90%(这个比例可能在当时联邦层级工会中是最高的)的联邦航空管理局(FAA)航空管制员是其成员。这一年早期，联邦航空管理局被迫与工会就工资和工作条件问题进行谈判，即使它没有法定权力做这样的事情，而仅能向国会建议增长工资。工会辩论说管制员所得报酬过低而且要承受严重的工作压力，提出了如下几项要求，包括：把管制员年工资全面提升 1 万美元，一周工作四天共 32 小时。虽然联邦航空管理局没有满足这些要求，但交通部长德鲁·刘易斯同意支持 4000 万美元的一揽子改进计划，包括增加 4 千美元的工资。然而，95%的工会成员拒绝了这一提议。

在最终一轮谈判没有成功后，工会决定罢工；工会领导人罗伯特·波利(Robert Poli)宣称，“唯一不合法的罢工是失败的罢工”(Steele 1982, p. 38)。结果正是，这场罢工失败
309 了。开始时在工会和联邦航空管理局两者之间的对抗，现在变成了工会和白宫之间的对抗。里根总统果断行动，对工会进行了清洗，并且解雇了将近 11,500 名参与了非法罢工的管制员。虽然航空系统严重中断了几天，但是新的管制员被雇用了，航线计划被改变了，培训计划也加速了。很快，事态至少看起来恢复到正常。职业航空管制员组织在这次

罢工中受挫，而且被联邦劳工关系管理局取消了认证，不到一年后就破产了。

重新定义工会

虽然职业航空管制员组织的例子使得公共雇员的罢工变得相当困难，不过工会仍然发挥着重要的影响，特别是在州和地方层级。但是，最近30年来，由于再造政府和改革人事程序的努力，重新定义了劳工管理关系，因此，在许多方面，组织化的劳工的特征和角色经历了一个根本变化。有些方面，工会的影响被政府机构采取的更类似商业性的方法抵消了。合同外包和私有化，也为劳工增加了麻烦，因为越来越多的服务正在由私人部门和非政府组织所提供。最终结果不仅是工会力量的下降，而且在某些情况下，还有工会会员人数的下降。虽然大约有110万名联邦雇员仍属于工会，但最近很多工会的会员人数下降了。比如说，虽然AFGE仍然代表了60万名雇员，但是其登记的会员数在最近三十年几乎减少了一半。然而，由于在此期间还有少数公共雇员工会在成长，所以总体的趋势是会员人数相当稳定。

然而，同样被维持下来的，还有劳工管理关系的经常对抗性特征，以及这样的观点：许多人认为集体谈判是加重管理者和员工之间对抗的关键因素。结果，对抗的气氛常常盛行。公共组织经常花了数月或者有时候是数年的时间，力图达成协议，或者尝试有效地管理现有的合同。但与此同时，管理者和工会雇员的关系在大量琐细的小事上陷入困境。

不管怎样，在过去的十年里，劳工和管理层都寻求更加和平的、更少敌对的办法进行谈判和解决争议。1993年，克林顿总统发布了第12871号行政令，向这一目标迈了一大步。总统行政令鼓励双方形成伙伴关系，采取合作方式处理劳工问题。为了实现这些目标，总统行政令创建了全国伙伴关系委员会（NPC），代表们来自工会，管理层以及AFL-CIO的公共雇员部。然而，2002年，乔治·W.布什总统用第13203号行政令取缔了在联邦机构中建立伙伴关系的要求，选择了一个劳工管理合作的更少结构化的形式。

联邦政府劳工管理关系最近的重大发展是替代性争议解决手段（ADR）的增加。如我们早前所注意到的，ADR在20世纪90年代早期通过联邦立法得到鼓励，并且在1996年的《行政争议解决法》里得到重新加强。ADR通常依托一个中立的第三方作为调解人，帮 310
助争议的双方在某种程度上达成一致意见，但不使用法律矫正的办法。此外，ADR包括安抚、问题解决、争议解决小组、事实寻求和促进办法。虽然ADR不打算取代较传统的方法，它经常能够更快速地、以更少的成本使问题得以解决，但却需要来自当事人双方的重要认同。财政部的铸印局在1997年开始采用ADR方法，在头五年里处理了165件案例，并且避免了约300万到400万美元的成本（www.opm.gove/er/adrguide_2002）。

改变劳工管理关系，目标也包括组织文化和领导风格的改变，它们彰显着公共组织特征。许多公共组织选择了更具参与性的管理形式，因此排除了玩弄法律的手段，更不用说冗长的集体谈判的过程。行政人员努力拆除官僚等级制，并在组织里分散权力。公共雇员乐于享受一个比通过传统渠道促进行动的更加有意义的赋权形式。结果就是，一个更有效的、生产率更高的组织出现了。

当然，这样的替代方案并不能完全解决问题。使双方互相对立的最重要的结构性因素，仍然占有一席之位。公共部门工会在政府人事行政中仍然拥有一定的力量，代表劳工通过游说和法院判决而取得的收获继续影响着行政过程。然而,关系在改变。虽然改变的方向尚需拭目以待,但是,制度改革以及对劳工管理中其他沟通形式的寻求,都是十分必要的。

公共雇用歧视的矫正方式

公务员制度在传统上强调公共就业方面的“功绩”原则,但其他价值也变得日益重要。最突出的,是对公共机构在录用和对待员工时的歧视行为的矫正模式。争议的核心问题有两项,即“平等就业机会”和“肯定性行动”。平等就业机会指的是努力消除以种族、宗教背景、性别、年龄或者身体残疾为依据的歧视。它只是寻求确保所有人都有平等的机会,以工作资格为基础去竞争并保有就业岗位。另一方面,“肯定性行动”,意味着以“积极的、结果导向的行动,确保妇女、少数民族、身体残疾者以及其他受保护的群体在组织里被平等地代表”(Hall & Albrecht 1979, p. 26)。

平等机会的观念在宪法和法律史上有坚固的基础,但是指导当前实践的联邦立法主要是 1964 年的《民权法案》。(许多州在联邦法案之前就通过了平等就业机会的立法。)《民权法案》第七章禁止在诸如择业、晋升和培训这样的领域中存在基于种族、民族、性别或宗教的就业歧视,并创建了平等就业机会委员会以调查私人部门中的歧视投诉。1972
311 年,《民权法案》通过《平等就业机会法案》得到了修正,把保护对象扩大到所有公共部门的雇员(在联邦、州和地方层级),并且采取更强大的行动,包括提起诉讼,处罚那些不遵守本法案的人。

最初的《民权法案》没有要求“肯定性行动”以矫正过去的歧视模式;但这一要求在约翰逊总统发布的第 11246 号行政令中被提出。该行政令要求联邦政府的合同承包商不得以种族、信仰或民族为由进行歧视,并要求他们制定“肯定性行动”计划,开展平等就业实践,通过这些努力,以使《民权法案》得到贯彻执行。后来,约翰逊总统的第 11375 号行政令把妇女添加到了被保护的群体清单中,并且明确提出了“肯定性行动”计划。

这些要求首先在联邦政府的合同承包商中被贯彻执行,但是很快就扩展到政府的其他领域以及私人部门中。1964 年的《民权法案》宣称:“它应该是美国确保联邦雇员的平等就业机会的政策,”但是,尼克松总统于 1969 年签发了一个行政令,要求政府机构负责人创建“肯定性行动计划”,消除歧视模式(Shafritz, Hyde, & Rosenbloom 1981, pp. 185—186)。同样,1972 年的《民权法案》规定州和地方政府也需开发消除就业歧视的项目,并以联邦资助作要挟,威胁州和地方政府如果不遵守该法律,就会失去联邦资助。1972 年的《高等教育法》第九条被解释为,要求大学为男女学生提供平等参与院际运动会的竞技机会;如果被查明没有遵守该规定的话,惩罚就是取消联邦资助。

然而,在过去的二十年里,对平等就业机会项目的支持减少了。从 1984 年开始,随着最高法院对“格罗夫市诉贝尔案”(Grove v. Bell, 1984)的裁决,对民权法律应用的限制成为大量争议的源头。在“格罗夫市诉贝尔案”里,法院狭隘地解释了法律,正如它认为性别歧视只是意味着针对特殊项目的联邦资助受到了限制,而非整个教育机构的联邦资助受到了限制。这意味着,如果英语系被查明有歧视罪行,它的联邦资助就将会被取消,但是对该教育机构其他部门的资助不会被取消。

显然,格罗夫案的后果是严重地限制了联邦法律在处理性别歧视方面的执行力,而且,对相似的基于种族、年龄和身体缺陷上的歧视的执法力量也有同样的影响。比如,在格罗夫案裁决仅仅一周后,马里兰大学的教育系就针对该校的体育项目提出了控告,因为他们没有收到联邦资助——虽然该系作为一个整体已经在奖学金、研究资金等方面获得了大量的联邦资金。毫不奇怪,国会很快就立法要求保障各种各样的民权法案生效。《民权恢复法案》经两党议员中压倒一切的多数票通过,不仅适用于教育机构中,而且广泛地适用于其他接受联邦资助的公共和私人部门。

在很多方面,《民权恢复法案》被证明是国会在公民权利方面的最后的进步。此后,平等机会法律受到了保守党法官和各级政府中具有保守倾向的立法机关的攻击(比如,“基梅尔诉佛罗里达大学董事会案”[2000]和“阿拉巴马大学诉加勒特案”[2001],这将在后面进行详细讨论)。结果是,权力的天平转向了雇主,远离了那些由于歧视而发出的祈求。(见专栏 8.4) 312

专栏 8.4 法院和就业歧视

州政府雇员不得依据 ADA 规定的情况以歧视为由对其雇主提起诉讼,因为这类性质的诉讼损害了宪法第十一修正案规定的州的豁免权。

根据平等保护条款,就业中的年龄歧视并不是一个有问题的类别,因此,州可以在不违反宪法第十四修正案的情况下,在年龄方面有所歧视,只要年龄分类与州的利益相关。

联邦法院驳回了大量的旨在推进“肯定性行动”的项目;作为替代,它规定“肯定性行动”必须受限于特定的条件和环境。

参见:

阿拉巴马大学诉加勒特案(2001)

基梅尔诉佛罗里达大学董事会案(2000)

霍普伍德诉得克萨斯大学学院案(1996)

巴基诉加利福尼亚大学董事会案(1978)

美国诉帕拉代兹案(1987)

约翰逊诉运输局案(1978)

《美国残疾人法》

1990 年,《美国残疾人法》(ADA)被通过,其目的是保护 4300 万名有某种残疾的美国人免受歧视。从 1992 年开始,ADA 禁止二十五岁的雇主或者年龄更大的人,以提供或不提供合理的食宿为由,歧视那些身有残疾但能满足他们已经拥有或正在寻找的工作条件的人。残疾人必须获得资格,满足教育和技能的要求,能够履行岗位的重要职能。而雇主被要求在工作环境中提供合理的食宿条件以使残疾人能够最好地发挥能力去执行任务

(Bishop & Jones 1993, p. 122)。

至于公共服务，ADA禁止排除某人参与公共实体的项目或活动，或者否认某人在公共实体服务中的个人利益。公共实体不仅包括联邦政府，还包括州或地方政府的任何组成部分。该部法律的其他部分规定了交通、公共食宿和电信领域中的有关事项。

虽然ADA在残疾人雇用方式和公共设施设计两个方面带来了很大的变化，但近来最
313 高法院的一个判决对该法的强制执行力来说是一个沉重打击。在“阿拉巴马大学诉加勒特案”(2001)中，最高法院审查了该州雇员呈递的一份诉状，他们声称受到了ADA规定的所禁止的歧视。最高法院驳回了原告的诉求，声明这一性质的诉讼损害了宪法第十一修正案所规定的州的豁免权。通过这种做法，最高法院有效地阻止了州雇员因遭遇到ADA所禁止的歧视而向联邦法院提出书面诉讼、要求获得伤害赔偿金的权利。

法律服从问题

早期的努力证明，反对雇主的歧视要求提供“恶意”的证据：证明雇主明明知道他正在歧视他的雇员。证明这种意图的困难性引发了对“不平等对待”的新关注：证明雇主对不同的群体用不同的选择程序，或者用不同的方法使用相同的程序。在这个定义下，少数民族在进入劳动力市场时仍然进步甚微。

然而，1971年，最高法院在“格里格斯诉杜克电力公司案”(Griggs V. Duke Power Company)中，设定了一个新的定义：相反的或迥然不同的影响。格里格斯坚持认为没有必要证明歧视动机或不同的对待；它只需要简单地表明用工实践对一个群体产生的影响相对于另一个来说更为苛刻。法院声明，“实践、程序或测试表面上是中立的，甚至在内部也是中立的，但这种中立并不能被维持，如果它们‘冻结’了早先的歧视活动的状况的话”(Hays & Reeves 1984, p. 354)。

负面影响的思想在一套联邦机构认可的统一的指导方针下变得更加清晰。在统一的指导方针下，雇主被要求保持记录，显示那些受雇者和包括妇女在内的少数民族之间的关系，和不同群体选择某一职位的成功程度比较。比如说，如果妇女构成了劳动力市场的50%，然而，仅仅有20%的劳动者是妇女，这就是一个负面影响的证据。(实际数字显示，地方政府中约有41%的雇员是妇女，41%的州政府雇员是妇女，43%的联邦政府雇员是妇女。妇女不成比例地代表了低收入的职位，比如文书或文职工作。)

指导方针同时遵循了格里格斯事件的另一个方面，那些用工行为被发现有负面影响的雇主，被要求证明其在招聘或晋升决策中所采用的测试或程序与工作具有相关性。它是指，如果一个筛选考试不能被证明与工作成绩之间有特定的关系，它就不能被用作用工决定的标准。专业及行政职业考试取消案(Elimination of the Professional and Administrative Career Examination, 简称PACE)是工作关联性问题的一个经典的案例。当时，专业及行政职业考试是申请联邦管理职位的主要考试形式，在法院质询中，专业及行政职业考试被裁决为与人们将拥有的实际工作没有关系，并且这一考试对非洲裔美国人和西班牙人产生了负面影响。因为这一原因，考试被搁置了。

然而，不管怎样，最高法院的一个保守的改变，导致了一些保护性标准的结束。“沃兹·科夫诉圣安东尼奥市案”(Wards Cove v. San Antonio, 1989)中，法院颠覆了格里格

斯对《民权法案》第七章的解释，裁决起诉者而非雇主必须证明他们在歧视案例里的立场。特别是，法院认为，早期的裁决是违宪的，因为它们允许基于“五分之四规则”的表面上证据确凿的案子成立——“五分之四规则”是指雇员构成中少数民族比非少数民族少80%。 314
虽然沃兹·科夫包装厂为少数民族雇员支付的工资少得多，而且将他们的生活和饮食区隔离开来，法官却说，员工必须证明，这样的行为在实际被雇用的少数族裔员工比例和劳动力中的比例之间制造了鸿沟。

联邦立法者一再尝试去推翻沃兹·科夫案的判决，恢复格里格斯案中更具有进步性的规定，最终，采用了1991年的《民权法案》。虽然，该法案在许多方面只是拒绝了第七章保护条款的问题。改革的批判者辩论说为了获得对法案的支持，要牺牲的太多了。虽然它包括了几个重要的规定，比如把对歧视的界定扩大到人事决定中，而不仅仅是雇用和晋升方面，但该法案仍然决定由法院决定什么是工作场所的歧视。

相应地，法院要继续缩小形成歧视的边界。最高法院对“阿拉巴马大学诉加勒特案”(2001)的决定在前面已经讨论过了，但是，另一个案例“基梅尔诉佛罗里达大学董事会案”(2000)也反映了这种趋势。在基梅尔一案中，法院对《就业年龄歧视法案》提出了质疑，《就业年龄歧视法案》允许就州政府基于用工决定中的歧视而造成的经济伤害而提起诉讼。基梅尔一案由佛罗里达的三个请愿者提出，他们声称在就业过程中受到了年龄方面的歧视。然而，最高法院的裁决不仅驳斥了起诉者，而且还批评国会首先通过了ADEA。法院认为(1)“在平等保护条款下，年龄分类并没有问题，因此州基于年龄而有歧视行为并不触犯第十四修正案，如果年龄问题与州的合法利益合理地相关的话”，(2)国会“在鉴别各州存在的广泛形式的年龄歧视方面是失败的，而且它还断定，这一失败使国会坚定地认为没有理由相信在这一领域进行广泛的预防性立法是必要的”(Wise 2001, p. 348)。

“阿拉巴马大学诉加勒特案”和“基梅尔诉佛罗里达大学董事会案”的判决所产生的长期影响至今仍能看到，但其直接的结果是举证之重任落在了歧视事件的起诉人身上。此外，最高法院的判决还释放出了潜在的信息，那似乎是，即使是平等机会就业的法定基础也要经历审查，这让我们开始思考是否我们对免于歧视的正规保护的时日是有限的。

“肯定性行动”和反向歧视

另一个激烈论争的领域涉及通过采用“肯定性行动”计划来矫正过去对少数民族和妇女的歧视形式。这样的计划通常包括(1)政策陈述要表明对矫正用工实践中存在的歧视的承诺，(2)分析现在的行为和它们的结果，(3)改进这些行为的目标陈述。

不幸的是，对目标和定额的见解上，产生了大量的、广为流行的而且是合法的混淆，常常导致了对白种男性反向歧视[①]的指控。虽然定额要求从特殊群体中招聘一定数量的员工(在实际实践中很少被使用)，但目标或时间表倾向于弹性化，并且由雇主在内部建立。 315
目标和定额都涉及数字(这引起了一些混淆)，但目标仅倾向于显示雇主希望的方向。一般来说，在为平等就业提供机会方面，朝着那个方向努力的良好信念被认为是令人满意的。

甚至最高法院也发现，很难精确地厘清什么是可以接受的以及什么构成了反向歧视。

① 由于在反对歧视黑人、妇女等政策上矫枉过正而使白人、男人蒙受不利。——校者

在“巴基诉加利福尼亚大学董事会案”(Bakke v. The Regents of University of California, 1978)中，最高法院裁决，一所大学在它的医学院里为那些资格不够的少数族裔申请保留一定数量的学位，而拒绝了其他资格更胜一筹的学生，这种行为是不合法的。最高法院认为在录取决定中种族可以成为一个考虑因素，但也仅仅是若干因素中的一个。

在另一个稍微不同的案件里，即“美国联合钢铁工人诉韦伯案”(United Steel Workers of America v. Weber, 1979)，法院判决，一个使黑人员工在更有资历的白人员工之前接受培训的计划，是可以让人接受的。在这一案例中，关键之处似乎是公司自愿地发起这一项目，以消除明显的歧视形式，而且它也没有必要解雇白人员工(Stewart 1983)。另一方面，在“第1784号地方消防人员工会诉斯托茨案”(Firefighters Local Union＃1784 v. Stotts, 1984)里，法院坚持认为，一个低级法院不能命令雇主以种族为由把更有资格的雇员晾在一边，而偏爱资格逊色的雇员，以保存少数族裔雇员的特定比例。正在出现的舆论反映了近来的一些案例，如“合众国诉帕拉代兹案”(United States v. Paradise, 1987)和“约翰逊诉运输局案”(Johnson v. Transportation Agency, 1987)，这些案例看起来表明，“肯定性行动”计划会受限于特殊的需要和环境。宽泛的计划不可能被接受。

更近一些，联邦法院已开始举行听证会，就针对大学为增加学生多样性而采用“肯定性行动”计划的质询进行听证。最高法院致力于澄清密歇根大学在两个录取决定中利用了种族因素一事。在“格鲁特诉博林杰案”(Grutter v. Bollinger, 2003)中，法院支持法律学校在录取政策上可以有限地使种族因素的考虑变得适当可行，但是，这同一个法院却在“格瑞兹诉博林杰案”(Gratz v. Bollinger, 2003)中支持巴基，该案判决在本科生录取中使用某种学分制给予少数族裔额外分数是违法的，而事实上，它是一个定额制度。

设想这种趋势，以及在华盛顿和很多州不断增长的保守观点，同结束了“肯定性行动”计划的“209号加州议案”(California Proposition 209,1996)表现的趋向一样明显，那么，看起来，“肯定性行动”的未来是可疑的。有些人提出，尽管存在着优先权和所谓“拒绝运动场上的平等”的观点，但他们已不再提供这个国家所需的用来确保劳动力多样性的东西。不幸的是，对问题的谈论经常退化成了政治上的花言巧语，双方都没有看到一个重要原则：不仅所有人必须有平等服务的机会，而且每个人直接做出的贡献必须受到感谢。组织可以通过制定一个加强多样性的议程，从更广阔的视野中获得重要收益。

为促进和维持多样性，已经出台了几个方案，包括若干对准组织基本文化的战略目标。而战略过程则从创造一种朝向多样性目标的共识开始，然后，授权给为实现这一目标而采取行动措施的各级组织。阶段性评估可以用来判断组织变化的成功程度，识别出组
316 织可能需要克服的任何未来的障碍。

玻璃天花板

不幸的是，在组织范围内，特别是在最高管理层扩大多样性，已经被证明是困难的。虽然一般来说，联邦劳动力中的妇女和少数族裔的代表已和他们在中高管理层中的代表一样得到了数量的晋升，但是在总体劳动力中，仍然有特定的群体没有被代表，而且白种女人和所有少数族裔在通向中高层管理职位的关键工作中仍然没有被代表。同样，在州和地方层级，约有41%的雇员是妇女，但是她们在管理层中仍然只占27%。

最近的几项研究，对许多妇女和少数族裔所遭遇的“玻璃天花板”有所识别。来自人事管理办公室的数据显示，“与拥有类似的正规教育程度、工作经验及进入政府时拥有同样职级的男性相比，妇女得到晋升的机会更少；而且，较低层级的女性在晋升的渠道上会遇到障碍。对于那些已经得到晋升的女性来说，通常意味着待到更晚、调动或者工作更长时间”(Desky 1992，p. 1)。鉴于对这些问题的认识，1991 年《民权法案》建立了一个“玻璃天花板”委员会，研究私人部门中阻碍女性和少数族裔晋升的因素。

然而，消除玻璃天花板的努力受到了影响“肯定性行动”的同样倾向的阻碍，而且，只有极少数在工作场所平等对待女性的努力受到了关注。国会在 2000 年通过了《女性公平签约法》，提出了这个问题，该法鼓励合同商与那些女性被代表得不充分的行业里女性拥有的企业做生意。但该法的不足之处在于它主要依靠市场的力量去实现平等，这意味着企业并没有义务同女性合同商订约。

这些趋势的结果是，尽管在追求平等对待上女性有所收获，但是她们在工资、工作地位和总体的就业机会方面仍然经受着重大的差距。最近的数据显示，现在更多的女性开始成为企业家；在 1997—2002 年间，女性拥有的公司数量在全国增加了 14%(Kephart and Schumacher 2005，p. 11)。大约有 1,850 万的雇员为女性工作，这意味着每四个雇员中就有一个为女性工作。2006 年，女性与男性工资差距接近于大约 78 美分对 1 美元。然而，最大的差距在于年龄为 55—65 年的女性与同龄男性的比较(女性为 73 美分，而男性则为 1 美元)。最小的差距是 65 岁或以上的女性与同龄男性之间的比较(81 美分相对男性的 1 美元)(www. bls. gov/cps/cpswktabs. htm)。但是女性权利的支持者辩论说，这些数据不表示女性待遇的重大进步，而更多的是被那些想要结束“肯定性行动”和其他公民权利计划的立法者当作了炮弹来利用。

华盛顿和全国各地的政治争议，大大偏离了对任何形式的“拒绝”或“优待”的讨论，以至于甚至是女性的支持者也发现自己在努力为新的立法游说时，完全回避了这些标签。实际上，甚至一些倡导免受基于种族、性别偏爱或其他歧视因素的人，也从女性保护话题上走开，他们争辩说女性已经实现了平等的机会，继续进行“肯定性行动”不仅会提供不适当的利益，而且会很快消极地影响女性的自我感知。 317

政治受命者—职业行政人员的关系

政治上的回应性和管理上的有效性之间的紧张关系，表现了公共管理的特色，这一张力在政治受命者与职业行政人员的关系上尤其得到了很好的体现。每一个新当选的政府，不管在联邦、州或地方层级，都有一定数量的顶层管理职位，由它所选择的人所占有。这些受命者成为各种政府机构中职业公务员的“老板”。如你所能想象到的，这两组人员之间的关系偶尔会有一些紧张。未来的总统一般是在一个变动的平台上当选，把职业雇员视作将要改变的代表性职位。政治执行官想往新的政策方向走，但是在政府运行方面经验往往不足；另一方面，职业行政人员有知识和经验，但是意识到潜在的问题，可能不愿意改变。

同时，为特定职位而使用政治受命人或政治赞助人的合法性，在法院受到了挑战。美国最高法院在 1976 到 1990 年间的三个案例中宣布政治赞助人的活动是违宪的。在“埃尔罗德诉伯恩斯案”(Elrod v. Burns，1976)中，法院坚持主张，伊利诺伊州库克县的警长办公室不能由于雇员的政治偏好而解雇他们。因为这是对宪法第一修正案所赋予他们的信仰和结社自由权的侵犯。同样，在“布兰提诉芬克尔案”(Branti v. Finkel，1980)中，最高法院发现纽约州洛克兰德县的助理公设辩护律师不能因其政党所属而被解雇。在1990年的“拉坦诉共和党案”(Rutan v. Republican Party)中，这些保护措施被扩大到包括政治上有目的的转换、晋升、撤销解雇和雇用事项在内的领域。禁止政治赞助人的唯一例外，是当一个职位显示出将政党所属作为有效业绩的一个必要条件时。实际上，这仍然允许任命政治执行官，但是不能对其他类型的雇员采用非公务员的任命方式。

你会怎么做？

> 你是一个大型联邦机构的顶级公务官员。新的政府刚刚任命了内阁部长和她的顶级政治受命者。你想要这个机构运转良好，但是害怕这个新的政治受命者，所有来自大企业的人，可能不理解政府如何工作，而且可能会犯一些错误，破坏你一些最重要的计划。你会怎么做呢？

在任何情况下，要理清政治上被任命的官员和职业行政人员之间的关系，都会将我们带回到古老的政治和行政问题上。一种解释认为，职业行政人员的角色仅仅是执行由上级权力——民选官员和他们的受命者——所发布的命令。对这一观点的最极端的解释是，职业行政人员应该杜绝卷入到任何政策制定中，而且应该以实施由上级所颁布的政策
318 为中心。

对照这一极端的立场，职业行政人员和其他许多人找到了另一种更加吸引人的对政治—行政问题的解释。该观点认为，对职业行政官员来说，有重要的理由参与到政策制定中去。当然，职业行政官员有背景和能力为建立实用的和有效的公共行政作出实质性的贡献。除此之外，如果这些行政官员参与到政策的制定中，如果他们更理解政策变化的需要，如果他们对新政策有某些“所有权”的感觉，他们将更有效地执行政策。

另一方面，相对来说，政治受命者进入政府时，对其主体业务的相关知识知之甚少(至少同职业行政官相比)，而且可以确定的是，他们对于政策如何在政府背景下被制定出来，也没多少理解。当职业公务员的平均任期超过三十年时，政治执行官平均仅能持续18到22个月。如果说官僚机构的陈规之一是对任何变化有敌意，那么，政治受命者的陋习则是某些人仓促轻率、缺乏经验而且执意求变。

政治受命者和职业行政人员的关系，看起来至少有三个地方可以做出更多的改进。第一，政治受命者为有效管理公共组织，并与职业行政人员一起制定和实施政策，必须接受培训和他们所需要的定位。第二，政治领袖和职业人员之间的意见交流，包括建立团队的会议，可以帮助两个群体更好地相互理解，铸造更有效的工作关系。第三，国会应该重新评估政府行政管理的结构，并为建立起更加平衡的政治职业的连接，作出所需要的结构变革。但是，基本的两难困局还是在继续着：政治受命者必须确保官僚机构对现任总统的政策方向有所回应；职业行政人员必须维持职业主义的高标准，以使组织的工作尽可能地以最好的方法被贯彻执行。

小结与行动启示

公共部门的人事制度关系到对各种各样竞争性需求的回应。多数最早的联邦层级的人事立法都旨在确保一个中立和有能力的官僚部门免受潜在的政治腐败的影响。最近的更多尝试致力于寻求官僚机构对政治领导者的更大的回应性。公共部门的人事制度——如预算和财政管理制度——反映了重要的虽然有时是变化的价值。

公共部门就业中的功绩制的发展反映了这样的关怀。在根源上,公共部门人员招募和职业分类的管制政策,反映了公共组织必须明确地管理公共利益的事实。相似的关注大大地影响着公共部门出现的一些当代问题,比如雇用条件(药物测试等)、劳工管理关系以及薪酬平等。

作为一个管理者,你必须关注招募、培训和保留最好的可能人选到你的组织里工作。你可能经常感到公共人事制度和监督它们的人员只不过是有效的管理的障碍。幸运的 319
是,在许多司法管辖区,管理者和人事官员的关系正转向一个更加积极的方向。

人事管理者被赋予保护功绩制免于滥用的责任,保护的手段是保持对人事处理的详细记录,执行人事规则和程序。人事官员因此经常被放置在对项目管理者的活动进行控制的位置上。但是公共人事官员,像他们私人部门中的对应角色一样,通常也有另一个角色——帮助管理者有效地雇用员工和使用人事制度。

虽然人事官员的这一服务方面的角色经常被当作第二职能,但是有各种理由相信更加进步的人事政策将越来越重视这一方面。渐渐地,人事官员从传统的对服从的强调转移到新的对协商的强调。在这个角色里,人事系统中的人员将帮助解决各种各样的人力资源管理问题。比如,一个人事专员可能被叫去帮助制定一个改进生产力的计划,或者就合法的问题提供建议。由于这一新方向的确立,部门管理者将倾向于把人事官员更多地看作是一个同盟而非领导者。

因此,作为一个公共管理者,如果你有能力更好地理解人事处理的技术细节,而且和你机构的人事工作者建立一个有效的工作关系的话,你可能会变得更有效率。支持在人事管理领域中受过训练的专家,能够帮助提高你组织的绩效,接着是改进对公众的服务。

术语与定义

负面或相反的影响(Adverse or disparate impact):显示雇用活动对一个群体的影响比另一群体更苛刻的标准。

"肯定性行动"(Affirmative action):采用积极的、结果导向的实践活动以确保女性、少数族裔、残疾人和其他应受保护的人们在组织中被平等地代表。

谈判单位(Bargaining unit):代表雇员商谈和谈判各种问题的组织。

平等就业机会(Equal employment opportunity):指努力消除基于种族、民族背景、性别、年龄或身体残疾方面的就业歧视;确保所有人以工作资历为基础,拥有平等的机会竞争就业和晋升。

最终要约仲裁(Final-offer arbitration):一种谈判技术。指双方当事人都认为调解者
320 选择一方或另一方的筹码时,不会有任何修改,因此双方都将给出他们最好的筹码。

工作描述(Job description):对所要完成的工作和相关工作资格所做的全面分析;通常包括这些因素:工作主题、职责要求、责任和工作资格。

平级进入(Lateral entry):进入任何层级的政府职位。

功绩工资(Merit pay):与实际工作质量相联系的工薪增加。

功绩原则(Merit principle):选择和招聘政府雇员应该建立在功绩和能力基础上,而不是基于个人或政治偏好。

职位分类(Position classification):以职责、责任及执行工作所要求的知识和要求为基础,分析和组织工作。

三人法则(Rule of three):大多数功绩制规定,要求至少有三个最好的申请者的名字被推荐到雇用部门,以使它们在选择时具有一定的灵活性。

性骚扰(Sexual harassment):任何令人讨厌的、单方面的口头或身体上的挑逗或者不敬话语,使另一方对象因此感到受到了冒犯,或者妨碍了工作业绩。

政党分赃制(Spoils system):为政党的忠诚者提供政府工作的能力;“战利品属于获胜者”。

结构面试(Structured interviews):一种面试方法。它提前设立一整套问题,用于每个申请者身上。

单位决定(Unit determination):把特定人群包含在一个谈判单位内,或排除在外的决策。

坐收渔利策略(Whipsaw tactics):主张一个群体谈判达成的工资和利益应该被应用到另外群体中。

思考题

1. “战利品归获胜者”这一术语,用以界定旨在填补政府空缺的政党分赃制。讨论这个制度在历史上的应用情况以及它当前的表现。
2. 什么是《彭德尔顿法》?它如何帮助改革联邦人事程序?
321 3. 解释公务员制度的基本原则。
4. 讨论卡特总统所面对的有关人事/公务员改革的一些基本问题。
5. 《公务员改革法》对人事管理程序进行了各种各样的改革。解释这一立法的重要性,并且讨论它对公务员制度的主要规定的影响。
6. 对《公务员改革法》的批评有哪些?
7. 列出政府职位招聘的步骤。
8. 识别测试和筛选申请者的各种方法。
9. 讨论政府打击就业歧视的方法。
10. 有哪些政府工具可用于确保平等就业机会法规得到遵守?
11. 随着劳工管理关系的改变,公共部门工会化开始成为一个问题。解释公共管理者

必须识别的使公共部门工会化的因素。

12. 讨论谈判过程的主要组成部分。

13. 识别反对公共雇员罢工的辩论，并且举出几个曾经发生的罢工的例子。

14. 讨论政治受命者和职业行政人员之间的关系，以及如何对它进行改进。

案例与练习

1. 思考下面的案例：你是史提夫·史戴尔，一个大城市的数据处理部门的程序设计主管。你管理五个分部的计算机程序师，每一分部由高级程序员和三到四个实习生组成。该部门为其他城市部门生产计算机系统，因此要求你和你的职员花费大量的时间和用户在一起。你的员工以其高度的专业化在整个城市享有盛誉。你的上司伊莎贝尔·尹佛，一直在说要增加一个数据库管理人员，来壮大程序设计员工队伍。

几个月后，从另一个城市来了一名新警察局长。以前，当一个新的部门首长上任时，如果他或她已经结婚了，配偶也会在市政府的某个地方找份工作。你听说警察局长的妻子有计算机科学学位。星期一，伊莎贝尔打电话告诉你，她已经雇用了泰蕾莎·托普考普担任你所在地方的数据库管理人员。伊莎贝尔非常高兴找到像泰蕾莎这样有教育和背景、包括其为几个软件公司工作过的经历。伊莎贝尔还告诉你泰蕾莎是警察局长的妻子，
而且她将会比你当前的任何一个高级编程师赚更多的钱。 322

你对数据库管理人员的增加感到兴奋，并告诉你的员工扩大设计项目。但员工们的反应不是你所期待的那样积极，而是相当的消极。戴维·丹曼，这位最有经验的编程师，正因为两个理由而不安：第一，她是不是警察局长的妻子？对他来说，这听起来像做了一个交易。第二，为什么目前在职的任何员工都没有机会为新职位面试一把呢？另一个员工咕哝着离开了会议，抱怨说泰蕾莎与其他高级编程员比起来将会多赚多少钱。

你返回办公室，试图弄清楚如何处理这个问题。你期待着有一个数据库管理人员，如伊莎贝尔告诉你的那样，泰蕾莎非常符合条件。但你也关心员工们的反应，你知道你面对着一场艰苦的战斗，说服用户们相信泰蕾莎适合这个职位。

- 作为一个现实问题，管理部门如何处理“符合条件的配偶”的问题？
- 你如何向你的员工说明这事儿是合理的：泰蕾莎将比他们中的任何人赚更多的钱，而且他们也不会得到为新职位进行面试的机会？
- 人事办公室如何根据该市的公务员制度来处理这个问题？

资料来源：上述案例由 Perri Lampe 提供。

2. 通过与美国人事管理办公室、州和市的人事办公室接触，尽可能多地了解你所在地区的政府机构人事雇用的情况。提出如下问题：

- 什么样的职位通常是可以获得的？
- 以学士或硕士水平入职，你应该期待一个什么样的工资条件？
- 同这些职位相关的工资福利增量是什么样的？
- 雇用程序是什么（你如何申请；要求什么样的测试或面试；谁做最终决定）？

此外，广泛地接触你社区中的各种非营利组织，或者同美国社会学会常务理事代表接

触，讨论在非营利部门就业的可能性。通过你所在院系和学校的学生安置中心，使你的报告对在校学生有实用意义。

3. 把你学校关于行政人员、全体教员、职工和学生之中性骚扰的政策复印一份。基于与有相关知识的教员和其他学校官员的对话，及你自己的阅读和研究，根据如下问题分析该政策。

- 该政策是用通常可以理解的词语来定义性骚扰的吗？
- 该政策是把特定的行为类型认定为性骚扰吗？

323 • 是否有清晰明确的程序使得性骚扰指控可以被提出和听证？

- 是否有特定的惩罚，包括因违禁行为而被学校开除？
- 该政策在实际情况中是否得到成功的应用？
- 是否有培训计划或其他教育材料，帮助行政人员、全体教员和学生理解特殊情况下的性骚扰，和更多的一般情况下的性别敏感性问题？
- 就如何加强、明确或使该政策更易执行的问题，你将提出什么建议？

资料来源：上述练习题目改编自密苏里—哥伦比亚大学的查尔斯·辛普森提供的资料。

4. 分小组完成下面的练习。

你刚刚成为能源委员会招聘工作组的成员。该工作组由最近新当选的州长所成立，目的是制定 ERC 人事招聘战略，ERC 刚刚成立，履行如下职能。

- 决定该州未来的能源需求
- 制定战略以满足这些需求
- 为实现这些需求所涉及的公共实体和机构提供技术帮助

由于这是一个崭新的机构，需要大量专业技术人员，因此一些特殊的招聘问题已经被估计到了。工作小组的责任是，制定特殊行动计划以在未来三年招募到所需人才。到该三年期限末时，ERC 需要大约 250 名雇员，类别如下：

(1) 经营和管理人员(50 个雇员)

(2) 文职辅助人事(65 个雇员)

(3) 专业/技术人事(100 个雇员)

(4) 蓝领/维修类型人事(35 个雇员)

使招聘复杂化的可能或不可能的因素，包括如下这些：

(1) 该州就业的主要来源是农业、矿业和交通。

(2) 该州总人口是 1,000 万，但是约 40% 的人口居住在单一的北部大都市地区。

(3) 政治环境传统上以北方民主党和南方共和党之间的冲突为特征。

(4) 政治竞争导致了对恩赐制的过分依赖，以其作为大多数公共机构人事安排的
324 手段。

(5) 在民主党对州政府控制了十二年后，权力刚刚转移到了共和党手里，但是新州长的主要竞选承诺之一，是使人事体系职业化，使绝大多数州雇员成为公务员。

(6) 在选举活动期间，州长也承诺，无论何时只要有可能，就在本州范围内招募雇员。

(7) 目前，该州卷进了两个就业歧视诉讼案子：一个由全国妇女组织所提出，另一个由 NAACP 提出。

(8) 少数种族组成了人口的 15%，但是大多数都居住在北部的都市地区。

(9) 全州劳动力中,22%是女性,4%被归类为少数族裔。

(10) 该州失业率现在是12%,但大多数失业者居住在北部地区。

(11) 不同职业类别的失业比率如下所示:蓝领18%,白领7%,专业/技术人员3%。

(12) 少数族裔的失业率是21%,女性的是16%。

(13) 该州公共部门的工会化运动正处于早期发展阶段。各工会正在为会员而展开竞争,而且变得越来越好战。目前摆在立法部门面前的一个关键要求,是为公共部门的雇员建立起工会代理制。

(14) 公民类社团和职业社团为创立ERC而积极地游说。

(15) ERC部分资金来自联邦补助金项目,该项目除了要求该州提供50%的配套资金外,还要求其建立功绩制以确保就业的非歧视。

工作组正在设计一个特殊的招聘战略以满足这一新诞生的ERC的人事需要。为此,除了要特别考虑上述特点外,你可能还要思考如下问题。

(1) 决定该委员会特殊人事需要的要求和方法。

(2) 劳动力市场在地理上和职业领域上的特征。

(3) 该州劳动力资源的水平和可利用性。

(4) 候选人招聘范围在地理上和职业领域上的扩大;招聘过程所涉及的团体/组织/机构的类别。 325

(5) 该委员会每种职业类别所需要的资格标准(教育、教训、工作经验、居住地、身体特征等)

(6) 这些标准在招聘过程中的应用。

(7) 遴选方法(实践或态度测试、资质考试、面试等)及其对招聘的影响。

(8) 招聘决定是针对特定的工作还是针对一份职业(以及这一决定在资格标准、遴选方法等方面的作用)。

(9) 每一个职类的招聘方法,比如,职位告示;书面手册和材料;招聘拜访(和可能涉及的机构,如果可能的话);专业/学院的联系(谁的?);等等。

(10) 未来的候选人着重考虑的因素(即,在这一地区这一机构,这个工作/职业的吸引人的地方体现在哪里?)。

拓展阅读

Beaumont, P. B. *Human Resource Management: Key Concepts and Skills*. Newbury Park, CA: Sage Publications, 1993.

Capozzoli, Thomas, and R. Steven Mcvey. *Managing Violence in the Workplace*. Delray Beach, FL: St. Lucie Press, 1996.

Cayer, N. Joseph. *Public Personnel Administration in the United States*. 2nd ed. New York: St. Martin's Press, 1986.

Coleman, Charles J. *Managing Labor Relations in the Public Sector*. San Francisco: Jossey-Bass, 1990.

Cooper, Phillip J., Linda P. Brady, Olivia Hidalgo-Lardeman, Albert Hyde, Katherine C. Naff, Steven Ott, and Harvey White. *Public Administration for the Twenty-first Century*. Fort Worth, TX: Harcourt Brace College Publishers, 1998.

Dresang, Dennis L. *Public Personnel Management and Public Policy*. Dallas: Pearson Publications, 1999.

Farnham, David. *Managing People in the Public Service*. Basingstoke, U. K.: Macmillan Business, 1996.

Goldstein, Irwin L. *Training in Organizations: Seeds Assessment, Development, and Evaluation*. 3rd ed. Pacific Grove, CA: Brooks/ Cole, 1993.

Guy, Mary E., ed. *Women and Men of the States*. Armonk, NY: M. E. Sharpe, 1992.

Huddleston, Mark, and William Boyer. *The Higher Civil Service in the United States*. Pittsburgh: University of Pittsburgh Press, 1996.

Ingraham, Patricia, and Carolyn Ban, eds. *Legislating Bureaucratic Change: The Civil Service Reform Act of* 1978. Albany: State University of New York Press, 1984.

Jackson, Susan E., ed. *Diversity in the Workplace: Human Resource Initiatives*. New York: Guil-
326 ford Press, 1992.

Kearney, Richard C. *Public Sector Performance Management, Motivation and Measurement*. Boulder, CO: Westview Press, 2000.

Klingner, Donald E., and John Nalbandian. *Public Personnel Management*. 5th ed. Englewood Cliffs, NJ: Prentice-Hall, 2002.

Lane, Larry M., and James F. Wolf. *The Human Resource Crisis in the Public Sector: Rebuilding the Capacity to Govern*. New York: Quorum Books, 1990.

Maranto, Robert, and David Shultz. *A short History of the United States Civil Service*. Lanham, MD: University Press of America, 1991.

National Academy of Public Administration. *Modernizing Federal Classification: An Opportunity for Excellence*. Washington, DC: National Academy, 1991.

Nigro, Lloyd G., and Felix A. Nigro. *The New Public Personnel Administration*. 4th ed. Itasca, IL: F. E. Peacock Publishers, 1993.

Pynes, Joan E. *Human Resources Management for Public and Nonprofit Organizations*. 2nd ed. San Francisco: Jossey-Bass, 2004.

Risher, Howard, Charles H. Fay, et al. *New Strategies for Public Pay*. San Francisco: Berrett Koehler Publishers, 1995.

Robinson, Dana Gaines, and James C. Robinson. *Performance Consulting*. San Francisco: Berrett Koehler Publishers, 1995.

Selden, Sally Coleman. *The Promise of Representative Bureaucracy*. Armonk, NY: M. E. Sharpe, 1997.

Shafritz, Jay M., Albert C. Hyde, and David H. Rosenbloom. *Personnel Management in Government: Politics and Process*. 4th ed. New York: Marcel Dekker, 1991.

Sloane, Arthur A., and Fred Witney. *Labor Relations*. 8th ed. Englewood Cliffs, NJ: Prentice-Hall, 1994.

Sylvia, Ronald D. *Critical Issue in Public Personnel Policy*. Pacific Grove, CA: Brooks/
327 Cole, 1989.

第9章
公共组织中的领导和管理技巧

前面已经讨论过的所有观点和方法，有利于我们理解公共组织和非营利组织的管理。但是，将这些观点付诸实践，则需要有领导他人并与他人有效合作的能力。什么是领导、谁能成为领导者以及领导者充当什么样的角色，关于这些问题的观点，随着时间的推移发生了变化。早期有关领导的思想集中在身居高位的那些人身上，然而更多现代的观点意识到，领导能够并且应当在组织的所有层级中施行。通过认真思考并不断实践良好的领导，无论你在组织中身居何位，你都能变得更加卓有成效。

有效的领导和管理包括决策、沟通、自我意识以及激励他人并管理组织动态的能力。然而，应该意识到，实践中的领导和管理通常是复杂多变、不稳定的，不仅需要一套强有力的技能，还需要有极大的灵活性。例如，你可能被召去处理一种情况，并且通常在几秒钟之内就要采取适当的行动。作为一个领导者，你必然要运用自己的方法和理论去恰当地分析和了解情况。但是，你也需要和他人一起做决策。在这个过程中，你需要有影响他人，并有建设性地、负责地行使权力的能力。

将想法付诸实践，不仅要有能够做决策和分派任务的能力，而且要采取一种能够调动他人积极性并让其参与的方式。这就需要有信心和自我意识。员工不仅期望领导者指明方向，还需要领导者对他们在实现组织目标过程中所开展的工作和发挥的作用给予评价。然而，有趣的是，成功施行这些领导技能取决于一些必要的“个人”技能，它们是一个人的社会和心理结构的一部分。这些个人技能中，有些反映了你对这个世界的认知，有些涉及你的创造力或有效决策的能力，还有一些则与你如何处理模糊性或不明确性有关。例如，某位突然被提升为精神卫生部门负责人的管理者，当然要对前任负责人遗留的组织问题找出重要的(即时的)解决方案。新任负责人也要能够在一种高度混沌的状态下工作，也许要好几个月。

领导和权力

许多评论家认为，为了成功地应对新世纪的挑战，改进领导是必不可少的。民意数据
表明，对企业、政府、劳工，以及其他私人和公共机构领导的信心普遍丧失。但有许多人认 329
为，这个问题涉及的不只是正式职位的权力；领导失败在整个社会都很普遍。有效的领导有时涉及权力的运用。理解权力的能力，尤其是认识到并运用自己所掌握的资源去影响

他人的能力，在各种类型的现代组织中都是至关重要的。但是，权力的概念远比领导的概念狭窄。我们可以将权力视为如何发展更大的公共领导本领这个较大问题的一个方面。

早期的领导研究试图确定并理解“伟人”的贡献。这种方法关注于当今的或历史上的领导者的个人特征，假定领导者是“天生的，而非后天培养的”。20 世纪 40 年代，拉尔夫·斯塔格迪尔(Ralph Stogdill)重新审查了这些所谓的“特质研究”，他发现，尽管领导者确实显现出拥有不同于其他人的特质，但是关于这些特质究竟是什么，尚缺乏共识(1948)。例如，斯塔格迪尔所回顾的那些研究中，有的发现领导者更加聪明更加积极，有的发现领导者个子较高、更加可靠。总的说来，斯塔格迪尔总结出，领导者鼓励合作行为，对他人敏感，发挥主动性，并且具有自信心(1974)。但是，拥有这些特质，并不一定就意味着你将是一个有效的领导者。

尽管这种对领导的特质研究提供了一些见解，但是随着时间的推移，这种方法明显留下了大量重要的问题没有解决。比如，除了个性特点，领导者事实上做了什么？为什么同一个领导者在某种情况下卓有成效而在另一种情况下则不见成效？这些问题使得研究者聚焦于特殊情境中的领导者行为和领导的实施。其中一项关于领导行为的重要研究，于 20 世纪 40 年代在俄亥俄州立大学开始。领导被界定为以两种类型的行为为基础。第一种类型被称为“人文关怀”型，它注重人际关系和对他人的关心。第二种类型被称为“结构激发”型，它以任务的界定和完成为宗旨(Bass 1990)。密歇根大学的类似研究将这两种行为类型称作“员工导向”型和“工作或产量导向”型。基于这些维度，布莱克和莫顿(Blake and Mouton 1964)提出了“管理方格理论”(Managerial Grid)，把对员工的关心和对产量的关心分成 1 到 9 个等分。他们的理想范式是“9. 9”的管理者，即对员工和产量都给予高度关心。

其他研究者开始关注领导的情境，试图将不同的组织情境与领导行为的适当组合搭配起来。赫西(Hersey)和布兰查德(Blanchard)(1988)建立了一种“情境”领导模型。在这个模型中，评估一种情境的关键是追随者完成特定任务的能力和准备程度。例如，一个缺乏能力的员工需要领导者运用较高的任务行为以提供说明和指导。接下来，一旦这个员工开始表现出愿意尝试的意愿，领导者就应该鼓励采用较高程度的关系行为。与之对应的是，一个做好准备并且愿意完成任务的员工，既不需要高度的任务行为也不需要高度的
330 关系行为，在这种情况下，领导者应该只是让开道路。

网络链接

> 了解关于领导的不同观点，可以访问如下网站：詹姆斯·麦格雷戈·伯恩斯领导学院：www. academy. umd. edu；美国领导与制度效能动议：www. ced. ncsu. edu/ahe/nilie；领导研究高级研究中心：www. casl. se。

有关领导的更为现代的观点都有这样一种理念，即领导不只是行政套间里的那些人的责任，而是能够并且应当在整个组织中施行的。前内阁部长、“同道会”的创建者约翰·加德纳(John Gardner)表示：“在我国，领导权分散在社会各个部分，并下行于所有层级；这

个系统不会像它应该的那样行得通，除非全社会有大量的人们在准备采取类似领导者的行动，以使各自层级的东西都能发挥作用”(Gardner 1987)。在这种观点里，领导是一种发生于家庭、工作团队、企业、各级政府、社会以及文化中的普遍现象。这么说来，领导就不仅仅是指某人拥有的职位，它还是发生于一个团队或组织之中的东西，它还是来得快去得也快的东西，它还是随着团队或组织对其工作的开展而消长的东西。

正如我们所看到的，现代社会可以被描述为：(1)高度动荡，遭受突然和巨大的变化；(2)高度相互依赖，需要很多部门的合作；(3)极度需要创造性的、综合性的问题解决方案。在这样的环境下，模糊性日益成为决策的标志，让许多人参与(而不是控制)集体决策将是必要的。“领导……将成为日益复杂的多边经纪人的过程，包括组织内外所有的支持者。越来越多的决定将成为公共决定，也就是说，受决定影响的人们将坚持要求听证”(Bennis 1983, p.16)。未来的领导不能仅仅等同于正式权力职位上的那些人的控制行为。

那么，我们对领导，尤其是共享领导或公共领导了解多少呢？对于日益普遍的无人真正“负责”的情境(学生组织、教堂、政治团体等等)中的领导，我们又所知几何？通常情况下，他们的许多工作都是通过委员会或其他更不正式的团体进行的。这些委员会似乎浪费了很多时间和精力，部分原因是缺乏领导所致。即使有个人可能会被指定为“领导者”，他或她也很少实行大量控制。通常，事情都会盲目进展一阵子——也许很长一段时间——直到有人最终提出一个能为大家所接受并受大家欢迎的建议。此时，我们才能说有人已经发挥了领导力。

那么，更正式一点，我们可以将领导定义为“个人和团体或组织之间的关系特征，它刺 331
激或释放团体中的潜在能量，从而使相关人士能够更加清楚地理解他们自己的需要、愿望、兴趣和潜能，并开始朝着自我实现的方向努力”(Denhard & Prelgovisk 1992, pp.33—44)。有领导存在之处，就会引起团体或组织的动态机制的变化。领导的核心是使团体充满活力的领导者的能力，不管是否被称作领导者。

你会怎么做？

你领导的州政府部门正在极短的时间内经历一些重大的变革。你将前往一个新地方，同时开始着手一些重要的新项目。所有这一切都发生在一年里，这一年，因为退休和调离，你的员工数量显著减少，并且你正为聘用替代人员而疲于奔命。这注定是相当艰难的一年，充满了变化和不确定性。你想为了你的员工而让事情进展得尽可能顺利。你会怎么做呢？

领导意味着帮助团队意识到前进的新方向。

领导者仅仅提醒并重塑团队的“意识”。领导的行为表达了一种新方向，但这是由团队所有成员的利益所决定的。如果有人：(1)帮助团队或组织理解其需求和潜能；(2)整合并阐明团队的愿景；(3)充当团队行动的“扳机”或刺激，那么，我们就能说这个人施行了公共领导。因此，领导的实质就是它的“激励”效应。然而，我们通常正式冠之以领导者之名的那些人，并不真正领导；他们充其量只是通过维持团队或多或少顺利地运转，从而成功地“管理”事务。

例如，为了激发团队活力，领导者必须知道怎样“感觉”团队潜在的渴求，有时甚至要比团队成员自己还要先清楚他们的渴求。领导者也必须具有在模糊情境中行事并承担风险的能力；领导涉及变化，而变化又使团体和领导者都很为难。因此，发展应对变化的个人力量是非常重要的。领导通常被认为是一个人或团体对另一个人或团体行使权力——通过操纵权力和影响力让人们做自己希望他们做的事情。未来的领导将越来越不依赖于权力，最重要的领导技能将是个人的（而不是人际间的）技能，这些个人技能包括：“读懂”团队并与之共鸣，带着方向感在模糊状态中行事，在变化发生时有承担风险的勇气。

萨莉·海吉森（Sally Helgesen）把这种新方法称作“草根领导”。她认为，如今的组织
332 已经与过去几代所创造的组织大为不同。权力变得由整个团队共享，反过来，领导者“将不只出现在组织高层的‘领头羊’当中，还出现在工业化时代被我们称作普通人员的那些人当中”（Helgesen 1996，p. 21）。因此，每个人都在组织的塑造中发挥着重要的作用；每个人都有益于团队对组织变革问题的处理。

事实上，尽管权力可能是领导者的一项重要资源，但他不需要行使传统权力以引发变革（参见专栏 9.1）。努力控制团队，往往最终导致对领导的破坏。另一方面，通过优先考虑团队成员的需要和愿望这一发展过程，设定团队或组织的方向，领导就更有可能持久。在这方面，领导更多地是指团队中的权力共享，而不是出于控制目的而对权力的运用。因此，为了今天的以知识为基础的新型组织能够取得成功，就需要将更多的自治权和决策能力分配给第一线，让那些与情境最为相关的人充当变革的领导者。

也许，更重要的是，领导并不是只要正确地做事，而是要做正确的事（Bennis & Nanus 1985）。尤其是在公共部门，领导者所追求的目标不可避免地涉及重要的公共价值观。在帮助公众于民主治理的背景之下理解并践行共同的理想和价值观的过程中，各个层级的公共领导者，都必须扮演一个“变革的”角色。变革型领导者理解并支持追随者的需求，和他们一起工作以明了和寻求更高层次的需求，并吸引全体追随者。“变革型领导的结果是，形成一种将追随者转变成领导者，并且可能将领导者转变成道德代理人的相互激励和提升的关系”（Burns 1978，p. 4）。事实上，公共部门的领导不仅关注组织内部成员的需求和价值观，还关注公民的价值观和偏好。

专栏 9.1　社会权力的基础

实际上，权力比我们通常想象的还要复杂。例如，我们所行使的权力是以大量运行于社会情境中的不同因素为基础的。一篇经典的研究文章是这样描述“社会权力的基础”的：

1. 奖赏权力。通过对所要求的行为进行奖赏，满足一个人的需要，或者控制另一个人的一种能力。金钱、晋升或者奖金都可能是组织对雇员行使奖赏权力的方式。

2. 强制权力。强制力，或对他人施加痛苦或惩罚的能力，并借助他们逃避惩罚的渴望实现对其控制。解雇、批评、处分是常见的惩戒形式。

3. 专家权力。以理解、运用和传达他人需要的信息的能力为基础的权力。基于他们对生产一件产品等的科学技术知识，工程师或科学家可能对一个组织施加重大的影响。

4. 合法权力。由于在组织结构中身居特定职位而施加的控制或影响力。这种“权力”属于这个职位的权利和责任,而非这个人。因此,一家公司的总裁或董事长由于其职位所赋予的权利和责任而拥有的权力,无论是谁在这个职位都会拥有。之所以遵从合法权力,是因为组织中的其他成员都尊重组织结构以及伴随特定职位的权利和责任。

5. 感召权力。因为被某个人吸引,而喜欢、崇拜并渴望遵从这个人的愿望,就是感召权力的例子。基于感召权力的控制,取决于权力拥有者讨人喜欢,吸引他人,并使得他人因这种吸引力而服从自己领导的能力。

资料来源:改编自 John R. P. French, Jr., and Bertram Raven, “The Bases of Social Power,” in Dorwin Cartwright and Alvin F. Zander, eds., *Group Dynamics*, 2nd ed., New York: HarperCollins Publishers, 1962。 333

沟通

如果这个世界上的所有优秀思想都不能与他人分享,那么它们就没有什么价值。沟通是设立目标、吸引他人和确保合作的基础。黑尔斯(Hales 1986)发现,管理者一天当中有 2/3 到 4/5 的时间用于提供或接收信息,并且这些信息收发大多是通过面对面的接触进行的。事实上,在美国社会中无论从事何种工作,良好的沟通能力对成年人的成功都是必不可少的。的确,有研究表明,平均算来,在每天醒着的时间里,美国成年人用于某种形式的沟通活动的时间占去 70%(Rankin 1929)。他对人们怎样花费其沟通时间的方式进行了分类,发现 9%的时间用于写作,16%的时间用于阅读,30%的时间用于发言,45%的时间用于倾听。我们将探讨诸如倾听、发言和写作这些沟通的模式。(我们不讨论阅读,但注意到,那种为大家熟知为“快速阅读”的特殊技能,很可能是管理者发现大有裨益的一种技能。)

倾听

我们用于倾听的时间远远多于其他形式的交流。最近专门针对管理者的研究揭示,管理者一天中用于倾听的时间比例远远高于平均水平——典型地大约在一天中占 63%。但是,听得多并不意味着管理者就听得好。倾听不同于听力,尽管没有医疗或技术干预,听力就不会改变,但是,有着适当刺激和培训的人,能够大大提高其倾听质量。我们首先回顾一下有效倾听的一些基本原理。(参见专栏 9.2) 334

专栏 9.2 有效倾听的原则

1. 有原因或有目的;
2. 最初不做判断;

3. 防止分心；
4. 回应前三思；
5. 用自己的话复述所听到的内容；
6. 寻找重要主题；
7. 运用思维—说话的差异进行反思并找出含义。

有原因或有目的　这是我们将讨论的原则中最重要的一个。有目的或有原因地倾听，为倾听提供了动力，并且，一般而言，受到激励地做事，比未受激励地做事，效果要好。倾听也不例外。为了倾听效果良好，这个人必须受到激励；倾听效果良好并不是刚好发生的。如果没有激励，你就不需再用其他六个原则，或者说，你就无法尽可能有效地运用它们。

但是，你可能会问，要是我没有倾听的理由呢？在这种情况下，最好主动寻找一个理由，以倾听正在进行的谈话。自问一下，“这些信息如何帮助我更好地开展工作？”或者“我怎样才能以某种方式在工作岗位或其他地方运用这些信息？”寻求倾听的理由，将为你提供使用所有其他原则和技巧的激励。

最初不做判断　这个短语的关键词是“最初”。你显然需要对你所倾听的材料进行评判，但你应当等待，直到听完所有信息，再开始评判。这有很大难度。例如，在选举年，如果我们了解某个特定候选人的政党，我们可能在候选人开始谈话之前就判断他将说什么。通过候选人的电视和电台广告，不能明显辨别出这个候选人的党派，这样的情况绝非偶然。广告商希望增加信息被听到的机会，他们并不希望因为能够很快辨别出候选人是民主党人还是共和党人，从而失去一半听众。还未认真聆听某人的讲话就做出判断，是“最初不做判断”原则的对立面。

防止分心　当我们力图聆听时，很多事情会干扰到我们。这个“分心”原则告诉我们要反击，主动抵制可能会干扰我们的任何事情。在干扰我们的诸多事情中，各种各样的声音通常是最强的。这种声音可能是非言语上的噪音，比如路过的火警或救护车的警笛；几个人同时说话的声音；或者关于谈话者讲话方式的东西。无论是哪种形式的声响在导致干扰，补救的方法都是抵制，更加努力地抵制。在这种情况下，“更加努力”意味着你应当
335 提高你的注意力。假如你是与谈话者进行面对面的交谈，确保始终保持眼神接触。你也可以朝着谈话者的方向微微倾斜。通过提高你的注意力水平，你可以抵制原本认为不可能克服的干扰。而这正是分神的问题所在——它们成为甚至不去试图聆听的借口，因为“不可能听见她在说什么”。

倾听技巧中的一个普通的课堂演示，揭示了这个“分心”原则（以及其他原则）。两个志愿者被置于教室前面，距离对方大约 15 英尺。每人大声朗读一个简短的段落（只花费 30—40 秒）。教室里每个学生都被指定倾听其中一位志愿者的朗读，但不是两个都听。在段落朗读过程中，这些学生不得做记录，但是在朗读结束后，他们要写下一些关于各自所听段落的要点。该实验的诡计在于，这两位志愿者朗读的是不同的段落，而且还是同时朗读！第一轮结束后，通常只有极少数学生，有时甚至没有一个学生，能够写下有关其朗读

者朗读内容的要点。然后，实验者再次试验了眼神接触和身体倾斜的细节，挑选两名新的志愿者，给他们两个新的段落，然后重复这个实验。第二轮实验发现，普遍的现象是，20%—25%的学生能够写出每个要点。这个实验表明，无论是在个体之间还是个体自身，倾听的质量都具有可变性。这个实验也表明，甚至是重大干扰，也是可能抵制的；我们抗干扰的能力远比我们意识到的要高得多；我们能够克服大量干扰以提高我们的倾听质量。

有些干扰不太明显，只能被半意识地觉察到。很多美国人面临的一种干扰是，听那些具有外国口音或不同地区口音的英语。艾伦·布卢多恩(Allen Bluedorn)教授想起他是在美国军队服役期间参加听力学习的课程时学到了这个。布鲁道恩怀疑，自己是否因为借口口音而不去聆听他人。(他驻扎在位于得克萨斯州埃尔帕索的布利斯堡，经常听到有西班牙口音的英语)。在第二次与有西班牙口音的人谈话时，他更加集中注意力，布鲁道恩检验了自己的理论。令他惊讶的是，他发现自己清楚听懂了对方的话。他总结道，事实上他曾经被口音导致的干扰击垮，并且让这成为不好好倾听的借口。这个教训对当今日益多元文化的组织来说是非常重要的，在这些组织中，英语经常伴有各种口音。但是，更大更重要的教训是，即使再大的干扰，也是可以克服的。

回应前三思 “回应”原则建议人们应当放松并等待发言的自然时机，而不是立即跳入谈话之中。当我们急于为讨论出一份力时，我们可能会极度兴奋于我们想要说的话(只要我们逮住机会)，以至于我们不会倾听说话者的话了。“回应”原则建议，人们应当等待做贡献的自然时机；力图紧随谈话，而不是打断。

用自己的话复述所听到的内容 “复述原则”提供了一种极其简单却又强有力的检验个人理解的方法。这个方法仅仅是记录你听到的内容(一个观点、指令等等)，再将它变成自己的话，然后复述给向你提供该信息的那个人，并询问这是否就是他所表达的意思。尽 336
管这看起来简单，但它却是一种很好的检验理解和避免错误的方法。当你发出指示时，你可以要求接受信息的那个人也这样做。例如，你可以说“我不确定我是否解释清楚了，请告诉我你从中听到了什么”。

寻找重要主题 “主题”原则表明，主要观点远比事实重要——如此重要以至于它们是理解和记忆所说的话的基本关键。理解主要观点为组织事实提供了框架，这个框架使得事实本身更易被记住。

拉尔夫·尼古拉斯(Ralph Nichols)在其研究中证实了这一点，通常认为过去30年来的聆听运动是由他发起的。他发现，A等学生和B等学生的听讲习惯与C等学生和D等学生的听讲习惯不同。在对数百个学生进行的调查中，对于“当你参加一个讲座时，你首先听什么?”这个问题，他发现，A等学生和B等学生的回答跟C等学生和D等学生的回答不同。A等学生和B等学生的答复普遍类似“我首先听主要观点”，而C等学生和D等学生则说“我听事实”。(这个发现也许不能完全解释这些学生的平均成绩的差别，但是毫无疑问能解释部分差异)。

运用思维—说话差异进行反思并找出含义 “含义”原则反映了人们思考的速度快于说话的速度这样一个事实。尽管因为区域的不同而有所差异，美国人的语速大约为每分钟150个单词，但是在语言方面，他们思考的速度大约为每分钟500个单词。因此，通常情况下，我们的思维速度是语速的三倍多。这种差异创造了一个更加有效倾听的机会，但是这个机会也能诱使我们做一些干扰我们倾听的事情。这额外的时间也能用于做那些干扰聆听过程的事情——注意力转移，做白日梦，想一些非说话者正说着的事情等等。所有这些都会干扰有效倾听，所以，额外的时间能够成为一把双刃剑——既是机遇又是诱惑。

倾听是最广泛使用同时又是最广泛滥用的沟通技巧，它也是美国各级教育系统中最不经常教育的技巧(Steil，Barker，& Watson 1983)。

发言

管理者做的发言大部分都是非正式的，在他们的办公室里、电话中以及会议上进行的一对一或小团体交流。为了演示我们怎样才能改进自己的发言，我们将聚焦于发布指示方面，因为大量的由管理者发起的沟通活动是向他人提供指示。事实上，如果不能恰当地给以指示，授权的管理活动简直就不可能进行。成功做到这一点的关键，是要能够将自己置身于接收指令的那个人的位置。理想的状态是，你想要提供恰到好处的信息量——既不太多，也不太少。（然而，如果一个人必须背离这个理想，通常情况是，太多要好过
337 太少。）

如下两个问题可以帮助你设身处地。

1. 为了执行这些指令，这个人需要知道什么？

2. 为了执行这些指令，这个人想要知道什么？

决定何种信息必不可少的能力，有时是从中晋升的一个理由——让那些从事过他们即将负责的这些工作的人成为管理者。做过这项工作的那些人，能够更加准确地决定，他们的下属在接收指令时需要知道什么。不幸的是，不是每个晋升到管理层级的人都会充分利用这种知识。

为了演示要确认传达何种信息有多困难，我们可以看看另一个课堂实验，这是关于你怎样将自己置身于将要接收信息的那个人的位置的实验。学生两人一组，给每组中的一个人发一张图表。同组学生背靠背坐着，领到图表的学生指导另一个学生如何在纸上绘制这个图表。指导者只能讲话，不能看搭档的绘图。绘图结束后，通过一套评分规则进行评估。搭档们转换角色，使用一张新图表，再次用口头指示来绘出这个图表。

我们发现，第二轮的分数通常比第一轮的分数要高，哪怕第二轮的图表更加复杂。为什么呢？答案似乎是，第二轮的指导者已经在接收指示者的位置上待过，因而对于何种信息真正有用有了更好的了解。此外，第二轮的指导者知道了评分标准，能够对评估副本时可以得分的那些要素有所侧重。然而，最重要的是，了解他人需要何种信息的说明者能够更好地提供那些信息。

写作

相对于讲话和倾听而言，写作是一种不太普遍的管理沟通形式，但它仍然是重要的。大多数管理性质的写作都是简短的，通常是一两页。对于许多管理者而言，备忘录是最常见的写作沟通形式。萨斯曼(Sussman)和迪普(Deep)(1984)提出了有效管理写作的六条原则，他们称之为“六 C”原则。

1. 明晰(Clarity)。为了清楚明确，作者必须将自己置身于读者的位置——恰如信息提供者必须将自己置身于信息接收者的位置一样。用主动语态(例如，大卫粉刷了房子)

而不用被动语态(例如,房子被大卫粉刷了)写作;避免使用行话;并尽力运用引言、正文、结语这个简单格式。

2. 谦逊(Courtesy)。谦逊包括:了解你的读者,适应他们的情绪,在他们的层次上写作,提供既不太多也不太少的信息。这与提供说明再次有着明显的相似性。

3. 简明(Conciseness)。简明的规则是:简短而切中要点。有时候,你可能想通过重复来强调一些事情,但一般规则是越短越好。这样来想:一张50个字的备忘录和一份10页纸的报告,你更喜欢读哪个?你可能会当场读这张50个字的备忘录,而将那份10页的报告塞进"等我有机会再读"的文件堆里。 338

4. 信心(Confidence)。一直带着信心写作。信心其实就是作者判断上的事情,判断基于作者对其读者的理解。在避免骄傲自大(信心太满)和缺乏决心(信心不足)这两个极端方面,判断尤其重要。

5. 正确(Correctness)。在语法、遣词造句,以及包括拼写和标点在内的书写技巧规则上面,你必须准确无误。不正确的拼写尤为刺眼。

6. 谈话的口吻(Conversational tone)。为了达到谈话口吻的效果,按照你说话的方式进行写作,并尽力想象一个你正对其写作的具体的人。想象一个具体的人而不是一类抽象的人,能够让写作变得容易很多。(写给约翰·琼斯比写给"所有的经济学教授"要简单得多)。有时候,谈话型写作需要违背一些正式的语法规则,但是这种违背使事情更加流畅、易懂和易于遵从。

作为公共管理者,沟通几乎影响着你工作的各个方面。说服你所在职位上的其他人的能力,在交流想法时的明晰性,以及与不易打交道的人有效沟通的能力,都塑造了你作为一位管理者的形象(参见专栏9.3)。幸运的是,你可以提高自己倾听、讲话和写作的能力。因此,无论你的职业生涯是什么,在任何可能的时候练习你的沟通技能,都会让你有所收获。

授权和激励

管理可被定义为"通过他人使事情得以完成的过程"。为了使事情通过他人得以完成,有必要与他人沟通,并且经常给他人以激励。大部分时间里,那些"他们"就是你监管的那些人。毕竟,如果你自己可以做所有的工作,你就应该继续做。然而,作为一个管理者,你在那里不是要做实际工作,而是要做管理工作的。

专栏9.3 组织沟通的秘密武器

> 对于工作环境中的棘手情形,这有一些解决办法。
>
> 1. 记住,人们做事情是出于自己的原因,而不是你的原因。某人的愤怒可能意味着他或她事实上是从一个完全不同的角度在看待这个情况,所以,试着理解那种观点。

2. 受到攻击时，应用平静的语气和低姿态的肢体语言。你说话的内容可能是一样的——仅仅修正你的表达方式；在面对面的交流中，言语表达7%的信息，语气表达38%的信息，肢体语言表达55%的信息。

3. 运用会话设想，预期某个真正棘手的情景，这一情景是因为你确切说出了自己
339 想说的话而导致的。然后，用你知道的应该说的话来缓和这一境况。

4. 记住要预先演习，以便在情况出现时你能胸有成竹地应对。练习接收和抛回“言语硬球”。

5. 若有必要，使用情绪柔术。柔术的原则是，顺着对手的力量，通过改变这股力量的方向而不是抵抗这股力量，从而使这股力量转向对手自己。你要表示同意，而不是为自己辩护。你的批评将立即被解除武装，然后你就开始处理产生情绪的原因，而不是处理情绪本身。

资料来源：“Personal Productivity：Organizational Communication，”*Government Productivity News* 3 (September 1989)：p. 4。

授权

授权是向他人分配任务的过程，像诸多其他管理任务一样，它有可能进行得很好，也有可能被处理得相当糟糕。正如弗雷泽·帕克斯(Fraser Parks)所发现的，糟糕的授权几乎能够致命。为了更好地授权，你需要尽力为一项工作分配同等的职权和职责。职权是做这项工作的合法权力，职责是那个人为了完成工作而对你负有的责任。主张个人应当拥有同等职责和职权的这一思想，被称为“权责相当原则”。管理者们经常抱怨，他们将要负责某事，但却没有足够的权力用以完成工作。较为少见，但同样令人烦恼的是，拥有职权的人却没有职责为其使用。

一般而言，你应该用完整、清晰的指示委派工作，并将任务委派给适当的层级。保持其他一切都平等，这个适当的层级是指等级制度中能够称职完成任务的最低层级。你也应该对已委派的任务提供支持。这种支持可以采取多种形式，包括在公开声明中的授权(例如，在某会议上宣布：“现在由贝蒂负责北部地区的视察”)。

让下属参与授权过程通常是有益的，鼓励他们就其能够或应当做的工作类型提出建议。授权应当是一个双向的过程。另一方面，不要成为向上授权现象的受害者。当下属将原本应该自己解决的问题交给管理者时，就发生了向上授权。这是与有效授权对立的，你应当拒绝解决这种问题。一个有效的技巧是，坚持主张，任何想要你提供建议的下属(向上授权的尝试经常在此时出现)，在将问题提交给你讨论之前，必须首先想出至少一个可能的解决方案。考虑到授权过程中的创造性和激励性，最好让下属对结果负责，并将“如何”开展的问题留给他们。当然，这个原则假设这些“如何”是在法律和伦理行为的限制范围之内，也在公共政策或组织政策的限制范围之内。最后，不管这些工作量是轻是重，也不管这些工作是有趣还是乏味，都应该被持续授权。

340 除了能够通过他人完成工作以外，授权还有助于雇员的发展，由此让他们对你和组织

都更有价值。有些管理者担心，自己也许正在培养可能的替代者(即竞争对手)。但是，还有另一种看待这种情况的方式。除非你已身居组织的最顶层，不然你很可能还想得到晋升。但是，如果你不能被替代的话，你就不可能被提升。通过授权培养你的下属，是为你自己提供潜在替代者的方式，这对你是有好处的！

激励

组织成员是否表现良好，部分取决于能力，部分取决于动力。员工必须已经具有技巧和能力，或者能够学着使技巧和能力恰当地结合，以便做某项工作，并且必须受到激励，把工作做好。当你能够通过指示、培训项目等方法帮助提高雇员技能的时候，你就可能对他们的动力产生明显更大的影响。

薪酬和工作满意度 当一个人想到管理方面的激励时，自然会想到货币补偿。弗雷德里克·泰勒(Frederick Taylor 1923)将他的科学管理项目的整个激励体系都建立在经济因素的基础之上。然而，当代关于激励的思想远比泰勒的复杂得多，因为报酬被认为以复杂的方式与其他激励措施共同起作用。

甚至早在20世纪50年代，弗雷德里克·赫兹伯格(Frederick Herzberg)就提出了一套被称为"双因素理论"的激励模型。赫兹伯格(1959)认为，就激励问题而言，存在两组变量："保健因素"，影响工作不满意度；"激励因素"，影响工作满意度。

保健因素包括诸如工资和工作条件等变量；激励因素是指诸如获得成功、赏识和进步的机会等因素。赫兹伯格认为，对诸如工资等保健因素的改善，并不能提高工作满意度；相反，任何这方面的改进只会简单地降低不满意度。如果某个人的工资变少了，或者增长得不够快，不满意度就会增加。相反，诸如成就或进步等激励因素，不会影响不满意度，但是会增加或减少工作的满意度。这给管理者的教训是，激励员工是一项远比简单地改变工资水平要复杂得多的任务。

其他激励路径都是基于心理学家亚伯拉罕·马斯洛(Abraham Maslow)的人类发展理论，该理论假定，每个人都需要成长和发展，都需要形成自己生命的意义感。马斯洛(1954)提出了一种所有人都必须完成的需要层次理论。在第一个层次，我们必须满足我们对食物、衣服和住所的生理需求。接下来，我们有安全和保卫自己的需求。在这些基本需求之外，我们还有社会需求，这点能通过成为团体的一员而实现。然后，我们有自我满足和自尊的需求。最后，在最高层次，我们有发展或自我实现的需要。这最后的层次，描述的是我们藉以达到人类最大潜能的心理发展状态，只有在其他四种层次都已经实现的情况下才能达到。

关于工作满意度的影响的争论至少可以追溯到20世纪20年代中期和30年代早期期
间的霍桑试验。从第5章可以回忆出，这些试验起初是一个调查诸如照明等物理工作条 341
件对工人生产效率的影响的研究项目。鉴于在研究早期出现了一些意料之外的发现，调查者改变了研究焦点，转向调查社会和监管变量对绩效的影响。有些作者将后期研究结果解释为，实验表明较高层次的工作满意程度导致较高水平的工人绩效，有些人认为，这个结论在先前的研究报告中从未出现，因而是误解(Organ 1986)。但是，不管是否是误解，霍桑试验通常因其"发现""愉快的工人就是生产率高的工人"而深获赞誉。其他关于工作满意度—绩效关系的研究产生了各种不同的结果。有些理论家认为,工作满意感导致更好绩效的论题在因果顺序关系上是错误的——事实上是相反的顺序,即较高水平的绩效导致较高程度的工作满意度。

尽管在这个问题上尚未达成完全的共识,但对于工作满意度—绩效关系的第三种解释的支持正越来越多:如果一个人收到的奖励是基于其绩效,那么就只有工作满意度和绩效之间的关系。如果奖励是以绩效为基础,那么在工作满意度和绩效之间就会存在正相关关系(绩效越高,工作满意度越高),因为较高的绩效将导致较多的奖励,较多的奖励又将产生较高的工作满意度。如果这是真的,管理者工作的一部分就将是确保绩效与奖励(货币形式的或其他形式的)直接挂钩。实现这种目标挂钩的一种方法是强化理论。

强化理论 强化理论及其相关方法被贴上了各种标签,包括行为主义、操作性条件反射、刺激—回应心理学以及斯金纳心理学。所有这些标签指的差不多是同一件事:基于桑代克(Thorndike)的效果律而对行为进行解释的一种方法,效果律认为:“在对同一种情况的若干反应当中,受满意感(强化)伴随或紧密跟随的那些反应…发生的可能性更大;受不适(惩罚)伴随或紧密跟随的那些反应…发生的可能性较小”(Daft & Steers 1986, p. 51)。

效果律关乎动物和人类的学习,已经被研究了一个多世纪。这项研究的结果已经形成了大量关于物种强化的概括。在特定的行为之后,可能存在四种基本的情况或结果。如果该行为之后是奖励,个人重复这一行为的可能性更大,这被称为积极的强化。当行为的结果是消除了一些不愉快的事情时,强化也会发生,这称为消极的强化。

另一方面,如果随行为而来的是令人不愉快的事件或惩罚,个人重复该行为的可能性则较小。注意,消极的强化不同于惩罚,尽管这些术语在通常的用法中已经成了同义词。从接受者的角度来看,惩罚被认为是糟糕的后果,而消极强化则可被认为是好的结果。最后一种可能性是,在一种行为之后,什么都没发生,或者至少没有发生与之相关的强化。在这种情况下,个人重复该行为的可能性较小,并将最终完全停止做这件事情。这种行为
342 的终止被称作动力熄灭。

无论一个人正在思考这四种可能性中的哪一种,一个共同的主题,以及强化方法的其中一个关键原则是,无论给予这种行为何种回应,这种回应都应该尽快地紧随行为而发生。如果拖延在行为之后很久才给以回应,这种回应(奖励、清除令人不快的情况等等)可能会被误解,并与其间发生的其他行为产生联系。

强化方法的其他重要因素包括形式、频率和提供回应的基础。关于频率方面,可以在每次行为发生后给予回应(连续强化计划),或者在一定比例的行为发生后给予回应(部分强化计划)。做出回应的基础可以是事件发生的次数(比率计划)或时间段(时距计划)。回应的类型可以是连贯的(固定计划),也可以是随机的(可变计划)。研究显示,固定计划导致较快的学习,但是当计划被废弃时,就会导致较快的不学习和遗忘。相反,可变计划导致较慢的学习,但是一旦行为被学会,当计划被废弃时,不学习和遗忘就会慢得多。

关于强化方法的这种描述,可能使人联想到实验室里正在走迷宫以找到食物或避免点击的动物,而这些事实上正是在实验室中研究强化理论的形式。强化理论应用于管理方面的一个明显和自然的实验是,将薪酬以某种形式与个人的绩效联系起来。这倒不难做到,但是薪酬(工资或薪水)趋向于一年设定一次,并且因为薪级通常由组织政策主宰,很多管理者对其下属的工资仅仅产生部分影响。这在一定程度上就限制了管理者对薪酬

这一激励工具的使用。

刊登于《公共行政时代》的一篇文章界定了薪酬—绩效激励形式下的几个假设。

1. 一个人的绩效可以根据一些标准进行准确或合理地评估。

2. 这个体制能够影响雇员选择留在组织还是离开组织的决定，并影响该体制下的雇员比该体制外的雇员更加努力地为组织工作的意愿。

3. 雇员非常重视工作场所的货币奖励。(Lee 2001, p. 3)

然而，从第一个假设开始，我们就能看到公共组织和非营利组织的管理者将这样一种体制应用于实践时所面临的挑战。正如这位作者发现，"它(基于绩效的体制)可能在私人公司起作用，因为他们有着能够用定量方法评估的清晰的目标(利润最大化)。然而，在大多数公共机构，这似乎并不起作用(Lee 2001, p. 3)"。不清晰的目标，再加上需要在相互竞争的利益团体之间寻求平衡，使得在公共服务提供中建立这么明确的目标是不可能的。

此外，在对新泽西州的公共部门雇员进行的研究中，这位作者发现，供职于公共组织和非营利组织中的人倾向于寻求的不只是财政奖励："如果公共部门的雇员忠于其上司，他或她就更有可能留在这个机构，并且代表该组织做出额外的努力。换句话说，主要的激 343
励因素不是货币奖励，而是雇员间有效的人际关系"(Lee 2001, p. 3)。工薪—绩效可能会提高某些形式的生产率，但不应把它视作是为真正产生高度影响的组织而设的一个台阶。

目标设定　目标设定是另一种激励方法，可以单独使用，也可以与强化技巧一起使用。事实上，你可以用它来激励自己，也可以用来激励他人。目标是一个人力图实现的事务的理想状态，而且，正如研究所表明的，似乎正是设定目标这一行为增加了成功的可能性。但是，从激励影响方面讲，有些设定目标的方法比另一些要好。研究表明，为了达到激励影响最大化，一个目标至少存在8个必要特征。

1. 写下目标，而不只是记在脑海里。在技术意义上，人们并不是"做"目标，而是要实现目标。因此，写目标声明的正确方法是，在动词前加"务必"一词，例如，"务必在5点之前读完这章"。就制定目标的人而言，写下目标能够创造更大的承诺。要忽视它就更难了，看到这个目标不断出现在你的桌上或笔记本里，会使你更难遗忘。写下目标也能方便规划，因为你会有意识地确定为达到目标所必须采取的行动。

2. 相对笼统目标而言，具体目标是更好的激励，因此，一个恰当陈述的目标应该是非常清楚的。例如，几年前在俄克拉荷马州惠好木材公司开展的关于目标设定的现场试验，测试了笼统目标和具体目标的相关影响。试验的对象是将圆木从一个地方运到另一地方的卡车司机。联邦政府设定了卡车载重的安全标准，并且这一数额被视为是卡车的最大载重量，或者说是100%。研究者和惠好公司的管理者注意到，卡车通常仅运输大约62%的载重量。试验的第一部分是，管理人员通知卡车司机，说希望他们每次能够载重多一些，并要他们尽自己最大的努力来达到目标。

接下来的3个月，跟踪卡车司机的绩效调查表明，几乎很少或没有改进(最多1%或2%)。此后，管理人员通知卡车司机，说已经为他们设定了一个目标：每趟运输达到94%的载重量——这是一个比"尽力"要具体得多的目标。3个月后，卡车司机平均每次超过90%的载重量，与管理人员为他们设定的94%的目标非常接近。

卡车司机被告知，载重量虽增加了，但运输趟数照常，不会要求他们比平时多跑几趟，也不会增加工资。尽管如此，卡车司机还是努力实现管理者所设定的目标。行为上的这一明显改变，替惠好公司每年节省了25万美元有余，随后对卡车司机的调查发现，他们几年来一直保持在这个绩效水平上。所以，具体的目标确实能够形成不一样的效果。

3. 判断目标是否实现的方法应被明确地说明。在惠好公司的研究中，在圆木交货点
344 进行卡车称重，这提供了一种精确的方法用于测量他们运输的重量，反过来，也测量了他们离目标有多近。（顺带说一下，这种秤重过程并不是由该试验所加，多年来卡车司机一直将其作为自己工作的一部分而遵照执行。）

4. 目标完成的截止日期或时间应被明确地说明。是否存在最后期限，是任何目标设定实践的重要特征。最后期限刺激行动，最后期限越临近，对行动的刺激作用越大。没有最后期限，目标的紧迫性会模糊不清，并因此产生较少激励作用。例如，在足球比赛的最后几分钟，球员表现异常活跃，因为比分落后的球队面临着要么赢更多比分要么输掉比赛的最后期限。类似的活跃增长，每天在纽约证券交易所的交易期快结束时也会产生。想想你自己的行为，每当考试日期迅速逼近时，你才会开始加强准备活动。

5. 目标应是可及的。不可能的目标通常缺乏激励性，因为，按照对目标的界定，它们是不能被达到的话，那么就没有去尝试的理由了。（然而，如果目标太容易达到的话，也可能会出现问题。）

6. 尽管目标应是可及的，但也应当具有挑战性。对于没有挑战性的目标，实现之后也会少有或者没有满足感。从激励方面而言，最好的目标是那种既能达到又具有挑战性的目标，它可以达到，但却需要付出重大的努力。

心理学家大卫·麦克莱兰（David McClelland 1985）很多年前就证实了这个现象。试验者要求孩子们从各种位置将豆子袋投进一个盒子里，这些位置包括正好紧挨盒子的那个位置。等他们从各种位置投完豆子袋之后，试验者向他们提问，比较喜欢在哪个位置投掷。很少有孩子选择紧挨盒子的那个位置，大部分孩子都选择比较远的位置——一个符合可及和挑战两种可能性的决定。事实上，这些孩子们都在设定自己的目标，并且，他们所设定的这些目标都具有挑战性，但也是可以实现的。

7. 为别人设立目标时，这个目标必须被你为之设立目标的那个人所理解。如果他们不理解这些目标，你如何能期望他们实现目标？正如在如此多的领域中一样，明晰性是极度重要的。

8. 最初，人们认为，如果参与者没有参加目标的设立，他们就会排斥这些目标。后来的研究已经表明，人们非常愿意接受他人为自己设定的目标，例如在惠好公司开展的研究中，卡车司机并没有参与目标的制定。但是，这并不意味着，人们参与目标制定是在浪费时间。在其他事情中，如果真正要努力完成目标的那些人参与了目标制定，那么他们会有更大的机会更加完整准确地理解这些目标。虽然人们也许愿意接受他人制定的目标，但如果他们也参与其中，也许会有更大的激励作用。

管理者经常担心让下属参与决策，包括关于目标和目标水平的决策。有项研究对相同事情的两种目标进行了比较，一种是由管理者为其下属制定，一种是由下属们自己设定，该研究表明，下属们设定了更加高难度的目标（Hitt, Middlemist, & Mathis 1983, p. 289）。尽管这可能不会一直发生，但它却是一个有趣的发现，支持了让员工参与目标设
345 定过程的主张。

个人决策

人们可能会说，决策是最普遍的管理活动，因为它涉及管理的其他所有功能。如果没有决策，那么规划、控制、人事、指挥、组织或执行任何性质混杂的管理功能都是不可能的。所有管理都包括或明确或暗示的决策。我们将对个人层面的决策进行讨论，并对决策应当怎样制定以及事实上是怎样制定的几种模式进行探讨。

关于决策的理性程序，已经展开了大量的研究，我们讨论的研究当中，有些是从理性决策分析的角度而言的。在其最纯理论的形式中，理性决策模型建议了如下几个步骤：

1. 找到一个决策的契机（“决心做决定”），然后用可能的最佳方式确切地阐述这个问题。

2. 形成尽可能多的备选方案。

3. 选择最能使我们达到目标或标准的那个备选方案。

从本质上讲就是，分析问题，归纳备选方案，然后从这些方案中进行选择。出于目的考虑，理性决策模型最重要的环节是在决策之初——意识到有问题存在并准确地界定出来。如果你都没有意识到问题，你就不会开展下面的环节以解决问题，那么你解决这个问题的几率显然很低。（然而，这个可能性并不是零，因为有些问题有时会碰巧得以解决。）即使你意识到有问题存在，但若你没有准确地找出这个问题，你解决这个问题的几率也不会增加很多。你如何界定境况，是你自己对现实理解的结果。人类需要了解事物的意义。我们不能很好地容忍混乱，因此，对境况持续不断地进行界定和再界定，从中找到自我的价值。除了对了解事物意义的需要之外，界定境况是非常重要的，因为它是我们行动和决定的基础。所有心智健全的人的行为方式都会与其对境况的界定相一致。

谈及问题的解决，如果不能对问题进行正确的诊断（即，对情境的不正确判断），导致的结果将是灾难性的。其中一个很好的例子可从20世纪60年代早期的冷战时期窥见一斑。冷战期间，美国和它的同盟国安装了远程雷达系统，用以监测苏联和预警来自苏联的任何导弹或炸弹袭击。该系统安装后不久，英国的雷达安装指挥官在观测站屏幕上发现了一组图像，看起来似乎是苏联正在对美国进行大规模的导弹袭击。这位指挥官的职责是判断这个情报，将其汇报给华盛顿，然后附上一份建议以及对这个情报的准确性评估。

显然，因为导弹运行速度相当快，这位指挥官没有大量时间来细想当时的情况。但是，作为一个冷静镇定的人，他在做汇报之前思考了几分钟。他想到，赫鲁晓夫（当时的苏联总理）那天正在纽约市向联合国发表演讲。他认为，这不太可能是苏联袭击的时刻。他 346
也想到了这个雷达系统是新的而新系统有时会有“漏洞”这个事实。综合所有这些因素，他做了一份报告，报告中包括了他对于屏幕上的这个情报相对较低的信心。他声明，他相信是该系统某个地方出现了故障，并建议说这些雷达图像不应该被解释成是对美国的袭击。显然，他是对的；苏联没有发动袭击。但是，实际发生的事情是什么呢？

后来证明，这些雷达如此强大，以至于它们播送的放射线当中有些远及太空。该系统顺利运行了大约一周时间，但是当时月球进入轨道位置并被一些放射线击中，这些放射线被反射回到雷达天线，形成了屏幕上的图像，看起来非常像一组发向美国的导弹。该雷达系统的计算机并没有过滤来自月球反射回的放射线的程序设计。

这位指挥官面临这样一个决策问题：解释图像并作报告。他有两种解释，一种是苏联发动了第三次世界大战，另一种是他的系统出现了故障。其中一种断定可能真的会引发第三次世界大战，但是另一种断定可能阻止那场灾难。因此，你可以看到，在问题解决的情境中，正确识别问题为什么是至关重要的。

理性决策模型通常被视为人们真正做决策的方式（或者说，至少是他们应该的方式），这在一定程度上可能是对的。同样清晰的是，在很多情况下，问题的解决方案都以大不相同的方式抵达。理性的问题解决过程基于这样一个经济假设：人们做选择（即，决定）时，试图实现结果最优化。理论上，人们选择一个标准，比如收入或利润，然后从那个标准角度评估所有的备选决策，最后，选择将导致最优结果的那个备选方案。

正如我们在第5章中所讨论的，赫伯特·西蒙在他关于组织决策的研究中发现，理性模型很少描述出现实生活中人们解决问题或制定决策的行为。西蒙认为，在大多数情况下，结果最优化简直是不可能的，他还就为什么通常是不可能提出了一些理由（Simon 1957，p. xxvi）。西蒙所指出的所有理由，加总起来就是人类在获取和处理信息方面的能力限制。大部分决策都有时间限制，但可用于收集信息的资源却只有那么多。此外，相对于其他问题而言，我们可能更加关心某些问题，因此，我们解决问题的动力会有所不同。相比较其他问题而言，我们愿意在一些问题上花费更多的脑力和体力。

虽然，关于任何问题，我们都能获得无限信息，但是，对于在给定时间内我们能够处理多少信息，还是存在着认知限制。此外，尤其是在管理环境中，我们很少能够奢望一次只需处理一个问题的情况。别的问题也在分散我们的注意力、时间和精力，这进一步加重了我们的认知限制。

综合考虑所有这些限制，西蒙认为，人类尽力做到理性，但是他们只能在某些限制或范围内做到理性。西蒙所主张的“有限理性”（参见第5章）建议，应该对选择进行评估，但是只能在这些限制的范围之内。这形成了“令人满意的”评估标准，而不是最优化的评估
347 标准。

令人满意的决定，指的是仅仅在某些标准方面是“足够好”的决定。有限理性导致令人满意的决定，这个过程在其纯理论化的形式中是这样运行的：当某个人面临一种必须做决定的选择情境时，这位决策者不是试图收集所有可能的信息，制定所有可能的备选方案，然后选择可能产生最优结果的那个方案，而是（从某种标准角度出发）决定哪个层次的结果将是令人满意的或者“足够好”的。然后，他每次检查一个选择方案，并选出最等同或超过最低标准水平（“足够好”）的那个方案。该过程在这一点终止，这个选择于是成了决定。不会再尝试检验其他可能更好的选择。

人类在力图实现最优化方面的差异表明，在满意和最优化之间存在一个连续体。但是，西蒙的著作建议，大多数决定和大部分时间，都应该落在这个连续体上更接近满意的这端，而不是最优化的那端，即使我们是在做重要的（可能成本很大的）的决定。例如，市场调查显示，人们不是在购买一辆新车之前而是在那之后，找出他们所需的有关这种新车的最多信息。

因此，理性决策过程可被认为是一个规范模型，它告诉我们为了做出更好的决定应该要做什么，但它并未给予我们关于人类实际如何决策的准确描述。因为我们往往倾向于对一个修订过的、更有限的程序版本表示满意，而不是使之最优化，这个满意模型提供了

更加准确的描述。因此，我们可以称之为描述性模型，它描述的是事情事实上怎样发生，而不是应该怎样发生。考虑到管理工作的实质，满意也许是管理者应对每天不断涌现的问题和选择情境的唯一方法。

有趣的是，另外有个公共部门的决策模型，声称自己既是规范性的又是描述性的。查尔斯·林德布洛姆(Charles Lindblom)的渐进决策模型认为，大部分政府决定（和其他决定）通常始于对目前情况的分析，然后再逐渐偏离那个位置。例如，在证明某些新项目时，管理人员经常谈论如何在目前优势上"构建"一个新想法。该模型的这种描述方面听起来有点耳熟。但是，有趣的是，林德布洛姆也主张，渐进模型可能也是规范性的：因为渐进的提议都集中于众所周知的经历，它们减少了等待考虑的备选方案的数量，因此降低了手头问题的复杂程度(Lindblom 1968，p. 27)。

群体动力学

有时候，个人单独行动，做出了大多数的组织决定，但是，有时候是两个或更多的人联合力量，一起解决一个问题或者做出一个决定。已有研究表明，有时候应该由一个群体来做决定，群体决策能够产生特定优势，但是也同样存在不足。类似的，关于群体动力的研究已经建立了相当有预见性的互动模式。 348

群体决策的优点

俗语说道："三个臭皮匠，胜过一个诸葛亮"，也许是因为三个臭皮匠比一个诸葛亮拥有更多的信息。将任何两个人放在一起，一个人知道的事情，另一个人未必知道，这样的情况很有可能发生。组建一个五人或六人的团队，就会有更多的可用信息。我们已经看到，形成备选方案是理性决策程序的基础步骤之一，即使是在令人满意的情况下也是如此。因为一个群体中会有更多的信息，所以更有可能形成比单个决策者能够形成的更多的解决方案。但是，只有在这个群体得到了恰当管理时，这些优势才能显现。

群体也能从协同作用中受益：整体大于各部分之和的观点。协同作用能够发生于一个团队之中，但它是一种不易制造的珍贵商品。思考以下案例。

三个人聚到一起共同解决一个问题。鲍勃提出了一个方案，艾伦提出了一个不同的方案。贝蒂听着这两个提议，想到了一个用一种全新的方法解决该问题的主意。这个主意体现了之前并未出现在该群体中的一些新东西。如果在讨论之初就能对这个群体中的信息进行量化，那么总体信息就会等于个体成员所拥有的信息总和。因为贝蒂的新主意——一个被群体讨论激发的新主意——如今这个总量大于了单个部分的总和

我们想要做的不只是做一个好的决策。决策过程的最后一步通常都是执行。如果决策制定者就是决策执行者，那么对该决定的责任感应该有助于执行。研究也表明，随着网络变得更加分散，对群体及其程序的满意度增加。满意感与责任感并不是完全相同的一件事情，但是，两者密切相关。在大多数情况下，随着决策参与的增多，对最终决定的责任感也应该增强。

你会怎么做？

你负责领导一个由十二个成员组成的任务小组，每个成员都是因为他或她在该领域的显著专业技术而被选出。他们来自一些不同的专业领域，是你的组织可用的“最优秀最聪明的”专家。然而，随着会议的进展，你意识到，虽然他们都是非常聪明的人，但是他们当中有很多人的世界观都比较狭隘，并且几乎都藐视任何持不同观点的人。你认识到，除非做出一些改变，否则该任务小组无法实现其目标。你会怎么做呢？

群体决策的一个有趣产物——风险转移——可能既是优点又是缺点。风险转移指的是，相对于由群体成员单独做出决策的平均风险而言，由群体做出同样这些决策将有多冒
349 险。人们最初认为，群体总是会比个体成员做出更具风险的决策。然而，随着更多研究的开展，人们发现，有时候转移在相反方向上起作用：团队有时候做出的决策，比成员单独工作所做出的决策具有较少的风险性。

有时候，一个大胆的决策会产生更好的结果，但是有时候，它会使情况更加糟糕。因为关于更为保守的决策，也同样可以这样说，两难困境体现在，往往不可能预知到，到底是更保守的决策还是更冒险的决策能够产生更优的结果。我们最多只能说，相对于每个成员单独行动所做决策的平均风险，群体决策通常要么更加大胆，要么更加保守。

群体决策的缺点

伴随着群体决策的优点，存在一些潜在的问题。导致人类“有限理性”的其中一个明显限制，就是时间限制。时间不仅限制了个体决策者获取和处理信息的努力，还限制了群体做决定的可能性。一般而言，在同样问题上，群体决策的耗时要长于个人决策的耗时。因此，时间成了管理者运用群体决策的能力的一个重要限制。

另一个限制可能是成本。即使群体决策和个人决策的速度相同，群体决策的成本仍然更高。试想在一个组织中，如果一名决策者的工资是每小时 100 美元，他做出一项决策需要花费一个小时；如果一个有着 5 位管理者的委员会，每位管理者的工资也是每小时 100 美元，他们达成一项决策也需要花费一个小时，那么，对于该组织而言，采用个人决策的成本是 100 美元，采用委员会决策的成本是 500 美元。

群体决策的另一产物是群体思维，它是协同作用的反面。如果协同作用指的是整体大于各部分之和，那么群体思维使得整体（这个群体）小于各部分总和。群体思维首先被艾尔文·贾尼斯（Irving Janis）定义并分析为“每当人们深度卷入一个富有凝聚力的内部群体，每当成员们为一致通过的努力压倒了他们对备选行动方针进行切实评价的动力，人们就会从事的一种思维模式”（Janis 1983）。因为这个群体的凝聚力是非常强大，所以更多地强调一致性，而不是强调做出好决策。

贾尼斯指出了受害于群体思维的那些团队的特点，并警醒管理者要慎重阐释群体中这些特点的存在。例如，经历群体思维的团队都有一种道德幻觉，认为，不管自己团队的立场是什么，但是相对于其他个人和群体的立场而言，自己团队的立场天性就是合乎伦理和道德的。这种群体还对其他个人和群体抱有成见，经常将局外人视为“敌人”和差异悬

殊而不能与之协商的人。群体思维往往产生刀枪不入的错觉，使得决策风险看起来比事实上要少。合理化是一种被普遍运用的方式，用于抹杀对群体或其决定做出的批判信息，并且经常有针对不同意见的自我检查，最大限度地减少群体所面临的批判或不同意见的数量。一股强大的从众压力渗透整个群体，并进一步向群体成员施加压力以使之同意这 350
个主导地位。最后，无异议的错觉导致这样一种信念，即群体中的每个人都对群体的决定和判断有信心。显然，受群体思维蒙骗的团队之建设能力是受限的。

群体思维已经被用于某些情况下的错误决策过程，例如猪湾事件[①]、水门丑闻以及“挑战者号”航天飞机失事。[②] 在“挑战者号”失事中，总统委员会对该事故进行了调查，发现决策失误是其主要原因。穆尔黑德等人(Moorehead，Ference and Neck 1991)对有关人士的证词进行分析后发现，该情况拥有很多与群体思维有关的特点。例如，委员会发现，那些声明由于美国国家航空航天管理局(NASA)历史上的卓越成功而表现出强烈的过分自信。尽管在最后的发射审批程序期间，有工程师预计关键的接合处会失效，但是飞行中心的官员不但不全信这一分析，还辩称这些结论是错误的或者值得怀疑的。国家航空航天管理局高层有两三个官员固执己见，并且就别人的看法给予了批评，尤其批评了那些警告过他们有关发射程序危险的工程师。异议者被迫要么改变主意要么保持沉默。出于这些原因以及其他问题，发射获得授权，后来航天飞机爆炸，7名宇航员全部遇难。

群体中的人际动力学

人际间的关系影响群体或团队的工作。为了阐明可能出现的问题，设想一下，互相鄙视的两个人被分派到同一个委员会。显然，相对于对彼此不带感情色彩或者彼此喜欢并相互尊重的两个人而言，这两个人不可能像他们那样在一起工作得很好。即使冲突没有表现出来，私人恩怨可能促成一种“隐蔽的议程”，在这当中，对行动进行更直接地激励的，是私人拥有的目标和优先权，而不是公然和公开声明的理由。显然，隐蔽的议程的运作对群体造成了干扰，并且削弱其效力。

但是，群体中的人际动力在运行中比这些例子所暗示的要更加微妙和复杂(Gardner 1974，pp. 8—11)。例如，群体常常遵循一种相当有预见性的发展模型。典型地，在群体工作开始之初，其成员都高度依赖群体的领导者。他们要求方向指导，如果没有得到的话，他们就会非常沮丧。然而，如果领导者允许群体成员变得过分依赖，这在长期看来会严重影响群体的生产力。通过将问题抛回给群体成员以寻求输入，领导者可以抵制依赖。

然而，通常随之而来的是一个反依赖的时期，在这个时期，成员们可能会表现出对领导者的敌视。尽管仍然想要某种方向指导，群体成员们现在也正有着独立的需要，就像青少年可能对他或她的父母同时有着爱恨两种感情一样。反依赖看起来尤其可能出现在独裁的工作环境中，在这种环境中，成员的行动受到过分严格的管制。

---

① 猪湾事件是指1961年4月17日，在中央情报局的协助下逃亡美国的古巴人，在古巴西南海岸猪猡湾(科奇诺斯湾，Bahia de los Cochinos)，向菲德尔·卡斯特罗领导的古巴革命政府发动的一次失败的入侵。——译者

② “挑战者号”航天飞机失事于美国东部时间1986年1月28日上午11时39分(格林尼治标准时间16时39分)发生在美国佛罗里达州的上空。这次灾难性事故导致美国的航天飞机飞行计划被冻结了长达32个月之久。在此期间，美国总统罗纳德·里根委派罗杰斯委员会对该事故进行调查。罗杰斯委员会发现，美国国家航空航天管理局(NASA)的组织文化与决策过程中的缺陷与错误是导致这次事件的关键因素。——译者

另一方面，在一个让成员感觉可以公开表达自我以及观点而无须担心遭到报复的群
351 体中，可能会形成相互依赖的情感。在这个阶段，群体成员意识到他们有着共同的目的，因而对彼此更加信任和尊重。当一个群体达到这个阶段，它就可能具有最大的效力。

随着群体经历了这些发展阶段，就可能发生某些特定的行为类型。在群体发展早期，一些成员可能试图逃离，从群体工作中实际逃脱，或者通过沉默、无关的言论或自我服务的言辞逃离。大多数逃离行为都是在含蓄地试图表明，除非领导者满足群体成员对于确切方向的需求，否则他们什么大事都不会做。在反依赖阶段，成员们也许会从事反抗行为或结派。当然，以某种象征性的形式与领导者对抗，是一种相当直接的反抗行为；结派或者分裂成小团体或同盟显得有些更加微妙，但它表达了同样的情绪。

最后，随着群体达到互相依赖的阶段，该群体的实际工作就会以合乎情理和令人满意的方式得到完成。在这个阶段，各种领导职能必须得到充分运用，以维持该群体的效力（参见专栏 9.4）。这些职能可以单独由一人执行，典型的是组织的正式领导者，但是，它们也可以由活跃于该群体发展不同时期的各个不同成员来执行。无论在哪种情况下，如果你希望帮助组织实现其目标，你就应该同时关注群体发展的阶段以及各种领导职能执行的程度。

专栏 9.4　群体动力学中的领导角色

1. 协调者角色。与所有成员就会议、议程、任务、程序以及类似的问题进行交流；充当群体所有成员的信息交流中心；充当群体与其他群体或外部人士的联络人。

2. 促进者角色。为群体工作制定程序和框架；协助成员界定问题，确定议题，总结进步和协同工作。（这个角色包括尽可能减少对群体任务的直接影响。它集中于建立一种人际关系网，以帮助成员为解决问题而共同工作）

3. 培训者角色。向群体成员教授解决问题的方法；给群体成员提供从他们自身经验中学习的方法；为群体成员的培训安排外部顾问。

4. 观察者角色。对群体正如何发挥功能保持警惕，尤其警惕那些尚未实现的功能；针对群体发挥功能的过程，向成员汇报进展情况；向成员展示进行变革可能促进其工作的那些领域。

5. 空白填补者角色。完成那些尚未被他人运用的职能，尤其是总结、澄清、综合或促进妥协的职能。

6. 监督者角色。一旦群体已经就要遵循的程序或问题的解决方案做出决定，就要确保提醒群体自身的责任、功能以及执行决定所必需的分派任务；向成员提供预算、议程、任务表和日程副本，确保他们能够按计划完成工作。

资料来源：摘自 Ernest Stech and Sharon Ratliffe, *Working in Groups* (Lincolnwood, IL: National Text-
352 book Company, 1976), pp. 220—221。

群体决策的专门技术

头脑风暴法是一种用于加强决策过程中备选方案产生比例的技术。宗旨是形成尽可

能多的关于问题的想法，尽管对每个想法都暂停评判。摆在群体面前的任务是，形成对问题的看法，甚或问题的解决方案，并且越多越好。

任务一旦被公布，群体成员就开始提出自己的观点。每人都口头说明自己的观点，另有人负责将每个观点都记录在黑板或挂图上，以供所有人观看。在头脑风暴过程中，不允许对观点进行任何评价。这个过程会一直持续，直到所有人都表达了自己的观点，或者领导者感觉这个会期已经足够长时。这样做的目的是将不同成员所持有的信息引发出来，并且通过刺激新观点来鼓励协同作用。

尽管头脑风暴法有助于丰富决策过程中备选方案衍生比重，但是名义群体法同时生成备选方案和解决方法。这种设计的主要目的是为了避免群体思维。名义群体法是一种面对面的会议，只允许与会者之间非常有限的互动。但是，不像头脑风暴一样，问题一提出，就期待整个群体就如何解决该问题做出决策。问题被提出后，每位成员单独写下他或她能够构建的尽可能多的解决方法。当每个人都写完之后，领导者将这些解决方法收集起来。房间里的每个人都要提出一种解决方法，直到所有可能的解决方法都被听到。

在解决方法被提出时，一边对它们进行公开记录，通常是再次被记录在黑板或挂图上。如果其他成员不理解某个方案，他们可以提出问题，要求清楚解释这个方案，但是只允许就方案细节进行提问。成员们不能辩论某些特定方案的优点。在展现了所有方案并回答了所有问题之后，该群体通过书面投票的方式做出决策，通常采取无记名投票。每个成员将不同方案按照由好到差的顺序进行排序。选票上无须有任何确认材料，这个排名被直接提交给会议领导者。由领导者或另外某个协助领导者的人将选票进行列表，得到最高平均偏好的那个方案成为群体的决定。

质量圈是最复杂的群体决策专门技术，因为它们与决策过程中的每一步骤都确切相关，从确认问题的存在贯穿到方案的实施。质量圈也可以与诸如头脑风暴法等其他专门技术合并使用。

既然我们已经讨论了群体决策的优点和缺点，那么，我们如何知道什么时候使用群体决策而不是个人决策呢？

参与群体决策

弗鲁姆—耶顿的决策参与模型聚焦于管理人员对有关下属应当在多大程度上参与制
定一个具体决策的决定（Vroom & Jago；Vroom & Yetton 1973）。支持该模型的研究当 353
中，给人印象最深刻的是一项对200个实际管理决定进行的调查。管理者把做决定作为其工作的一部分，并且不借助该模型；在那之后，才把该模型应用于确定各种决策参与类型的有效性。

弗鲁姆和他的助手对这200种决定进行了界定，并收集了关于下属参与各个决策的数据。研究者也收集了关于各个决定具体结果的信息，各个决定是否产生了成功的结果。下属参与水平跟弗鲁姆—耶顿模型所建议的水平一致的那些决定，有68%的结果被判定是成功的（记住，在做决定的当时，这些管理者对该模型还一无所知）。下属参与水平没有达到该模型所建议的水平时，只有22%的结果被判定是成功的。

这是一个显著的不同。无论是从相对方面还是从绝对方面而言，将下属参与程度与该模型所推荐的程度相符合的管理者，都取得了极其良好的效果。相对而言，这些结果有三倍好。绝对而言，68%的成功是卓越的，因为决定是否会产生良好效果的，是怎样做决策之外的一些因素。我们并不期望某个决策方法能够百分之百地每次都产生成功的效果，所以这项研究的结果给人印象相当深刻。

弗鲁姆—耶顿模型包括对各种决策参与水平的选择，这不仅仅是在某一个人和整个群体之间进行的选择。这两个备选方案形成了一个有其他一些参与水平介入其中的连续带。诚如弗鲁姆和耶顿对它们进行的定义，沿着这个连续带存在5种参与水平（参见专栏9.5）。弗鲁姆—耶顿模型还表明了在某种特定情境中适合哪种参与水平。（请注意，对于某些情境而言，有2种或更多种参与水平同样可能产生导致成功结果的决策。）

为了使用这个模型，你必须懂得：(1)如何界定不同情境，(2)如何将情境与适当的参与水平相匹配。这两个问题都是通过结合两种工具的运用来解决的：专栏9.5中所列的备选行动方针组合和图9.1中所列的决策树。

专栏9.5 备选行动方针

符号 **定义**

AI 运用当前可得的信息，单独解决问题或做出决策。

AII 从下属那里获取任何必要的信息，然后由你单独决定问题的解决方案。
关于你发问的目的，你可以告诉下属，也可以什么都不说；关于你正处
理的问题或决定，你可以提供信息，也可以只字不提。他们所提供的信
354 息，显然是在回应你对具体信息的需求。在问题的界定或者备选方案
的形成或评估中，它们并不起作用。

CI 与相关下属单独讨论这个问题，从他们那里获取想法和建议，但不把他们作为一个小组召集在一起。然后，你单独做决策。这个决策可以体现，也可以不体现下属的影响。

CII 与下属在小组会议上共同讨论这个问题。会上，你获取他们的想法和建议。然后由你单独做出决策，这个决策可以体现、也可以不体现下属的影响。

GII 与下属结成一个小组共同讨论这个问题。你们共同产生和评估备选方案，并力图在解决方案上达成一致（共识）。你的角色非常类似于主席的角色：协调讨论，使讨论聚焦于问题之上，确保有争议的问题得到讨论。你可能为小组提供你的信息或想法，但是不会试图“压迫”他们采纳“您的”解决方案，你很乐意接受和实施整个小组所支持的任何解决方案。

资料来源：复制自 *Leadership and Decision-Making* by Victor H. Vroom and Phillip W. Yetton © 1973 by the University of Pittsburgh Press。

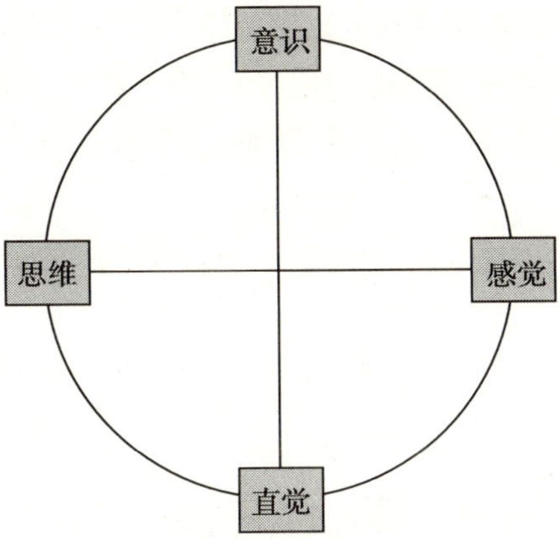

资料来源：复制自 *Leadership and Decision-Making* by Victor H. Vroom and Phillip W. Yetton © 1973 by the University of Pittsburgh Press。 355

图 9.1 治理群体问题的决策树

这个决策树也许看起来有点复杂，但它应用起来实际上非常简单。让一个人从回答问题 A 开始（所有问题都必须回答成“是”或“否”；“也许”或“有时”的回答是不允许的），基于这个回答，继续进行问题 D（对问题 A 回答“否”的）或问题 B（对问题 A 回答“是”的）。这个人继续回答决策树所提出的问题，直到抵达终点。

每个终点都被标上数字，在每个终点后面都列有一组参与水平。这些都是可行的集合；一个可行的集中罗列的参与水平，导致成功结果的可能性是等同的。然而，这并不意味着，在可行集内做出一种风格优于另一种风格的选择，是毫无理由的。按照使用这些风格达成一项决策将花费的时间量，对这些决策风格进行排序安排。最先列出的类型是最快的，然后是第二快的，以此类推。在大多数情况下，人们应当在可行集中选择最快的那种风格。

其次，沿着这条路径抵达终点的那个问题的答案，作为对该境况的界定，并由可行集中所指明的参与水平提供关于恰当参与水平的指导。尽管这里是以简化的形式呈现，这个模型最初可能还是显得有点麻烦和复杂，但是运用几天之后，管理者似乎都能脱离后续提示而自己操作了。

冲突、谈判和协商

在公共组织和非营利组织中，不可避免地会出现差异和冲突。但是正如理查德·博克斯（Richard Box）所解释的，找到一种能够公正解决差异的方法，是一项重要的人际技能，可以打开通往更多市民驱动的治理的大门。“对于当选领导人和公共服务实践者而言，这意味着对变革的一种弹性态度，蜕去了关于个人地盘的保护情结，并乐意就共同体面临的问题进行公开对话”（Box 1998，p. 12）。

哈佛谈判项目的罗杰·费希尔（Roger Fisher）和威廉·尤里（William Ury）（1981）已经表明，协商是一个自然过程，当两派有着某些共同利益，但又与其他派系相对时，这两派之间就会发生协商。协商通常迅速地朝向一派或另一派所持有的立场。例如，一个工会 356
代表要求 10% 的增长，但是城市协商者认为只有 2% 的增长才有可能。迅速转向某一立场并使之变得苛刻和坚定，这样做不仅会导致不良后果，还会损害这两派之间的持续关系。立场性谈判似乎将参与者转向两种当中的其中一种姿态：强调持续关系并寻求在参与者之间达成一致的软姿态，或者假定敌对关系，并假定这种关系中的各方都寻求战胜对方的硬姿态。

你会怎么做？

你有两个采购部门，一个负责商品采购，另一个负责服务采购。随着时间的推移，这两个部门的负责人已经形成了激烈竞争，并且日益恶化。他们基本上处于战争状态，每个场合都会进行相互诋毁。他们迫使你陷入必须选择站边的境地——你并不想这样做。那么，你会怎么做呢？

费希尔和尤里提出了一种被称作“原则谈判”的替代方法。原则谈判基于谈判的四种要素：人、利益、选择以及解决方案的标准。从这些要素中产生了四项准则（参见专栏 9.6）。

根据费希尔和尤里的观点，相对于更加传统的谈判模式而言，遵循这些准则所形成的谈判解决方案，能够更加公正并且更有可能形成持续有效的工作关系。记住，从决定去看哪部电影到解决战争与和平的问题，在各种情况下都会发生协商。然而，同样的一般准则可能应用于各种协商，以产生更加有效和负责的解决方案（Fischer & Ury 1983）。

当前，公共组织和非营利组织的管理者已经采用了替代性纠纷解决体制（ADR）。ADR 可以被认为是正式裁决以外的任何冲突管理策略。这些方法涉及预防措施，以及诸如法院的调解和仲裁等更加正式的方法，预防措施方面，包括建立共识以及在人际（和组织间）关系上设置明确的参数（Constantino & Sickles-Merchant 1996）。

网络链接

想了解有关冲突解决方案的信息，可以访问冲突解决中心网站：www. crnetwork. ca，全国社区调解协会网站：www. nafcm. org，或者伊利诺伊州替代性纠纷解决制度分析中心网站：www. caadrs. org，该分析中心提供了 ADR 在州层级的具体例子。

专栏 9.6　成功谈判的准则

1. 对事不对人；
2. 强调利益，而不是立场；
3. 决定行动之前，创造各种可能性；
4. 确保结果基于某种客观标准。

357　资料来源：摘自 *Getting to Yes*. 2nd ed. by Roger Fisher, William Ury, and Bruce Patton, 1981, 1991。

小结与行动启示

领导涉及的不只是权力和控制。为了领导他人,你必须首先了解自己。因此,认识你自己,是你在公共组织中有效且负责任地行事的必要先决条件。此外,如果你达到这种程度,即能够了解你自己、你的优势和劣势、你的欲望和沮丧,那么,你就能更加有效地与他人合作。虽然权力也许是一种资源,但是领导能力更有可能从理解团体的当前需要、阐明团体希望遵循的方向或愿景、激励团体行动的能力中产生。毫无疑问,领导需要社会或人际交往技能,但是它建基于情性理解、表达团体渴求的能力,以及承担与变革相关的风险的信心之中。

你拥有的所有知识、价值观和技能,在行动那一刻都会表现出来。无论你是管理者还是政策分析师,或是公共组织中其他某个职位上的人员,你在"真实世界"中有效且负责任行事的能力将决定你的成功。你的行动往往发生于社会环境之中,并且需要与他人合作。尤其是在领导职位上,你几乎要连续不断地与他人进行互动,因此,无论你知道多少,也不管你的价值观有多么正确,如果你不能很好地与他人合作,那么,你的有效性就会受到限制。

今天,我们意识到,人际关系技能,像其他技能一样,能够随着时间的推移而得到发展和提高。就像艺术家或运动员能够提高熟练度一样,你也可以提高自身在交流、授权、谈判和群体动力等领域的技能。如同在其他领域一样,提高公共管理技能的关键是反复练习,同时进行自我反思和自我批评。

例如,如果你想成为一个更好的沟通者,你应当寻求与他人练习沟通的机会。寻找演讲的机会;练习带有特殊专注和敏感的倾听;努力提高写作技能。在练习过程中,你要有意识地注意自己和他人的反应。回顾你的成功和失败,并从中汲取经验教训。随着时间的推移,你会提高自身的技能并发现自己更加富有成效。

在本书中,我们描述的公共管理涉及认知的、概念的、技术的和人类的技能。然而,在行动的时候,这些领域不能被单独分开。事实上,你在行动时整合知识、技术和互动技能的能力,会决定你在大多数情境中的成败。公共管理可以被抽象地研究,但是,它必须生活于现实世界——一个有压力、复杂和不确定的世界。很少有其他领域,需要整合这么多方面的人性。但是,正是这种高难度使得公共服务如此具有挑战性和有益性。

术语与定义

头脑风暴法(Brainstorming):用于加强决策过程中备选方案产生的比例的一种技术。

授权(Delegation):对他人进行的任务分派。 358

隐蔽的议程(Hidden agenda):私下持有的目标或优先权。

名义团体(Nominal group):只允许在与会者之间进行有限互动的一种面对面的会议。

权责相等原则(Parity principle):主张个人应当拥有等量职权和职责的思想。

风险转移(Risk shift):群体决策的冒险性与每个成员单独进行同样决策的平均风险

之间的差异。

角色模糊(Role ambiguity):当工作的权利和责任没有得到清晰理解时所发生的一种现象。

角色冲突(Role conflict):当一个人面临两组不同的且不相容的指令时所发生的一种现象。

满意决策(Satisficing decision):从某种标准而言刚好是"足够良好"的决策。

支持系统(Support system):人际网络,人在其中能够谈论问题。

双因素理论(Two-factor theory):包括工作满意感和工作不满意感两个变量的激励模型。

思考题

1. 有效倾听的七项基本原则是什么?
2. 为什么说演讲是一项重要的人际技能?
3. 试讨论有效写作交流的"六C"理论。
4. 管理可以被定义为"通过他人使事情得到完成的过程"。试讨论授权和激励是如何能够使管理发生的。
5. 试解释强化理论及其四个基本情况或结果。
6. 目标设定是另一种激励技术。试讨论一种能产生最大激励效果的目标应该具备什么样的特征。
7. 理性决策具有哪些特征?

359 8. "原则谈判"的要素是什么?

9. 试讨论群体决策的优点和缺点。
10. 试阐释管理组织动力的基础。
11. 试对各种群体决策技术进行界定和讨论。

案例与练习

1. 虽然权力不应被等同于领导,但它对公共管理者而言无疑是一种重要的资源。为了对权力的一些类别进行说明,回想一下,过去一两周你上课时所参加的各种团体和组织,然后回答以下问题:

a. 在此期间,哪两三个人对你施加了最大权力?

b. 在此期间,你对谁施加了最大权力?现在,回到图9.1"社会权力的基础"。他人对你施加的那些权力的基础是什么?你怎样才能最有效地在你所属的团体和组织中建立你的权力基础?

2. 第1章列举了由美国人事管理办公室开发的管理技能。那张列表的一部分重新出现在这里。浏览该列表然后评估你各项技能的发展水平。你可能需要通过与熟悉你并且已经见过你在团体和组织中的表现的那些人进行交谈,才能来证实你的评估。在认识到自己的技能发展水平之后,请尽力找出将有助于提高你在某些工作领域中的技能的那些活动（上课、研讨会、朗读等等）。

有效管理的“方法”特征

广阔的视野：开阔的、长远的眼光；平衡短期考虑和长远考虑。

战略眼光：收集、评估、分析信息；诊断；预期；判断。

环境敏感度：与机构及其环境“保持协调”；意识到非技术因素的重要性。

领导：个人；团体；领导、管理和接受责任的意愿。

灵活性：对新信息持开放态度；行为的灵活度；容忍压力、模糊性和变革；革新。

行为导向：独立，积极主动性；预测风险；问题解决；果断。

注重结果：关注目标实现；坚持到底，坚韧。

交流：演讲；写作；倾听。

人际敏感度：自我认知并意识到对他人的影响；对他人的需求、优点和不足的敏感性；谈判；冲突解决；说服。 360

技术能力：专业的技术知识（例如，工程学、物理科学、法学、会计学，社会科学）。

3. 将班里的同学分成三组，每人轮流从以下的列表中选择一个话题，然后开始与自己的组员进行对话。请遵循有效沟通的原则。

a. 你想去墨西哥海岸的一个小岛度寒假，但你资金不够。为了这次旅行，你至少需要借 300 美元。你非常确定，3 个月后你能还清。

b. 你正与两个和你一起做某个课程项目的同学交谈。事实上，问题是他们一直都没有做！你不得不做点什么让他们忙起来，否则你们的成绩将会受到影响。为了毕业，你的这门课程至少需要得到“B”。

c. 过去两年来，你一直在为你们社区的无家可归者开展工作。下周前往华盛顿的事项已经被提上日程，已经包了一辆大巴来把这些人从你们社区送到华盛顿，每人的费用是 83 美元。问题是除非你能再找到 2 个人，否则这辆大巴不发车。你想说服你的两个朋友和你一起去。

4. 设想你是州政府社会服务部部长的行政助理。部长很有兴趣开始一项新的战略规划过程，并想给这个部门的所有管理者和雇员都发封信，以描述这个过程并争取他们的支持。你已被指派负责这封信的起草。运用第 6 章关于战略规划的信息，起草一封得体的信件。

班里每个人都写好信后，拿出来互相交换着看，然后让每封信都至少由一名其他学生进行分析。你们的分析应当考虑到这种情况的具体细节（应该说什么，应该说多少，应该怎样说）以及本章列举的更具一般性的有效沟通的六 C 原则。

5. 将班里同学每三人一组地分成几个小组。每个小组中选出一人扮演管理者克里斯，另一人扮演雇员布赖特。（每个人只能读他或她本人的角色描述，不能读别人的。）每个小组的第三个人应当观察克里斯和布赖特的讨论，然后对其所运用的激励策略进行点评。情境开始于布赖特走进克里斯的办公室，然后说，“听说您找我。”

克里斯：你今年 28 岁，最近从东部一所相当有名气的学校拿到了公共管理硕士学位。你已经在联邦政府工作了四年，迅速地从总务管理实习生升到你现在的位置，负责监管一个为工业制作健康和安全手册的小单位。布赖特已经在这个机构担任了 23 年的设计专

家。在你看来，布赖特在这23年期间做得非常出色。然而，在你来到该机构的这几个月
361 里，你注意到布赖特的工作在数量和质量上均有明显下降。在接下来的几个月里，预期会有很重的工作任务，你决心做些事情来改善布赖特的工作表现。你已经请来布赖特跟你谈一谈。

布赖特：充当一名设计专家，你已经在一个为工业制作健康和安全手册的小型联邦政府单位工作了23年。在你整个职业生涯中，你非常自豪于自己的工作，并且一直做得非常出色。然而，在过去的几个月中，你越来越被背部的痉挛疼痛折磨，病痛的来源尚不清楚。背部问题引发了你对自身健康、年龄和工作的担忧。虽然你还没有将这些告诉别人，但你发现，你花了很长时间用在幻想它们上面。即使每晚喝一点马丁尼酒，也无法平复你的担忧。你仍然热爱你的设计工作，但是你最近做的这些项目却正好看起来不那么令人激动。更糟的是，你的上级，一个可能只有你年龄一半的毛头小伙子，一直在暗示说你的工作可能没有达标。

6. 思考下面的案例。你最近被任命为一家新成立机构的负责人，负责监管整个中西部地区的燃煤发电厂的排污。你所收集的数据，将对一项预期的关于东北部和加拿大的“酸雨”的总统决策产生直接影响。你必须尽力形成最为全面和精确的可能措施，然后在总统决策之前这段相对较短的时间内力所能及地监管尽可能多的工厂。你的绝大多数员工在污染控制领域都比你资深得多，他们都对你的机构的目标有强烈的决心。他们一直声明，有一款叫做排放系统检测仪(ESMI)的新设备，是能够对你所关注的特定污染物进行精确测量的唯一一款设备。问题是，ESMI不仅极其昂贵，单单交付使用就将占用几乎一半你可利用的时间。你在怀疑，ESMI是否值得这些成本，但是更让人担忧的是，它可用性方面的限制意味着你将无法满足最后期限的要求。你也在想，虽然你不确定，但是现有设备生成的粗略估计对于向总统汇报这一目标来说已经足够了。你是继续使用现有的设备，还是去买ESMI呢？使用弗鲁姆—耶顿决策模型关于授权的知识，对这个问题的各个方面进行研究，然后决定授权的合适水平和类型。

7. 将班里同学分成每五人一组的任务小组，每组指定三个观察者。

任务小组应当完成以下任务：列出你认为有效管理大型组织的五个最重要的准则。任务小组完成其工作后，由观察者引导一场关于他们在任务小组工作中观察到的群体动力的讨论。

对于观察者而言，仅仅做到：在讨论期间，你应当安静地观看这场讨论，然后就小组的
362 运作做笔记。试着识别团体发展的类型，比如本章所展示的那些类型。尤其注意领导和沟通的类型转换。如果同是这个组将要执行类似的任务，你会提出什么建议以改进它的效力？

8. 以下在团体问题解决中的“经典”练习将说明决策过程的几个重要方面。

你的宇宙飞船刚刚紧急降落在月球上。你计划与月球亮面上距离200英里的母船会合，但是剧烈的着陆已经把你的飞船报废了，船上的所有设备都被损坏了，除了以下15件物品。

你和另外四到七个人应当分别单独做这个测试，而不知道彼此的答案，然后集体做这个测试。分享你们各自的解决方案，然后达成共识——对每件物品进行排序，做到最能满足所有组员。

你的队员们的生存取决于能否到达母船，所以，你必须选出这200英里路途可用的最为关键的物品。你的任务是将这15件物品按照它们对生存的重要性进行排序。将最重要的物品排在第1位，第二重要的排第2位，依此类推，直到重要性最小的排第15位。

- 一盒火柴
- 压缩食品
- 50英尺的尼龙绳
- 降落伞丝
- 可提式太阳能加热装置
- 2把45口径的手枪
- 一盒蒸发脱水的牛奶
- 两箱100磅的氧气
- 星球地图(有关月球星座的)
- 自行充气的救生筏
- 指南针
- 五加仑水
- 信号灯
- 内含注射针的急救箱
- 太阳能调频收传仪

资料来源：Jay Hall，"Decisions，Decisions，Decisions."*Psychology Today 5* (November 1971)：pp. 51—88。

注：NASA的专家已为此提供了最佳答案。他们的答案在本章后附录A中。

拓展阅读

Allison，Graham，and Philip Zelikow. *Essence of Decision：Explaining the Cuban Missile Crisis*. 2nd Ed. New York：Longman，1999.

Bass，Bernard M.，and Bruce J. Avolio，eds. *Improving Organizational Effectiveness through Transformational Leadership*. Thousand Oaks，CA：Sage Publications，1993. 363

Bechard，Richard. *Changing the Essence：The Art of Creating and Leading Fundamental Change in Organizations*. San Francisco：Jossey-Bass，1992.

Bingham，Richard D. et al. *Managing Local Government：Public Administration in Practice*. Newbury Park，CA：Sage Publications，1991.

Bozeman，Barry，and Jeffery D. Straussman. *Public Management Strategies：Guidelines for Managerial Effectiveness*. San Francisico：Jossey-Bass，1990.

Burns，James Macgregor. *Leadership*. New York：Harper & Row，1978.

Cohen，Stephen R. *Principle-Centered Leadership*. New York：Simon and Schuster，1991.

Conger，Jay A. *Learning to Lead：The Art of Transforming Managers into Leaders*. San Francisco：Jossey-Bass，1992.

Covey，Stephen R. *The Seven Habits of Highly Effective People：Restoring The Character Ethic*. New York：Simon and Schuster，1990

Denhardt，Robert B. *The Pursuit of Significance：Strategies for Managerial Success in Public Or-*

ganizations. Belmont, CA: Wadsworth, 1993.

Denhardt, Robert B., Janet Vinzant Denhardt, and Maria Pilar Aristigueta. *Managing Human Behavior in Public and Nonprofit Organizations*. Thousand Oaks, Ca: Sage Publications, 2001

Fischer, Roger, and William Ury. *Getting To Yes*. 2nd ed. New York: Penguin Books, 1991.

Frederickson, H. George. *The Spirit of Public Administration*. San Francisco: Jossey-Bass, 1996.

Garnett, James L. *Communicating for Results in Government: A Strategic Approach for Public Managers*. San Francisco: Jossey-Bass, 1992.

Gortner, Harold F., Julianne Mahler, and Jeanne Bell Nicholson. *Organzation Theory: A Public Perspective*. Pacific Grove, CA: Brooks/Cole, 1987.

Holzer, Mark, ed. *Public Service: Callings, Commitments, and Contributions*. Boulder, CO: Westview Press, 2000

King, Cheryl Simrell, and Camilla Stivers, eds. *Government Is Us: Public Administration in an Anti-Government Era*. Thousand Oaks, Ca: Sage Publications, 1998.

National Academy of Public Administration. *Leading People in Change: Empowerment, Commitment, Accountability*. Washington, DC: National Academy, 1993.

Murray, Nancy. *An Inner Voice for Public Administration*. Westport, CT: Praeger Publishers, 1997.

Vroom, Victor H., and Arthur G. Jago. *The New Leadership*. Englewood Cliffs, NJ: Prentice Hall, 1988.

Whetten, David A., and Kim S. Cameron. *Developing Management Skills*. 2nd Ed. New York: HarperCollins, 1991.

附录 A

关于“迷失在月球上”练习，国家航空航天管理局专家(NASA)的答案如下：

1. 两箱 100 磅的氧气：最紧迫的生存需要；

2. 五加仑水：对在月球亮面身体大量液体流失的补充；

364 3. 月球星座的恒星地图：航空的首要手段；

4. 压缩食品：提供能量需求的有效手段；

5. 太阳能调频收发器：用于与母船联系；但是调频需要视线传送和短波；

6. 50 英尺的尼龙绳：用于攀岩，捆绑伤员；

7. 内含注射针的急救箱：维他命针剂，药物等等；将适合国家航空航天管理局宇航服的特殊孔径；

8. 降落伞丝：防止太阳射线；

9. 自行充气的救生筏：军用救生筏里的一氧化碳瓶可以用于推进；

10. 信号灯：当看到母船时发出遇险信号；

11. 2 把 45 口径的手枪：自我推进的可能手段；

12. 一盒蒸发脱水的牛奶：压缩食品的笨重复制品；

13. 可提式太阳能加热装置：在月球黑暗面才需要；

14. 指南针：月球上的磁场没有分两极；对航行没用；

365 15. 一盒火柴：月球上没有氧气来维持火焰；实际上没用。

第10章
行政改革与技术

在过去十五年里，你可能经常听说“新公共管理”或“政府再造”之类的表述。这种思想是基于这样一种信念，即公共组织（或者更准确地说是公共组织下的系统）缺乏应对21世纪机遇与挑战的能力，因而需要全面的改革。因此，政府再造的概念以及被称为新公共管理（NPM）的更广泛的改革努力，在许多方面被视为旨在解决这样一个古老的问题，即怎样才能提高政府的绩效与责任？

然而，公共部门和非营利部门的改革运动并不能简单地等同于提高生产力的要求。改革的支持者认为，公共机构和非营利机构（特别是在美国）构成了世界上最具生产力的机构，甚至比私人机构的还要高。（例如，在过去一代，政府生产力以两倍于全国平均水平的速度在提高。）另外，新公共管理和其他改革主义者认为，政府不应该只考虑自身的活动，还应该在实现公共产出的能力方面接受评估。

然而，新公共管理和政府再造都与政府的质量和生产力问题密切相关。二者产生的源头相同。对政府生产力的关注往往以效率和责任问题为中心。当然，对这些问题的讨论贯穿了国家的历史；其现代表述可以追溯到第十三号提案——20世纪70年代末加利福尼亚选民所通过的一项减税动议。以加利福尼亚州为先例，其他州和地方政府也由于过高的政府服务成本而相继开始探索选民所提出的限税设想。

在联邦层级，人们渴望避免增加新税意味着减少或者撤销众多的国内项目，特别是在里根政府时期。在这些项目中，许多是为州政府和地方政府提供资助。在联邦减税的同时，人们也渴望州和地方政府减税，因此，许多政府即使想要为一些重要的服务提供充足的税源，此时也捉襟见肘。但是，除了这些限制之外，人们还要求政府“少花钱、多办事”，即用相同甚至更少的钱，来换取更多的服务。

我们在第7章关于预算和财政管理的内容中考察了这种情势的影响，因为许多政府被迫寻找替代的资金方法（包括私有化等措施）。但是，这些政府也找到了在无需增加成本的情况下提高工作质量和数量的新方法。各级政府和机构都开始或者努力寻找新的解决方法，打破传统的假设，以求找到实现政府目标的更有效方法。 367

公共组织开始抛弃传统的官僚制结构，转变成共享权力和团队合作的更为横向的系统。其管理体制也转变成更加公平、更少控制的领导形式。同时，政府机构开始与其他组织与公民结成有意义的伙伴关系以应对公共问题。

非政府组织(NGOs)也经历了这种转型。在20世纪90年代，非政府组织成为人权、经济发展、城市复兴甚至政府改革等多个领域政策议程的发动者。

信息技术(IT)的进步在全球范围内公共组织和非营利组织的转型中扮演了不可或缺的角色。其影响是双重的。首先，沟通和信息共享能力的增强对于组织的权威分配做出了重新定位。每位组织成员都能获得最新的新闻和信息，因而共享更为重要的权力来源。其次，信息技术使得公共组织和非营利组织能更有效地与其他部门和世界范围内的同行以及公众进行合作。这种改变重构了政府和其他公共服务机构回应机遇和挑战的方式。

因此，无论是新公共管理、政府再造或者提高质量和生产力的改革努力，21世纪初的公共行政和非营利组织已经与前一时代不可同日而语。组织本身、组织合作以及组织回应公众关注问题的方式也发生了巨大改变。用唐·凯特尔(Don Kettl)的话来说，这是"治理转型"(Kettl 2000, p. 488)。然而，当我们探索改革的各个方面时，必须持续地追问这些问题：我们是否已经改进了对公众的服务？我们今天所做的工作与对民主治理体制的期望是否一致？我们的行动是否真正代表了公共利益？

新公共管理、政府再造、管理议程与非营利组织改革

当前的公共行政改革议程可以追溯到世界范围内的一些趋势。首先，最显著的是，工业化国家社会、政治和经济对话在20世纪70年代末和80年代初经历了所谓的"右转"，因为政治领袖们认识到全能、集权的公共服务供给系统的不可持续性。欧洲、亚洲和北美的领导者开始探讨更具成本效益、效能的公共服务供给方式，包括福利、交通、医疗及其他领域。其次，全球经济不断变化所带来的财政挑战，也促使学者和实践工作者探索公共行政的新思维方式。直到20世纪90年代早期，世界上许多公共管理者使用"新公共管理"和
368 "政府再造"等口号，开始了一场重构官僚机构、精简机构流程和决策权下放的改革。

新公共管理

新公共管理，是用于描述公共服务领域中一系列原则和实践方法的一个术语，在过去几十年里，曾经出现在世界上许多国家(Barzelay 2001, p. xi)。尽管新公共管理原则的运用因国而异，但其改革议程却大同小异，即创建使命驱动的、分权的以及以激励为基础的组织。受责任、回应性和致力于建立以结果为基础的治理体系等原则的指导，改革者试图建立更富弹性的公共组织和更具回应性的组织网络(Boston 1996; Peters 1994)。

新公共管理原则运行的最佳实践在新西兰的行政改革中既可窥见一斑。从1985年开始，新西兰政府采取了旨在促使公共行政体制转型的一系列大胆举措。其中，最成功的改革是，政府重新开发了人事体制，以使高级决策者更具绩效导向；基于评估政府机构生产力和效能的新程序，构建全面的绩效评估体系；重塑部门间体制以反映劳工部门对政府责任的承诺(Boston 1996)。

新西兰改革议程的效能以及加拿大、英国和美国改革的成效，促使全球公共行政改革者采纳了新公共管理的许多原则，并以这些原则构建了公共政策和治理体系的新框架(Barzelay 2001, pp. xi—xv；参见 Kettl 1997)。例如，来自"联合国全球治理委员会"(United Nation's Commission on Global Governance)和其他国际组织的报告充分肯定了这一国际性运动，并倡导分权化决策、公民社会、授权以及依赖第三部门实现公共产出(Commission on Global Governance 1995)。

政府再造

在 20 世纪 90 年代早期，奥斯本和盖布勒(1992 年)的里程碑式的著作——《政府再造》将新公共管理的许多原则带到了美国。在奥斯本和盖布勒看来，这一改革议程代表了对所谓“官僚制破产”(即政府组织的无效能)的回应。作者认为，公共机构已经无法适应后工业社会不断变化的情势，因为政府仍然试图用“万金油”方法来回应公共问题。其结果是，公共行政人员自身所在的体制成为问题，更无法去解决问题，公民因而不再相信政府有能力满足其服务需求。

政府再造的中心理论是：只有更具企业家精神的政府形式才能使公共行政者有效地处理问题并从现代社会的机遇中获利。然而，对比大多数解释，奥斯本和盖布勒事实上回避了“政府应该像企业一样运作”这一更为传统的观点：“政府和企业是两种完全不同的组织。企业领导受利润动机的驱动，而政府领导则受连任等欲望的驱动……。这种差异构成了公共部门完全不同的激励措施”(Osborne and Gaebler, p. 20)。尽管鼓励公共行政者从所有部门的成功经验中获得启示，但奥斯本和盖布勒坚持认为公共部门和私人部门面对着完全不同的一系列挑战。 369

你会怎么做?

假如你是州运输部门的一名高层管理者。你一直计划拓宽和重新规划现有的高速公路系统：它们通过该州一些风景秀丽的乡村，其中一段还经过一片国家森林，剩下的一段位于两个不同的旅游区和县之间。公路沿线有多家企业，假如新的高速公路系统开通，沿途企业都将受到损害。因此，一些职员建议让公众参与到高速公路设计中来，这要经历一个漫长过程。然而，你担心这样的过程反而可能引起大量争议，并且至少要延期一年。如果你认为新高速公路的开通迫在眉睫，那么，你会怎么做呢?

具有企业家精神的政府是指更加精简、更富弹性和更具回应性的公共政策和行政系统。奥斯本和盖布勒引用很多公共组织的例子，它们选择“少花钱、多办事”的创新战略，在不增加公共消费者成本的条件下提高了公共服务的价值。这些战略包括从亚利桑那州凤凰城的私有化改革(强化公共服务提供者之间的竞争，因而显著地提高了绩效标准)，到纽约市东哈莱姆的公立学校改革(授予居民对学生学习机会的更大选择权)。他们指出，这些共同的主题(即竞争与授权)与更加基于消费者优先权而不是官僚指令来关注公共产出与行为，共同代表着成功政府的未来。

为了实施改革议程，奥斯本和盖布勒提出了政府再造和公共企业家精神的十项原则：

1. 起催化作用的政府：掌舵而不是划桨；
2. 社区拥有的政府：授权而不是服务；
3. 竞争型政府：将竞争注入公共服务中去；

4. 使命驱动型政府：转变规则驱动型组织；
5. 结果导向的政府：按结果而不是投入拨款；
6. 顾客驱动的政府：满足顾客而不是官僚的需求；
7. 企业化政府：挣钱而不是花钱；
8. 预知型政府：预防而不是治疗；
9. 分权的政府：从层级制到参与和合作；
10. 市场导向型政府：通过市场力量进行变革。

奥斯本和盖布勒希望这十项原则成为公共行政新的概念框架，即转变政府行为的分析清单。“我们所描述的，不只是美国政府基本治理模式的转变。这种转变正在处处发
370 生，只是因为没有关注——因为我们假设所有政府都是庞大的、集权的和官僚制的，所以我们很少注意到。我们对新的现实视而不见，因为它们与我们的成见相左”(Osborne and Gaebler, p. 321)。通过在特定的政策领域运用这十项再造原则，一个全新的机会领域与截然不同的治理系统将应运而生。

网络链接

关于新公共管理的全球性观点，可登录加拿大公务员学校：www. myschoolmonecole. gc. ca/main_e. html；经合组织“公共管理和治理服务中心”：www. oecd. org。

管理议程

“政府再造”运动是克林顿政府行政改革的核心部分。但是，正如前面章节所述，乔治·W. 布什在联邦政府行政部门也实施了若干管理改革，尽管这些改革仍然是建立在新公共管理的基本理念之上。总统管理议程(PMA)强调了五项核心动议：

- 人力资本的战略管理；
- 竞争性采购；
- 改进财政绩效；
- 推广电子政务；
- 预算绩效整合。

为了上述每项改革，总统分别在预算管理局和人事管理办公室任命四位和一位政务官，作为改革的“控制者”，他们必须对改革的成败负责(Bruel 2007)。此外，布什政府还开发出“行政部门管理计分卡”，即所谓的“项目评估定级工具”(PART)，对总统管理议程(PMA)的实施进行跟踪。“项目评估定级工具”实际上是一套问卷，设计用来依据总统管理议程的要求，跟踪行政项目的实施。尽管“总统管理议程”和“项目评估定级工具”都是著名的改革，我们还应该注意到布什政府所提出的在国会夭折的其他两项改革动议。第一项是 2001 年《自由管理法》(Freedom to Manage Act)，旨在促进国会对管理改革措施的考虑。第二项是 2001 年《弹性管理法》(Flexibility Act)，旨在赋予“人事、预算以及财产管理与处置”等领域行政管理者的灵活性(Bruel 2007, p. 23)。

非营利组织管理改革

自 20 世纪 90 年代以来，政府的改革议程对非营利部门也产生了巨大的影响。前面我们已经讨论了公共—非营利部门之间相辅相成的关系，但是，随着政府使用合同、补助以及其他战略将公共服务转交给非营利组织时，它们也开始要求非营利组织对相同的绩效 371
和产出目标承担责任。因此，当今世界的非营利组织都发现自身正受到影响公共部门的“改革浪潮”的冲击（Light 2000）。

当然，加速非营利部门改革的因素并非政府所施加的。实际上，保罗·赖特（Paul Light）早就提出了影响非营利组织改革运动的若干重要趋势，包括涉及生产力、招聘、资源开发和技术等的“全国性趋势”以及确保改革连贯性、建立责任共享模式、提高非营利组织公共服务的供给能力等的“地方特点”（Paul Light 2000，pp. 17—43）。

不幸的是，非营利组织经历的只是“改革的余波”而非“改革的浪潮”。“非营利部门从未经历过更大的绩效改进压力。尽管经历了二十年的显著成长，非营利部门给人留下的印象还是：比政府部门和私人竞争者效率更低、浪费更多。即使非营利部门能证明自身已取得‘卓越的成绩’，能精明地开支并生产作为组织设计自然副产品的可测量结果，但非营利组织还是面临着与顾客以及资助者之间严重的公共关系问题”（Light 2000，p. 1）。结果，对非营利组织在行政体制、服务供给以及责任系统等改革的诸多要求蜂拥而至，每项改革要求通常反映不同的管理哲学。

正如赖特所解释的，提高非营利组织生产力和责任的改革运动可以归结为以下四项改革主义原则：

- 科学管理——管理应基于“最佳方法”，单个组织应寻求实施内部的行为准则和最优行政实践；
- 向浪费宣战——管理应基于外部效率的驱动，重建组织和联盟，以实现高效、精简的行政与服务供给系统；
- 警觉之眼——管理应基于创造更加透明的行政模式，让组织的利益相关者可以敦促机构实施开放和承诺；
- 解放型管理——管理应基于取得积极的成果，使得各个机构为实现公共利益共同合作。

虽然在理论上这些哲学并非不兼容，但在管理实践中，要努力运用这些原则已经让非营利组织使尽浑身解数。事实上，一旦面对资助者和捐赠者相互冲突的要求时，任何非营利组织都可能发现自身陷入在同一时间必须实施多种改革战略的境地。基金会、政府补助提供者以及其他一些为非营利组织提供财政支持的组织（甚至在地方政府），很少就政策和程序等问题举行实质性对话，更谈不上协调基金项目和汇报标准了。因此，非营利组织必须组织好行政实践和汇报系统，以适应各个资助者的要求。

此处的问题在于，究竟何谓“优秀的”非营利组织，人们很少能达成共识，尽管出现了 372
基金会和政府补贴提供者支持“能力建设”等趋势（参见 Greene 2001，pp. 11—12）。虽然学者、管理顾问和项目官员都试图拨乱反正，但结果多属老生常谈。例如，《慈善记事》曾提供了如下“专家建言”：

- 管理挑战对非营利组织来说很正常……但并无权宜之计……
- 思想是虚无的，思考决定一切……但授之以鱼，不如授之以渔……
- 在大变革的时代，我们的支持能获得丰硕的回报……不要在房子着火的时候重新设计厨房……
- 讲出实话……
- 变革需要斗士……
- 建设非营利组织是一个长期、艰难的历程……但我们尚知之甚少……（Kibbe 2001，p. 10）

甚至一项特定改革主义议程的应用也可以以不同的方式来推行，取决于战略的实施者以及战略实施的层级。例如，一个社区基于联合方式的"结果评价系统"可能与相隔数英里的另一个社区相去甚远。或者，州层级对所谓"影响"的定义可能与基层的定义截然不同。

非营利组织管理未来的挑战将在于，在采纳私人部门有效的管理实践和致力于公共服务两者之间取得平衡。由于改革的需求与日俱增，并且改革浪潮似乎接近于前者而不是后者，因而要实现这种平衡固然困难。更为重要的是，人们更加关注的是单个非营利组织之外的其他活动。基金会、政府机构、其他资助者及其所支持的非营利组织，必须围绕补助决定和汇报要求的协调方式进行更具实质性的对话，作为将持续性和协调性引入更加碎片化的公共政策过程的方式，也作为减轻非营利组织行政负担的方式。事实上，改革非营利部门就是改进慈善机构、企业和政府领导之间的对话，以构建非营利组织的能力。

改革的结果

要充分评估新公共管理、政府再造以及改进非营利组织的努力所带来的影响，可能尚需时日。然而，许多人已经开始质疑这些改革运动的一些教训。支持者指出，诸如《政府绩效和结果法》(GPRA)等一些重要的绩效改革动议，有助于改进公共服务。凯瑟琳·纽科默(Kathryn Newcomer)和阿伦·奥托(Aaron Otto)最近总结了《政府绩效和结果法》给联邦政府层级所带来的一些好处(Kathryn Newcomer & Aaron Otto 2000)。

- 扩大了冲突/两极化的期望——《政府绩效和结果法》唤醒了人们对蕴含于管理改革之中的一些概念和术语的意识(p. 1)；
- 373 强化了项目共同体——联邦机构开始团结协作致力于共同目标的实现(p. 2)；
- 提出关于项目绩效的正确问题——《政府绩效和结果法》有助于提高关于绩效评估的话语质量；
- 有效汇报绩效——联邦官员提高了其机构准确并适当地评估项目影响的能力(pp. 2,6)。

另一方面，新公共管理和政府再造运动的批评者认为，即使改革议程的某些方面有助于实现公共服务的有意义改进，但这些原则的运用也产生了许多早期改革者无法预料的外部效应。在实践中，公共组织对企业管理实践的运用和对市场力量的依赖，使其退化为"管理主义"意识，即相信政府可以且应该像企业一样基于严格的经济原则来运行。当公共管理者开始运用其改革议程时，许多人只专注于追求行政效率，而不是维护有效治理的民主原则。

人们担心的另外一个方面是，改革运动关注以顾客为中心，而不是以公民为中心的公共行政。批评者指出，"公民并非政府的顾客；他们选举领导者以代表其利益，是政府的主人。以顾客为中心的模式将公民置于被动的地位，只能喜欢或者不喜欢某种服务，只能希望管理者改变服务的供给，如果足够的顾客反对的话"(Schachter 1995, p. 530, 引自 Frederickson 1994)。相比之下，以公民为中心的公共行政恢复了公众"主人"的地位，即公民参与治理机构以实现公共产出的一种积极主动的关系。

然而，除了这些批评，新公共管理和再造运动对美国和整个世界的公共行政都产生了广泛的影响。正如本章后面将提到的，这些改革的原则已经促成了提高政府绩效和责任的一些重要改革动议。各级公共组织采用各种战略来精简工作流程并改进公共服务。

信息技术、互联网与管理改革

信息技术(IT)的发展在建立更具企业家精神的公共组织和非营利组织过程中发挥了重要的作用。始于 20 世纪 80 年代早期的个人电脑革命，个人电脑开始出现在每个办公室(更不用说每个家庭)，信息技术在提高公共组织和非营利组织绩效方面扮演着关键的角色。在改革时代，信息技术从作为改进生产力的工具演变成组织方式的"隐喻"。人们开始将自己视为"有线组织"中的行为体、"虚拟社区"的成员以及不断成长中的"E—公共行政"网络中的公民。

直到 21 世纪初，互联网开始成为研究者和学者的电子化网络，演变成全球的在线社区，大大促使了人们观念上的改变。我们可以就有关公共政策事项(或者其他任何事项)实时地与世界各地的同事进行虚拟化的交谈，就共同的挑战交流观点，或者就管理创新互换信息。政府和非营利机构很快在包括经济发展、人类与社会服务供给、医疗保健和公民 374
参与等核心职能方面求助于在线资源。因此，可以说，在不到一代人的时间内，互联网和信息技术的发展重塑了人们关于治理和公共空间的理念。

电子化组织

从管理的视角来看，信息技术最直接的影响是重新界定了"组织"的概念。局域网、电子邮件以及其他网络资源允许或者在有些情况下迫使政府机构改变其工作流程并实现战略整合以实现公共目标。实际上，有人甚至认为信息技术和整合化组织形式(如基于团队的方式)已处于当今社会管理的核心。例如，曼金(Mankin)、科恩(Cohen)和比克森(Bikson)(1996)认为，"信息技术使得团队更加有效，团队能够帮助实现信息技术的承诺。团队和新信息技术相结合能够加速组织绩效的巨大改进"(p. ix)。团队和信息技术之间的联系为组织绩效的改进提供了途径。

相应地，信息技术成了 20 世纪 90 年代副总统戈尔的"国家绩效评估"(NPR)的重要主题。国家绩效评估计划以及 1996 年的《信息技术管理改革法》(Information Technology Reform Act)，都强调信息技术在联邦机构流程重塑过程中的运用。国家绩效评估委员会还特别建议：建设能更加有效利用政府资源的信息基础设施，促进管理流程与顾客服务中心的现代化；开发高效率的电子邮件服务，提高联邦机构的信息及沟通能力；推行奖励创新的激励系统，使联邦机构具有将节省的资金用于信息技术的再投资能力(Gore 1993)。

国家绩效评估委员会的建议已经转化成政府再造过程中信息技术运用的重要创新(参见专栏 10.1)。在由国际质量和生产力研究中心最近组织的一次会议上，来自各个联邦机构的行政管理者就信息技术的关键进步分享各自的经验和看法，即公共组织对政府局域网或内部网站的运用。其中，一位与会者说，“局域网的性能大大超越了华而不实的电子邮件或组件等解决方法……它可以为特定的工作环境量身定做，使雇员不仅可以进行内部沟通，而且能够通过合作、互动并由台式计算机组成团队”(Kerwood 1997, p. 1)。

当然，信息技术的运用并不限于联邦政府。州和地方政府也已经与私人服务供应商建立了关系，以扩大信息技术基础设施并在线处理“政府事务”。宾夕法尼亚、弗吉尼亚、华盛顿以及其他州政府正利用信息技术革新，在医疗保健、教育、公共安全以及劳动教养等领域创建“无缝隙”的服务供给系统。许多州也把高科技公司视为经济发展的重要引
375 擎，有些州已经通过采用激励计划来支持信息技术相关产业的发展(Stoneman 2000, pp. 34—50)。

网络链接

街区在线网站：www. neighborhoodsonline. net；哈佛大学“国家数字化治理研究中心”网址：www. ksg. harvard. edu/digitalcenter；政府技术研究中心网址：www. ctg. albany. edu；全国科学基金数字化政府研究项目网址：www. digitalgovernment. org。

在地方政府，公共机构正利用信息技术和在线网络进行常规工作的管理，与公民互动以提高公共服务的效率。在第 7 章关于财政管理系统的讨论中，我们提到过巴尔的摩市所使用的城市统计。但巴尔的摩市的城市统计的另一个作用是在解决重要的医疗保健和社会服务问题的同时，对机构间伙伴关系的效能进行跟踪(也参见专栏 10.1)。例如，作为“铅中毒统计”行动的一部分，市政官员可以通过“地理信息系统”(GIS)技术精确地了解铅中毒的真实情况，在 GIS 地图上标出一个红点，然后通过监控红点变为绿点的数量来评估铅中毒消除战略的效能，一个绿点代表一次成功的消除(Swope 2001, p. 23)。

专栏 10.1　民享、民治的服务

新技术使得公民可以亲身处理很多事务，从而减缓了与政府打交道时的“头疼”。

正值午饭时间——也是机动车管理处的业务高峰时段。排着长队、满脸沮丧的顾客等着走进服务柜台。办事员有的进行车辆登记，有的进行驾驶员考试，尽力缩短等待的时间。但是，办公室里每个人的脑海里几乎都有一个共同的想法：“难道没有更好的方法吗?”

直到最近，答案仍然是否定的。无论公民是进行车辆登记还是办理一张社保卡，都意味着一整天奔走于不同的机构，并等待着被叫的号码。对政府雇员来说，一天的

工作也意味着不断顺从流露不满的顾客以及在重复的文书上消磨时间。

但到了"有线时代",公民开始自助服务。自助亭、信息化或互动式网站以及免费热线帮助公共机构实现了公共服务方式的"革命"。最为重要的是,人们喜欢这个。专家认为,电子政府是无与伦比的,因为双方都能受益。顾客可以从更多的政府准入机会和更快速的回应中受益,而政府可以籍此减少成本并提高其信度。IBM公司电子政府研究所的负责人珍妮特·凯尔多(Janet Caldow)指出,政府正在经历剧烈的技术转型。"电子政府在改变民选领导者与选民之间关系方面具有巨大的潜力",她说,"这些关键技术将给治理者与被治理者带来改变,并赋予其权能。" 376

政府也许有一天就像隔壁的"便利店":在此,公共机构可以在任何时间提供公民所需的一切。美国邮政总局的"政府服务互动网络"(WINGS)就是朝这个方向迈进的重要一步。政府服务互动网络就是试图减少与政府打交道时所经历的复杂性和困惑的第一个尝试。

网站www.wings.gov通过互联网提供关于地方、州、联邦政府的各种服务和信息。

"政府服务互动网络的基础设施为公众与政府之间的电子商务提供了完整的功能,"该项目负责人苏珊·斯莫特(Susan Smoter)说道,"从根本上说,邮政服务减轻了其他机构安全递送的负担,使其得以释放从而专注属于自身使命的服务。"

考尔多也指出,节省时间和减少麻烦是政府服务互动网络之类系统的主要好处之一。"世界上没有一位公民愿意请一天假来排队领取一张驾驶证,"她说,"这就是我们期待政府网站下一代发展趋势的原因,政府网站不仅有政务信息,还能通过计算机或自助亭提供服务。"专家预计,政府提供互动自助亭、互动语音识别系统(IVR)以及网络服务将迅速普及。"每个人都在迫切期待,"考尔多说,"自助亭在不久的将来将像银行的ATMS一样普遍。"

梅克林(Mechling)认为,"现在只能在网络上找到的东西,将来普及如同家常便饭。"语音系统的发展意味着大概十年后,"我们将直接与机器交谈,而不再使用键盘",梅克林预言。

在政府机关排队的日子将屈指可数,这对顾客和机构雇员都是一个好消息。

资料来源:Maxwell, Alison, "Service to the Citizen, By the Citizen." *Government Technology 29* (special insert with *Government Executive*, Oct. 1997) pp. 6—16。

技术以及信息技术部门的崛起也对慈善部门产生了显著的影响,为资源开发和绩效评估开启了新的大门。但这一进程同时也伴随着挑战。在20世纪90年代后期,高科技公司的蓬勃发展似乎创造了新一代的慈善家。例如,西雅图的比尔·盖茨和梅林达·盖茨基金会,由微软拥有数十亿美元的主席家族发起,荣登美国最大的基金会,在2000年其资产超过210亿美元(比1999年高出了25%的增长)。然而,网络的美好时光很快消失了,在2001年中期,《慈善记事》就慈善捐赠作了"谨慎看待互联网未来"的报告(Marchetti 2001, p.1)。

并不是放弃技术，许多非营业组织开始利用新的前景作为扩展其以信息技术为基础的筹款战略的方法。一些慈善团体正利用其网站接收直接捐赠，更多的是借助电子邮件以及其他电子参与形式从更懂电子信息技术的慈善家那获得捐赠品。国际善意公司已经
377 将此运用于新的目的，从 1999 年以来运用易趣型(eBay-type)在线拍卖屋筹款超过 200 万美元。甚至在线筹款协会的数量也在增长，如 Helping. org 代表许多慈善组织进行筹款(Hruby 2001，p. 1)。

E-治理

信息技术在公共管理和非营利管理中的普及，使得许多人开始谈论一个新的电子政务(电子政府)时代。电子政府可被定义为运用信息技术提供信息、提供服务、支持组织管理系统，以及/或者为对话和公众输入提供机遇。迪安和斯特奇列出了电子政府的一些例子，包括“政府网站、网页、电子邮件以及在线服务提供。它同时意味着对政府信息或电子化许可和支付的数字化通道”。但是在信息时代，公共服务最显著的方面包括他们称作的“治道变革”，当今政治和社会权利在组织和运用方法上的巨大转变(Dean and Stage 2000，p. 3)。

这一革命开始于 20 世纪 90 年代末兴盛的“互联网热”之前，其根源可以追溯到 20 世纪早期所设想的乌托邦治理形式。但是所谓的“网络民主”的准确出现开始于 20 世纪 90 年代早期以及社区网络的增长(用于讨论，参见 Browning，1996；Bryan et al.，1998)。亚历山大(Alexander)和格拉布斯(Grubbs)把社区网络定义为“低成本、易操作的计算机网络，给市民提供获得电子邮件、公共布告栏以及相关他们地区电子信息的渠道”(1998，无编号的在线杂志)。这些网络通常被用于加强地方社区组织，促进社区能力建设项目以及培育公民参与公共决策。最近几年，这些网络在复杂性和力度方面都有所加强，有一些甚至分化为提供互联网入口、GIS 技术以及基于计算机的市政和教育课程。

社区网络作为格拉斯曼(Grossman 1995)所说的“键盘”民主模型——公共参与发生于虚拟背景下的电子化共和国而提供服务。

- 通过电子邮件、传真以及音频视频会议，使得与公共官员和行政管理者的更多交流成为可能；
- 理性决策必需的信息，可以通过网络和先进的多媒体报告得以在公众中广泛传播；
- 通过电子选举机制，能够更加准确地进行选举和全民公决(Alexander and Grubbs 1998，无编号的在线杂志)。美国成千上万的地方政府，以及欧洲和其他地方不断增多的地方政府，已经开始使用社区网络与市民联系；甚至还有市民私人在基层发起更多的努力以接触政府和非政府的领导者(Bryan et al.，1998，pp. 1—2)。当在线服务可用时，迹象显示美国人越来越乐意使用这种技术。依据 2004 年由 PEW 网和“美国生活工程”发起的一项研究显示，29%的回复者说他们访问过一个政府网站，18%使用过电子邮件与政府官员或机构联系。在使用互联网的人中，有
378 77%或者说大概 9700 万美国人已经使用互联网从政府组织获取信息或者与之联系，比上一年同比增长了 50%(Horrigan 2004)。

尽管它们在质量和易用性方面存在差别，但是现在几乎所有的联邦机构和州政府以

及多数地方政府都已经建立了网站。白宫于 2000 年建立了“第一政府”(FirstGov)网站，为市民、企业和组织，以及联邦雇员获取各种信息以及获取像申请执照或学生贷款等政府服务提供了门户网站，同时也为其获得有关政府合同和规章的信息提供了门户网站，并且也为联邦机构获取信息和名录提供了门户网站。2004 年夏季，每月就有 600 万访问者。州政府也在使用电子政府方法。例如，得克萨斯州，与权益组织“美国承诺”合作，让家长在一个地方就能为子女寻求各种帮助，哪怕可能会涉及 20 至 30 个政府机构。在堪萨斯州，卫生部门已经建立了一个基于 Web 的公共卫生信息交流网，让全州的公共卫生专家都能共享机密信息。一项关于市政当局数字化治理的研究发现，纽约市政府网站在内容方面排名世界第一，在整体方面排名世界第四，前三位分别是首尔、中国香港和新加坡(*PA Times*，2003 年 12 月)。如要获取更新的州政府和地方政府网站清单，请访问：www.statelocalgov.net/index.cfm。

你会怎么做?

评审任何一个公共部门网站——联邦的、州的、地方的或者非营利部门的。假如你供职的该机构面临这样的情况：在你出席的会议上，主持该会议的一个高层联邦官员评价道，尽管大多数政府网站都不如 Amazon.com 好，但它们普遍比大部分私人部门网站做得好。在会议讨论中，与会者就如何改进他们自己的网站开始各抒己见。你会怎么做呢?

虽然电子政府为更好的信息共享、效率和更好的市民服务提供了许多机遇，但它同时也带来了重大挑战。在最近一次有关电子政府的研究中，戴维·拉扎尔(David Lazar)和玛丽亚·宾兹—沙夫(Maria Binz-Scharf)界定了两个关键挑战：(1)新奇性——电子媒介为政府程序和运作提供了广泛的基本上全新的可能性；(2)合作性——它经常要求机构和组织之间崭新的无先例的合作(IBM 公司政府事务研究所)。新奇性使得在一系列选择中进行抉择变得困难，一些选择涉及组织程序、关系和文化的强烈变化。整合合作也很重要，因为最好的网站是围绕市民需要而不是围绕机构框架进行设计的。正如印第安那州首席信息官劳拉·拉里默(Laura Larimer)所评价的，“市民确实不需要，也不想了解政府如何为其提供服务的组织框架……他们也无须在意他们在乡镇、市、州或联邦层级是否需要一张执照。从长远来说，我们应该让他们通过那些网线就走进政府的门户，而无须理解我们的体制”(Perlaman 2002)。 379

同时还存在其他挑战。信息技术几乎总是涉及重要的资源承诺。预算限制使得许多司法管辖区很难开发并保护网站。确保基础广泛的访问可能也成问题。大约 1/3 的美国人没有访问过互联网(Hurrigan 2004)。访问也对非英语或残障人士有所限制，尽管政府机构正在这方面做出改进。最后，安全问题也必须予以考虑。不仅必须保护系统免受病毒和黑客的攻击，而且必须保护好敏感信息和公报，以免被泄露或受到不适当运用。

尽管存在这些挑战和障碍，电子政府的潜在收益也是很大的。除了获取信息和服务之外，互联网也为政府和公众提供了新的双向沟通的机会。例如，政府通过使用模拟游戏能够获得公众的参与。如缅因州州长鲍尔达西(Baldacci)为公众提供了一种预算平衡游戏,屏幕的一边是项目清单,另一边是收益。游戏要求玩家平衡预算,然后将结果发到治理者的办公室。弗吉尼亚州正使用一种监管市政厅的游戏,以促进公众就监管改革提出意见。所有的意见都将公开发送,因此参与者能够读到别人的意见并提交回复(Swope 2004)。联邦政府也使用网络技术邀请公众参与其规则制定程序。www.regulations.gov 网站为感兴趣的团体提供了一站式场地,来对任何联邦机构规制的修订意见进行回顾和点评。因此,虽然我们还要等一些年才能实现在线选举(尽管可能比我们想象的更快!),但是我们与公共官员互动以及建立一个虚拟市民社会的能力比任何时候都要更为强大。

技术创新的人性面

无论是设计新工具用于收集垃圾,还是发展新技术用于太空探索,或者创造一种基础宽泛的管理信息系统,技术问题总是伴随着一系列有关"人性"的忧虑,大部分都涉及人类如何合作以解决技术难题。例如,在对研究和开发活动的支持中,政府与产业之间的恰当关系是什么?技术创新如何能够从一个司法管辖区或组织向另一个转移?一个特定组织采用特定方法后会有什么样的社会后果?如何帮助组织中的人们适应新技术?

已经深深卷入到对诸如此类问题进行回应的组织是公共技术公司(PTI),它开始于1969年。一群地方政府管理者联合起来建立 PTI,作为将美国国家航空航天管理局所开发的技术应用于解决地方政府所遭遇的问题的一种方法。在其大多数历史时期,国家航空航天管理局一直肩负一项特殊任务,即支持太空技术的民间应用。例如,地方官员担心消防队员空气供给设备不够充足或者太过笨重。与设计生命支持系统的国家航空航天管理局雇员交谈后,地方官员获得了高压、轻便的氧气罐,能帮助人们透过烟雾看清物体的
380 设备,以及其他工具(Toregas 1998, p. 3)。

除了具体的技术贡献外,PTI 也强调技术转化的人性因素。公共技术公司感觉到,实现所谓的"组织件"——人文因素和处理由新技术引起的挫折与恐惧所需要的人际技能之间的结合——比技术硬件或软件本身更加重要(Toregas 1988, p. 3)。情感问题经常阻碍先进技术的应用。例如,消防队员认为新型的、自动化的、无线电控制的消防水车喷嘴是对他们工作和正常灭火方式的一种威胁,因而几乎立即就遭到摒弃。

类似的经历导致 PTI 采用了一种技术管理公式:每 5 美元用于硬件,就必须有 15 美元用于软件,80 美元用于组织件的培训和组织开发等等。组织成员关于引进新技术的担心,能够得到有效处理,但是对新技术实施改革却既费时又耗钱。在对新技术的任何应用中,你必须特别关注人的因素。基于这个原因,许多机构建立联合技术设计委员会,用于分析雇员将对新技术带来的变化产生怎样的反应(*Government Productivity News*, September 1992, p. 4)。

先进技术人性方面的其他层面也是重要的,先进的信息技术尤其如此。首先要解决信息技术对日常工作模式的影响。正如已经注意到的,管理者的工作不仅仅是基于信息的,而且也是高度人际性的。例如,计算机网络在增加管理者可得的信息以及减少等待所费的时间方面是毋庸置疑的。并且,广泛的网络应该提高管理者更为有效地整合组织中各种团队工作的能力。另一方面,使用计算机网络的管理者,可能花费更少的时间用于面

对面的交谈或者用于对完成工作的各种辖区的访问，而这些人际性的任务是必要的。

其次，我们应该预见到对先进信息技术的更大依赖，从而为工作在公共组织或者与公共组织打交道的那些人提出一些出于个人的担忧。计算机控制与评估系统的非人性化性质可能对雇员和顾客都是高度有压力的。例如，在私人部门已经做过这样的实验，即用自动化的责任系统测量一个打字员产生的敲键数量或者一个销售员打电话的数量。公共部门中类似的应用也能导致与私人部门应用中经常出现的相同的消极反应。

再次，先进的信息技术的利用提出了未来组织可能如何构建的问题。网络能同时允许更强的集权控制和更强的分权。有些人认为，“知识就是权力”，并且使高层官员能够及时获得更多的信息将会允许他们集中更大的权力（或许对他人构成伤害）。相反，有些人却认为新技术将信息扩散到整个组织，从而权力将被分化。最近的研究采取了一个不同的立场，即信息技术内部或本身并不必然导致一个组织倾向于更多或更少的中央控制。而且，组织的最初结构、历史、文化及其管理者的行为都是决定性的。信息系统似乎可以被设计成要么集权要么分权的。（检测一个为合作而设计的系统，参见专栏10.2）。 381

专栏10.2 圣弗朗西斯科的合作型公共管理

在圣弗朗西斯科的城市和乡村案例中，加文·纽瑟姆（Gavin Newsom）市长已经通过SFStat和“家园团队”这两个成功的项目详细阐释了合作公共管理的概念。在一个由监事会决定有限预算分配，以强烈竞争为特征的环境中，庞大而复杂的圣弗朗西斯科各部都倾向于单独运作。

仿效其他大城市所采用的数据和技术驱动的管理模式，如巴尔的摩市（城市统计）和纽约市（情报主导警务模式①），纽瑟姆市长发起了SFStat，旨在创造一个高效率、有效能和以市民为基础的政府。SFStat是一个论坛，在这个论坛中，重要城市部门例行向专家小组提交有关预算、人力资源和服务提供的数据，该小组的成员包括市长、他的主要工作人员和预算办公室主任、控制师、城市律师以及人力资源总监。

SFStat是一个成功的管理工具，它以如下特征为标志：

- 它提供了一个论坛，在该论坛中，这个城市的主要决策者能够集中于一个房间。这样就允许决策者以同样的方式在同样的时间接收到同样的信息。反过来，各个部门能够及时接收到专家小组成员的集体意见和指导。
- 通过强调数据报告和追踪，SFStat为部门负责人创造了一种安全、负责的操作环境。通过日常的数据提供，操作性议题浮出水面，并且各部门能够就改进操作的战略进行讨论。这些战略的效果通过数据跟踪得到监管，各部门负责提供准确的数据和执行战略。

① Compstat（情报主导警务模式）是美国纽约市警察局采用的一种以计算机信息数据驱动的警务控制犯罪模式。这种模式是一种目标导向管理系统，将传统警察管理模式和现代工商管理部门运用的战略管理思想进行综合集成，形成了一种多元化的系统，用于管理警察业务流程运作。纽约、新奥尔良和明里阿波利斯的警察局自采用Compstat模式后，犯罪率出现了双位数的下降。该模式在1996年获得了“美国政府创新奖”。——校者

然而在一个缺乏合作公共管理的运作环境中,实现这些共同文化的能力将被庞大而复杂的政府所创造的不同路径减弱。在本质上,纽瑟姆市长创造了一种程序,这种程序使得多样化的组织能够为了达到服务提供模式的连贯,创造性思考改进服务以及成功管理已存的社会问题而共同合作。

资料来源:Sharon Friedrichsen,"Collaborative Public Management in San Francisco," *Public Administration Review*, Vol. 66, pp. 150—151,2006。

人力资源、创新与绩效

尽管先进的技术能够提高生产力和绩效,但通过对人力资源和组织资源更加有效的利用,进行其他(有时候是更大的)改进也是可能的。许多提升雇员(包括管理者)奉献精神、积极性和创造性的途径已经发展多年。当今大多数途径都被认为只不过是好的管理实践,但是许多具体的技巧被更多地应用于正式的生产力改进项目之中,而不是作为持续的管理程序。我们将对四种技巧进行历史回顾:

1. 目标管理(MBO);
382 2. 工作—生活质量项目(特别是工作丰富化);
3. 质量圈(或类似的小组方法);
4. 激励项目,以及最近鼓励创新的努力。

目标管理

目标管理(MBO)是企业和政府系统运用的提高生产力的最古老技巧之一,在 20 世纪 60 年代末和整个 70 年代变得特别流行。尼克松总统将目标管理的概念推广到许多联邦机构,许多州和地方组织也纷纷追随这种模式。尽管 MBO 已经在政府机构有些失宠,但它的许多重要元素,如目标设置和绩效评估,今天仍然存在于许多机构当中。

本质上,MBO 是对建立贯穿整个组织的清晰、可测量的目标的一种高度参与方法。首先,MBO 假定,通过明确组织的广泛目标,瞄准追求这些目标的所有个人和所有组织单位的工作,该组织作为一个整体将受益。其次,MBO 假定,组织的所有元素,从高层到底层,都将受益于对各年份现实目标的建立以及随着年份的推移对目标进展情况的测量。再次,MBO 假定,目的和目标的建立程序应该涉及广泛的组织成员,求助最大范围的想法,并建立有效沟通和承诺的模式。

MBO 建基于这样一个组织形象之上,即组织是一个由一系列目的和目标组成的层次结构。组织的广泛目标由等级的顶层确定,并成为等级下一层商定更具体目标的基础。这些目标依次成为下一层级商定目标的基础,如此贯穿组织的每一层级,甚至直到设定单个雇员的目标。在一个充分发展的 MBO 系统中,广泛的机构目标在理论上提供了一个包括组织所有成员在内的框架,不管是管理者还是其他雇员,面前都是一系列指导其一年工作的绩效目标(Jun 1976, pp. 15—16)。

注意,目标制定过程并不是将上层决定的目标进行逐层传递的过程。相反,MBO涉及一个高度分权的目标设定流程,在该流程中,各主管与每个下属管理者或雇员合作以达成一套合理的目标。理想上,这种协商流程涉及面对面的交谈,各个层级的目标在交谈中制定出来;然而,在MBO的许多应用中,目标设定流程通过备忘录和文本交换发生。

因为目标能够最有效地指导组织所有成员的工作,所以必须对形成中的目标类型给予特殊关注(Morley 1986,p. 186)。以下这些被认为是最有用的:

清晰并具体。目标应该明确指出要做什么(也就是说,将反映时间减少到3分钟),而不是含糊和主观的(也就是说,在尽可能最短的时间内反应)。 383

现实。目标应对个人或团体具有挑战性,但不是遥不可及。它同样应该明确,实现目标所需的资源和支持将是可得的。

可测量(或者可验证)。必须存在某种方式,让上级和下属都能知晓目标何时达成了。

优先。上级和下属应该就哪个目标最重要、哪个目标次重要等达成共识。

由此产生的目标可能在几个方面加以记录:工作的数量(每周处理的事项),工作的成效(每月完成的申请),工作的质量(最少的错误率),完成日期和目标支出,或者这些要素的某种结合(Morley 1986, p. 186)。紧随目标设定过程之后,应该有一个为实现目标必须做什么的更详细的检测。通常会制定一个行动计划,说明实际工作应该怎样、何时、由谁来完成以实现目标。(当然,在这一点上,就完成目标任务所必需的资源和支持达成共识,是非常重要的。)最后,管理者必须给其单位中的那些人分派具体的责任以完成必要的任务。

正如所提到的,国内外许多不同的政府组织和非营利组织都已经尝试过MBO。尽管MBO最近遭到了广泛的批评,很大程度上是由于许多组织要求将极度详尽的文书工作作为其MBO系统的一部分,但是许多组织仍然继续运用MBO的重要特征。例如,设定目的和目标以及制定相应的行动计划是比较现代的战略管理探索的核心。同样的,MBO系统最重要的品质之一,在MBO系统全盛时期消亡之后的很长一段时间依然保留在许多组织当中,是经常对目标进行检讨和修订,并伴随详尽的绩效评估,即,关于一个人在完成规定任务的进展情况的具体评价。通过设定绩效测量的标准(这在职业层次或管理层次通常特别困难),以MBO为基础的绩效评估系统为结果测量提供了基础。最后,MBO强调在组织层级上下进行频繁的交流,已经明确保留在改进生产力的其他方法中,并且更普遍地保留在管理实践中。

工作—生活质量/工作丰富化

有一段时间,MBO呈现出一种"运动"的气息,具备经典的教科书、门徒和其他倡导者,以及对"这项事业"的坚定承诺。最近对工作生活质量(QWL)的关注,使得这一"运动"气息更加逼真。追根溯源,工作生活质量"运动"可以追溯到《童工法》的形成、《工人赔偿法》的通过以及20世纪30年代兴起的对人类关系的更加普遍的关注。然而,它最近的动力,主要来自于伦敦特拉维斯塔克人际关系研究所相关的一批欧洲学者和实践者。 384

特拉维斯塔克团队最初关注组织如何变得更加适应一个从以生产为基础转向以服务

为基础的社会，期望展现高度的社会变革和"动荡"。在特拉维斯塔克的研究者看来，大多数组织都体现了他们的技术基础，即它们的组织结构塑造了它们的技术。不幸的是，这种结构限制了适应性。特拉维斯塔克团队呼吁关注社会系统和技术系统的互动。

因为至少有一些 QWL 倡导者，创造一个高质量的工作环境比提高生产力更加重要。他们认为，应提出的最重要的问题应该是：一个特别的组织是否正在竭尽所能地促成一个更加人道和进取的工作环境。然而，其他人觉得人们没必要用生产力换取质量。相反，通过提高工作—生活质量，生产力也能得到提高。事实上，研究似乎表明，工作—生活质量的提高导致了缺勤和人员流动率的降低，更大的工作满意度以及对组织及其目标更高的忠诚度，所有这些是提高组织整体生产力的特征。

显然，任何指向如此广泛问题的运动都可能缺乏一些重点，并且这已经成了提高工作—生活质量的努力的一个问题；这一术语已经变得如此包罗万象，以至于模糊不清。然而，有些学者已经侧重于三个最重要的问题：自主性、责任以及授予个体工作者的权威。"为了创造更富挑战性、更高满意度的工作并提高组织的效能，总目标是对组织、管理程序和工作进行安排，以最大限度地利用个体的天赋和技能"(Jenkins 1983, p. 2)。另一个作者将 QWL 努力的目标嵌入到这个问题之中："如何设计工作，从而使得有效的绩效与意义丰富、趣味盎然、颇具挑战性的工作相连接？"(Suttle 1977, p. 1)

这个问题导致了一项具体的生产力改进努力——工作丰富化——这是有关特殊工作的设计或再设计，从而使得工人能够从工作中获得更大意义和满足感，并最终提高生产效率。工作丰富化尝试通常假设人们将表现得更好：(1)他们执行多样化的任务；(2)他们在其工作中有高度的自主性；(3)他们得到关于其工作质量的清晰反馈。

一项特定工作的多样性、自主性和反馈都能够通过多种机制得以加强。例如，你可以将任务合并以取代一系列的个体，每人只参与装配程序的一部分，每人都必须对整个生产负责。工作也可以通过垂直载荷得以丰富化，即赋予个体工作者先前保留用于管理的责任和控制，如负责决定工作方法或训练新的工作人员(Hackman 1983, p. 249)。据推测，丰富化工作中的工作者不仅发现工作生活质量得到了提高，而且变得更有效率。

质量圈与相关想法

在过去数十年中，质量圈概念已经得以广泛运用。在大众和企业媒体中，已经出现成
385 百上千有关文献储藏和工作流程问题的解决方案的报道——有些涉及公共部门组织。更重要的是，虽然质量圈这一术语似乎正从使用中淡出，但蕴于质量圈下的一些原则，在"自我管理型团队"的概念之下，并且通过质量管理技巧的应用，已经得以重新出现。

质量圈是这样一个小团体，团体当中的人们从事相似或者相关的工作，并且定期会面(通常每周一小时)来界定、分析和解决工作流程的问题。质量圈由 6 到 12 个雇员组成，受他们的一线主管(通常叫做团队领导)领导，并获得受过训练的协调人的协助，这些协调人通常来自工作组外部。质量圈选择要解决的问题，然后通过一个结构化的、解决问题的程序处理这些问题。由此产生的建议通常呈交给团队领导者的顶头上司，他反过来又将建议提交至层级的更上层。

因为质量圈为前线雇员提供了参与那些影响其工作的决策的机会，质量圈深受许多

组织中的雇员(和雇主)所欢迎。在一些地方,人们从未就如何改进工作流程向雇员咨询过想法,然而他们是提供病人护理服务,处理税收返还,或者制定清理有毒垃圾的程序等方面的专家。因此,这些好处对这些工作者来说是双重的:首先,给予他们时间以处理引起他们挫败感和阻碍他们完成工作的那些问题;其次,通过为工作流程问题承担更大的责任,他们对解决方案有了更多的意识并且对这些方案的成功有了更大的兴趣。

团队领导、推进者和质量圈的成员在质量圈的运作以及团体动力和问题解决中受到了训练。关于质量圈内活动的开放氛围有助于让管理者对质量圈这个概念感觉良好,自然步入对整个项目的接受和制度化。

质量圈计划成功的一个关键要素是高层管理者的支持。在质量圈计划的初始阶段就需要谨慎关注这一因素。没有得到来自高层的积极支持,质量圈的成员可能会觉得他们的建议不会得到认真对待,而且该组织中其他部门的管理者也将看不到在其工作领域发起质量圈的动力。尽管质量圈是一种自下而上的问题解决路径,但实施流程却是自上而下的;关于质量圈概念的信息必须呈交给组织各个层级的管理者。

虽然管理支持对长远成功是必要的,但是任何质量圈项目的真正核心是参与者自己;没有大部分干劲十足和培训得当的质量圈领导和成员,质量圈项目不可能取得成功。必须向组织成员介绍质量圈概念,还必须使团队领导、协调人和团体成员受到训练。

虽然,质量圈和相关想法通常被用于解决具体的工作流程问题,还更频繁地应用于发现了这种问题的单位之中,但是,质量圈中广泛参与和集体解决问题的基本原则能够适应于其他地方。例如,任务小组(集中起来以处理具体组织问题的小组)可能由来自组织不同部门的成员组成。他们可能解决工作流程问题、组织政策问题,或者更为广泛的公共政策问题;然而,解决问题的方法可能与质量圈所塑造的方法很像。 386

激励项目

在决定哪个雇员将得到更大或更小的晋升时,公共机构的许多(如果不是大多数)人事体制都强调功绩作为考虑因素。这是将高水平绩效的奖励或激励纳入体制的一种努力。除了增加工资之外,还有一些其他的奖励非凡绩效的激励计划类型。奖励通常是金钱,但是有时候也可能是诸如商品或假期等非货币形式的奖励。激励计划设法奖励增长的产出(在数量上测量)、改进的绩效(在质量上测量),或者改进的行为(如减少旷工频率或更少的事故)(Morley 1986, p. 118)。

当前,各种激励计划被用于公共机构之中(Greiner, et al., 1981, pp. 28—29)。其中最普遍的是:绩效奖金、计件工资奖金、收益分享计划、建议奖、行为奖励和员工表彰。

绩效奖金是一次性货币奖励,基于在一般工作或在特殊任务中出色的绩效;通常用于奖励专业性或管理性的雇员,奖金可能按年发放或在具体任务完成时发放。然而,公共部门中的奖金体制还存在许多困难。许多人,包括许多立法者,似乎都认为绩效评估是如此难以管理,以至于没有一个公平的基础用于决定哪个雇员能够得到奖金,哪个雇员却不能。结果,奖金体制可能成为奖励组织中朋友或亲信的机制。尽管这些问题可以通过许多方式得到解决,但是在许多司法管辖区,这些问题已经导致出现了禁止奖励体制的立法。

计件工资奖金是将工作者在给定任务中的生产力与货币奖励相联系的一种绩效奖励。这些体制可能将货币奖励直接与所生产的单位数量相连，或者可能使用某种公式用以决定哪些工人超过了绩效标准水平。例如，在许多司法管辖区，键控穿孔操作员是根据录入数量进行付酬的。同样地，一些地方的油漆工和电工是根据他们达到或超过事先设定的绩效标准的程度来付酬的。计件工资奖金的效能取决于对于所有相关者都很清楚的具体绩效测量的实现。

收益分享计划是一种基于团体所产生的节余而为该团体的雇员所提供的货币奖励。仅仅以对生产更多的那些人进行奖励的想法为基础，这种计划对雇员和市民来说都很容易理解。例如，华盛顿州已经运作这种项目将近十年。通过州团队激励项目，节约效果明显的团体成员能够获得所记录的节约量的25%。州雇员平均每人所获奖励多达6,273美元(*Government Productive News*, April 1989, p. 1)。

利益分享计划也能够与质量圈项目相结合。例如，假如一个质量圈设计了一个新的电脑项目为一个州政府一年节约了6,000美元，它可能分出多达600美元给质量圈成员。另外，这种系统取决于对团体工作所产生的节约的详细记录。

建议奖项目奖励那些提出建议，这些建议又导致了组织节约的雇员。这种体制在美国工业部门得到广泛应用。例如，通用汽车公司就有主要的建议“竞赛”，造就了数千美
387 元、甚至几十万美元的个人奖励，当然，为公司带来了更大的节余。建议项目只是在最近才活跃于公共机构，仍然不及在私人部门中建制完善。

行为奖励用于奖励管理者希望鼓励的具体行为。假如经常旷工是一个问题，可能会设计一个体制用于奖励勤工。假如工作场所事故是一个问题，可能会设计一个体制用于奖励优秀的安全记录。另外，建立清晰的绩效标准并使之与特定收益挂钩也是很重要的。

员工表彰项目，虽然不提供货币激励，但通常是一种认可某些员工或团队特殊贡献的有效方法。例如，雇员的每月之星项目，使得高层管理者(州长、部门负责人或市政经理)能够表彰那些将工作完成得“超出职责要求”的个人。同样地，对质量圈或跨部门任务小组的雇员团队的特殊认可是突出杰出工作质量的一种好方法。这种项目很少或者根本不用付出实际成本，但为员工提供了一种惊人的良好激励，并且强调了公共组织中多数雇员应该做到的高质量的工作。正如一个负责生产力的领导所指出的，“你总是听到发生于政府之中的坏事。每月之星雇员项目为我们提供了讨论发生于政府之中的好事的机会！”

你会怎么做？

作为一个州级机构的负责人，你担忧你的雇员陷入了这样一个古老的假设陷阱，即“一直这样做事的方式”就是未来做事的方式。你可能喜欢你的机构是一个以其创新实践而出名的机构，因为你所在机构正处于这样的风口浪尖上。你会怎么做呢？

总之，对于激励员工为组织做出更显著或更合适的贡献而言，激励项目是很有效的机制。然而，你必须非常谨慎，以规范那些将导致生产力改进的具体行为，制定具体措施让你知道什么时候目标已经达到，并且提供恰当且有意义的激励。正如员工奖励项目的成功所证明的，激励项目发挥作用并不仅仅是因为员工需要更多的金钱。员工积极响应，是

因为他们为自己的工作以及自己对组织的成功所做的贡献而自豪。

创新

最近一种提高公共组织和非营利组织生产力的战略是鼓励公务员创新(参见专栏 10.3)。不幸的是,虽然许多管理者和顾问都在寻求创新的方法,但是创新的概念往往是管理中最不被理解的。有些人将创新简单地看作是在组织中执行一些新的体制或程序,或者看作是对政府事务进行改进。还有些人将创新视为增加公共价值观或者更有效地为公共利益服务的方法。然而,大部分人都会同意,创新的核心是对管理理论和实践中的“普遍智慧”的挑战(Light 1998, p. xvi)。 388

专栏 10.3 奖励公共组织和非营利组织中的创新

1985 年,福特基金会与哈佛大学肯尼迪政府学院联合发起了一个奖励计划,以颂扬公共部门组织的创新。从那时起,美国政府创新计划,用超过 1720 万美元的福特基金赠款对 280 个项目进行了表彰。福特基金会也成了肯尼迪学院政府创新研究所的主要赞助者,它以研究论坛、会议、案例研究和其他资源形式为学者和实践者提供支持。

同样地,创新联盟(国际城市管理协会、前创新团体以及亚利桑那州立大学公共事务学院的合作伙伴)为地方政府的创新提供了许多奖励。奖励的标准包括:它如何成功地解决与公共服务提供相关的重要困境;它如何给社区或辖区带来积极影响和巨大收益,实现创造力的巨大飞跃,造就确切的效果和结果。

彼得·德鲁克基金会为非营利组织创新提供了一项相似的奖励计划。基于彼得·德鲁克对创新的定义,即创造了崭新绩效层面的改革,该基金会每年都会对一个找到了触及其服务对象生活的新方法的非营利组织进行表彰。为了享有资格,非营利组织必须展示其创新是如何:(1)推进组织使命;(2)帮助组织取得明确、有意义的结果;(3)以绩效“新维度”为特色;(4)使顾客生活发生变化;(5)作为一种可以被其他非营利组织复制的模式。奖励包括 25,000 美元的奖金和一部简短纪录片。

资料来源:美国政府创新首页(www.harvard.edu/innovat/home.html)和彼得·德鲁克基金会创新奖励信息网(www.pfdf.org/award/about.html)(2001,8)。

通过比较“管理创新”和“持续创新”,乔治·弗雷德里克森(Frederickson 2008, p. 8)最近试图找出一些思考创新的不同方式。首先,在管理创新中,改革的先驱往往是那些有远见卓识的人其主要目标是生产力、效率以及不断提高的政府“底线”。这种类型的创新通过对其他组织的最优实践进行研究而扩散到他们的行政实践之中。

管理创新路径以组织的核心使命为开端,通常由有远见卓识的领导进行阐释。员工的作用包括:为完成使命制定目标,执行管理者分派的创新实践。这是一种线性过程,在该过程的末梢,组织能够取得新的生产力水平。但是,正如批评者所指出的,它也导致了一种更肤浅的创新形式,这种创新形式没有考虑到组织的基本价值,或者也不能为快速变化的环境提供管理。

另一方面，持续创新以同样的名称从保罗·赖特(Paul Light 1998)的著作中发展而来，它较少依赖有远见卓识的英雄，而更多地依赖于组织内外的领导者。与管理创新不
389 同，持续创新路径既是寻找答案的过程，同样也是寻找问题的过程。弗雷德里克森写道：“在持续创新的条件下，为正确问题(通常是模糊的)找到近似答案远比为错误问题找到准确答案要好得多。这种准确答案总是能够做得更加精确；它们依然是错误问题的答案”(Frederickson 2000, p.8)。基本的信念是，以每个利益相关者群体为基础，所有组织都面临着相互竞争的目标，通常必须更加努力地工作以界定问题，而不仅仅是界定问题的解决方案。

根据赖特的观点，持续创新开始于为卓越清除障碍以及他所谓的“揭穿神话”——例如，创新限于少数几个优秀的组织——这往往阻碍了公共组织和非营利组织中的创造力的自然形式。赖特向管理者发出挑战，希望他们放弃对绝对效率的追求转而寻找“所选择的状态”，即一个生态系统，在该系统中，组织的创新取决于引发并保持新观点的四个因素：(1)一个特定组织所存在的外部环境；(2)它的内部结构；(3)它的领导；(4)它的内部管理体制(Light 1998, pp.12—13)。

持续创新路径提供了更大的灵活性，并且将创新的机会交付各级组织手中。结果，这种路径使得组织能够更加有效地处理模糊性，这种模糊性在目标设置中以及在外部环境的关系中都存在。鉴于它与外部利益相关者的公开接触，持续创新路径也使组织能够为未来预见改革并保持有效、有意义的关系。

绩效管理最近的例子

各级公共组织和非营利组织都正式尝试过改进质量、生产力和整体绩效。一般而言，公共生产力牵涉到组织如何尽可能高效率并有效地完成它们的目标——他们如何才能提高其绩效。有些组织强调技术创新，而有些组织则强调人力资源管理；有些组织通过集权化的员工提高生产力，而有些组织则较为分权化。但是大多数组织都成功展现了结果管理的价值。

网络链接

现在，NPR网站已经关闭，有关政府再造例子的信息可以通过 http://govinfo.library.unt.edu/npr 获取。有关NPR、再造和重构的其他网站还有：www.gsa.gov/Portal/gsa/ep/home.do? table=0 和 www.reengineering.com。

美国审计总局(GAO)列举的绩效管理的最佳实践　最近，GAO完成了对25个联邦
390 规制机构和州级规制机构的广泛调查，以决定绩效管理和评估的最佳实践。入选的机构已经由GAO或者其他来源界定为设计和执行绩效管理体制的领头羊。基于不同网站共享的最佳实践，GAO研究提供了十二条建议：

1. 着眼于建立有效的绩效管理战略，通过使结果管理成为加强组织核心竞争力的首要任务和专用资源；

2. 确保整个机构的绩效管理和评估活动的所有权；
3. 重新设计工作流程、内部结构以及与新的绩效测量体制相连的责任线条；
4. 建立坚固的联盟——在这种特殊情况下，与受规制的机构以及服务提供中的搭档；
5. 发展与同行的关系，对于规制机构而言，同行就是跨司法辖区的项目中的其他组织；
6. 采用系统思考的方法去理解单个项目的影响和冲击；
7. 建立清晰、可测量的绩效目的和目标，使其与新的绩效评估基本原理相一致；
8. 为体制中的每一个目的和目标确定适当的绩效目标；
9. 挑选合适、可靠的数据资源以支持绩效目的和目标；
10. 重点分析具体的功能——在这种情况下，监管措施——强调最大化结果以及所有行为阶段的目标行为；
11. 将影响机构及其措施的内外部因素的绩效分析思考整合到一起；
12. 进行持续改进，以确保绩效评估体制的不断适当化。(GAO，1999)

虽然这项研究集中于管理机构，GAO 预期其研究发现能够适用于各级非管理机构，用以提高生产力和绩效(用于讨论，参见 CAP Corner，*PA Times* December 1999，p. 10)。

亚利桑那州的绩效评估　亚利桑那州一直以来致力于它的生产力和责任体制转型，从而集中于公共服务中的“重要问题”。1993 年，亚利桑那州发起了这一转型，当时该州立法机构通过了一项法案，要求所有州级机构都参与到战略计划中来，并将其战略目的和目标与可测量的绩效目标相联系(与 GPRA 相似)。通过包括目标、绩效措施和预算信息在内的项目运作计划，机构最近呈交了项目层级的绩效信息。

尽管亚利桑那州的绩效管理体制的所有层面并未得到充分执行，但是早期一些信号表示，一定的成本节余正是该州贡献于绩效管理的结果。在州级官员中间存在这样一种基本共识，即新体制已经导致州政府支出方面相对较缓的增长以及税收水平的相应降低，但是没有对政府生产力产生消极冲击。 391

最重要的是，绩效管理体制已经使得州级机构能够更加有效地实现公共产出并更富效果地塑造其服务提供，从而适应绩效目标。例如，经济安全部，在过去仅能就帮助儿童及其家庭的孤立案例进行汇报。在新的绩效评估体制之下，该部已经成功确定了体制范围内的服务目标，而且现在能够跟踪它的服务提供以确保它仍然能够着重完成机构的战略目标。州级官员因此清除了决策中的猜测，转而依赖“知识驱动”的管理。

亚利桑那州的绩效管理体制成功的关键因素是它整合了这个州的官僚机构。部门负责人在该体制框架的设计中发挥了领导作用，但是该体制的所有权和可持续性一直与员工有关。许多州政府雇员已经开始认识到了绩效评估对改进内部运作的有用性。该州关于这一体制的报道是这样写的：“这有助于绩效测量运用的制度化，并且促成了在行政部门内部运用绩效测量的进化……(它也应该)为立法机构对它们的运用提供了帮助”(Government Accounting Standard Board 2000a，p. 2)。正如前面讨论过的持续创新路径，共享的主人翁意识应该让州在未来也保持一个灵活、有效的管理体制(用于讨论，参见美国政府会计标准委员会，2000a)。

波特兰市的杠杆和绩效改进　在俄勒冈州波特兰市，公共官员已经实施了一些绩效测量跟踪系统，旨在增强政府项目的生产力和有效性。波特兰市系统的基础是杠杆的使用，它为市领导和雇员提供了绩效标准和比对点。该市也在其战略计划和预算决策程序中整合了生产力和产出目标。

各级城市官员在波特兰市的绩效管理系统中发挥了重要作用。由于市政府的分权化性质，这意味着部门负责人、中层管理者和雇员共享设定战略目标、追踪效果以及向重要利益相关者汇报绩效结果的责任。并且，该市运用社区外展计划，将市民带入绩效管理的程序之中。波特兰市同时依赖公共参与的正式机制和市民参与的非正式路径，前者让市民参加波特兰—摩特诺玛进步委员会的工作。

除了生产力方面的好处之外，波特兰市的绩效测量系统还使得该市政府建立了分享进程的新论坛并推进了组织学习。该市报告声称："交流结果是波特兰市绩效评估努力的意图和期望背后的一种驱动力，它涉及政府内部的交流以及与相关利益者和公众的交流"(Government Accounting Standard Board 2000a，pp. 2—3)。该市官员运用各种信息战
392 略，就绩效问题通知其内部同事，并就市民优先权与公众联系。

然而，波特兰市的经历并不是毫无阻碍，其中最大的绊脚石有：(1)设定坚定的、可测量的绩效目标；(2)确保绩效数据的质量和可靠性；(3)支付在新体制下维持汇报和跟踪所需的时间和成本。结果产生了不少问题，它们关系到机构与机构之间体制的连续性，以及市政部门随时对绩效进行不断跟踪的能力。

同亚利桑那州一样，波特兰市这一创举的主要优势是对整个城市政府体制的高度所有权。假如这被员工看作是部门负责人或民选官员强加的，那么可能会受到更高强度的抵制。在这样的情况下，绩效管理路径能否在未来继续实施，可能会受到质疑。但是，在波特兰市，该市政府整体看来似乎抓住了这个新系统作为更加有效地服务于公共利益的方法这一精髓。结果，绩效管理似乎成了该市政策和行政决策的关键部分。

质量和生产力的执行问题

无论你用何种途径来提高质量、生产力和绩效，你介入的设计对它的成功是非常重要的。

公共组织中的生产力，像在其他部门的一样，通常能够通过技术创新来提高。联邦、州和地方政府行为的许多领域都依靠强大的技术基础。在诸如废物能源工厂的设计和建造，污染控制装置(包括危险废物处理中心)的开发，或者公共住房的建造等领域中，新技术帮助政府不仅更加有效地实现其目标，而且具有更高的成本效益。

网络链接

有些组织提供有关生产力问题的资源、案例研究以及其他网址的链接，包括 NPR 档案：http://govinfo. library. unt. edu/npr；国家公共生产力研究中心：www. ncpp. us；美国生产力和质量研究中心：www. apqc. org。标杆交易网站 www. benchnet. com 也提供有关标杆和绩效评估信息的专题介绍。

思考一下，未来 20 年这个国家的交通系统可能发生什么变化。在不远的将来，城际

高速铁路系统或空中悬浮车可能正好取代飞机、汽车、火车，成为主要城市地区之间的重要交通手段。系统设计、系统调整、各种系统之间的协调，以及提供交流和控制——所有这些功能以及更多的功能，至少都将是政府的角色，并且都会从先进的技术中获益。 393

其他努力，诸如与政府再造运动相关的那些努力，更加关注对组织文化和实践进行改革，但是这些在范围上差异很大。有些项目仅仅要求你做出新的努力来激励你的员工。还有些项目则更加程序化，例如，你可能通过工作丰富化战略强调低层次人员的更大责任，或者你可能在单位内部开发表彰项目。

你也可能处理一个更加广泛的项目，例如承担整个地方政府的再造努力或者建立政府范围的员工建议奖励系统。

提高生产力的步骤

无论是致力于提高什么级别或组织的质量和生产力，都有一些基本问题需要考虑到：

1. 识别成熟的领域。识别生产力改进的条件已经成熟的领域。任何项目，不管其雄心有多宏大，都必须从小做起。在你最有可能实现直接收益的地方开始是有意义的，因为在这里你将最快地识别出这些积累，并且因为一些早期的成功将鼓励其他领域努力提高生产力。为了识别这些领域，管理者应该特别注意如下几方面：

- 不断应对大量待办工作或者日益迫近的最后期限的职能；
- 已经暗示了明显问题（市民投诉，高频的人员流动率）的业务；
- 显现出正耗费格外多资源的业务；
- 大量雇员基本上是执行重复任务的业务（由于员工数量加倍增长的影响，回报将在这尤为明显）；
- 在其他地方已经证明可行的新工艺或新技术的可用性（如，安装计算机，以提高警察的回应速度）；
- 管理者和监管人员对新思想的接受力及其跟进这些新思想的能力。（Holzer, Rosen & Zalk 1986, pp. 9—15）

2. 找出其他领域的模型。无论你的组织是哪种类型，都有可能存在与它相似的其他组织，并且都有可能出现其他组织曾经经历过类似问题的情况。了解其他组织如何处理你正面临的这些问题，是非常有帮助的。幸运的是，通过出版物或者专业组织，可以迅速获得这种信息；这方面的出版物有政府生产力新闻，这方面的专业组织有国际城市管理协会或者美国公共行政学会。从这些资源中，你也许能够找到提高生产力的新方法，你也许还能发现你正思考的方法在其他地方已经取得成功或者沦为失败。

3. 确定角色。确定将参与项目规划和项目执行的那些人的角色。有些项目是专门面向某个部门的，而有些项目则跨越一个司法管辖区的好几个部门；不管是哪种情况，为提 394
高生产力配置一些工作人员是必须的。部门层级的人员配置具体强调生产力项目，并且让你建立专业技术知识（如消防或警务工作）。生产力人员的集中配置将让你能够给予项目广泛的推动力，并构建生产力技术中的基本专业知识。也许，这些基本知识能够应用于不同部门。

4. 树立切合实际的目的和目标。正如已经指出的，公共组织中的生产力项目已经受到公众“少花钱、多办事”的要求所推动。你可能因此受到诱惑，对一个新的提高生产力的尝试抱有很高的期望；抵制这种诱惑。树立切合实际的目的和目标，并真正实现它们，从长远来看，比设置过高的期望而未能实现更有帮助。

5. 在备选项目当中选择。不同的路径范围从管理风格的变化延伸到技术创新再到具体的提高生产力的尝试，诸如质量圈或激励项目。在执行生产力项目时，最好是对症下药，而不要采取大致相仿的其他方法。虽然这个建议看起来是很显然的，但你也许发现自己会受到诱惑去追求一个切近的机会，而不会进行更加谨慎的规划。例如，供应商可能会推荐一种新的电信系统作为解决你所有问题的方案。尽管你可能并未将通信问题视为提高生产力方面的最高优先事项，但你可能受到诱惑而采用这一新技术，“只是因为它的存在”。当然，一个更理智的方法是建立问题优先权清单，然后努力开发针对最重要问题的解决方案。

6. 预期问题。许多问题都出现在提高生产力的计划的实施过程当中，尤其是高能见度的项目。其中许多问题都是基于这样的误解而产生，即生产力的提高涉及所有方面，而且能够预期到并在计划中早早处理。员工可能会觉得质量圈项目将导致工作的消除，他们还有可能会觉得安全标准将被降低；实际上，两种结果都不可能出现。但是，在项目开始时，这些严重的问题就应该得到充分的讨论。在可能的范围之内，所有可能受到项目影响的参与者和人们，都应该有机会就所提议的项目进行了解和发表意见。解决眼前的问题，使以后的困惑和冲突最小化。

7. 执行项目。对提高生产力的计划，需要进行慎重分析，并就解决确定需要而采取的行动方针做出决定，然后，你可能面对执行的艰巨任务。事实上，执行可能是最困难的阶段。期望可能过高；所需的法律可能很难通过；组织“地盘”问题可能介入其中；可能没有足够的资金用于项目投资。

通过在温和的基础上启动项目，然后再扩展到其他领域，你能够避免一些困难。从一开始就对目标进行限制，有助于避免期望太高，还能更容易地展示努力的可行性。在你认为能够立竿见影的领域启动项目，能够让你早早地宣布成功，反过来能够使项目在其他地方更有可能得到采用。同样地，在项目早期保持低调，能够减少对劳动力和管理的威胁。
395 无论对项目进行什么样的宣传（许多政治领导者想要高调的努力），你应该在早期对项目进行谨慎的监管，以避免误解的产生。

然而，最严重的制约是项目制度化的困难。执行不仅仅是一个短期的问题；你应该从一开始就关注项目的持久程度。阻碍提高生产力的计划制度化的因素有很多。项目可能依赖于诸如州长、市长或一个特殊部门负责人等特殊人物，当这个官员离职时，项目可能中断。许多项目都缺乏一个组织归宿，因此很难保持长年的支持。

8. 评估项目。大多数提高生产力的计划都需要资金和时间的最初投入；为了省钱你不得不花钱，并且许多人可能会怀疑项目的价值。怀疑论者可能是不相信项目宣传者的笼统结论；他们想要看到具体、客观的数据。你应该从一开始就收集的信息类型是：记载的成本节余，以相当或减少的成本所实现的增加的产出，或是市民对机构服务增加的满意度。这些信息能够通过向立法者或其他决策者作的定期报告，或者通过新闻发布会或新闻发布得以公开。

需要特别关注的一个评估方面是发展一个合适的测量系统，以确保在合适的时间获得准确的信息。你必须确保信息获取及时，并且准确无误。信息也必须与测量提高生产力的努力密切相关。发展一个测量系统并非易事，但它对项目的长期持续至关重要。

我们已经讨论过测量目标的方法。例如，一个社会服务机构可能测量所服务的顾客数量，一个警务部门可能测量回应时间，一个公共工程部门可能测量铺设的街道和高速公路的长度。当然，由于大多数组织都同时追求多个目标，问题变得复杂化。社会服务机构不仅仅关注眼前的顾客，而且还要做出转介到其他机构或者分配资金给特定顾客。这些多样化目标中的每一个目标，以及致力于这些目标的每一项行为，也许都需要自己单独的测量。

更重要的是，负责测量生产力改进项目效果的人员，要注意是什么恰当体现了所完成的工作质量。以免费或快捷的方式来提高成本节余，无论如何都是有问题的。只对索取信息的要求进行回应或者在机构方便时才给予帮助，可能是成本较低，但是在质量方面很可能不被接受。你可能希望要么考虑孤立的质量评价，要么考虑质量控制系统的执行。你可能还可以发展一种综合考虑产量和质量的复合测量。例如，街道部门可能测量某些特定工作日所做的维修，税务部门可能测量处理没有误差的税收返还数量。

提高生产力似乎需要三个条件："(a)应该用一种有效、客观的方式评估个人或团体的绩效，强调这些员工所提供的服务的公共目标；(b)这种评估应该与某种形式的奖励或奖 396
金紧密相连，不管是货币的还是非货币的；(c)应该让雇员组织在早期进行有意义的参与，并在事先进行充分参与，同时要对包括管理人员和非管理人员在内的所有受影响的那些人进行培训"(Greiner et al.，1981，p. 411)。带着这些考虑进行项目开发，将不仅有助于确保提高生产力的计划的早期成功，而且有助于长久地维持这一项目。

小结与行动启示

技术创新的影响常常是巨大的，有时候能够节约数千、甚至数百万美元。但是技术创新不能脱离组织工作人员的技能和态度而发生。创新似乎蓬勃发展于这样的环境中，即在这里，人类创造力得到鼓励并且常常要求人文变革——某团体称之为"组织件"(orgware)的东西。

生产力的提高看起来至少部分地依赖于这样一种转移，即从传统的权威方法转向一个更加开放、更具参与性的方法。在执行各级政府提高生产力的项目时，这种转移已经特别明显。在许多案例中，我们都发现了有一种转变是倾向于更加强调所有雇员参与的管理。(一个州级生产力委员会的负责人也许最好地表达了由此产生的导向，他是这样描述他的这种哲学的："做这项工作的人最了解这项工作，也最清楚怎样改进这项工作。")结果产生了一种管理路径，它不仅在范围和观点上看起来更加人性化，而且许多当局开始相信它也更加富有生产力。

二十年前，加拿大政府对本国"表现良好"的政府组织进行的研究，明确概述了这种路径的一些基础知识，这些知识在今天仍然实用。该研究明确了导致组织成功的五大因素，我们将它们视为管理者在试图提高生产力时要寻求的行动模式。

> **强调人的因素。**人们受到挑战、鼓舞和发展。他们被赋予权力去行动并运用其判断力。有这样一种信念，即高绩效是人们关心的结果，而不是体制制约的

结果。人们并不会让自己专注于失败的风险，而是坚信能够真正应对任何挑战。

参与式领导。领导不是独裁或胁迫，而是尽可能参与。领导者设想一个理想的组织，确定目的和目标，然后清楚地表达出来并给出承诺。工作人员很容易沟通。在咨询同级和上级以及下级时，他们感觉颇好。尽管出于管理的目的存在正式的层级，但是没有阻碍实现目标而合作的界线。

创造性的工作风格。雇员反思他们的绩效。他们从自己的行为结果中学
397 习。他们试图创造性地解决问题。他们维持强大的监管、反馈和控制系统作为有用的工具。他们是自我依赖的，而不依靠外部权威的控制。

强烈的顾客导向。这些组织高度关注他们的顾客，从对顾客而不是官僚的服务中获得满足。表现良好的机构与它们的政治和中心机构的领导者之间，存在着一套统一的价值观和目的。

寻求最佳绩效的精神状态。人们持有驱动他们不断寻求组织绩效的提高的价值观。当条件发生变化时，他们调整的是他们的方法，而不是他们的价值观。由于对绩效和适应性的这种导向，甚至在不断变化的环境中，组织也会表现得很好。这种精神状态可能是所有这类政府最重要的品质。（*Government Productive News*, December 1989, p. 4)

资料来源：最初摘自 *Report of the Auditor General of Canada to the House of Commons for Fiscal Year Ending 31 March 1988*, Chapter 4:"Attributes of Well-Performing Organization." Minister of Supply and Services, Canada, 1990。

作为一个管理者，你将面对的其中一个主要技术问题就是提高组织的生产力。尽管你也许能够通过技术创新获得巨大的收益，但是最显著的长远收益将来自你对组织效力中的人为因素的适当强调。为了取得成功，你总是不得不平衡你对机构工作中技术方面的关注及对组织的人性方面的关注。

术语与定义

行为奖励(Behavioral award)：用于奖励管理者希望鼓励的具体行为。

员工表彰计划(Employee recognition program)：用于认可某些雇员或团体对组织特殊贡献的有效方法。

专家系统(Expert system)：模拟特定领域内人类专家决策过程的计算机程序。

利益分享计划(Gainsharing plan)：基于某个团体所创造的节余而对该团体员工进行的一种货币奖励。

目标管理(Management by objectives)：用于建立贯穿于整个组织的清晰、可测量的目标的一种参与式方法。

绩效评估(Performance appraisal)：对一个人在完成指定任务中的进步而进行的具体评价。

绩效奖金(Performance bonus)：基于在工作中或特殊任务中的出色绩效而进行的一
398 次性货币奖励。

计件工资奖金(Piecework bonus):将工作者在指定任务中的生产力与他或她受到的货币奖励联系在一起的一种激励。

质量圈(Quality circle):一个小团体,该团体中的成员从事的是相似或相关的工作,并且定期会面以识别、分析和解决工作流程的问题。

建议奖项目(Suggestion award program):对那些提出了导致组织节约的具体建议的员工进行的一种奖励。

任务小组(Task forces):集中起来处理具体的组织问题的团体。

思考题

1. 讨论基于计算机系统不断增长的应用与涉及技术转化的人文因素之间的关系。
2. 什么是目标管理?这种路径如何使组织受益?
3. 确定衡量工作生活质量的八个标准。
4. 讨论时下用于公共机构中的各种激励计划,并说明各种方法的效用。
5. 提高生产力成了公共管理者的主要问题。负责一个生产力项目的质量时,应该考虑哪些基础问题?

案例与练习

1. 运用本章中的材料,形成一套评价工作生活质量的标准。五到七个人一组,选择该组成员先前从事过的两份或三份工作,分析这些工作中的工作—生活质量。在每种情况下,组员都应该采访从事这份工作的那个人,就图表中的每个范畴提出问题。每个人都完全理解了工作的性质后,该组集体对从事这份工作的那个人的工作—生活质量进行总结。

接着这个活动,再选择该组成员渴望在十到十五年后从事的两份或三份工作。让一个人详细地想象,他每天的工作会是什么样的,然后遵照同样的程序采访这个"工作持有者",并写出有关工作生活质量的总结。你认为未来的工作会在哪些方面比过去的工作有更高的"质量"?为什么会有差异? 399

最后,分别从"已从事的工作"和"你渴望的工作"中各选出一份工作,然后从工作持有者将要汇报的那个人的角度来思考这些工作。管理者怎样提高或者"丰富"这份特殊的工作?具体说来,权力或者责任的调整能否提高工作持有者的工作—生活质量?这些变化怎样影响个人的生产力?向班级汇报你的结论。

2. 将班级分成七到十个成员不等的小组,每个小组选择一个小公共机构——联邦的、州的、地方的或非营利性质的。基于对几个高级管理者和从整个组织中抽样出来的那些雇员的采访,对组织现存的激励系统进行分析。设计一个你认为能够提高质量和生产力的激励项目。(假如你找不到或者无法接触到一个这样的组织,那么发展一个你能借此对激励系统进行测验的研究设计。假设一个拥有200人、手工处理州政府税收的组织。你将向组织中的什么人提出什么类型的问题?)

3. 学术部门,像其他组织一样,也能从雇员和顾客(教师、员工、学生、校友、潜在雇主等等)的信息和建议中获益。思考你所在专业的那个系。你将怎样设计一个让雇员和顾客都参与的综合计划，从而帮助这个系提高其供给的质量？（设计完一个计划之后，对系主任进行采访，从而找出哪些机制已经存在。）

拓展阅读

Altshuler, Alan A., and Robert D. Behn, eds. *Innovation in American Government: Challenge, Opportunities and Dilemmas*. Washington, DC: Brookings Institute, 1997.

Barzelay, Michael. *The New Public Management: Improving Research and Policy Dialogue*. Berkeley: University of California Press/ Russell Sage Foundation, 2001.

Cohen, Steven, and Ronald Brand. *Total Quality Management in Government: A Practical Guide for the Real World*. San Francisco: Jossey-Bass, 1993.

Dilulio, John, Jr., Gerald Garvey, and Donald Kettl. *Improving Government Performance*. Washington, DC: Brookings Institute, 1993.

Garson, David G., ed. *Handbook of Public Information Systems*. 2nd ed. Boca Raton, FL: Taylor & Francis, 2005.

Gore, Albert. *Common Sense Government*. New York: Random House, 1995.

Gore, Albert. *Businesslike Government*. Washington, DC: Government Printing Office, 1997.

Gore, Albert. *Serving the American Public*. Washington, DC: Government Printing Office, 1997.

Kamensky, John M., and Albert Morales, eds. *Competition, Choice, and Incentives in Government Programs*. Lanhamn, MD: Rowman & Littlefield, 2006.

Kelman, Steven. *Unleashing Change: A Study of Organizational Renewal in Government*. Washing-
400 ton, DC: Brookings Institute, 2005.

Lane, Jane-Erik. *New Public Management*. London: Routledge, 2000.

Light, Paul C. *The Tides of Reform*. New Haven, CT: Yale University Press, 1997.

Matzer, John, Jr., ed. *Productivity Improvement Techniques*. Washington, DC: International City Management Association, 1986.

National Performance Review. *From Red Tape to Results: Creating a Government That Works Better and Costs Less*. Washington, DC: Government Printing Office, 1993.

Osborne, David, and Ted Gaebler. *Reinventing Government*. Reading, MA: Addison-Wesley, 1992.

Osborne, David, and Peter Plastrik. *Banishing Bureaucracy*. Reading, MA: Addison-Wesley, 1997.

Pollitt, Christopher, and Geert Bouckaert. *Public Management Reform: A Comparative Analysis*. 2nd ed. New York: Oxford University Press, 2004.

Pollitt, Christopher, and Colin Talbot, eds. *Unbundled Government: A Critical Analysis of the Global Trend to Agencies, Quangos and Contractualisation*. London: Routledge, 2004.

Rocheleau, Bruce. *Public Management Information Systems*. Hershey, PA: Idea Group Pub., 2006.

Shachter, Hindy L. *Reinventing Government or Reinventing Ourselves*. Albany: State University of New York Press, 1997.

Stanton, Thomas H., ed. *Meeting the Challenge of 9/11: Blueprints for more Effective Government*. Armonk, NY: M. E. Sharpe, 2006.

Swiss, James. *Public Management systems: Monitoring and Managing Government Performance*. Englewood Cliffs, NJ: Prentice-Hall, 1990.

Wholey, Joseph S., and Kathryn E. Newcomer. *Improving Government Performance: Evaluation
401 Strategies for Strengthening Public Agencies and Programs*. San Francisco: Jossey-Bass, 1989.

第11章
公共服务的未来

对于那些从事公共服务的人来说，无论是作为短期职业还是终身生涯，有些因素可能都会影响其思维。如前所述，公共服务的回报不可能体现在财政方面。大部分公共组织的工资往往稍逊于企业或工厂的工资。然而，相对企业或工厂而言，公共组织的员工在其职业生涯中可能要更早地承担广泛责任。而且，公共服务的挑战性和复杂性提供了一种兴奋感，这种感觉源于地方、州、国家甚至国际所发生的重大事件。

如果你希望身处日益变化的社会当中，从事公共服务便是最佳选择。你可以想象公共部门工作的多样性！无论是在外交事务、人类服务、环境政策、教育改革、太空计划，还是在其他永无休止的各种领域中，公共管理者都担当了主要的角色。实际上，人们正在讨论的每项重大的地方、州、国家或者国际议题，都将给公共管理者提供众多的挑战和机遇。如果你热衷于这项有意义的工作——能使人们的生活发生改变的工作，那么你会发现加入公共服务行列具有相当的吸引力。

公共服务的重要性

纵观美国的历史，公共服务已经被认为是一项致力于改善社会的重要事业，而且得到了公民和政治家的支持。不幸的是，在过去二十五年里，这种支持并不坚定。从20世纪60年代末到80年代中期，公共服务受到了不断冲击。在吉米·卡特和罗纳德·里根之后，美国两党的政治家们至少在一定程度上都会以攻击华盛顿和官僚体制来组织竞选。公共行政人员因其缺乏回应性或过度回应(即对普通公民无动于衷，而对特殊利益集团过度热情)而备受批评。公共组织因为缺乏效率和效能以及没有达成既定目标并浪费大量公共财政而受到指责。

幸运的是，在过去几年里，公共服务的环境得到了很大程度的改观，使人们对公共服务的未来形象保持乐观。布什总统和克林顿总统都更加支持联邦公共服务，小布什总统似乎承继着这种趋势。

从政策领域来看，在过去十年里，美国进行了联邦政府的减税和税制改革，州和地方政府也作出了税收限制。这些行动有助于改变人们认为政府税收机器在肆意运转的看 403

法。同样，纵观过去的五届政府，都采取了行动，解除对某些活动的规制。一些领域（如运输）经历了重大的规制解除，一些领域则受制于管理与预算办公室（OMB）的特别审查。一般而言，人们形成了这样一种印象：过分的政府干预已经得到了有效控制。

最后，政治氛围也在不断变化，人们甚至认为这是"积极政府"观念的重新出现。这种观念在州和地方政府更为明显。在某些重要领域（特别是教育、经济发展和环境问题），州政府正采取积极的措施。同时，公众对州和地方政府的信心正与日俱增。

而且，随着对艾滋病、危险废物、海洋倾倒、温室效应、毒品、对外竞争、无家可归者以及工薪家庭的儿童保健等问题的日益关注，人们可以展望一个"国家行动"的新时代已经来临。克林顿政府在鼓励大幅度经济增长的同时，成功实现了政府规模的缩减和联邦财政的盈余，这些都昭示出一个更加积极的政府时代到来的可能性，在此，致力于公共服务的人们备受尊敬与尊严。另一方面，在布什政府期间，一些备受瞩目的问题，如政府在卡特里娜飓风中的反应迟缓[①]、对伊拉克战争前的情报处理不当[②]，或许将使这种可能性夭折。不管怎样，当前的问题似乎应该更多地指向政策层面不是政府层面。

人们对公共服务的努力支持使我们国家回归到一种悠久的传统。在其他时期——甚至在其他国家的今天——公共服务仍然被视为一种骄傲而光荣的职业。约翰·肯尼迪的就职演说在今天仍然振聋发聩。回想肯尼迪所说的："不要问国家能为你做什么，而要问自己能为国家做什么。"在另一篇演说中，肯尼迪对此做了详述："让公共服务成为一种自豪而充满活力的职业。让工作在任何政府领域、任何部门和任何层级的人以后都能骄傲而自豪地说，我在国家需要的时候曾为美国政府服务。"那些工作于公共行政领域各个层级的人延续了这一悠久而光荣的传统（参见专栏 11.1）。

专栏 11.1　沃尔克委员会[③]的主要结论

> 公共服务委员会报告的中心思想言简意赅，既具有时代紧迫性，又具有永恒价值。实际上，我们呼吁全体美国人重新燃起对公共服务最高传统的忠诚感，即回应人们的政治意志并维护宪政价值的公共服务，有效处理冲突和复杂性并保持最高伦理标准的公共服务，吸引社会各阶层的青年才俊并赢得所有公民尊敬的公共服务。

---

① 2005 年 8 月 29 日，威力强劲的"卡特里娜"飓风在美国南部沿海地区登陆，造成 1,300 多人死亡，100 多万人流离失所和巨大物质财产损失，成为美国历史上最为严重的自然灾害之一。联邦政府在灾难初期救援工作迟缓遭到各方批评，负责政府紧急救援事务的联邦紧急措施署署长迈克尔·布朗引咎辞职。灾后不久，布什总统下令对联邦政府在这次灾难中的应急反应和救援工作进行调查，以吸取教训。——译者

② 美国国防部正式向国会提交过一份关于伊拉克战争前情报的内部调查报告。报告认定，伊战前美国有关萨达姆与"基地"组织存在明显联系的评估不实。一些民主党人由此指责说，五角大楼蓄意操控战前情报，企图强化布什政府发动伊战的理由。——译者

③ 美国政府于 1989 年设立的沃尔克委员会（Volcker Commission）是针对公共服务所设立的。此前，调查显示，政府机构存在着严重的士气问题，大量的职业管理人员都说他们想离开政府机构。而且他们还将建议其子女不要以公共服务为职业。其他的调查则发现，学生们对加入公共服务这一职业也没有多少兴趣。曾在卡特和里根两届政府中任联邦储备委员会主席的保罗·沃尔克（Paul Volcker）于 1989 年出任国家公共服务委员会的主席。该委员会召集了一些著名的政府官员来指导对这一危机的分析并提出建议。该委员会的报告建议了一些步骤措施以提高公众对公共服务的支持：如增加工资、改善工作绩效、改进职员的吸纳与训练，以及改善受任命的领导者与公务员的关系等。——译者

一个伟大的国家需要更多这样的传统。进入21世纪以来，美国政府所面临的多重挑战更加证实了这一点。然而，有证据表明，美国政府的绩效和士气正在沦丧。最有天赋的公务员（即那些具有作为有效职业公务员特点的技能和奉献精神的公务员）中有太多人正准备离职。最有才智的年轻人（即那些人具有未来发展必不可少的想象力和精力的人）中却又太少人愿意加入公共服务行列。

同时，人们对强大的公共服务的需求正不断增加，而不是降低。美国人总是希望政府既能保障其基本的自由，也能提供共同的防务。也希望政府能够与其他国家和平共处，解决人们之间的分歧，为需要的人士买单，并且通过提供最高水平的整合和绩效以赢取人们的信任。

美国人现在生活在一个实力更强大、人口更多、机遇空前的国家。但是，他们也生活在一个具有高度复杂性和可怕风险的世界里。美国的经济更易受国际竞争的影响，货币在世界市场上涨跌不定，人们的生活伴随着超乎任何个人想象之外的复杂科技。美国的外交日益复杂，要明智地使用无比优良的军事力量也更加困难。尽管在科学上有所成就，但是，美国每天都受到新的社会、环境和健康等问题的困扰，如毒品、艾滋病和全球变暖等，这些问题的范围以及影响程度令人十分费解。

面对这些挑战，最明智的做法就是，美国必须吸引那些能干且有奉献精神的人来服务于政府。美国必须拥有这样一种公共服务，既重视经验教训又欣赏变革要求，既回应政治领导又尊重法律，既具备职业技能又有着美国所推崇的伦理敏感度。

资料来源：摘自 The National Commission on the Public Service, *Leadership for America*: *Rebuilding the Public Service*, Washington, DC, 1989, pp. 1—2。

公共服务的发展趋势

在未来几年里，公共服务者将面临巨大的挑战，因为他们不仅要解决重要的公共政策问题，还要以一种重拾并维持公众信心的方式来解决这些问题。美国以及世界各国都需要致力于恢复公共服务的价值和完整性的努力，但这些努力必须伴随着对公共服务领域一些重要趋势的清晰理解，因为这些趋势正在重构公共服务自身的价值和承诺。那么，在未来几十年里，公共服务者可能经历的世界性趋势有什么呢？ 404

经济改革与政府的重新定位

首先，公共服务领域的定位正在发生重大变化。特别要注意到，不断变化的经济形势既影响着公共事业的使命，也影响其结构。我们的经济在以各种方式发生转变，从生产基 405
础转向服务基础，从国家基础转向全球基础，从不断增加的公共承诺转向有限承诺。任何一种方式都对公共服务者有直接的影响。

- 随着“高科技、高接触”成为经济增长的一面旗帜，公共管理者在诸如钢铁或木材等传统工业领域内面临的挑战已经式微；

- 州和地方政府的公共管理必须在经济(包括国际经济)发展中扮演新的重要角色，其所面临的挑战要求其既了解譬如远在日本的公司决策，也要了解自己所在州的决策；
- 公共项目运作者(特别是在社会服务中)也面临着挑战，他们发现，服务需求与日俱增，而政府支出却日益受限。

经济发展给政府带来了严峻的挑战，但在应对这些挑战时，政府并不孤单。这些挑战已引发人们对于公共服务供给中公私伙伴关系的新思维。因此，公共服务不再只是政府的工作，而是政府机构、非营利和第三部门组织，以及公司和企业利益集团参与的共同努力。我们不妨思考以下例子：

- 在许多州，私人保安公司所雇用的员工远远超过了当地警察部门的雇员；
- 在一些城市，商会经常参与公共项目，接收的政府资金比私人公司的资金多得多；
- 在大型城区，政府提供的公共服务不到一半，大部分是由非营利机构和私人机构提供。

其中，某些特殊公共产品和服务的私有化与契约化等趋势越来越为人们所熟知。而有些趋势则不然，因为它们涉及公共权力和公共资金使用中第三方的自由裁量权问题。这种发展意味着公共服务的重塑，并提出了公共项目管理的平等和责任等严肃的问题。

与公共和非营利部门改革议程有关的这些发展趋势，是对不断变化的社会和经济形势的最新回应。人们已经注意到，所有改革议程都源于这样一种信念，即政府已无法适应后工业社会的动态环境变化。因此，政府改革运动对各级政府组织的角色和流程都产生了重大的影响。假使这场改革运动已经备受关注，这些趋势有望延续到将来。

这场改革运动的重要思想涉及企业家理论与实践以及企业价值在公共服务领域的应用。尽管政府与公民经济关系的转型——视公民为顾客——可能导致政府成本的节约以及更为精简的公共组织，但是对于公民权利和公共参与等问题而言，改革所带来的长期影
406 响尚不得而知。虽然一个“少花钱、多办事”的政府可能为政府设置更加明确的成本底线，但它也可能对公民参与机构治理等产生不良影响。

另一方面，有国际团体发出警告，改革者必须谨防所谓的“改革疲劳症”或者“公务员变得愤世嫉俗和疲于改革的情形”(OECD 2001, p. 5)。在对已经进行改革的 30 个国家的研究中，经济合作与发展组织(OECD)发现，最成功的改革不是依靠行政领导层强制实施的改革，而是各个层级所拥护(且大部分情况下由其发动)的改革。更为重要的是，成功的改革不是为改革而改革，而是试图建立更具适应性与回应性的组织系统。(参见专栏 11.2)

全球化

其次，不断变化的经济形势和科学技术的发展，使得公共行政的国际层面比以往任何时候更加重要。理解其他国家的政治和行政官员的所作所为，不仅对那些在国外任职的人很重要，对国内任职者也同样重要。例如，市政经理们越来越发现，要有效地促进地方经济的发展，他们必须成为国际商务的专家。但是，全球化相互依存关系也同样以其他形式产生影响，例如，巴西、非洲和菲律宾的森林砍伐对我们的环境质量也将产生直接的影响。当然，我们也不能忽视帮助减少世界贫穷和饥饿的责任。

专栏 11.2　未来的挑战

经合组织"公共管理与治理研究中心"(PUMA)最近发布了一项名为"未来的政府"的预测，指出 21 世纪公共官员所面临的如下问题：

- 政府应该怎样为迎接改革挑战做好准备？
- 公共部门如何开发一种回应变革的文化？
- 未来需要什么类型的领袖？
- 政府如何更好地与公民沟通？
- 政府如何避免"改革疲劳症"？

尽管经济合作与发展组织认识到改革的必要性，但还是告诫改革者，要谨慎评估改革的范围，并确保改革议程与"以公民为导向"的结果一致。而且，经济合作与发展组织要求改革者将此作为改革的共同过程。"公共管理改革对社会所有成员都利益攸关，但在改革的讨论中，人们常常被迫成为对立面，即被分成赢家和输家，这样容易引起冲突而不利于改革的成功(OECD 2001, p. 1)。"关键的挑战在于利用一切机会改善政府形象，围绕改革的目标和根本价值建立共识。

资料来源：OECD, *Government of the Future*, PUMA Policy Brief No. 9, Paris: OECD, June 2001。 407

对于全球化趋势，人们的观点众说纷纭。批判的观点认为，全球化趋势是发达国家试图将西方价值观引入其他地区。支持的观点认为，全球化是将就业机会和财富创造延伸到贫困国家的一次机遇。在后者看来，随着时间的推移，生活在"地球村"的所有人都将从经济市场的全球化和国际化影响中受益。

千万不要低估全球化对公共行政的影响。与国际化进程随之而来的是一种可能带来更为深远影响的新模式，即分权化。中央政府越来越多地将新的权力和责任转移到给地方和区域当局。无论是出于国家税收收入的下降，抑或国家—州权力基础的削弱，结果都将是对次国家行政机构服务和决策权需求的与日俱增。在许多情况下，这些行政机构都缺乏能力和资源来有效地行使其新确立的权威。

为了更好地理解这些趋势及其对公共行政的影响，提出一种更加全球化的比较分析范式显得尤为必要。这种分析既是理解国际问题的源泉，也可以改进解决自身社区问题的方法。只要继续生活在"地球村"，我们就必须接受挑战，迎接各种机遇，处理各种蔑视国家边界所造成的威胁。因此，我们的治理系统必须体现出对公共利益的关心——无论是在国内还是在国外。

☞ 网络链接

关于治理和公共行政国际化观点的信息，请登录经合组织网站(www. oecd. org)，或者联合国网站(www. un. org/esa)。有关全球化视下的地方议题，包括权力下放和可持续发展，可登录以下网站：www. icma. org/resources/index. htm, www. geocities. com/Pairs/9925。

技术与工作环境

第三个所关注的领域是公务员工作环境的不断变化。新的人员和新的价值持续不断地进入公共领域。公共机构越来越大的多元性对其价值观将产生重要和积极的影响。公
408 共组织以一种崭新的形式出现，其所展示的能力，在以往更加传统的组织观念为特征的公共官僚机构看来几乎是不可能的。这种多元性反过来又极大地改变了人们对领导的理解，因为多元文化和组织观念形成了一种更加公平、共享的权威系统。人们希望目前这种公平和参与的发展趋势将继续延伸。

同样，我们也经历了新技术形式给公共工作场所所带来的转变。信息技术的影响——特别是在处理公务时——显而易见，并且，没有理由认为这种技术革命已经结束。整合工作流程并创造更富弹性和网络化组织的压力，将成为组织有效的信息交流与共享的持续动力。人们越来越多地工作于虚拟群体之中，人们之间的许多互动也将转到网络空间上进行。

举例来说，挪威政府已经开始使用信息和通信技术，不仅仅用于强化内部制度。挪威的“电子政府行动计划”为公共官员使用这种技术与公民进行沟通提供了指导。作为该计划的一部分，政府实施了一项战略，提升学校、图书馆、家庭和就业场所等对互联网的公共接入水平。其根本目的是要将挪威市民参与的传统带入电子化时代，这也是美国许多地方政府正在追求的。

当然，人们普遍认为技术的使用仍根植于工具性目的，即通过技术提高政府绩效。政府组织不断变化的特点反应了这一目的，因为所有制度和工作流程几乎都具有某种形式的自动化特征。然而，人们不应该忽视这样的事实，即技术可能有助于实现更具价值导向的公共服务目标。以民间网络和其他资源形式出现的技术，有助于促使公共组织的定位更加转向外部化。借助新兴技术，人们也许可以享受到更有意义的公民参与形式。

随着这种趋势的发展，人们也提出了对先进技术给人类所带来的后果的关注等重要问题。技术如何影响政府工作者与顾客之间的关系，如何处理信息时代不可避免的非人性化问题，如何解决有关隐私和权力滥用等伦理难题。随着技术社会的不断演进，在随后几十年里，这些问题以及其他许多问题将持续摆在人类的面前。

治理过程中的公民角色

第四个问题涉及治理过程中的公民参与和公民社会的定义。越来越多的公共决策是通过有意义的公民互动来制定出来的。这意味着公民正在发挥重要的作用，他们已成为那些影响自己生活的政策和项目的贡献者，而不再是政府服务的接受者。在许多方面看
409 来，这种公民参与的新形式代表了构成民主体系之根本的重要原则的价值回归。人们似乎越来越关注公平和正义，而不只是效率和绩效。然而，从更加传统的代议制民主向直接民主的转变，对民选官员和行政官员提出了重要的挑战。

正因为如此，许多公共行政人员视公民参与为冲突之源。也就是说，他们把公民参与公共听证、法律与行政仲裁以及其他费时和对抗性强的一些正式机制联系在一起。相应地，公共参与也成了效率管理的障碍。然而，公共参与只限于一种合法性的来源，通过听

证和类似论坛以及更理性的途径来进行决策。这种有限的公民参与形式不仅可能导致政策背离受影响居民的实际需求，而且还可能随着时间的推移在地方治理机构和公民之间制造障碍。

许多公共官员已经开放施政程序，使其走向更具实质性的参与形式。例如，在荷兰，国家和地方的公共官员首创了更为互动的决策形式，其政府决策不只是源于与公民协商，而是公众直接参与决策过程。政府也开启大门，允许公众对政府行为进行"合法抵制"，给公民提供对那些被认为违背公共利益的政策进行质疑的机会。

推动更直接的公民参与，为有效的和负责任的公民权利开启了大门。但是，公民参与也遇到了问题，它意味着政府工作人员必须愿意聆听并以积极的态度采取行动。只有建立公民和政府之间的"双行道"，才能建立两者的健康关系。对于公共管理者而言，他们所面临的挑战就是如何维持这些有意义的参与形式和公民社会。

为了指导公共管理者建设这些能力，珍妮特和罗伯特·登哈特（Janet and Robert Denhardt 2003）提出了所谓的"新公共服务"七大原则：

1. 公务员的主要作用在于帮助公民明确表达并实现其共同利益，而不是试图控制或掌控社会的新方向；
2. 公共行政人员必须创造一种集体的、共同的公共利益至上的观念；
3. 通过集体努力与合作程序，才能最有效、最负责地实现满足公共需求的政策和项目；
4. 公共利益是共同价值对话的结果，而不是个体自我利益的加总；
5. 公务员不只是要关注市场，还应该关注法令和宪法法律、社区价值、政治准则、职业标准和公民利益；
6. 从长远来看，人们所参与的公共组织和网络只有基于对全民的尊重、通过合作程序和共同领导来运行，才能获得成功；
7. 只有依靠致力于为社会做有意义贡献的公务员和公民，而不是靠行动起来犹如将公共资金视为己物的具有企业家精神的管理者，才能更好地实现公共利益。 410

公共服务面临的伦理挑战

为公共行为建立合适的伦理基础本身就是公共服务所面临的重要挑战之一。如果说这代人对于公共服务可以做出重要贡献的话，那就是界定与阐明公共行政的道德与伦理范畴，并坚持道德领导。

如前所述，公共行政领域早期的学者主要将公共行政描述成"公共政策执行技术的管理问题"。多年来，公共行政人员已经在公共项目管理中开发出重要的技能——可能远远超过人们所称道的。

之后，有些学者开始意识到公共行政的"政治层面"，即各级行政人员都深度卷入公共政策的制定过程。尽管最近华盛顿信誓旦旦，但是，人们有充分的理由相信，公共组织的工作人员越来越多地要求履行更多的职责，而不是简单地回应法律指令，他们必须明确重要的公共利益并对此做出详细说明。

除了公共行政的管理或者政治层面，公共行政今天越来越多地被视为“伦理的问题”。事实上，作为行政人员，任何一个“自发的”小行为都可能承载重要的价值内涵。无论是制定还是执行公共政策，每位公务员每个行为的深处都蕴含着道德或者伦理的问题。

认识到公共服务不仅是一个管理和政治的问题，而且是一个道德和伦理的问题，这意味着什么呢？首先，它意味着公共行政人员的行为必须体现出最高的标准。另外，将公共服务视为道德和伦理的问题，这要求认识到行政人员的任何行为都涉及公共利益的发现或明确。

未来的公务员可能既要积极参与政策制定，又要回应公共利益。我们的宪政结构不仅允许而且鼓励一种积极的执行和行政角色。更重要的是，宪法包含着这样一种隐含的哲学指令，即公共服务是民主社会的特殊职业。加入公共服务行列的人，无论其背景或职业，都是“公共信任”的捍卫者。

当公共服务的定义发生变化时，这一点尤为关键。如前所述，公务员不再只是受雇于政府机构的政治和行政官员的团体。今天，公共服务还包括提供公共产品和服务的许多私人和非营利组织。这种发展提出了许多管理问题、政治问题以及更为重要的道德和伦理问题。在这种条件下，公共行政人员必须为公共服务建立高水平的伦理标准并率先垂范。与人们经常听到的“公共行政人员应该向企业模式学习”的相反，我们认为，公共组织及其所代表的价值和承诺应该成为所有组织的典范，至少那些涉及公共项目管理的组织应该如此。

伦理问题已经成为全球公共行政的核心议题。例如，在日本，为确保政府官员的伦理
411 行为，各级立法机关最近都通过了全面的立法。除其他规定外，依据2000年4月开始生效的《国家公共服务伦理法》(National Public Service Ethics Act)，建立了“国家伦理委员会”，以持续监督政府官员的遵从情况，并对违反伦理标准的行为进行调查与惩罚。

为使公共服务重获其在社会中的恰当角色，我们必须在政府和公共服务部门建立并维持对民主价值的真正承诺。只有公众相信那些政府官员（无论是政治官员还是行政官员）都在追求公共利益（而不仅仅是其自身利益）并为此兢兢业业，他们才会对公共服务产生信任，并愿意参与政府工作。只有当所有人都理解对民主实践和理想的承诺时，公共服务才能成为社会的最高尚职业。

对民主理想的承诺涉及很多问题，例如，回应和参与，以及对公平和正义的承诺。不妨考虑一下，有哪些理由使人们选择公共服务。排在首位的无疑是“关切他人的福祉”。历史上曾经有一段时期，我们似乎感觉到公共服务成功的主要评价标准就是消除人类苦难。在处理无家可归者、贫困和毒品等复杂难题时，公共官员仍然冲锋在前。不同于其他任何团体，公共行政人员所处的位置使得他们成为唯一能明白与理解这些问题的团体。当然，他们能够指出过去政策的失败，提出替代方案，并与民选领袖共同执行。事实上，他们有这样做的道德责任。

最后的注解

公共服务面临很多挑战，给所有参与公共项目管理的人提出了管理、政治和伦理方面

的问题。它们要求公共行政以及其他领域的学者和实践者进行仔细分析并采取有效行动。最重要的是，这些挑战不仅要求具有负责任地行动的意识，还要求具有对自身思想与行动的负责意识。公共服务的新领域将提出非常困难的个人和职业选择问题。但是，任何负责任的公务员将会发现，他们的解决之道是非常值得的。艾伯特·施韦泽(Albert Schweitzer)①曾经说过："我不知道你们将去何处，也不知道你们将做什么，但是你们当中那些为人们提供服务的人将是最快乐的人。"我们只需这样补充说，尽职尽责为公众提供服务的人是最快乐的人。

思考题

1. 在过去30年里，公共服务的形象发生了哪些变化？
2. 对于将"最好的和最聪明的人才"吸引到和保留在公共服务行列中，你有哪些好建议？
3. 讨论公共行政领域的未来发展趋势。 412

案例与练习

1. 据最客观的统计，公共机构一般说来具有极高的生产力——至少与那些私人部门机构相比如此。(显然，两类部门有着巨大的差别，但这种总体的结论似乎是正确的。)然而，一般公众的印象则完全相反：政府机构效率极低并缺乏生产力。问题的原因似乎是人们在理论上对政府更加挑剔，而对直接触及其生活的方面却不这样。事实上，一项研究发现，大部分人都对政府的冷酷和低效率表示强烈的不满，而对与其最近打过交道的特定政府雇员则大加赞赏。

无论如何，理想和现实之间似乎总存在着一定的差距——这种差距对公共劳动力的士气颇有伤害。写一篇论文，解释为什么政府会被言过其实地视为低效率和低生产力。你可以从以下几点进行思考。从立法者的视角，如何看待这个问题？从公共管理者的视角呢？从公民的视角呢？基于你的分析，谈谈如何改进公共服务的形象。

2. 在本章，我们已经讨论了未来几十年里可能影响公共服务的多种趋势。对于公共管理者个体而言，这意味着什么？他们需要具备哪些技能？回顾第1章所讨论的公共管理技能，然后分成小组讨论以下问题：未来的公共管理者比以往的公共管理者可能更多地利用哪些特殊的技能？如果有，哪些技能被低估了？有效的公共管理需要观念上、技术上和人际上各种技能的综合，未来的公共服务要求对此做出何种程度的改变呢？在未来几年，构成公共管理工作之根本的价值将如何改变？

① 艾伯特·施韦泽(1875—1965)，20世纪人道精神划时代伟人、著名学者以及人道主义者。他在学术上孜孜不倦的钻研精神，他对人类自由与和平的热爱，他在为非洲人民服务上所表现的自我牺牲精神，终于使他获得了1952年度的诺贝尔和平奖，人称"非洲之父"。在非洲恶劣的条件下，他写下了大量有关文化和伦理学和著作，创立了"敬畏生命伦理学"。这种伦理学后来被誉为"标志西方道德进步的一个里程碑"。——译者

拓展阅读

Denhardt, Janet V., and Robert B. Denhardt, *The New Public Service*. Armonk, NY: M. E. Sharpe, 2003.

Donahue, John D., and Joseph S. Nye, eds. *For the People: Can We Fix Public Service?* Cambridge, MA: Visions of Governance in the 21st Century, 2003.

Frederickson, George. *The Spirit of Public Administration*. San Francisco: Jossey-Bass, 1997.

Hesse, Joachim Jens, Christopher Hood, and B. Guy Peters, eds. *Paradoxes in Public Sector Reform: An International Comparison*. Berlin: Duncker & Humblot, 2003.

Ingraham, Patricia W., and Donald F. Kettl. *Agenda for Excellence: Public Service in America*. Chatham, NJ: Chatham House, 1992.

Ingraham, Patricia W., and Laurence E. Lynn, Jr., eds. *The Art of Governance: Analyzing Management and Administration*. Washington, DC: Georgetown University Press, 2004.

Ingraham, Patricia W., and Barbara Romzek. *Governance and the Public Service: Rethinking the Re-*
413 *search Agenda for Public Sector Change*. San Francisco: Jossey-Bass, 1994.

各章参考文献

第 1 章

Appleby，Paul. *Policy and Administration*. University，AL：University of Alabama Press，1949.

Blumenthal，W. Michael. "Candid Reflections of a Businessman in Washington." In *Public Management*，edited by James L. Perry and Kenneth L. Kraemer. Palo Alto，CA：Mayfield Publishing，1983.

Flanders，Loretta R.，and Dennis Utterback. "The Management Excellence Inventory." *Public Administration Review* 45 (May/June 1985)：403—410.

Katz，Robert L. "Skills of an Effective Administrator." *Harvard Business Review* 52 (September/October 1974)：90—102.

Office of Personnel Management，"Guide to Senior Executive Service Qualifications，" October 2006. www.opm.gov/ses/pdf/SES_Quals_Guide_2006.pdf.

Redford，Emmette S. *Democracy in the Administrative State*. New York：Oxford University Press，1969.

Rosenbloom，David. *Public Administration*. New York：McGraw-Hill，1993.

Herbert A. Simon，Donald W. Smithburg，and Victor A. Thompson. *Public Administration*. New York：Knopf，1950.

White，Leonard D. *The Study of Public Administration*. New York：Macmillan，1948.

Willoughby，W. F. *Principles of Public Administration*. Baltimore，MD：Johns Hopkins Press，1927.

Wilson，Woodrow. "The Study of Public Administration." *Political Science Quarterly* 2 (June 1887)：197—222.

第 2 章

American City & County "Council-Manager System." (September 2006)：121 (10)：16.

Archibald，Samuel J. "The Freedom of Information Act Revisited." *Public Administration Review* 39，no. 4 (July/August 1979)：311—317.

Boris，Elizabeth T. "Nonprofit Organizations in a Democracy：Varied Roles and Responsibilities." In *Nonprofits and Government：Collaboration and Conflict*，edited by Elizabeth T. Boris and C. Eugene Steuerle，pp. 3—29. Washington，DC：Urban Institute Press，1999.

Bowman，Ann，and Richard C. Kearney. *The Resurgence of the States*. Englewood Cliffs，NJ：Prentice-Hall，1986.

Caldwell，Lynton. *Administrative Theories of Hamilton and Jefferson*. New York：Russell & Russell, 1964.

Cooper, Phillip J. *Public Law and Public Administration*. Palo Alto, CA: Mayfield Publishing, 1983.

Cooper, Phillip J. "Conflict or Constructive Tension: The Changing Relationship of Judges and Administrators." *Public Administration Review* 45, special issue (November 1985): 643—652.

Cooper, Phillip J. *Public Law and Public Administration*. 3rd ed. Itasca, IL: F. E. Peacock Publishers, 2000.

Crenson, Matthew A. *The Federal Machine*. Baltimore, MD: Johns Hopkins University Press, 1975.

Dodge, William R. "The Emergence of Intercommunity Partnerships in the 1980s." *Public Management* (July 1988): 2—7.

Dudley, E. Susan. "The Bush Administration Regulatory Record." *Regulation* 27 (4): (Winter 2004—2005): 4—9.

Federal Administrative Procedures Source Book. 2nd ed. Washington, DC: Administrative Conference of the United States, 1992.

Gilmour, Robert S. "Agency Administration by Judiciary." *Southern Review of Public Administration* 6, no. I (Spring 1982): 26—42.

Henry, Nicholas. *Governing at the Grassroots*. Englewood Cliffs, NJ: Prentice-Hall, 1980. Hill, Larry B. "The Citizen Participation-Representation Roles of American Ombudsmen." *Administration and Society* 13, no. 4 (February 1982).

Johannes, John R. *To Serve the People*. Lincoln: University of Nebraska Press, 1984.

Johnson, Stephen F. "The Legislative Veto in the States." *State Government* 56, no. 3 (1983): 99—102. Jones, Charles O. *An Introduction to the Study of Public Policy*. 3rd ed. Monterey, Calif.: Brooks/ Cole, 1984.

Karl, Barry D. *Executive Reorganization and Reform in the New Deal*. Cambridge, MA: Harvard University Press, 1963.

Katz, Michael B. *The Price of Citizenship: Redefining the American Welfare State*. New York: Henry Holt, 2001.

Kessler, David. *A Question of Intent: A Great American Battle with a Deadly Industry*. New York: Public Affairs, 2001.

Kettl, Donald F. "The Transformation of Governance: Globalization, Devolution, and the Role of Government." *Public Administration Review* 60, no. 6 (2000): 488—497.

Kingdon, John W. *Agendas, Alternatives, and Public Policies*. 2nd ed. New York: Harper Collins, 1995.

Kraft, Michael E., and Scott R. Furlong. *Public Policy: Politics, Analysis, and Alternatives*. 2nd ed. Washington, DC: CQ Press, 2007.

Light, Paul C. *The Tides of Reform: Making Government Work*, 1945—1995. New Haven, CT: Yale University Press, 1995.

Light, Paul C. *Making Nonprofits Work: A Report on the Tides of Nonprofit Management Reform*. Washington, DC: Brookings Institution/Aspen Institute, 2000.

Lowi, Theodore. "Four Systems of Policy, Politics, and Choice." *Public Administration Review* 32 (July/August 1972): 298—310.

McLaughlin, Curtis. *The Management of Nonprofit Organizations*. New York: Wiley, 1986.

Moe, Ronald C. "The Emerging Federal Quasi Government: Issues of Management and Accountability." *Public Administration Review* 61, no. 3 (2001): 290—312.

Municipal Year Book. Washington, DC: International City Management Association, 1992.

Nelson, Michael. "A Short, Ironic History of American National Bureaucracy." *Journal of Politics* 44, no. 3 (August 1982): 747—778.

Pfiffner, James P. "The First MBA President: George W. Bush as Public Administrator." *Public Ad-*

ministration Review. 67 (2007), 6—20.

Piotrowski, Suzanne J. and David Rosenbloom. "Nonmission-Based Values in Results-Oriented Public Management: The Case of Freedom of Information." Public Administration Review 62, no. 6 (2002): 643—657.

Reich, Robert B. "Public Administration and Public Deliberation: An Interpretive Essay." *Yale Law Review* 94 (1985): 1617—1641.

Ripley, Randall B., and Grace A. Franklin. *Congress, the Bureaucracy, and Public Policy*. 4th ed. Pacific Grove, CA: Brooks/Cole, 1987.

Rosenbaum, David E. "Subject to Review." *New York Times* (June 8, 2001), A1—A22.

Rourke, John T. "The GAO: An Evolving Role." *Public Administration Review* 38 (July/August 1978): 453—457.

Salamon, Lester M. *America's Nonprofit Sector: A Primer*. 2d ed. New York: Foundation Center, 1999.

Sanger, David E. "Trying to Run a Country Like a Corporation." *New York Times* (July 8, 2001): 1—3.

Walsh, Annmarie Hauck. *The Public's Business*. Cambridge, MA: MIT Press, 1978. White, Leonard D. *The Federalists*. New York: Macmillan, 1948.

U. S. Census Bureau. *Statistical Abstract of the United States*. Washington, DC: Government Printing Office, 2002, 2003, 2005.

第3章

Beam, David R. "New Federalism, Old Realities." In *The Reagan Presidency and the Governing of America*, by Lester M. Salamon and Michael S. Lund. Washington, DC: The Urban Institute, 1984.

Berman, David. "State/Local Relations." In *Municipal Yearbook*. Washington, DC: International City Management Association, 1992.

Berrios, Ruben. "Government Contracts and Contractor Behavior." *Journal of Business Ethics*, 63 (2006): 119—130.

Blackstone, Edwin, and Simon Hakim. "Private Ayes: A Tale of Four Cities." *American City & County* 112 (February 1997): 4—8.

Bowman, Ann O'M., and Michael A. Pagano. "The State of Federalism, 1989—1990." *Publius* 20 (Summer 1990): 1—25.

Bowman, Ann O'M., and Michael A. Pagano. "The State of American Federalism, 1991—1992." *Publius* 22 (Summer 1992): 1—20.

Bryson, John. *Strategic Planning for Private and Nonprofit Organizations*. San Fransisco, CA: Jossey-Bass. 1995.

Carver, John, and Miriam Mayhew Carver. *Basic Principles of Policy Governance. CarverGuide Series on Effective Board Governance, Volume I*. San Francisco: Jossey-Bass, 1996.

Center on Philanthropy, Indiana University. *Giving USA* 2001: *The Annual Report on Philanthropy*. Indianapolis, IN: AAFRC Trust, 2001.

Cooper, Phillip J. *Governing by Contract*. Washington, DC: CQ Press, 2003.

Cooper, Phillip J., Linda P. Brady, Olivia Hidalgo-Lardeman, Albert Hyde, Katherine C. Naff, Steven J. Ott, and Harvey White. *Public Administration for the Twenty-First Century*. Fort Worth, TX: Harcourt Brace College Publishers, 1998.

Council of State Governments. *Private Practices: A Review of Privatization in State Government*. Lexington, KY: Council of State Governments, 1997.

Eggers, William D. "There's No Place Like Home." *Policy Review* 83 (May/June 1997): 43—47. FEMA, *Florida Disaster Aid Tops $ 2 Billion*, news release October 27, 2004.

Forester，John. “The Effects of the Elimination of General Revenue Sharing on U. S. Cities.” Unpublished manuscript，1988.

Fredericksen，Patricia，and Rosanne London. “Disconnect in the Hollow State：The Pivotal Role of Organizational Capacity in Community-Based Development Organizations.” *Public Administration Review* 60，no. 3（May/June 2000）：230—239.

Gore，Al. *From Red Tape to Results：Creating a Government That Works Better and Costs Less. Report of the National Performance Review*. New York：Times Books，1993.

Greene，Stephen G. “Ranks of Volunteers Swell to a Record but Donations Dip，Survey Finds.” *Chronicle of Philanthropy* 11，no. 20（October 21，1999）：16.

Greene，Stephen G. “Getting the Basics Right.” *Chronicle of Philanthropy* 13，no. 14（May 3，ajsdl2001）：1,9—12.

Gullo. Theresa. “History and Evaluation of the Unfunded Mandate Reform Act.” *National Tax Journal* 57，no. 3（September 2004）：559—570.

Gurwitt，Rob. “The Lonely Leap.” *Governing* 13，no. 10（July 2000）：38—44. Hernandez，Shawn. “Power of Partnerships.” *Governing* 14，no. 9（June 2001）：10.

Hult，Karen M.，and Charles Walcott. *Governing Public Organizations*. Pacific Grove，CA：Brooks/Cole，1990.

Kettl，Donald F. “Transformation of Governance：Globalization，Devolution and the Role of Government.” *Public Administration Review* 60，no. 6（November/December 2000）：488—497.

Kettl，Donald F. “Wisconsin Considers Sweeping Changes.” *PA Times* 24，no. 5（May 2001）：1,8.

Kincaid，John. “From Cooperative to Coercive Federalism.” *Annals of the AAPSS* 509（May 1990）：139—159.

Kostro，Charles. “The Road to Cheaper Services.” *American City & County* 109（August 1994）：16. Lenkowsky，Leslie. “Court Ruling Upholding Political Advocacy Should Be Seen as a Warning to Charities.” *Chronicle of Philanthropy* 13，no. 12（March 22，2001）：40.

Light，Paul. *Making Non-Profits Work*. Washington，DC：Brookings Institution Press，2000. MacManus，Susan. “Enough Is Enough.” *State and Local Government Review*（Fall 1992）：103—111.

Mariani，Michele. “e-Permitting 101.” *Governing* 14，no. 7（April 2001）：86—88.

Nathan，Richard P.，Fred C. Doolittle，and associates. *Reagan and the States*. Princeton，NJ：Princeton University Press，1987.

Nice，David C. *Federalism：The Politics of Intergovernmental Relations*. New York：St. Martin's Press，1987.

Osborne，David，and Ted Gaebler. *Reinventing Government：How the Entrepreneurial Spirit is Transforming the Public Sector*. Reading，MA：Addison-Wesley，1992.

PA Times，27，no. 8（August 2004）：1.

Pear，Robert. “Bush and Health Care Companies Promise Medicare Drug Discounts.” *New York Times*（July 14，2001）：A1.

Reagan，Ronald. “Inaugural Address.” Washington，DC，January 20，1981.

Rosenau，Pauline Vaillancourt，ed. *Public-Private Policy Partnerships*. Cambridge，MA：MIT Press，2000.

Sagawa，Shirley，and Eli Segal. *Common Interest，Common Good：Creating Value through Business and Social Sector Partnerships*. Boston：Harvard Business School Press，2000.

Smith，Bucklin & Associates. *The Complete Guide to Nonprofit Management*. 2nd ed. New York：John Wiley & Sons，2000.

Smucker，Bob. *The Nonprofit Lobbying Guide*. 2nd ed. Washington，DC：Independent Sector，1999.

Stone，Charles F.，and Isabel V. Sawhill. *Economic Policy in the Reagan Years*. Washington，DC：The Urban Institute，1984.

U. S. Census Bureau. *Statistical Abstract of the United States*. Washington，DC：Government Printing Office，2003，2005.

Walker, David B. "The Advent of an Ambiguous Federalism and the Emergence of New Federalism III." *Public Administration Review* 56 (May/June 1996): 271—280.

Walters, Jonathan. "The Welfare Bonanza." *Governing* 13, no. 4 (January 2000): 34—36.

Wise, Charles R. "Judicial Federalism: The Resurgence of the Supreme Court's Role in the Protection of State Sovereignty." *Public Administration Review* 58, no. 2 (March/April 1998): 95—98.

Wise, Charles R. "The Supreme Court's New Constitutional Federalism: Implications for Public Administration." *Public Administration Review* 61, no. 3 (May/June 2001): 343—358. Wright, Deil S. "A Century of the Intergovernmental Administrative State." In *A Centennial History of the American Administrative State*, by Ralph Clark Chandler, pp. 219—260. New York: The Free Press, 1987.

Wright, Deil S. *Understanding Intergovernmental Relations*. 3rd ed. Pacific Grove, CA: Brooks/Cole, 1988.

第4章

American Society for Public Administration. *Ethical Dilemmas*. Washington, DC: ASPA, n. d.

Arendt, Hannah. *Eichmann in Jerusalem*. New York: Viking Press, 1963.

Blum, Lawrence A. "Gilligan and Kohlberg: Implications for Moral Theory." *Ethics* (April 1988): 472—491.

Bowman, James S. "Ethical Issues for the Public Manager." In *Handbook of Organization Management*, edited by William B. Eddy, pp. 69—102. New York: Marcel Dekker, 1983a.

Congressional Quarterly Weekly. Washington, DC: Congressional Quarterly Press (March 6, 1993): 511.

Cooper, Terry L. *An Ethic of Citizenship for Public Administration*. Englewood Cliffs, NJ: Prentice Hall, 1991.

Cooper, Terry L., and N. Dale Wright, eds. *Exemplary Public Administrators*. San Francisco: Jossey-Bass, 1992.

Council of State Governments. *Book of the States*, 1992—1993. Lexington, KY: Council of State Governments, 1992.

DeGeorge, Richard T. *Business Ethics*. New York: Macmillan, 1982.

Finer, Herman. "Administrative Responsibility in Democratic Government" In *Bureaucratic Power in National Politics*, edited by Frances Rourke, pp. 165—175. Boston: Little, Brown, 1972.

Fleishman, Joel L., and Bruce L. Payne. *Ethical Dilemmas and the Education of Policy Makers*. Hastings-On-Hudson, NY. The Hastings Center, 1980.

Friedrich, Carl J. "Public Policy and the Nature of Democratic Responsibility." In *Bureaucratic Power in National Politics*, edited by Frances J. Rourke, pp. 176—186. Boston: Little, Brown, 1972.

Hilberg, Raul. *The Destruction of the European Jews*. Chicago: Quadrangle Books, 1961.

Kohlberg, Lawrence. "From Is to Ought." In *Cognitive Development and Epistemology*, edited by T. Mishel, pp. 151—235. New York: Academic Press, 1971.

Lewis, Carol. *The Ethics Challenge in Public Service*. San Francisco: Jossey-Bass, 1991.

Masters, Marick F., and Leonard Bierman. "The Hatch Act and the Political Activities of Federal Employee Unions." *Public Administration Review* (July/August 1985): 518—526. McKeon, Richard. *Basic Works of Aristotle*. New York: Random House, 1941. Milgram, Stanley. *Obedience to Authority*. New York: Harper & Row, 1974.

Pastin, Mark. "The Thinking Manager's Toolbox." In *Ethical Insight, Ethical Action*, Washington, DC: International City Managers Association, 1988: 91—104.

President's Commission on Federal Ethics Law Reform. *To Serve With Honor: Report and Recommendations to the President*. Washington, DC: U. S. Department of Justice, 1989.

Rawls, John. *A Theory of justice*. Cambridge, MA: Belnap Press of Harvard University Press,

1971.

Reich, Robert B. "Public Administration and Public Deliberation: An Interpretive Essay." *Yale Law Review* 94 (1985): 1617—1641.

Rubin, Hank. "Dimensions of Institutional Ethics." In *The Nonprofit Organization*, edited by David Gies, J. Steven Ott, and Jay Shafritz. Pacific Grove, CA: Brooks/Cole, 1990.

Svara, James. *The Ethics Primer for Public Administrators in Government and Nonprofit Organizations*. Sudbury, Massachusetts: Jones and Bartlett Publishers, 2007.

Truelson, Judith A. "Protecting David from Goliath: On Blowing the Whistle on Systematic Corruption." *Dialogue* (Spring 1986): 1—23.

第5章

Argyris, Chris. *Interpersonal Competence and Organizational Effectiveness*. Pacific Grove, CA: Brooks/Cole, 1962.

Argyris, Chris. *Knowledge for Action: A Guide to Overcoming Barriers to Organizational Change*. San Francisco: Jossey-Bass, 1993.

Barbour, George, P., Jr., Thomas W. Fletcher, and George A. Sipel. *Handbook: Excellence in Local Government Management*. Washington, DC: International City Management Association, 1984.

Bryson, John M., and Barbara C. Crosby. *Leadership for the Common Good: Tackling Public Problems in a Shared-Power World*. San Francisco: Jossey-Bass, 1992.

Chrislip, David D., and Carl E. Larson. *Collaborative Leadership*. San Francisco: Jossey-Bass, 1994.

Cohen, Michael D., James G. March, and Johan P. Olsen. "A Garbage Can Model of Organizational Choice." *Administrative Science Quarterly* 17 (1972): 1—25.

Collins, Jim. *Good to Great and the Social Sector, A Monograph to Accompany Good to Great*. Boulder, Colorado, 2005.

Cyert, Richard M., and James G. March. *A Behavioral Theory of the Firm*. Englewood Cliffs, NJ: Prentice-Hall, 1963.

Denhardt, Robert B. *The Pursuit of Significance: Strategies for Managerial Success in Public Organizations*. Belmont, CA: Wadsworth, 1993.

Dimock, Marshall E. "The Criteria and Objectives of Public Administration." In *The Frontiers of Public Administration*, edited by John M. Gaus, Leonard D. White, and Marshall E. Dimock. Chicago: University of Chicago Press, 1936.

Fayol, Henri. *General and Industrial Management*. Translated by C. Storrs. London: Isaac Pitman and Sons, 1949.

Gerth, H. H., and C. Wright Mills. *From Max Weber: Essays in Sociology*. New York: Oxford University Press, 1946.

Golembiewski, Robert T. *Renewing Organizations*. Itasca, IL: Peacock, 1972.

Gulick, Luther. "Notes on the Theory of Organization." In *Papers on the Science* of Administration, edited by Luther Gulick and L. Urwick, pp. 1—46. New York: Institute of Public Administration, 1937a.

Gulick, Luther. "Science, Values, and Public Administration." In *Papers on the Science of Administration*, edited by Luther Gulick and L. Urwick, pp. 189—195. New York: Institute of Public Administration, 1937b.

Guy, Mary Ellen, and Meredith A. Newman. "Women's Jobs, Men's Jobs: Sex Segregation and Emotional Labor," *Public Administration Review* 64 (3), (2004) 289—298.

Hatch, Mary Jo. *Organization Theory: Modern, Symbolic and Postmodern Perspectives*. Oxford: Oxford University Press, 1997.

Kaufman, Herbert. *The Forest Ranger*. Baltimore, MD: Johns Hopkins University Press, 1960.

MacGregor, Douglas. *The Human Side of the Enterprise*. New York: McGraw-Hill, 1960.
March, James G., and Herbert Simon. *Organizations*. New York: John Wiley, 1958.
Mintzberg, Henry, Duru Raisinghani, and Andre Theoret. "The Structure of Unstructured Decision Processes." *Administrative Science Quarterly* 21 (1976): 246—275.
Mooney, James, and Alan C. Reiley. *The Principles of Organization*. New York: Harper & Row, 1939.
Ostrom, Vincent, and Elinor Ostrom. "Public Choice: A Different Approach to the Study of Public Administration." *Public Administration Review* 31 (March/April 1971): 203—216.
Peters, J. Thomas, and Robert H. Waterman. *In Search of Excellence*. New York: Harper & Row, 1982.
Redford, Emmette. *Democracy in the Administrative State*. New York: Oxford University Press, 1969.
Schein, Edgar H. *Organizational Culture and Leadership*, 2d ed. San Francisco: Jossey-Bass, 1997.
Selznick, Philip. *TVA and the Grass Roots*. Berkeley: University of California Press, 1949.
Senge, Peter M. *The Fifth Discipline: The Art and Practice of the Learning Organization*. New York: Currency Doubleday, 1990.
Simon, Herbert A. *Models of Man*. New York: Wiley, 1957.
Taylor, Frederick W. *Scientific Management*. New York: Harper & Row, 1923.
Thomas, John Clayton. *Public Participation in Public Decisions*. San Francisco: Jossey-Bass, 1995.
Washington Post (September 8, 1993): A17.
White, Leonard. *Introduction to the Study of Public Administration*. New York: Macmillan, 1926.
Willoughby, W. F. *Principles of Public Organization*. Baltimore, MD: Johns Hopkins Press, 1927.

第 6 章

Bardach, Eugene. *The Implementation Game*. Cambridge, MA: M. I. T. Press, 1977.
Carter, Karen. "Performance Budgets: Here by Popular Demand." *State Legislatures* 20 (December 1994): 22—25.
Chelimsky, Eleanor. *Program Evaluation: Patterns and Directions*. Washington, DC: American Society for Public Administration, 1985.
Gulick, Luther. "Notes on the Theory of Organization." In *Papers on the Science of Administration*, edited by L. Gulick and L. Urwick. New York: Institute of Public Administration, 1937, 1—46.
Hakes, Jay E. "Performance Measurement and Organization Change." PA Times 20 (July 1997): 10,17.
Hammer, Michael, and James Champy. *Reengineering the Corporation: A Manifesto for Business Revolution*. New York: Harper, 1993.
Hatry, Harry, Therese van Houten, Margaret C. Plantz, and Martha Taylor Greenway. *Measuring Program Outcomes: A Practical Approach*. Alexandria, VA: United Way of America, 1996.
Joyce, G. Philip. "Linking Performance and Budgeting: Opportunities in the Federal Budget Process" (2003) In *Integrating Performance and Budgets: The Budget Office of Tomorrow* (2007) by Jonathan Breul, and Carl Moravitz (eds). IBM Center for The Business of Government. New York: Rowman & Littlefield Publishers, Inc.
Jennings, Edward T. Jr., Dale Krane, Alex N. Pattakos, and B. J. Reed, eds. *From Nation to States*. Albany: State University of New York Press, 1986.
Kaplan, Robert and David Norton. *The Balanced Scorecard: Translating Strategy into Action*. Boston, MA: Harvard Business School Press, 1996.
Latane, Henry A. "The Rationality Model in Organizational Decision Making." In *The Social Science of Organizations*, edited by Harold J. Leavitt. Englewood Cliffs, NJ: Prentice Hall, 1963.
Linden, Russell M. *Seamless Government: A Practical Guide to Reengineering in the Public Sector*.

San Francisco: Jossey-Bass, 1994.

Mayne, John. "Public Sector Reforms: International Perspectives on Performance Monitoring." *PA Times* (July 20, 1997): 1, 16.

Melkers, Julia and Katherine Willoughby. "Staying the Course: The Use of Performance Measurement in State Governments" (2004) In *Integrating Performance and Budgets: The Budget Office of Tomorrow* (2007) by Jonathan Breul and Carl Moravitz (eds). IBM Center for the Business of Government. New York: Rowman & Littlefield Publishers, Inc.

Newcomer, Kathryn E. "Reaction to the Government Performance and Results Act." *PA Times* 22, no. 9 (September 1999): 10.

Pressman, Jeffrey, and Aaron Wildavsky. *Implementation*. Berkeley: University of California Press, 1973.

Quade, E. S. *Analysis for Public Decisions*. 2nd ed. New York: North-Holland, 1989.

Shirley, Robert C. "Limiting the Scope of Strategy." *Academy of Management Review* 7 (April 1982): 262—268.

Stokey, Edith, and Richard Zechauser. *A Primer for Policy Analysis*. New York: Norton, 1978.

Thompson, James D. *Organizations in Action*. New York: McGraw-Hill, 1967.

Wholey, J. S., H. P. Hatry, and K. E. Newcomer, eds. *Handbook for Practical Program Evaluation*. San Francisco: Jossey-Bass, 1994.

第7章

Congressional Quarterly Weekly. Washington, DC: Congressional Quarterly Press (March 20, 1993).

Council of State Governments. *Book of States*, 1992—1993. Lexington, KY: Council of State Governments, 1993.

Joyce, Philip G. "The Federal Line Item Veto Experiment: After the Supreme Court Ruling, What's Next?" *Public Budgeting & Finance*, Vol. 18, (December 1998) 3—21.

Lynch, Thomas D. *Public Budgeting in America*. 2nd ed. Englewood Cliffs, NJ: Prentice Hall, 1985. McGowan, Robert P., and Gary A. Lombardo. "Decision Support Systems in State Government."

Public Administration Review 46, special issue (November 1986): 579—583.

PA Times, (September 2004):1.

Pechman, Joseph A. *Federal Tax Policy*. 4th ed. Washington, DC: The Brookings Institution, 1983.

Schick, Allen. "The Road to PPB: The Stages of Budget Reform." In *Perspectives on Budgeting*, 2nd ed., edited by Allen Schick. Washington, DC: American Society for Public Administration, 1987.

Stevenson, Richard W. "Congress Passes Tax Cut, With Rebates This Summer." *New York Times* (May 27, 2001): A1—A26.

Swope, Christopher. "Restless for Results." *Governing* 14, no. 7 (April 2000): 20—23.

Thomassen, Henry. "Capitol Budgeting for a State." *Public Budgeting and Finance* 10 (Winter 1990): 72—86.

Uchitelle, Louis. "Taxes, The Market, and Luck Underlie The Budget Surplus." *New York Times* (October 20, 2000): A1.

United Press International, "Bush Cuts Would Affect over 100 Programs," February 4, 2004.

U. S. Census Bureau. *Statistical Abstract of the United States*. Washington, DC: Government Printing Office, 2000.

Washington Post, p. A01, Friday, October 8, 2004.

Wildavsky, Aaron. *The New Politics of the Budgetary Process*. Glenview, IL: Scott, Foresman,

1988.
Williams, Grant. "Lobbyists' Labours Lost?" *Chronicle of Philanthropy* 13, no. 17 (June 14, 2001): 26—30.

第8章

Bishop, Peter C., and Augustus Jones, Jr. "Implementing the Americans with Disabilities Act of 1990." *Public Administration Review* 53, (March/April 1993): 121—128.

Breul, Jonathan D. "Three Bush Administration Management Reform Initiatives: The President's Management Agenda, Freedom to Manage Legislative Proposals, and the Program Assessment Rating Tool." *Public Administration Review* 67, no. 1 (2007): 21—26.

Campbell, Alan K. "Civil Service Reform: A New Commitment." *Public Administration Review* 38 (March/April 1978).

Carter, Jimmy. "State of the Union Address." January 19, 1978.

Desky, Joanne. "Glass Ceiling Slows Down Women in Government." *PA Times* (December 1992): 1.

Gore, Al. *From Red Tape to Results: Creating a Government That Works Better and Costs Less. Report of the National Performance Review*. New York: Times Books, 1993.

Hall, Francine, and Maryann H. Albrecht. *The Management of Affirmative Action*. Santa Monica, CA: Goodyear, 1979.

Havemann, Judith. "The Government Takes a Stand on AIDS in its Office." *Washington Post National Weekly Edition* (March 28—April 3, 1988a): 34.

Havemann, Judith. "Sexual Harassment." *Washington Post National Weekly Edition* (July 11—17, 1988b): 30—31.

Hays, Steven W., and Zane T. Reeves. *Personnel Management in the Public Sector*. Boston: Allyn 8c Bacon, 1984.

Heclo, Hugh. *A Government of Strangers*. Washington, DC: Brookings Institution, 1977.

Kephart, Pamela and Lillian Schumacher. "Has the 'Glass Ceiling' Cracked? An Exploration of Women Entrepreneurship." *Journal of Leadership and Organizational Studies* 12, no. l (2005): 2—15.

Klingner, Donald E., and John Nalbandian. *Public Personnel Management*. 2nd ed. Englewood Cliffs, NJ: Prentice Hall, 1985.

Levitan, Sar. *Working for the Sovereign*. Baltimore, MD: Johns Hopkins Press, 1983. Lorentzen, Paul. "A Time for Action." The Bureaucrat 13 (Fall 1984): 5—11.

Lorentzen, Paul. "Stress in Political-Career Executive Relations." *Public Administration Review* 45 (May/June 1985): 411—414.

Office of Personnel Management [OPM]. (n. d.). Post Reform: Gains, Losses, and Constant Change. Retrieved May 10, 2007, from www. opm. gov/BiographyofAnIdeal/docs/ Biol 979-Present. pdf.

Page, Stephen. "The WEB of Managerial Accountability: The Impact of Reinventing the Government." *Administration and Society* 38, no. 2 (2006): 166—197.

Risher, Howard, Charles H. Fay, and associates. *New Strategies for Public Pay: Rethinking Government Compensation Programs*. San Francisco: Jossey-Bass, 1997.

Shafritz, Jay M., Albert C. Hyde, and David H. Rosenbloom. *Personnel Management in Government*. 2nd ed. New York: Marcel Dekker, 1981.

Siegel, Gilbert B., and Robert C. Myrtle. *Public Personnel Administration: Concepts and Realities*. Boston: Houghton Mifflin, 1985.

Steele, Randy. "Strike Zone." *Flying* (March 1982): 34—41.

Stewart, Debra W. "Assuring Equal Employment Opportunity in the Organization." In *Handbook of*

Public Personnel and Labor Relations, edited by Jack Rabin, Thomas Vocino, W. Bartley. Hildreth, and Gerald J. Miller. New York: Marcel Dekker, 1983.

Wise, Charles R. "The Supreme Court's New Constitutional Federalism: Implications for Public Administration." *Public Administration Review* 61, no. 3 (May/June 2001): 343—358.

Zuck, Alfred M. "Education of Political Appointees." *The Bureaucrat* 13 (Fall 1984): 15—18.

第9章

Argyris, Chris. *Intervention Theory and Method*. Reading, MA: Addison-Wesley, 1970.

Argyris, Chris. *Knowledge for Action*. San Francisco: Jossey-Bass, 1993.

Bass, Bernard M. *Handbook of Leadership*. New York: The Free Press, 1990.

Bennis, Warren. "The Artform of Leadership." In *The Executive Mind*, edited by Suresh Srivastya. San Francisco: Jossey-Bass, 1983.

Bennis, Warren, and Burt Nanus. *Leaders: The Strategies for Taking Charge*. New York: Harper & Row, 1985.

Benson, Herbert. *The Relaxation Response*. New York: Morrow, 1975.

Box, Richard C. *Citizen Governance: Leading American Communities into the 21st Century*. Thousand Oaks, CA: Sage Publications, 1998.

Burns, James MacGregor. *Leadership*. New York: Harper & Row, 1978.

Constantino, Cathy A., and Christina Sickles-Merchant. *Designing Conflict Management Systems*. San Francisco: Jossey-Bass, 1996.

Cooper, Kenneth H. *The Aerobics Way*. Toronto: Bantam Books, 1978.

Daft, Richard L., and Richard M. Steers. *Organizations: A Micro/Macro Approach*. Glenview IL: Scott, Foresman, 1986.

Denhardt, Robert B., and Kevin Prelgovisk. "Public Leadership: A Developmental Perspective." In *Executive Leadership in the Public Service*, edited by Robert B. Denhardt and William H. Stewart. Tuscaloosa: The University of Alabama Press, 1992.

Fisher, Roger, and William Ury. *Getting to Yes: Negotiating Agreement Without Giving In*. New York: Penguin Books, 1983.

Gardner, John. Remarks to the National Conference of the National Association of Schools of Public Affairs and Administration, Seattle, October 23, 1987.

Gardner, Neely. *Group Leadership*. Washington, DC: National Training and Development Service, 1974.

Hales, Colin P. "What Do Managers Do? A Critical Review of the Evidence." *Journal of Management* 23 (1986): 88—115.

Helgesen, Sally. "Leading from the Grassroots." In *The Leader of the Future: New Visions, Strategies, and Practices for the Next Era*, edited by Frances Hesselbein, Marshall Goldsmith, and Richard Beckhard. San Francisco: Jossey-Bass, 1996.

Hersey, Paul and Kenneth H. Blanchard. *Management of Organizational Behavior*, 5th ed. Englewood Cliffs, NJ: Prentice Hall.

Herzberg, Frederick. *The Motivation to Work*. New York: Wiley, 1959.

Hitt, Michael A., Dennis R. Middlemist, and Robert L. Mathis. *Management Concepts and Effective Practice*. St. Paul, MN: West, 1983.

Hopper, Linda. "Unstressing Work." *Public Management* 17 (November 1988): 1—4.

Janis, Irving. *Groupthink*. 2nd ed. Boston: Houghton Mifflin, 1983.

Kanter, Rosabeth Moss. *Men and Women of the Corporation*. New York: Basic Books, 1977.

Kotter, John P. *The General Manager*. New York: The Free Press, 1982.

Lakein, Alan. *How to Get Control of Your Time and Your Life*. New York: Signet Books, 1973.

LeBoeuf, Michael. *Working Smart*. New York: McGraw-Hill, 1979.

Lee, Seok-Hwan. "Does Performance-Base Pay Motivate? Maybe, Or Maybe Not…" *PA Times* 24, no. 4 (April 2001): 3.

Lindblom, Charles E. *The Policy-Making Process*. Englewood Cliffs, NJ: Prentice Hall, 1968.

Lippitt, Gordon L., Peter Langseth, and Jack Mossop. *Implementing Organizational Change*. San-Francisco: Jossey-Bass, 1985.

Maslow, Abraham. *Motivation and Personality*. New York: Harper & Brothers, 1954.

McClelland, David. *Human Motivation*. Glenview, IL: Scott, Foresman, 1985.

Moorhead, Gregory, Richard Ference, and Chris P. Neck. "Group Decision Fiascoes Continue: Space Shuttle Challenger and a Revised Groupthink Framework." *Human Relations* 44, no. 6 (1991): 539—550.

Nichols, Ralph. *Are You Listening?* New York: McGraw-Hill, 1967.

Organ, Dennis H. "A Review of Management and the Worker." *Academy of Management Review*, 11, no. 2 (April 1986): 459—464.

Price, Virginia Ann. *Type A Behavior Pattern*. New York: Academic Press, 1982.

Rankin, Paul. "Listening Ability." Proceedings of the Ohio State Educational Conference, Ninth Annual Session, 1929.

Selye, Hans. *Stress without Distress*. Philadelphia: Lippincott, 1974.

Simon, Herbert A. *Models of Man*. New York: Wiley, 1957.

Steil, Lyman K., Larry L. Barker, and Kittie W. Watson. *Effective Listening*. Reading, MA: Addison-Wesley, 1983.

Stogdill, Ralph M. *Handbook of Leadership*. New York: Free Press, 1974.

Sussman, Lyle, and Samuel Deep. *Comex*. Cincinnati, OH: Southwestern, 1984.

Taylor, Frederick W. *Scientific Management*. New York: Harper & Row, 1923.

Vroom, Victor H., and Arthur G. Jago. *The New Leadership*. Englewood Cliffs, NJ: Prentice-Hall, 1988.

Vroom, Victor H., and Philip W. Yetton. *Leadership and Decision Making*. Pittsburgh, PA: University of Pittsburgh Press, 1973.

Whetten, David A., and Kim S. Cameron. *Developing Management Skills*. Glenview, IL: Scott, Foresman, 1984.

Ziller, R. C. "Toward a Theory of Open and Closed Groups." *Psychological Bulletin* 64 (1965): 164—182.

第10章

Alexander, Jason Hansen, and Joseph W. Grubbs. "Wired Government: Information Technology, External Public Organizations, and Cyberdemocracy." *Journal of Public Administration and Management* 3 (January 1998): unnumbered, on-line journal.

Barzelay, Michael. *The New Public Management: Improving Research and Policy Dialogue*. Berkeley, CA: University of California Press/Russell Sage Foundation, 2001.

Boston, Jonathan, ed. *Public Management: The New Zealand Model*. Auckland, New Zealand: Oxford University Press, 1996.

Breul, Jonathon D. "Three Bush Administration Management Reform Initiatives: The President's Management Agenda, Freedom to Manage Legislative Proposals, and the Program Assessment Rating Tool." *Public Administration Review* 67, no. 1 (2007): 21—26.

Browning, Graeme. *Electronic Democracy: Using the Internet to Influence American Politics*, edited by Daniel J. Weitzner. Wilton, CT: CyberAge, 1996.

Bryan, Cathy, Roza Tsagarousianou, and Damian Tambini. "Electronic Democracy and the Civic Networking Movement in Context." In *Cyberdemocracy: Technology, Cities, and Civic Networks*, edited by Roza Tsagarousianou, Damian Tambini, Cathy Bryan. London: Routledge, 1998.

CAP Corner, *PA Times*, 10 (December 1999).

Commission on Global Governance. *Our Global Neighborhood*. Report issued to the United Nations. Oxford, United Kingdom: Oxford University Press, 1995.

Dean, Mahnaz A., and Betty Roberts Stage. "In the World of 'E'-Where is E-Public Administration?" *PA Times* 23, no. 5 (May 2000): 3.

Frederickson, H. George. "The Seven Principles of Total Quality Politics." *PA Times* (January 17, 1994): 9.

Gore, Al. *From Red Tape to Results: Creating a Government That Works Better and Costs Less. Report of the National Performance Review*. New York: Times Books, 1993.

Government Accounting Office. *Managing for Results: Strengthening Regulatory Agencies' Performance Management Practices*. Washington, DC: Government Printing Office, 1999.

Governmental Accounting Standards Board. *State of Arizona: Focus on Performance*. SEA Research Case Study. Norwalk, CT: GASB, 2000a.

Greene, Stephen G. "Getting the Basics Right." *Chronicle of Philanthropy* 13, no. 14 (May 3, 2001): 1—12.

Greiner, John M., Harry P. Hatry, Margo P. Koss, Annie P. Miller, and Jane P. Woodward. *Productivity and Motivation*. Washington, DC: The Urban Institute Press, 1981.

Grossman, Lawrence K. *The Electronic Republic: Reshaping Democracy in the Information Age*. New York: Penguin, 1995.

Hackman, J. Richard. "Designing Work for Individuals and for Groups." In J. Richard Hackman, Edward J. Lawler, and Lyman W. Porter, *Perspectives on Behavior in Organizations*. 2nd ed. New York: McGraw-Hill, 1983, pp. 242—257.

Holzer, Marc, Ellen Doree Rosen, and Constance Zalk. "Steps in Productivity Improvement." In *Productivity Improvement Techniques*, edited by John Matzer, Jr. Washington, DC: International City Management Association, 1986.

Horrigan, John B. *How Americans Get in Touch With Government*. Washington, DC: PEW Internet and American Life Project, May 24, 2004.

Hruby, Laura. "All Aboard." *Chronicle of Philanthropy* 13, no. 17 (June 14, 2001): 8—13.

Jenkins, David. "Quality of Work Life." In *The Quality of Work Life and the 1980s*, edited by Harvey Kolodny and Hans van Beinum, pp. 1—32. New York: Praeger, 1983.

Jun, Jong S. *Management by Objectives in Government*. Beverly Hills, CA: Sage Publications, 1976.

Kerwood, David. "Government Intranets." (Article submitted to the Federal Communicators Network, National Performance Review, December 15, 1997). Washington, DC: National Performance Review, 1997.

Kettl, Donald F. "The Global Revolution in Public Management: Driving Themes, Missing Links." *Journal of Policy Analysis and Management* 16 (Summer 1997): 446—462.

Kettl, Donald F. "The Transformation of Governance: Globalization, Devolution, and the Role of Government." *Public Administration Review* 60, no. 6 (November/December 2000): 488—497.

Kibbe, Barbara. "Improving Non-Profit Operations," *The Chronicle of Philanthropy*, May 3, 2001. Available at www.philanthropy.com/free/articles/vl3/ il4/14001001.htm.

Lazar, David and Maria Binz-Scharf, *Information Sharing in E-Government Projects: Managing Novelty and Cross-Agency Cooperation*, IBM Institute for the Business of Government, 2004.

Light, Paul C. *Sustaining Innovation: Creating Nonprofit and Government Organizations that Innovate Naturally*. San Francisco: Jossey-Bass, 1998.

Light, Paul C. *Making Nonprofits Work: A Report on the Tides of Nonprofit Management Reform*. Washington, DC: Brookings Institution, 2000.

Mankin, Don, Susan G. Cohen, and Tora K. Bikson. *Teams and Technology: Fulfilling the Promise of the New Organization*. Boston: Harvard Business School Press, 1996.

Marchetti, Domenica. "High-Tech Hopes Meet Reality." *Chronicle of Philanthropy* 13, no. 17

(June 14, 2001): 1,20—22.
Morley, Elaine. *A Practitioner's Guide to Public Sector Productivity Improvement*. New York: VanNostrand Reinhold, 1986.
Newcomer, Kathryn, and Aaron A. Otto. "Is GPRA Improving Federal Government?" *PA Times* 23, no. 1 (January 2000): 1—6.
Osborne, David, and Ted Gaebler. *Reinventing Government*. Reading, MA: Addison-Wesley, 1992. Perlman, Ellen. "The People Connection," Governing Magazine, (www. governing. com/ archive/ 2002/sep/eg2c. txt) 2002.
Peters, B. Guy. "New Visions of Government and the Public Service." In *New Paradigms for Government: Issues for the Changing Public Service*, edited by Patricia W. Ingraham and Barbara S. Romzek. San Francisco: Jossey-Bass, 1994.
Schachter, Hindy Lauer. "Reinventing Government or Reinventing Ourselves: Two Models for Improving Government Service." *Public Administration Review* 55 (November/December 1995): 530—537.
Stoneman, Bill. "Old-Line to Online." *Governing* 13, no. 12 (September 2000): 34—50.
Suttle, J. Lloyd. "Improving Life at Work." In *Improving Life at Work*, by J. Richard Hackman and J. Lloyd Suttle. Santa Monica, CA: Goodyear, 1977, 1—29.
Swope, Christopher. "E-Government's New Gear," *Governing Magazine*, March 2004, p. 52.
Swope, Christopher. "Restless for Results." *Governing Magazine*, April 2001, 20—23.
Toregas, Costis. "Technology and Our Urban Communities: Who Shall Lead?" *Public Management* 17 (May 1988): 2—5.

第 11 章

Denhardt, Janet V., and Robert B Denhardt. *The New Public Service: Serving, Not Steering*. Armonk, NY: M. E. Sharpe, 2003.
Organization for Economic Co-operation and Development (OECD). *Government of the Future*. PUMA Policy Brief No. 9 (June). Paris: OECD, 2001.

▌附录
一些学术期刊和机构的网址

期刊

Academy of Management Perspectives
www. journals. aomonline. org/amp/

Academy of Management Review
www. aom. pace. edu/amr/

Administration & Society
www. sagepub. com/journal. aspx? pid = 12

Administrative Science Quarterly
www. johnson. cornell. edu/publications/asq/

American Review of Public Administration
www. sagepub. com/journal. aspx? pid = 10

Australian Journal of Public Administration
www. ingentaconnect. com/content/bpl/ajpa; jsessionid = 15*e*55*k*489*s*4*rk. victoria?*

California Management Review
www. baas. berkeley. edu/news/cmr/

Canadian Public Administration
www. ipac. ca/pubs/cpa_Journal/

Criminal Justice Policy Review
www. cjp. sagepub. com/

G. A. O. Journal
www. gao. gov/

Governance
*www. sog-rc*27. *org/Governance/journal. htm*

Governing
www. governing. com/

Government Executive
www. govexec. com/

Harvard Business Review
www. harvardbusinessonline. hbsp. harvard, edu

International Journal of Public Administration
www. informaworld. com/smpp/title~content = *t*713597261

International Public Management Journal
www. inpuma. net/editors. htm

Journal of Management
www. jom. sagepub. com/

Journal of Organizational Behavior
*www. inter-science. wiley. com/cgi-bin/jhome/*4691

Journal of Policy Analysis and Management
*www. interscience. wiley. com/cgi-bin/jhome/*34787

Journal of Public Administration Research and Theory
www. jpart. oupjournals. org/

Journal of Public Affairs Education
www. naspaa. org/initiatives/jpae/jpae. asp

Journal of Public Management and Social Policy
www. andromeda. rutgers. edu/~ncpp/jpmsp/

National Civic Review
www. ncl. org/publications/ncr/

National Tax Journal
www. ntj. tax. org/

Organization Studies
*www. degruyter. de/rs/*270_1791_*DE U_h. htm*

Policy Studies Journal
www. blackwellpublishing. com/journal. asp? ref = 0190-292*X*

Public Administration and Development
*www. interscience. wiley. com/cgi-bin/jbome/*2821

Public Administration Review
www.blackwellpublisking.com/journal.asp? ref=0033-3352&site=1

Public Budgeting and Finance (*NOTE NAME CHANGE*)
www.abfm.org/public_budgeting_financeJournal.htm

Public Finance Review
www.pfr.sagepub.com/

Public Integrity
www.mesharpe.com/mail/results 1.asp? ACR=pin

Public Management
www.icma.org/pm/8605/index.htm

The Public Manager
www.thepublicmanager.org/

Public Performance & Management Review
www.jstor.org/journals/15309576.html

Public Personnel Management
www.ipma-hr.org/index，cfm ? navid=74&id=263&tcode=nws2

Public Voices
www.andromeda.rutgers.edu/～ncpp/pv.html

Review of Public Personnel Administration
www.rop.sagepub.com/

Spectrum：*Journal of State Government*
wwiv.csg.org/CSG/Products/spectrum/default.htm

State and Local Government Review
www.cviog.uga.edu/publications/slgr/index.php

机构

American Planning Association
www.planning.org/

American Public Human Services Association
www.aphsa.org/Home/home_news.asp

American Public Health Organization
www.apha.org/

American Public Power Association
wwiv.appanet.org/

American Public Works Association
www.apwa.net/

American Society for Public Administration
www.aspanet.org/

Association of Public Policy Analysis and Management
www.appam.org/

Council of State Governments
www.csg.org/csg/default

Education Commission of the States
www.ecs.org/

Government Finance Officers Association
www.gfoa.org/

IBM Center for The Business of Government
www.businessofgovernment.org/

International City Managers Association
www.icma.org/main/sc.asp

International Public Personnel Management Association for Human Resources
www.ipma-hr.org/

National Academy of Public Administration
www.napawash.org/

National Association of Counties
www.naco.org/

National Association of Schools of Public Affairs and Administration
www.naspaa.org/

National Association of State Budget Officers
www.nasbo.org/

National Civic League
www.nationalcivicleague.org/

National Forum for Black Public Administrators
www.nfbpa.org/

National Institute of Governmental Purchasing
www.nigp.com/

National League of Cities
www.nlc.org/

Public Technology, *Inc.*
www.pti.org/

索　引

注：数字后字母 b 表示“专栏”；数字后斜体字母 f 表示“图”；数字后斜体字母 n 表示网络资料；数字后斜体字母 t 表示“表”。（页码为原书页码，即本书边码。）

B

C

D

F

M

N

O

Q

R

S

纪念谭功荣教授[①]

（代后记）

时经四年多的跌宕与辛苦，这部译著终于得以面世。此时，最想说的是：希望我们的努力能告慰已经远行了的阿谭师弟，也能抚慰他那从小鸟依人变得独立刚强、孜孜以竟夫君未了心愿的爱妻李慧君女士。

我们和阿谭师弟，曾共同承诲于刘熙瑞教授门下。他的祥和、热心与勤奋，赢得了同门同窗、同事朋友、恩师领导的喜爱，大家都叫他阿谭，似乎只有这个称呼才能够自然而然地表达对他的亲切之意。2008 年，阿谭与北京大学出版社签约翻译登哈特夫妇的这部名著。此后，他率领他的研究生团队，像投入一场战斗似地展开了译介工作。与此同时，教学工作、系里的行政工作、数项课题的研究工作都在开展。2008 年底，阿谭被评为教授，他喜气洋洋，我们也为他心花怒放。孰料几个月后，他被查出患有肝癌。在治疗期间甚至在经历了换肝大手术之后，他竟然还完成了索引的初译和学生初译的前两章的初校工作。2010 年 10 月，一个以其生命来热爱学问的书生，离开了他热爱的一切，年仅 41 岁。

在狭促的生命时光里，阿谭出版了三部著作，包括《西方公共行政学思想与流派》（2008 年，北京大学出版社）、《公务员制度比较研究》（2007 年，重庆出版社）、《公务员制度概论》（2007 年，北京大学出版社）；主持翻译出版了《摒弃官僚制：政府再造的五项战略》（39.2 万字，2002 年，中国人民大学出版社），《政府改革手册：战略与工具》（78 万字，2004 年，中国人民大学出版社）、《公共部门：概念、模型与途径》（42 万字，2004 年，经济科学出版社），主持国家社科基金研究课题、广东省人文社会科学基地重大课题及深圳地方政府课题等八项，发表《欧洲行政传统及其现代演进》、《欧洲化与东欧国家行政改革》、《欧美行政传统：概念演绎、要素分析与思维延伸》、《欧洲一体化进程中的行政趋同》、《欧洲服务宪章运动：背景、原则、战略及启示》等学术论文十数篇。其在公务员制度、西方国家行政改革、公共行政思想等方面的研究，在国内具有一定的影响。惜天不假年，英才早逝。

---

① 本书译者谭功荣系深圳大学管理学院教授，2006 年毕业于中国人民大学公共管理学院，获管理学博士学位，2008 年开始承担本书的翻译工作，2010 年不幸因病辞世。为完成译者生前所愿，我们请谭老师生前学友、同事唐娟老师校译全书，终于定稿付梓。为告慰逝者及其亲属，此处补充两篇分别由唐娟老师和译者学生撰写的文章，以为永久的纪念。——编者

本译著由阿谭组织翻译，其本人初译了索引部分，其他部分初译工作分工如下：

王飞燕　绪言、第一章、第十一章

孟凌刚　第二章

田　敏　第三章

林丹慧　第四章

卞　飞　第五章

林晓敏　第六章

周壮锋　第七章

易　巧　第八章

杜童节　第九章

黎　绩　第十章

本译著的校对工作，除阿谭亲自完成了前两章的初校外，其他校对工作由唐娟完成。此外，王飞燕参与了索引的二校。感谢为翻译此著付出大量精力与时间的所有参与者。

心尽了，力付了，但因水平导致的粗陋在所难免。不完善之处，还留待读者评正。

唐　娟（深圳大学管理学院）

2013 年 4 月

▌岁月静好　犹自安心
（致谭老师）

初识谭老师，是2008年里一个四月天，阳光温润。

那时的我，还是正在参加复试的忐忑考生，紧张而又热切地想要寻找一个可以安放梦想的地方。我敲门，“Please come in.”门内传出顿挫有力的声音，一推开门就能闻到厚重的书香。我有点不敢直视他，思量着对面坐着的将是怎样一位严肃得让人敬畏的教授。我正担心着应该首先自我介绍还是直接听提问时，他用英语招呼着我就座，让我放轻松，把这当作在英语角闲聊，还笑着说不要只说“My English is poor”就可以了。听到这句在大学英语角里出现频率最高的标志性话语，我放松了。他整张脸舒展着，本来不大的双眼虽是笑着，却流露出坚毅肯定的光，充满智慧的样子。整场面试我超常发挥，搜罗着脑海里一切可以派上用场的英语单词和句子，顺利完成了全英语面试。后来打听到，他就是谭功荣老师。

所幸我最终被录取，又有幸成为他门下的学生，入学就先选修了他的“公共行政理论研究”课程。课堂上，谭老师总是眯着眼，细数着古今中外的公共行政理论，阔谈着天南海北的公共行政现象，还不时鼓动学生聊自己的看法。2008年“毒奶粉”事件报道后，只要涉及这个话题，谭老师一贯舒展的脸就会变拧巴，重重地敲着桌子，大声喊着：“毒奶粉事件政府应该负主要责任，免检政策问题重重啊，没有一个国家不重视孩子的！”说到有关公务员考试年龄限制的问题，他满脸通红，嘟囔着：“这样一限制，那我40岁之后想在公务员岗位上为人民做点实事，还不行呢，这完全没道理嘛！年纪大了，为人民服务的权利都要被剥夺啦！”论及教育改革，谭老师从美国经验说到香港实践，最后语重心长地总结道：“只有教育部的权力缩小到最低限度，我们的教育改革才会见成效。改革就像吃饭一样，应持续不断地进行。你们都懂的，所以啊一定要好好读。”这些或激动或无奈或娓娓道来的课堂场景，至今回想，画面依然清晰。

生活中，谭老师远不是讲台上愤慨激昂的学者，我所见到的他，是寻常百姓家的父亲、丈夫和儿子。在他大手术出院之后，一次路过深大文山湖，我看见谭老师和女儿席地坐在湖畔，撕着面包，相互比试着，看谁能扔给游在更远处的鱼。父女俩碎碎地吵着，面包越扔越远。阳光洒在他们身上，谭老师不时摸摸女儿的头，帮她擦汗，眼神流露出的，是一位父亲深邃的爱。我看着，不忍上前问好，生怕惊扰了这世间最美的瞬间。

好几次碰见谭老师站在图书馆门口，我好奇问他，他笑呵呵地说：“在等你师母下班回家。”他是毫不介意在学生面前流露出他的幸福感的。每一次穿件新衣服见学生，都会急不可耐地问学生好不好看，然后昂着头告诉我们：“这是你们师母挑的，显得我好有气质吧。”每一次同门师生聚餐，谭老师都会给我们介绍各种美食，还扬言自己就是家里的大厨，老婆孩子都爱吃他做的菜。谭老师也会跟我们拉家常，声音颤抖地聊自己年迈还在老家操劳的父母，诉说着一个已经在外成家立业的儿子对家中老人的牵挂和疼惜。还提醒我们，有事没事要多给父母打打电话，最大的追悔莫过于子欲养而亲不在。

我时常能感觉到，他确定当时他所拥有的一切，已经是最好。

得知《公共行政：一门行动的学问》即将出版，那一刻我激动得流泪。谭老师曾致力于国外名家著作的翻译，以期让更多的人学习并获取更全面、更深入的学科知识。《公共行政：一门行动的学问》一书，详细探讨了公共组织中的个人行为，公共行政的政治环境，公共行政的组织间背景，公共服务的伦理学，组织设计和组织管理，规划、执行和评估，预算编制与财政管理，人力资源管理，公共组织中的领导和管理技巧，行政改革与技术，公共服务的未来等问题，为读者进一步认识并学习相关知识提供了一扇有益的窗口。对于这本书，谭老师在重病治疗期间还坚持每天翻译10～20页，迫切希望能在有生之年看到有人从书中获益。但是，岁月弄人，我最后一次见谭老师，竟是在重症病房里，听他气若游丝地叮嘱着，一定要把书出版。

诚如谭老师临终交代妻女的：“上帝安排我先去天堂探路，最终我们都会去那里相聚，只是早晚有别而已。”

天堂很远，但心灵很近。如今岁月静好，应犹自安心。我们，想念您。

王飞燕

2013年3月